中国经济立法史

郭　建◎著

新华出版社

目 录
CONTENTS

导　言

本书是研究和探索中国经济立法的产生、发展及其规律的一部学科专著。中国经济立法史是法制史的一门重要的专题史，同时又与中国经济史、中国财政史、中国经济思想史等学科有着密切的联系。作为法学的分支学科，中国经济立法史着重于研究经济法律制度的制定、主要内容、在整个法律体系中的地位、执行情况，并尽可能总结历史经验，探讨其成败得失。通过学习本书，可以更全面地了解和掌握中国法律遗产，了解历史传统及其影响，加深对马克思主义法学理论以及历史唯物主义理论的理解。

本书也为学习经济法学提供了必要的历史知识，对于加深理解、掌握具有中国特色的社会主义经济法学原理、经济法规的内容和作用等方面都是极为有益的。

中华法系源远流长，其中经济立法是相当重要的组成部分。尽管在 20 世纪初中华法系已经解体，但作为中国传统文化的重要组成部分，其精神并没有随着法律的废除而退出历史舞台。传统经济立法轻视商品经济、崇本抑末；忽略价值规律作用，强调国家行政干预、统制国民经济；以经济立法作为单纯的国家财政手段等特点，都对后世产生重大影响。因此必须以较大的篇幅研究、探索中国古代的经济立法，总结历史经验。

清末改制以后，中国全面仿照西方法律制度，并没有将经济法作为一个独立的法律部门。中华民国时期，经济立法分散于民法、商法和行政法等法律部门。这些经济立法的性质，都是买办、官僚资产阶级的工具，也包含了若干保护民族工商业发展的内容。对其反动本质应加以批判，并必须按照历史唯物主义的观点，对其形成、演变的过程加以详细分析与研究。

在新民主主义革命时期，革命根据地的经济立法是新中国成立以来社会主义经济法的直接渊源，理应重点介绍。鉴于目前经济法学各学科都已对此加以介绍，本书限于篇幅，只能割爱。

学习中国经济立法史，要以马克思主义法学理论及历史唯物主义为指导，分析经济立法对于经济基础的巨大保护作用，及其对于中国社会生产力发展的种种推动及阻碍作用。抓住其性质、特点加以探索，才能得出正确的结论。

学习中国经济立法史，要注意有关的经济立法思想的研究。法律是统治阶级意志的表现，统治阶级在经济方面的意志通过一些代表人物的理论、学说直接或间接地影响经济立法，甚至指导经济立法。搞清这些理论、学说的意义非常重大。

中国法制史知识的掌握，是学习中国经济立法史的必备条件。但在学习这门学科的同时，还必须注意参考中国经济史、经济思想史、财政史、土地史等专史研究中已取得的成就。

第一章　中国古代经济立法概论

在丰富的古代法律遗产中，有关封建王朝干预、控制、调整、管理社会经济活动的法律法令占有相当重要的地位。历代法典包含的这方面的内容，远较单纯的民事财产方面的内容为多。可以说，封建经济立法与刑法、行政法鼎足而立，在封建法律体系中，占第三位。然而，并非历史上所有有关经济方面的法令法规都可纳入经济立法史的研究范围。古代法律中有大量的厩牧、仓库、漕运、救荒、河工等方面的法令法规，虽然也涉及经济，但不能作为经济立法史研究的重点，因为这些法令法规对于整个社会经济影响并不大，大多应视为政府本身的行政活动，纳入行政立法史研究较为适宜。另一方面，古代一些有关买卖、借贷、典当、租佃等方面的法令法规，虽然对社会经济有很大意义，并涉及社会各成员，但它是以调整社会成员之间的经济关系为主的，因此纳入民法史研究范围较为妥帖。我们认为经济立法史应着重研究封建制国家调整其与广大社会成员之间的经济关系，并对社会经济有较大影响的法令法规，简言之，以研究调整"纵向"经济关系的法律为主。

第一节　中国古代经济立法的历史沿革

传说周公在西周建朝之初所撰的儒家经典《周礼》一书中，已经有了大量关于经济方面的法律制度，对土地的分配、贡赋的征收、劳役的征发、畜牧的规则、山林的保护、市场的管理等方面都有规定。宋代王安石称："一部《周礼》，理财居其半。"可见，《周礼》中的所涉及的经济制度，实为后世经济立法的滥觞。这些制度虽然不可能全为西周的制度，但毕竟也有若干西周的制度在内。因此，将西周作为中国经济立法的开始阶段应是较为妥帖的。这一时期的经济立法大多还带有原始共同体的习惯、惯例形式。

春秋战国是中国古代经济立法急速发展的时期。在这个政治、经济思想发生大变革的时代，经济立法是各国实施改革的重要工具；经济立法的形式往往是国君发布的诏令。如鲁国的"初税亩"、齐国的"轻重法"和"官山海"、魏国的"平籴法"等。中国第一部较为完整的古代成文法典——李悝的《法经》，就其篇目而言（盗、贼、捕、囚、杂、具），可以说是比较单纯的刑法典。商鞅受《法经》至秦，改法为律，以法律推行改革，全面推行农战国策，大量经济方面的法令因而与正律并行。湖北云梦出土的秦简中，《田律》《厩苑律》《金布律》《徭律》《司空律》《均工》等都具有经济立法的性质。

秦国统一六国后，基本上保持着原有的法律制度。汉朝建立后，针对汉初经济凋敝的状况，萧何制律时在《法经》六篇之外，增加了户律、兴律、厩律，将经济法规正式并入法典。西汉是古代经济立法重要发展时期，汉武帝统治时期制定了一系列经济法令，如《盐铁官营法》《均输平准法》《缗钱令》等，对解决当时中央集权政权的财政困境起到了举足轻重的作用。这些法令以国家严格统制社会经济为特点，对于后世经济立法产生了重大影响。

在三国、两晋、南北朝、隋、唐初期，封建王朝对于社会经济的控制有所放松，经济立法以土地、赋役法规为主要内容。这一时期，经济立法在各代正律中都占有一定的篇幅，如《厩库》《户婚》《擅兴》《杂律》等篇目中都包含很多经济立法的内容。此外，在各朝法令中也有很多经济立法，如均田令、占田令等。唐《永徽令》中关于经济立法的有：《户令》《田令》《赋役令》《关市令》《厩牧令》《仓库令》等。唐朝中期开始，经济立法大量增多，大多以横征暴敛为特征。这一特点影响直至唐朝灭亡及五代时期。

两宋是古代经济立法最为活跃的时期。其表现为：立法活动频繁，法规的内容广泛，涉及社会经济活动的各个方面；法规的制定、实施各方面都具有前所未有的想象力。虽然有很多横征暴敛的掠夺性法令，但总的特点是较注意国家与经济活动者之间利益分配，较能顺应商品经济的规律。两宋经济立法最主要的形式是各种随时颁布的敕、指挥、看详等法律形式，律、令、格、式中包含的经济立法往往形同具文。因此，立法频繁，法令多变。在"庆元新政"和"熙宁新政"时期，曾出现过大量有新意的经济立法敕令，对后世有重大影响。正如秦汉的经济立法主要内容被三国、两晋、南北朝、隋、唐沿袭一样，两宋的经济立法也被辽、金、元、明、清各朝沿用。尤其是少数民族建立的辽、金、元三朝基本上照搬宋朝的经济立法，但在实际施行中往往受阻而逐步废弛。

明初经济立法以竭力维护自然经济，抵制商品经济为特色，并伴之以严厉的处罚，对社会经济的统治极为严酷。从明朝中期起，原有法令大抵废弛，出现了一些内容较有新意的立法。明朝经济立法除了在正律中有《户役》《田宅》《仓库》《课程》《市廛》《厩牧》《关津》等篇目外，在《明会典》中也有很多。明朝中期以后的经济立法则多为条例。清朝在沿袭明朝制度的基础上又有所发展。清朝在《大清律例》和《大清会典》之外，又专门制定《户部则例》，集中了大量的经济法规，具有一定的法典性质，从1776年制定后曾修订14次之多。在其他则例、条例中也有不少经济法规。但就内容而言，明清两代经济立法代表腐朽的封建生产关系，严重束缚社会生产力的发展，是中国在这一时期落后于西方的原因之一。

鸦片战争以后，中国进入半殖民地半封建社会，传统的经济立法被逐步废除，19世纪末20世纪初，一些旨在鼓励民间工商业发展的法令公布实施。清末变法新政时，将传统经济立法的部分内容分别编入商法、民法草案。传统的经济立法与整个中华法系一起解体。

第二节　中国古代社会经济结构

古代经济立法作为社会上层建筑的重要组成部分，必然要受到社会经济基础的制约。中国封建社会经济结构决定了古代经济立法的性质和发展方向。社会经济结构主要是指生产关系的诸般要素及其相互关系，包括所有制结构、分配结构、交换结构、消费结构、生产结构、技术结构和劳动力结构等。学习中国经济立法史，必须对古代社会经济结构有所了解。在中国长达两千多年的封建历史中，经济结构并非一成不变。况且一个社会的经济结构从来就不会是"纯粹"的，封建社会中长期保留有奴隶制残余，至其末期又有资本主义生产方式的萌芽。因此，本节仅就中国古代社会经济结构最主要的若干基本特点略加介绍，以助于了解中国古代经济立法的性质及特点。

顽固的中国封建地主制经济

春秋战国以后，中国古代社会经济结构最基本的特点之一就是地主制经济始终占主要地位。封建地主阶级除了贵族官僚、世族缙绅等具有政治特权身份的地主之外，还有大量无特权身份的庶族地主。土地可以自由买卖转移，地权不断兼并集中，又随着买卖与诸子均分的继承而分散，形成了中国特有的"千年田、八百主"的现象。地主占有大量的土地，但绝大多数情况下，地主本身并不承担经营管理职责，即使是拥有成千上万顷良田的大地主，依然将土地分散出租给佃农耕种经营。租佃制剥削是中国古代最主要的剥削方式。地主无须承担投资、经营的风险，安享地租收入。地租率一直在"什伍"的水平之上（50%以上），往往高达60%到70%，甚至80%。实物分成地租长期以来一直是封建地租最基本的形式。宋元以后，江南一些地区出现了定额地租，明清时部分地区还曾出现货币地租形式，但这些都不占主要地位。

以上这些中国地主制经济的特点（包括大量非身份性地主、土地可自由买卖、租佃制剥削、实物分成地租），决定了中国地主制经济具有很强的弹性和韧性。政治的波动不会使整个地主阶级陷于绝境。地权的自由流转伴随着地主制经济、租佃剥削关系的不断重建。地租可以自由转化为工商业资本，工商利润也可投入土地，可以经受商品货币经济的冲击。丰厚的地租收入为地主阶级提供了巨大的财富，促使一些略有富余的自耕农、佃农也将土地出租，出现了"一田二主"或"一田三主"的现象，阻碍富佃、富农经济、经营地主的产生，从而阻碍了农业中资本主义萌芽的产生。清朝有一个地主总结了地主制经济的优点："田产之息，月计不足，岁计有余；岁计不足，世计有余。"而且"天下货财所积，则时时有水火盗贼之忧"，而"独有田产，不忧水火，不忧盗贼……即有兵燹离乱，背井去乡，事定归来，室庐畜聚，一无可问。独此一块土，张姓者仍属张，李姓者仍属李，芟夷垦辟，仍属殷实之家"。因此土地是地主阶级最稳定、最可靠、最常见的财源所在，地主制经济因而得以长期延续，虽然限制、阻挠农业生产力的发展，但是可进行若干局部调整而部分适应生产力（如通过部分调整人身依附关系、租佃关系和地租形式等），经受商品货币经济的冲击、农民起义的反复扫荡仍僵而不死，长期苟延残喘。

顽固的地主制经济是中国封建君主专制政权的基础，是产生"崇本抑末"思想政策的土壤，从而也就决定了中国古代经济立法是保护地主制经济的工具，使中国古代经济立法不可能向促使工商业自由发展的方向发展。

坚韧的小农经济

小农经济是中国封建社会经济结构的重要组成部分。这里所指的小农包括自耕农、佃农、依附农民。自耕农拥有自己的小块土地和其他基本生产资料，是封建国家赋税、徭役的主要承担者。自耕农经济并不稳定，极易受到官府横征暴敛、天灾人祸、高利贷盘剥、土地兼并等因素的破坏。自耕农中少数人可能上升为地主，大部分失去土地沦为佃农甚至奴仆。然而由于地权流转不定、政治状况的周期变化，自耕农经济始终在社会经济结构中占重要地位。佃农是向地主承租土地进行耕种的农民，一般拥有自己的经济和生产工具。依附农民是指无独立身份、依附于地主的农民，如三国、两晋、南北朝、隋唐时期的部曲，一般没有土地，只有少量的生产工具，为地主耕种土地，但有自己的经济活动。

无论自耕农、佃农或依附农民，其生产方式都是一家一户的小生产。由于生产规模狭小、收入低微，小农经济很难进行扩大再生产、对土地投资、改善生产条件。在沉重的地租和繁重的赋役压榨下，小农的必要劳动也被侵吞。为了争取生存，小农只能把家庭手工业作为争取生存保障的门路，实行"男耕女织""以织助耕"，衣食之类生活必需品尽可能自给。这种小农业与家庭手工业的牢固结合是中国封建小农经济最重要的特性。马克思评论欧洲小农时指出："他们进行生产的地盘，即小块土地，不容许在耕作时进行任何分工、应用任何科学，因而也就没有任何多种多样的发展，没有任何不同的才能，没有任何丰富的社会关系。每一个农户差不多都是自给自足的，都是直接生产自己的大部分消费品，因而他们取得生活资料多半是靠与自然交换，而不是靠与社会交往。"中国封建小农比欧洲小农更具有牢固性。农民从事纺织、编织副业，充分利用一切空隙时间，男女老幼一起承担，日夜以继，甚至直到19世纪，"世界上最先进的工厂制度出卖其布匹的价格竟不能比最原始的织机上用手工织成的更便宜"。小农经济顽强地忍受着沉重的地租、赋役剥削，抵制着商品市场经济的形成、农村雇拥制的产生和发展。"这种生产方式是以土地及其他生产资料的分散为前提的，它既排斥生产资料的积聚，也排斥协作，排斥同一生产过程中的分工，排斥社会对自然的统治和支配，排斥社会生产力的自由发展"，造成"生产资料无止境地分散，生产者本身无止境地分离，人力发生巨大的浪费，生产条件日趋恶化和生产资料日益昂贵"的状况。

古代小农"乐岁终身苦，凶年不免于死亡"，而小农又是封建国家最主要的剥削对象，其中佃农通过向地主缴纳地租也间接承担着田赋，唐宋以后佃农身份同于良民，也要承担徭役、人头税等剥削。为了与地主争夺剥削对象，中国古代经济立法中包含有不少劝农、恤农的法规。小农经济的重要地位使中国古代经济立法具有保护小农经济的特点。

脆弱的单一农业经济

单一的以粮食生产为主的农业经济，是基于自然环境（多山地、日照、雨量、土地适宜农耕）和文化历史背景特点而形成的。古代传说神话中最主要的神祇、文化英雄都是农业神，如制耒耜锄铸的神农氏、播百谷作牛耕的后稷（周族祖先）等，而牧神、工商神祇传说相对缺乏。农业始终是古代经济的命脉。农业技术很早就发展到了相当高的水平，粮食的单产和总产长期居于世界前列，表现为人口的稳步增长。两千多年前，中国人口已突破六千万，并长期保持在这一水平。14世纪后，人口再次大规模增长，至18

世纪已达 4 亿。传统农业以精耕细作为特征，两千多年前已经发展了条播、密植、施肥等技术，农业工具早在一千五百多年前已定型。宋代起，双季稻、稻麦两茬等种植技术迅速推广。然而这一突出特点，也导致必须在农业上投入更多的人手，正如有的研究者所指出的，传统农业粮食的增产是和"人口增长以及劳动力的扩充紧密地结合在一起"的。人口与粮食增长互为因果，和小农经济、耕地增长有限等因素结合，使按人口平均计算的粮食产量增长并不显著，粮食的商品化生产进程缓慢，而不劳而获的剥削阶级人口又呈现着迅速膨胀的趋势。因此这种单一的农业结构又是脆弱的，极易受天灾人祸的打击。马克思指出："我们在亚洲各国经常可以看到，农业在某一个政府统治下衰弱下去，而在另一个政府统治下又复兴起来。收成的好坏在那里决定于政府的好坏，正像在欧洲决定于天气的好坏一样。"战乱及自然灾害都造成农业的倒退，形成特有的灾荒广泛性、连续性（水旱蝗疫灾害轮流发生）、积累性（灾期周期短、恶性循环）的特点。据统计，公元前 206 年至 1936 年的二千一百四十二年中，发生各类灾害五千一百五十六次。

单一结构的农业经济，对于经济立法也产生重要影响。水利、劝农、赈济、备荒等项一直是经济立法的重要内容。赋税立法也一直以向农民征收谷物为主。粮食很早就是封建立法者注重的目标，平籴、和籴等征购余粮的法令一直是各代经济立法的重要内容。

畸形繁荣的三位一体结构

早在战国时代，工商业已发展到了很高的水平，被视为致富的捷径，所谓"用贫求富，农不如工，工不如商，刺绣文不如倚市门"。然而，由于受到以个体家庭为单位并与家庭手工业牢固结合的小农经济的抵制，除了矿冶、陶瓷等部门之外，手工业缺乏广阔的市场。而封建国家一直通过直接经营官营手工业作坊以满足本身的需要，因此手工业的发展一直非常缓慢。在商业部门，由于地理条件限制（多山地，缺乏可终年通航的河流），投入长距离贸易的商品只能是价贵质轻的丝绸、贵金属、茶叶及各种奢侈品。秦汉时已流传"百里不贩樵（木柴），千里不贩籴（粮食贸易）"的谚语。商业长期以贱买贵卖的转运贸易为主，长期徘徊于产业部门之外，建立在地主阶级消费扩大的基础上，独立于农业、手工业的发展而发展。正如马克思所指出的："商业资本的独立发展，是与社会的一般经济发展成反比例的。"商业往往刺激地主阶级消费增长，而加重地租剥削，压抑小农经济的再生产。"流通在社会再生产中的作用越是不重要，高利贷就越是发达。"古代高利贷获利比之商业更快，秦汉专职的高利贷者"子钱家"已很活跃。商业与高利贷业的畸形繁荣往往导致社会发生经济危机。"在亚洲的各种形式下，高利贷能够长期延续，这除了造成经济的衰弱和政治的腐败以外，没有造成别的结果。"

古代商业资本、高利贷资本获得的大量利润往往投入土地购买，形成商业资本、高利贷资本和地租三位一体的情况。这在秦汉时代已是普遍现象，所谓"以末（商业、高利贷业）致富，用本（地主制经济、地产）守之"。地主往往也是商人、高利贷者。地产虽不能迅速致富，但稳妥保险，不受政治动乱的影响，因此商人、高利贷者总是将利润投入地产。尽管从秦汉时代起，封建王朝就三番五次禁止商人拥有田产，但并无实效。这种三位一体的结构是地主制经济的不断复制和再生机制最主要的因素。

地租、商业资本、高利贷资本三位一体的结构，对于古代经济立法有重要影响。工商立法是经济立法的重要内容，而工商立法中的重要内容，如盐铁官营、酒茶专卖、矿冶控制、征商等法规，都着重打击广大中小商人，而促使大商人、大高利贷者向朝廷靠拢。三位一体的大商人往往又是官府的特许"官商"。如西汉盐铁官营中担任盐铁官的大盐铁商、明清的盐商和行商都具有亦官亦商的身份。这些法规的实质在于压抑民间工商业的自由发展，对于三位一体的大商人却起保护作用。因此，这些商人高利贷者与朝廷有着千丝万缕的联系，是依附于官府的商人集团。

第三节　传统经济立法的特点

中国封建社会经济结构的特点奠定了古代经济立法的基础，决定了古代经济立法绝不同于现代经济法规，而仅是封建国家对农民进行超经济剥削的手段。此外，古代经济立法还受到封建社会政治结构、文化思想意识的影响。就某一历史时期而言，还受到这一时期经济、政治、财政状况的直接影响。在诸般因素的影响下，中国古代经济立法具有如下特点：

一、古代经济立法的主要内容是土地、赋役立法。中国古代一直是以农立国、以农为本。农业被视为本业、立国根本。封建制国家也一直以农民为主要剥削对象。古代经济立法中最重要的内容就是土地、赋役立法。春秋战国时的"初税亩""废井田"，北朝、隋唐时的"均田令"等土地法令都与赋役制度紧密相连，立法的目的都在于确保封建制国家的经济利益。

二、经济立法与刑罚紧密联系。以刑为主，诸法合体是整个中华法系的重要特点，经济立法也不例外，各项法律制度都伴有严厉的刑罚。尤其是盐法、钱法等大量使用死刑，直到明清两代仍是如此，且刑罚还有加重的趋势。

三、社会经济变革及封建国家财政状况决定经济立法的兴废。如春秋战国社会大变革时期，各国先后实施了一系列推行农战的经济立法。又如清初在地主制经济局部调整、庶族地主上升的情况下，实施了摊丁入地、地丁合一的赋役制度改革。此外，每当封建国家财政紧急时，也会大量颁行经济立法。西汉武帝时因与匈奴的战争引起财政危机，实施了盐铁官营、均输、平准之法。唐中期安史之乱、藩镇割据，中央朝廷财政危急，则一反以前经济放任政策，大量制定盐茶酒专卖、两税法等经济立法。宋朝因冗官、冗兵、冗费弊病，财政捉襟见肘，因此经济立法格外活跃。

四、"崇本抑末"是贯穿经济立法发展的主线。历代经济立法的着眼点都在于崇本抑末。崇本，表现为一系列农业、土地赋役立法；抑末则包罗了征商、专卖、平准、均输等，各式各样的工商法规，都号称是"抑兼并""抑末利"。可以说，古代任何一种工商（末）立法都具有抑末的性质与意义。这些立法一方面是为了加强君主专制中央集权、巩固地主制经济基础，防止商品货币经济侵蚀封建社会结构；另一方面也在于运用国家强制力剥夺或瓜分工商业利润。宋代人叶适已一针见血地指出："今人之立法，妒商贾之获利而欲分之。"这种抑商分利的政策，阻碍了商业资本向产业资本的转化，强化商业资本的消极作用，迫使或诱使商人依附于官府。朝廷聚敛的巨额财富则大量被白白消耗于各种非生产性开支。

总之，古代经济立法对于社会经济的控制、干预多于调节和调整。尤其是在唐宋以后，促进生产力发展和调整生产关系的经济立法更为减少，这严重阻碍了社会生产力的发展。

第二章　土地立法的演变历程

土地是古代社会最主要的生产资料，专制国家机器对于土地一直极力加以控制，土地立法是古代经济立法最基本的内容之一。土地立法的首要目的在于通过控制土地控制农民人身，剥削农民创造的剩余价值，增加财政收入。同时，专制王朝也企图利用土地立法干预土地所有关系，防止阶级矛盾激化，即所谓"抑兼并"，也是土地立法的重要内容。然而这种干预往往最终被地主阶级无孔不入的兼并活动瓦解，整个土地立法的演变趋势是对私人土地所有制的干预程度逐步减轻。

第一节　中国古代土地所有制形态

在中国古代社会中土地所有制形态大概有以下三种：国家土地所有制、私人土地所有制和社团所有制。

国家土地所有制

在西周领主统治下，沿袭氏族社会末期的村社土地所有制，就理论上而言，"溥天之下，莫非王土；率土之滨，莫非王臣"，全国的土地均由领主国家所掌握。经过春秋战国时期的社会大变动，国家土地所有制不再占主要地位，但在北朝隋唐时期，国家大规模推行均田制，为国有土地所有制的又一次上升时期，以后仍一直占相当重要的地位。春秋战国之后，山川林泽、荒地和未耕地在理论上仍属于国家所有。其他国有土地主要有皇庄（皇室贵族拥有的土地）、官田（从犯罪者没收来的土地及开垦的荒地等）、屯田（国家发给士兵耕种的土地）等。

国有土地剥削形态，是由国家对劳动者进行直接的剥削，即所谓"租税合一"。在唐朝以前，国有土地的劳动者多为官奴婢或依附农民。从宋代起，政府将土地租给农民，向农民收取高额地租，封建皇室成为全国最大的地主。

私人土地所有制

古代私人土地所有制可分为地主土地所有制和自耕农土地所有制，或称为大土地所有制和小土地所有制两种形式。

地主土地所有制出现于春秋时期，以后一直是中国社会最主要的土地所有制形态。地主阶级通过侵吞国家官田、强行剥夺农民土地，用各种手段巧取豪夺占有大量土地。唐宋以前，地主豪强不仅占有大量土地，还部分占有农民人身，农民除了向地主缴纳高额地租之外，还必须向地主提供各种劳役，甚至还要充当地主的私属军队作战。宋代以后，地租形态呈现多样化发展，实物地租除了传统的分成地租外，还出现了定额地租，此外又出现了货币地租。劳役地租及各种额外勒索比重逐渐降低。地主阶级千方百计逃避田赋及各种按土地摊派的差役杂税，将其转嫁于佃农承担，并极力抵制国家为增加财政收入而进行的土地清丈、土地整理等。地主土地所有制注定是各项土地立法的最大破坏者。

自耕农土地所有制在各个历史时期都是重要的土地所有形态。自耕农土地的来源分为农民开垦荒地、少量购买、继承等。每当旧王朝覆灭、农民大起义过后，自耕农土地的比重即有所上升。然而随着土地兼并的进行，自耕农土地又逐渐减少。自耕农靠自己的劳动收获养家活口，承担国家的沉重赋役，虽不受地主直接剥削，却受国家的无情压榨，处境极为艰难，很不稳定。

社团所有制——地主土地所有制的变体

社团所有土地主要是指僧侣、道士等所拥有的土地，以及封建宗族所拥有的义庄、祭田、学田之类的"族产"。就名义而言，这些土地属于僧侣及族众共同所有，但实际上掌握在寺庙首领、族长或族绅等有特殊地位的人手中。因此，社团所有制是地主土地所有制的一种变体。

寺庙所有土地在佛教盛行的南北朝时期及以后的年代里都曾达到相当数量。其来源大多为统治阶级的赏赐、善男信女的捐助、购买等。寺庙土地一般不可出售，往往出租给佃农耕种，也有役使低级僧侣耕种的。土地的收入用于养活寺众、修建庙宇、资助游方僧人等。然而，大量收入往往被寺庙首领侵吞，用于发放高利贷、兼并土地、挥霍享受。

族产是族权的物质基础，大量出现于宋朝以后，现见于史册最早的族田，是北宋官员范仲淹在苏州建立的范氏义庄，当时范仲淹用历年积余的俸禄购买良田千亩，收租八百斛，作为宗族收入。明清时，族田大为普及，在广东、江西、福建、江苏、湖北、湖南、安徽、山西等宗族势力较为强大的地区更为突出，族田达到很大规模。其来源多为族中有势力者的捐助、合资购买等。一般族田出租给外姓佃农耕种。地租收入用于祭祖祀神、资助族中子弟求学、救济族中贫苦族众等。族田的掌管者多为族长。虽然族长不能私自出卖或者出典族田，但由其支配掌管，收入往往也被侵吞。随着族田的扩大集中，族与族之间往往因土地而兴讼，在宗族豪绅挑动下，甚至引起大规模械斗。

土地立法与土地所有制关系

土地所有制是封建生产关系的基础，而作为国家的上层建筑，土地立法对于土地所有制又具有强大的"反作用力"，表现为对各种不同的土地所有制分别采取保护、干预、控制等措施，着重点各有不同。

对于国有土地，土地立法的主要目的是保证国家的租税收入，因而注重于防止国家控制的劳动力——屯田客、军士、官佃农等逃亡。此外，具体的水利管理、耕作制度等也占有一定比重。刑法也加强对官有土地的保护，如明清律规定：侵盗官田一律加重二等处刑。

对于土地私有制，土地立法以积极的干预为主。虽然这种干预总的趋势是在逐渐减弱，尤其在均田制崩溃后更是一落千丈。但是在中国漫长的封建社会中，土地私有制从未达到马克思所指出的"抛弃了共同体的一切外观并消除了国家对财产发展的任何影响的纯粹的私有制"那种水平。对于土地私有制的干预与封建社会相始终，这种干预的强度与专制政权的强弱成正比，而与社会商品货币经济发展程度成反比。

地主土地所有制，当然是封建土地立法的重点保护对象。然而，为了与地主豪强争夺劳动力与财富，争夺剥削对象，防止社会矛盾激化，封建土地立法中相当重要的内容是"抑兼并、制豪强"，诸如"限田"制、"王田"制等。

自耕农是封建国家最主要的剥削对象，因而较为清醒的统治者总是力图保有一定数量的自耕农土地，法律对于自耕农的土地所有权给予一定的保护。在国有荒地较多、政权较为强大时，曾实行均田制，由国家授田于无地农民，向农民征派赋役。这曾是封建土地立法最重要的内容。然而在地主土地所有制的侵蚀之下，以及在封建国家竭泽而渔的横征暴敛之下，自耕农失去土地是必然趋势，并不能真正得到法律保护。

对于寺庙所有的土地，土地立法也加以保护。专制君主往往还发布命令，将一些官田以至官田上的劳动者赐给寺庙。法律规定寺庙田产的赋税可以免征。然而，有时出于宗教及其他原因，封建政权也曾对寺庙土地加以大规模剥夺。如在所谓"三武一宗"（北魏太武帝、北周武帝、唐武宗和后周世宗）的废佛运动中，都曾大量没收寺产作为官田。唐武宗会昌年间灭佛，曾"收膏腴上田数千万顷，收奴婢为两税户者十五万人"。而对于另一种封建集体所有土地——族产，封建土地立法则一贯加以积极保护，以维护宗族的族权。《大清律例》特意规定：侵盗族产视同侵盗官田加重二等处刑，族内子弟盗卖族产五十亩以上者发配边远地区充军。

第二节 "井田制"及先秦土地制度

"井田制"的起源、沿革和特点

早在六千多年以前，中国已开始进入农业社会。然而在夏商时期，实行的是牧主农辅极为粗放型的农牧业，从事不定期的游牧、游农活动。夏族六迁其居，商族在建立商朝前曾八迁其居，建立商朝后又曾五迁其都。直到约公元前1300年，盘庚迁殷，开始进入定居农业时代。周族也约在这一时期，由其首领古公亶父率领族人迁至周原，开始定居农业。为了使地力得到休息，排除水滞，集体耕种，逐步形成了各种土地使用的习惯。在进入阶级社会后，原有的农村公社体制并未彻底瓦解，这些有关使用土地的习惯即转化为国家的土地制度，即所谓"井田制"。

"井田制"的性质及其具体的细节，自古众说纷纭而无定论。在殷商甲骨文中，"田"字已有"畊""畊""畊"等样式，表现出整齐的方田块形象。据儒家经典《周礼》《诗经》《礼记》和《考工记》等记载，商周时期，土地都归国有，"溥天之下，莫非王土；率土之滨，莫非王臣"。一切土地都归周王室所代表的国家所有，人民只能占有、使用土地，但不能出卖、转移土地，所谓"田里不鬻"。一切可耕地都划成井字形的方块田，围绕以沟洫道路。每边长为一里的土地为一井，按井字形的沟洫划成九块，中间一块为公田，由人民共同耕种，其收获物归领主贵族所有。其余八块为夫田，每夫一百亩（周朝时期的 1 亩约等于今 0.27 市亩），收获物归自己。田块与田块之间为两尺宽的遂，以利排水。围绕一井则为两尺宽的沟。四井为邑，四邑为丘，四丘为甸，甸十里见方，环以八尺深、八尺宽的洫。四甸为县，四县为都，四都为同，方一百里，环以宽六十四尺的浍。总之，"方里而井，井九百亩，其中为公田。八家皆私百亩，同养公田，公事毕，然后敢治私事"，这是一项基本原则。可耕地之外的山川林泽仍属国有，设有山虞、林衡、川衡、泽虞、迹人等专门的官职加以管理，人民采樵、捕鱼、狩猎等都有限制。在山林中还专门划出供领主贵族狩猎的"囿"，国王之囿方一百里，诸侯之囿方四十里。

后世的《汉书·食货志》对古代田制的叙述，又与上述经典说法不同。据《汉书·食货志》记载，在远离国都的乡遂地区，按土地质量划分耕地为上、中、下三等，上等地每夫一百亩，休耕地五十亩；中等地每夫一百亩，休耕地一百亩；下等地每夫一百亩，休耕地二百亩。在靠近国都的都鄙地区，"不易之地"，即不需休耕土地每夫一百亩，需休耕一年的土地每夫二百亩；需休耕两年的土地每夫三百亩；农民年满二十岁受田，六十岁归田。不可买卖土地，并规定每三年一换土，每三年一易居，"肥饶不得独乐，墝埆不得独苦"。

由于以上这些记载大量夹杂儒家的思想，又掺入不少后代的相关制度，不能都作为切实可靠的材料。但综合以上的说法，参考考古发掘材料，大概可以得出以下结论：首先，井田制是由氏族公社土地公有、集体耕作的习惯发展而来的，并非纯粹的土地国有制度（在私有制充分发展之前，所有权概念也不会发展得很清晰）。"田里不鬻"的原则很可能是存在的。其次，虽然不可能有井、邑、丘、甸、县、都、同这样完全整齐划一的田块，但沟路纵横的方田块，是适合当时河谷平原地区沟洫农业生产水平的。最后，换土易居、集体开荒、集体耕种公田、开辟道路、除草、平整土地等制度也是符合当时生产力发展水平的。

"井田制"的崩溃

至西周中后期，农村公社已在瓦解之中，一些领主贵族之间，出现了抵押、买卖土地的现象，"田里不鬻"开始被突破了。到了春秋时期，牛耕技术、铁制工具迅速普及，"深耕易耨"，农业生产力有了空前的提高。小规模的个体农业生产可能已出现。商品货币经济发展冲破了原以血缘宗族为主的社会纽带。新型的、强有力的封建君主专制国家制度开始形成，原有的习惯法被君主法令及国家的制定法代替。土地制度发生了巨大变化，土地国有的"井田制"逐渐崩溃。

公元前 645 年，晋国"作爰田"，由国君晋惠公下令"赏众以田，易其疆畔"，即将原来的公田以及名义上属于诸侯贵族的荒地分给众人。由于公田不属于要换土易居的份地，分得的公田即可长期使用，因而成为农民私有土地的开端。晋国用此制提高农民的生产积极性，并同时加重赋役剥削，"作州兵"，由较富的分得公田者"以田出车赋"、服兵役、提供军需品，晋国实力大增。这个制度因而被推广到了各国。公元前 378—前 356 年，秦国商鞅变法，"制辕田"由农民"自爰其田"，即打破原来三年爰土易居的旧制度，把原有的村社份地交给农民永久使用，自行设法解决轮种耕作的期限、地块。随着肥田、耕作技术的发展，不再需要轮流抛荒，"爰田制"逐渐退出历史舞台。

随着灌溉、垦荒耕种技术的提高，原有以排涝为主的整齐方块田也逐渐让位于有利于耕种的长条田块。按照周朝的制度，一百步就是一亩地（简称周亩），春秋战国时各诸侯国的亩制都大于周亩，据近年出土的《孙子·吴问》中记载，春秋末年，晋国六卿，赵氏二百四十步一亩，魏、韩二百步一亩，智氏一百八十步一亩，范氏、中行氏一百六十步一亩。秦商鞅变法后，亩制为二百四十步一亩（约合今市亩 0.70 亩）。

土地私有制的发展

土地公有制度衰弱的同时，土地私有权逐渐得到法律的认可与保护。诸侯公子贵族原已拥有一定的土地处分权。春秋时期，卿大夫专政，卿大夫通过组织移民垦荒、武力争夺以及国君赏赐等途径，逐步拥有了自己的土地。例如：公元前 627 年，晋襄公命以"先茅之县赏胥臣"；公元前594 年，"晋侯赏士伯以瓜衍之县"，等等。这些县都是诸侯国边远地（县有"孤悬在外"的意思），非传统的耕地，无须换土易居，国君赏赐后即承认可以自由处置。公元前 495 年，晋大夫赵鞅在与中行氏、范氏的战争中，悬赏誓师："克敌者，上大夫受县，下大夫受郡，士田十万；庶人工商遂（可以做官），人臣隶圉免（解放人身）。"公开承认大夫、士的土地所有权，而平民也可以凭战功任官，进而公开拥有土地。到战国时期，各国变法的主要内容之一就是："规定以田赏赐耕战之士。"吴起在魏国以上田、上宅赏赐耕战之士，在楚国主持变法，又令贵族"充实空虚之地"，让旧贵族脱离原有的地域、血缘联系，自行垦辟荒地。自耕农的土地已被法律普遍承认，孟子所称"五口之家"、百亩之业已成普遍现象。"意民之情，其所欲者田宅也。"小生产私有制的优越性也被人们承认："今以众地者公作则迟，有所匿其力也；分地则速，无所匿其力也。"人人皆可从买卖、赏赐等途径得土地而私有之。

私有制的盛行使"井田制"成为古代共同体留下的无用累赘。公元前350 年，商鞅在秦国正式宣布"改帝王之制，除井田，民得买卖"。"井田制"被正式废除，土地买卖成为普遍现象，私有权正式得到法律保护。

封建土地立法的产生

春秋战国时期，新型的、由国家制定发布的土地法令开始出现，并有如下特点：

1. 土地立法是国家制定法，由封建国家的代表专制君主发布，如晋国作爰田、秦国废井田等都是由国君发布命令，并由国家强制推行，以刑法为后盾保证实施。

2. 土地立法的主要内容是承认、保护土地私有权，允许私人以各种身份（除非自由人）占有土地，可以处分、买卖和继承，但又以法律加以干预、限制。

3. 土地立法的另一重要内容是规定土地所有人必须向国家缴纳赋税。

4. 受古代习惯影响，这一时期的土地立法对于土地的规划、耕种方式等还有很多干预。

第三节　秦汉的《田律》与限田法令

秦代《田律》的产生和主要内容

秦国自商鞅变法后，在列国中第一个公开、全面废除了古老的村社共同体外壳——井田制，用国家法令规定了土地私有权。然而秦国是一个强大的君主专制的国家，对私有土地的干预很多。秦国的土地立法主要形式是《田律》和各项君主的令文。在秦统一六国后，秦国的土地立法开始推广到全国。其主要内容有以下几个方面：

一、确认土地私有权，商鞅变法时规定民"名田宅"（名是以其姓名命名占有的意思），并又"除并田，民得买卖"。正式承认土地所有者占有、使用、处分土地的权利。秦统一全国后，又下令"使黔首自实田"。规定人民必须向政府申报所有的土地，以便官府征收赋税。

二、开立阡陌。秦在商鞅变法时规定："为田开阡陌封疆，而赋税平。"这里的"开"是开置的意思。秦《田律》规定：亩宽一步，长二百四十步（或有的说法是 30 步 × 80 步）。每亩可有两条畛（小径）。每一百亩开出东西向的道路，称为"陌"，南北向的道路为"阡"，也有的说法是围绕一百亩方块田的道路兼田界的称"陌"，围绕千亩的疆界称"阡"。规定阡道宽三步。在田界上必须设立宽、高各四尺的方土堆，称为"封"，作为标志。封与封之间，必须修立高一尺、宽二尺的矮墙"埒"加以连接，每年秋八月，必须"修封埒，正疆畔"，并整修阡陌道路。私自移动封疆阡陌位置的，要判处"赎耐"的惩罚。以如此慎重烦琐的立法来确定田界，实际上正说明秦尚属土地私有制的初起阶段，国家对于一切土地的强制力还很强大。

三、确认国有土地的范围。秦"专川泽之利，管山林之饶"。将一切荒地、山林、川泽都视为国有。规定每年春天二月，不得到山林里砍伐树木、不得堵塞水道。夏季，不得焚燃积草作肥料，不准采摘刚发芽的植物，不准捉取幼兽、幼鸟、鸟卵和毒杀鱼鳖，不准设立捕捉动物的陷阱、网具，到七月以后解除禁令。

四、建立土地分配制度。秦国为招徕三晋人民来秦国开垦土地，沿袭古代村社土地分配制度，以国有荒地分配给来秦国的移民，称之为"受田"。这种受田以顷（一百亩）为单位，原则上一夫一顷，《秦律》规定："以其受田之数，无垦不垦，顷入刍三石、稿二石。"即无论是否开垦都必须缴纳刍稿（饲草）税，并规定受田者在"三世"（九十年）内免除军事兵役征发，十年内免田税，使农民安心全力垦荒。对于秦国百姓，凡从事征战"能得甲首一者，赏爵一级、益田一顷、益宅九亩"。能斩得敌方一名甲士的首级者，提升一级爵位，增加田地一顷，宅地九亩。这个制度在秦国统一六国后，可能仍然有效。

汉代国有土地立法

汉代封建国家拥有大量土地，主要有：太仆等机关管理的苑囿园地；诸帝陵墓附近的祭田；少府管理的全国山林、江海、湖阪；全国各郡县没收犯罪者的田地；等等。这些都被称为"公田"或"王田"。其中少府所管的土地是作为帝王私产，不属于国家行政机关控制。对这些土地的经营与管理，汉代有如下一些立法：

一、"假田"令。汉高祖二年（公元前205年）下令："故秦苑囿园池，令民得田之。"颜师古注："田即后世佃之。"即将公田出租给贫民。

汉昭帝也曾赋中牟苑于民，也是出租的意思。汉宣帝地节元年（公元前 69 年）、汉元帝初元元年（公元前 48 年）、永光二年（公元前 42 年）都曾"假贫民公田"。假，是"赁"的意思，即将土地出租。东汉在 66 年、84 年、86 年和 107 年也都曾下令赐贫民公田耕种。贫民佃种国家公田，要向国家缴纳"假税"，即田租。假税的租率不详，当时民间的租佃时"见税十五"，即 50%。官方的假税可能要略低一点，但要高于一般三十税一的田税。有时封建国家为表示体恤贫民，规定免除假公田者的田租和算赋。公田出租的管理由各地专设的农官负责。出假的公田的处分及归还期限等细节尚不清楚。对于封建国家而言，获得比一般田税更多的假税显然有利，因此可能允许农民长期占有、使用公田。汉朝拥有的公田数量很大，汉宣帝时（公元前 73—前 49 年）从私田上收取的田税、口赋有四十余万万钱，而出假的公田上收取的假税达八十三万万钱。若按现在的估计，当时田租与假税之比是 3∶5。出假的公田数量是极为巨大的。

汉代假公田于民的制度，实际上是分期分批地将国有土地转化为农民小土地占有制，保持封建国家主要剥削对象——自耕农。然而，一些官僚豪强地主运用各种手段，"转假"公田，即向官府租得公田后，再转租给贫苦农民，以索取高额地租。如《盐铁论·园池》篇中，贤良文学们曾指出："今县官之多张苑囿、公田、池泽，公家有鄣假之名，而利归权家。"东汉史学家荀悦在《汉纪论》中曾指出："官家之惠，优于三代，豪强之暴，酷于亡秦。是上惠不通，威福分于豪强也。"

二、屯田。汉武帝时对匈奴用兵，大军出征，军粮的输送耗费极为巨大。"率三十钟而致一石。"以六斛四斗为一石计算，向边境输送一石粮食要耗费相当于一石米本身代价二百倍的运输费用。为解决这一问题，汉武帝时期除了继续采取秦以来向边境移民的政策之外，还开始进行大规模的屯田。

屯田在边防地区的国有荒地上进行。劳动者的来源是从平民征发来的戍卒，以及一些弛刑的刑徒罪犯等。屯田是按军事编制进行的国家垦荒活动，设有都尉、候官、障尉、候长、燧长等军官进行管理。屯卒的衣食口粮由国家发给，一般月口粮两至三石，月俸六百钱。每个屯卒的垦荒耕种定额为二十亩，生产工具、耕畜、种子等由国家发给。收获的谷物上缴公仓，调运给前方军队或发给屯卒作为口粮。在丰收时边境屯田的储粮还能调往内地。汉代屯田的规模很大，从垦人员往往一次即达数十万。

屯田采取军事编制的雇工剥削方式，在内地地主经济和租佃剥削方式影响下，屯田的性质逐渐发生了变化。屯田的土地原是国有土地，屯卒无任何处分权，但从居延汉简中可以看出，屯卒出租屯田已较普遍，每亩地租三至四斗，当时屯田地区亩产不过一石左右，这个租额已接近了内地私租"见税十五"的水平。随着西汉王朝实力衰减和边境地区商品货币经济的发展，西汉后期，屯田已逐渐成为军官们的私产，屯田的买卖、租佃、典当层出不穷，屯田从国有土地转变为与内地相同的地主所有土地，这说明地主制经济有了巨大的侵蚀作用。

从"限田令"到"王田令"看豪强世族如何争夺土地

战国以来大土地所有制不断膨胀，官僚地主阶级依靠政治权势和财力大量兼并土地，"富者田连阡陌，贫者无立锥之地"成为普遍现象，封建专制国家为了与大地主争夺土地与剥削对象，制定了一系列限制大土地所有制的立法。

一、用国家行政力量进行打击。汉初即规定凡商贾及其家属"皆无得名田"，不得占有土地，"敢犯令，没入田货"。另外，汉代规定，凡皇帝陵墓修成，迁徙各地富豪在陵区居住，"以强京师，衰弱诸侯，又使中家以下得均贫富"。被迁徙的富豪土地不能带走，成为公田。汉武帝时，又实施"告缗令"，许人告发富豪偷税漏税，结果"中家以上大抵皆遇告"，被没收的田产"大县数百顷，小县百余顷"。西汉平帝时有一千三百一十四个县邑，以此计算，国家因此得到的田产至少在十万顷以上。国家在各地设立农官，"往往即郡县比没入田田之"，将没收来的田产出租给农民。

二、"限田令"。汉武帝时"告缗令"运动过后，大土地私有制仍有增无减。董仲舒当时就建议："限民名田，以澹不足，塞兼并之路。"五十多年后，公元前 7 年，西汉政府正式下达限田令。规定，诸侯王、列侯可以在自己封国之内占有土地；列侯、公主可以在封国之外占有土地；关内侯以下各等级吏民，占有的土地不得超过三十顷。并再次强调"贾人皆不得名田",犯者以律论。在法令发布的两年内,土地所有者自行处理所有的土地,三年后仍超过限制的,没收为公田。这个法令发布后,一时确实造成"田宅奴婢贾为减贱"的现象。然而这个法令引起了贵族官僚和地主豪强的一致反对。汉哀帝又自坏"限田令",一次赐宠臣董贤两千顷。这个法令很快"寝不行"。

三、"王田令"。"限田令"颁布十六年后,王莽篡汉,建立所谓"新朝",企图全面恢复井田制。新朝始建国元年(9年)下诏规定:天下所有的田称为"王田",不准买卖;一户男子少于八人而占田过一井(900亩)者,必须将多余的土地分给亲族、邻居、同乡。无田者可以按一夫百亩的制度受田。凡敢于议论、非议王田法令者,"投诸四裔","犯令法至死"。王莽企图以一纸法令没收土地归公,遭到了大土地所有者的拼死反抗,引起了社会极度动荡,犯令受刑者自"诸侯卿大夫至于庶民,低罪者不可胜数"。王莽不得不在三年之后宣布:"诸名食王田,皆得卖之,勿拘以法。""王田令"就此废除。

汉代针对大土地私有制的这些立法,其特点在于使用赤裸裸的暴力干预大土地私有制,以暴力剥夺过分膨胀的地主豪强势力,表明了井田制遗留下来的"溥天之下,莫非王土"观念的根深蒂固。说明当时的土地私有制还远远不是绝对的,并非无条件地得到法律的保护。这种立法在封建专制政权力量强大时,可以收效于一时,如汉武帝时,一方面用法律剥夺,一方面又大量运用酷吏、诛杀豪强,收到了一定的效果。当专制政权力量受到削弱时,如汉末哀帝、王莽篡汉时,法令再强硬,也只能是色厉内荏,无法实施。王莽政权垮台后,继起的东汉王朝,本质上就是一个世族豪强政权,因此东汉初清查土地、户口的"度田令"也无法实施。豪强世族势力极度膨胀,不断兼并农民的土地与国家的公田,直至东汉灭亡。

第四节　魏晋屯田和占田制

自184年黄巾大起义爆发至316年西晋灭亡,其间先后发生黄巾大起义、军阀混战、三国割据、八王之乱、少数民族起兵反晋等多次战争，累计长达66年。战争主要在秦汉时期全国经济最发达的中原地区进行，对社会经济造成了极大的破坏。中原地区又恢复到自然经济时代，使用布帛计值，布帛、粟米成为主要的交换媒介。超经济剥削形态比重大为增加，农民大量沦为豪强地主的部曲、宾客，成为依附农民。土地立法也出现了变化。

曹魏屯田令

东汉末年，三国鼎立局面形成时，中原人口与汉末战前相比，"人口之损，万有一存"。曹魏建国，"虽有十二州，至于民数，不过汉时一大郡"。土地荒芜，以致"百里无鸡鸣"。各割据政权急于解决性命攸关的军食、财政问题，因而都对农民实行更加严酷的超经济强制，以国家法令强迫农民与土地结合，为封建国家提供粮食，这就是东汉末年至三国初期各割据政权实行屯田制的背景。

东汉末至三国时期的屯田以曹魏屯田令最为典型。东汉建安元年（196年），曹操率兵把四处流浪的汉献帝接到许昌，掌握了"挟天子以令诸侯"的政治主动权，为了获得与之相应的财政上、军事上的优势，同年，曹操听从枣祇、韩浩等人的建议，利用在战争中掳获的黄巾农民军的"资业"，开始在许昌组织屯田，以后又推行至曹魏控制的中原、江淮地区。

按秦汉以来习惯，一切无主土地皆为国有，"今承大乱之后，民人分散，土业无主，皆为公田"。曹魏因而在各郡县设典农中郎将、典农都尉管理所在地区的公田，并招募流民，编为"屯田客"，开垦荒地。当时甚至有强迫农民弃私田耕公田的现象。屯田客耕种公田无种子、耕牛者，由官府提供。屯田客按军事编制，是国家的依附农民，不得自由迁徙，军士逃亡，罪及妻子至死。在司马师当政时，还曾将屯田连同屯田客一起赏给权贵。可见屯田客实质上已成为封建国家的农奴。统治阶级对屯田客的剥削也极为沉重，凡使用官牛者，收成的60%归官府，屯田客仅得40%；使用私牛者则与官府五五分租。这样的分成租率，在当时已有人指出是"于官便，于民不便"，一般私田的田税仅四升（加以亩产一石计，仅二十五分之一）。

屯田的组织一般以五六十人为基层单位。由于实行屯田的土地只是抛荒的农田，因此官府并不强调尽力多开垦土地，而强调精耕细作，一般每个屯田客耕种五十亩左右。

屯田法施行后，曹魏经济实力大大增强，"用兵连年而国不匮"，得以统一北方，屡败吴蜀。但是随着社会经济恢复，一些豪强贵族吞并屯田占为己有，屯田制很快趋于瓦解，屯田客沦为世族地主的佃客。屯田不能再为封建国家提供好处，到了曹魏灭亡前一年，准备篡权的司马氏集团为了笼络豪强，宣布废除屯田制。

西晋占田、课田令

屯田制废除后，豪强兼并严重，而原来屯田的租率与私田的税率相差过大，需要拉平。因此在西晋灭吴后，公元 280 年，西晋政府颁布占田、课田令（占田制），企图限制豪强世族占有土地及田客的数量，并以一个理论上的田亩数来确定农民应缴纳的赋税。其主要内容是：

一、规定占田限额。平民男子一人最高只可占田七十亩，女子一人最高只可占三十亩。官僚各以其品级规定占田的最高限额，一品官占田五十顷，二品四十五顷，三品四十顷，四品三十五顷，五品三十顷，六品二十五顷，七品二十顷，八品十五顷，九品十顷。

二、规定课田及田税。每个正丁男子（16—60 岁），在所占田中五十亩为课田，即由官府督课，必须耕种，每年向官府缴纳四斛课田租。次丁男子（13—15 岁，61—65 岁）占田中二十五亩课田，田租额减半。女子课田二十。占田制所规定的占田、课田只是土地限额，实际上是不论土地占足与否，都一律按五十亩课田定额缴租。

屯田和占田制余波

魏晋的屯田、占田制度影响很大，直至十六国及东晋南朝，仍出现了一些以屯田、占田为基调的法令，较典型的有：

345 年，前燕国王慕容皝，仿照曹魏屯田法，将国家苑囿公田租给无地贫民，"以牧牛给贫家，田于苑中，公收其八，二分入私。有牛而无地者，亦田苑中，公收其七，三分入私"。以后又改为将公田给百姓，并给耕牛，

"依魏晋旧法"，即恢复到官私六四、五五分租。

东晋在 336 年发布"壬辰诏书"，禁止封山占水，违者以强盗律论，赃一丈以上皆弃市。以后刘宋在 457 年又发布法令，官僚贵族按品级限占山一至三顷，平民限占山一顷。"有犯者，水土一尺以上，并计赃，依常盗律论"，然而并无实际效果。占山令是西晋占田令余波，说明大土地私有制从侵占公田进而扩展到了原来被视为帝王私产的山林园地。

第五节　北朝和隋唐均田制

西晋灭亡后，北方陷入十六国混乱时期，社会经济又一次受到极大破坏，土地荒芜，人口大减，"或死于干戈，或毙于饥馑，其幸而自存者盖十五焉"。北魏建国后，注重农业生产，以解决军食，安集招抚流散的汉族人民，缓和社会矛盾。北魏初年，将大量俘获的各族人民、牲畜，集中至京畿地区，"计口受田"，督课开垦。这种法令曾先后于 396 年、398 年、413 年颁行。有时还由政府发给耕牛和农具。以后北魏逐步统一北方，而当时北方"民多荫附，荫附者皆无官役，豪强征敛，倍于公赋"。为了与当时筑坞堡、聚三五十家为一户的大地主豪强争夺剥削对象，同时也为了解决众多无主荒地的地权整理，北魏于 485 年颁布了均田令。

北魏均田制

北魏孝文帝太和九年（485 年）发布的均田令，总结了魏晋以来封建土地立法经验，又杂以北魏鲜卑族拓跋氏部落旧有的一些农村公社习惯。此法令共有 15 条，其主要内容是：

一、关于土地的分类归属。确认凡无主荒地属于公田。此外远流配谪的罪犯，无子孙户绝者的田宅桑榆"尽为公田"。公田由政府授予百姓、官吏各色人等。因此公田又分为六类：

1. 露田。专种谷物，不得栽种树木，凡年满 15 岁以上男女受露田二十亩。奴婢与平民同额受露田，耕牛每头受露田三十亩，一户限牛四头。

地质较差地区，给一倍的休耕地，称之为"倍田"。如更差，可以再给一倍。

2. 桑田。可种桑树，也可种榆树、枣树、栗树。男子每人受二十亩，奴婢同额。桑田"皆为世业，终身不还"，即由政府授予后可以私有，可继承，"盈者得卖其盈，不足者得买所不足。不得卖其分，亦不得买过所足"。

3. 麻田。凡不适合种桑的地区改授麻田，男子每人十亩，女子每人五亩，奴婢同额。麻田不属于私有。

4. 宅地。每良民三口给宅地一亩，奴婢五口给宅地一亩。男女 15 岁以上，每人给莱田五分之一亩。宅地也是世业，属于人民私有，可以继承。

5. 官员公田。这是授予各级官府作为办公费用的田产，刺史十五顷，太守十顷，县令、郡丞六顷。每任官员传递，"卖者论如律"。

6. 官员职分公田。作为官员薪俸一部分，不问贵贱每人一顷，"以供刍秣"。

二、关于土地的还受。

1. 凡百姓到达成丁年龄即可授田，至年老（70 岁）免役或身死，就必须归还授予的露田、麻田。奴婢、牛只死亡、卖出也要归还田地。

2. 如全户人口皆为老小、残疾免役者，年 11 岁及残疾者各授"半夫田"，70 岁以上也不必归还。寡妇守志不嫁者也给予一般女子同额的"妇田"。

3. 授田时间为每年正月。

4. 犯罪者、户绝者的田产为公田，但如有亲属，则优先授予其亲属。如尚未到给受期限也可先借给亲属耕种。

5. "诸给口分田，务从便近，不得隔越"。一户新增加人口，要在已受田的附近授予。

6. 授田的次序以先贫后富、先无后少为原则。

三、关于土地的利用。初受桑田者，必须在三年之内耕种，至少植五十株桑、五株枣和三株榆。如三年内没有耕种，土地还官。

四、关于人户迁徙及其他。

1. 土地足够分配的地方为宽乡，不够分配的地方为狭乡。狭乡人户愿意迁往宽乡居住，"听逐空荒，不限异州他郡"。但不可"避劳就逸"，迁往徭役负担轻的地方。狭乡人户若不愿迁徙，露田不足则以桑田充数，再不够，不分倍田。宽乡的人户"不得无故而移"。

2. 地广人稀地区允许"随力所及"开垦荒地，以后来者，再依法授受。

北魏均田令并不是"平均天下所有田土"的意思，而是由国家"均给天下民田"的意思，并不触及原有的大土地私有制，并没有明文规定土地的限额。相反，北魏的法律对土地私有权还加以各种保护。北魏法令规定：凡所有权有争议的田土，一律归现在的占有者所有。均田令中的桑田，也泛指原来人户私有的土地，同样不在"还受之限"，即使超过露田的限额，甚至倍田的份额，仍不作为露田还受。均田令在诸如宽乡可以"随力所及"，狭乡可以减分；原则上禁止土地买卖，但又规定在定额内可以买卖；倍田、再倍田等方面的规定都可以含糊解释，以利于大土地所有者。规定奴婢与良民同额受田，更是有利于广泛蓄奴的世族豪强地主。

另一方面，北魏均田令承认了农民有获得土地的权利，有迁徙、开垦荒地占为己有的权利，也保护了自耕农的小土地所有权，对于提高农民的生产积极性也有一定的作用。因此，北魏政权用均田令较为成功地调整了土地关系，在与大土地所有制妥协的前提下，以国有土地的名义扶植、保护自耕农经济，有利于社会生产的恢复与发展。并且，实施均田令后，增加了政府的财政收入，稳定了统治秩序，北方的社会经济逐步恢复。

北齐、北周和隋朝均田制

北魏政权在 534 年发生分裂，形成了东魏、西魏，而相继建立的北齐、北周政权出现对峙的局面。后来北周灭北齐，隋朝代周，北方再次统一。在这一分裂时期，各政权仍按北魏均田令原则，进一步推行均田制。

北齐在河清三年（564 年）发布均田令。规定：京城周围三十里以内土地划为公田，分授给各级职事官的为职分田。百里以内土地允许私有，"职事及百姓请垦田者，名为永业田"。百里以外全国各地区的土地仍按北魏制度划分为桑田、露田。明确规定桑田为"永业"，不宜种桑地区授予麻田，与桑田同样为永业。18—66 岁男子受露田八十亩，桑田二十亩；女子受露田四十亩。牛一头受田六十亩，限止四头。奴婢与良民同额受田，但对奴婢数目有限制：亲王三百人、嗣王二百人、二品以上一百五十人、三品一百人、七品以上八十人、八品及庶人六十人。规定除了桑田之外，"悉入还受之分"。每年土地授受时间改在十月。

北齐均田令的特点是：

1. 进一步确认土地私有权。如麻田与桑田同为永业，并公开允许权贵之家在京城百里之内霸占兼并土地等规定，对世族豪强让步。

2. 关于土地买卖的禁令空泛。虽然规定凡告发土地买卖、告发土地超额者有赏（即以土地赏给告发者），然而"露田虽复不听卖买，买卖亦无重责"，徒然增加社会矛盾。另外，允许官员买卖职分田。

3. 土地的授予、退还等规定粗糙。被当时人称为"授受无法"，造成"争地文案有三十年不了者"的现象。

4. 北齐政权划出京畿地区作为权贵任意兼并地区，主观上企图将土地兼并控制在一个地区之内不致蔓延全国。然而实际上由于北齐皇帝经常将京畿地区土地"横赐""永赐"给权贵之家，权贵得以"请""借"名义扩张土地，"肥饶之处，悉是豪势"。"富有连畛亘陌，贫无立锥之地"。土地兼并愈演愈烈。

北周均田制度基本仿照北魏，"人民自十八岁起受田，至六十五还田"，凡成家者一户一百四十亩，单丁一百亩。宅地规定十人以上五亩，七人以上四亩，五人以下三亩。其特点是否认了妇女的受田权利。

隋朝建立在统一北方的基础之上，在土地立法上基本采纳的是北齐的制度，颁布新的均田令。其特点是：

1. 确认贵族官僚按等级拥有土地私有权。从诸王至都督以下，各给永业田为私有，多者一百顷，少者四十亩。此外，官员在任职内可占有职分田，一品五顷，每品五十亩为差，至九品官为一顷。职分田是官俸的一部分，去任后须移交下任。各官府又有"公廨田"，收入作为官府办公费用。

2. 园宅地，每三人给一亩，奴婢每五人给一亩。

3. 关于土地的授受、买卖等方面同于北齐制度。

由于隋朝沿袭北齐赐田弊病，大量将公田赐给权贵功臣，造成狭乡日益增多。592年，隋文帝派出使臣至各地"均天下田"，狭乡每丁才二十亩，老人、少年更少，受田普遍不足。

唐朝均田制

唐朝建立后，唐高祖（李渊）于武德七年（624年）发布《田令》，推行均田制。以后在开元二十五年（737年），唐玄宗（李隆基）又一次发布《田令》，其内容比之北魏、北齐的制度更为详细。

一、对人民授田、还田的规定。

1. 明确数量。丁男（21岁以上）、中男（18岁以上），每人给田一顷。年老及残疾者给田四十亩。寡妻妾给田三十亩，如寡妻妾为户主，则给田六十亩。道士、僧侣每人三十亩。女冠（女道士）、尼姑每人二十亩。

2. 确定种类。所受田中的20%为永业田（即北魏桑田），允许私有，80%为口分田（即北魏露田）。

3. 明确宽乡、狭乡概念。受田已足者为宽乡、不足为狭乡。狭乡受田额可比标准减少一半。工商业者在宽乡可给半额口分田（四十亩），狭乡不授。需要休耕的荒薄土地，需休耕一年的加倍授予口分田。狭乡可遥授予别处宽乡的休耕地。

4. 确定亩制。全国一律以五尺为步、二百四十步为田、一百亩为顷。

5. 确定授受时间。每年十月至十二月授受田亩，同时对一年中人口及其他变动加以土地调整。

6. 确定授田次序。规定按"先课后不课""先贫后富""先无后少"次序授田。即承担租调户、贫穷户、无地户有授田优先权。

7. 确定不耕改授。凡受田者在两年内没有耕种，即借给"有力者"耕种。如不自己耕种而转佃他人，在六年内仍未耕种的，追田改授。

8. 明确还田规定，口分田在受田人死后需退还官府改授他人。但军人出征失踪，其口分田经六年之后才收回改授，若六年后其人还乡，优先再授。出征战死者口分田不再收回。战伤或其他因公致残疾者也不追减口分田。

二、对官僚的授田规定。田令取消了北魏以来旨在照顾权贵的"丁牛限四""奴婢依良"等内容，明确规定：

1. 贵族官员按品级授予"永业田"，亲王至骑都尉，按品级授田一百顷至四十顷。有军功者给"勋田"。官爵与勋俱当给者，从其大数，不二者并给。官勋田可以隔乡遥授，未请受而官员身亡，子孙不合追请。但袭受爵位者可以减半请受父祖未请受田地。

2. 职分田：作为官员俸禄的一部分，从一品至九品，十二顷至两顷不等。

3. 公廨田：收入供官府办公费用，自大都督府至关戍，四十顷至一顷不等；州三十顷至十五顷，县十顷至六顷（视州县大小而定）；京城各官府二十六顷至两顷不等。

三、关于土地买卖及其他。

1. 官僚的赐田和五品以上官员的官勋田均可以买卖。

2. 百姓的永业田虽属私有，可以继承，但不可随便买卖，必须在诸如庶人身死、家贫无以供葬之类的特殊情况下才可以出卖。

3. 口分田原则上禁止买卖。唐律规定："诸卖口分田者，一亩笞十，二十亩加一等，罪止杖一百。地还本主，财没不追。"然而，唐田令又规定，有一些特殊原因时可以灵活处分，如：欲从狭乡迁往宽乡，允许出卖其口分田；欲出卖口分田充作住宅、邸店、碾硙之类情况下也允许出卖。

4. 买卖土地必须经官府批准。田令规定："田无文牒辄卖买者，财没不追，苗子及买地之财并入地主。"

5. 禁止占田过限。唐律规定，凡占有土地超过品级应有之数及一夫一百亩之制的，为占田过限之罪，一亩笞十，十亩加一等，过杖六十，每二十亩加一等，罪止徒一年（即过限一百五十一亩）。然而又规定"若于宽闲之处者，不坐"。

唐代均田制的实际执行情况与法令规定相差很大。根据敦煌、吐鲁番出土的唐代文书看来，受田不足是极为普遍的现象，如敦煌高昌县，据已发现的一些文书分析，平均每户仅受田十亩左右，然而制度还是执行的。从这些文书看来，每年十月开始进行土地的授受调整，并且都做成详细文书，分为：死退——受田者死亡，退还口分田；剩退——受田者年满60岁，作为年老者必须退还受田的一半；逃走除退——逃亡者的土地退还；出嫁退——寡妇出嫁时，退还田土；等等。尽管田土并不足额，但基本上仍是按照制度授受除退的。

均田制的瓦解

唐代均田制的法令，比之北魏，规定更为详尽。然而实际上，由于商品货币经济的发展，唐代已处于均田制的末期。这些条条框框恰好反映了均田制已在逐渐瓦解，立法者已充分看到了均田制各种难以克服的弊病，竭力企图用法条加以弥补。

均田制是中国历史上特有的现象，它以封建土地国有面貌出现，是一种保护自耕农小土地所有权的法律制度，它是以承认土地私有权为前提的，并不能阻止土地兼并。唐代均田制有关买卖土地、占田限额等规定，比之北魏均田令，向土地私有制做了更大的让步，尤其是对于贵族官僚的限制更为放松。同时，对于发展工商业（邸店、碾磑等）也予以方便。表明社会经济正在发展，原来北魏实行均田制时那种地广人稀、社会经济凋敝、生产力低下、自然经济占主要地位的情况已经不复存在。随着商品货币经济的发展，均田制瓦解是不可避免的趋势。

唐朝初年，土地兼并已很剧烈。就在颁行《唐律疏议》的同时，"豪富之室，皆籍外占田"，仅洛州一地，查出还民的良田有三千余顷。唐玄宗时，工部尚书卢从愿占良田数百顷，皇帝称之为"多田翁"。唐玄宗曾下诏书，承认"王公百官及富豪之家，比置庄田，肆行吞并，莫惧章程"。当时有人说，"兼并之弊，有逾于汉成、哀之间"。据说唐朝宰相中不置庄田仅崔群等三人而已。失去土地的农民逃亡至外地，佃种地主土地，成为"客户"。而封建政府为了财政收入需要，将逃亡者的赋役摊于未逃户头上，激起更多的农民逃亡。武则天时期，已是"天下户口，亡逃过半"。安史之乱后，"乡居地著者百不四五"。封建王朝原来凭借均田制而对土地、劳动力实行的直接控制，被不断突破，依靠均田制实行的租庸调剥削也无从实现。780年，两税法实行后，虽然没有明令宣布废除均田制，但实际上已是形同具文，名存实亡。

第六节 不立田制时代——宋、元、明、清

宋、辽、金、元、明、清各代，不再制定限田、均田之类的法令，号称"不立田制"。封建法律对于土地私有制的干预大大松弛了。宋朝法典《宋刑统》虽然还保留着唐律有关均田制的内容，但实际上已完全是摆设。北宋朝廷也曾规定官僚占有土地的最高限额，一品官为三十顷，以后宋徽宗又放宽至一百顷。但实际上两宋已是"贫富无定势，田宅无定主，有钱则买，无钱则卖"。金朝法令正式规定"民田业各从其便，卖质于人无禁"。以后，元、明、清各代法律都沿袭了这个原则。明代封建统治者认为"王田""限田"之类的法令都是"拂人情而不宜于土俗，可以暂而不可以常也，终莫若听民自便为之得"。各朝代对大土地私有制干预不断放松。即如有人所指出的，唐朝以前兼并土地的被称为"豪强""权贵之家"等带贬义的名称，而宋朝以后，公然称之为田主，非但不受法律限制、打击，反而受法律的各种保护。因而封建土地立法的内容逐步演变为对国有土地的管理，以及为了便于征税而对私有土地进行清丈、地权清理、地权转移管理等方面为主。

宋代的营田

宋代沿袭历代旧规，确认凡无主荒地、荒滩、户绝土地、犯罪者被没收的土地等都为公田。除了在边疆地区为了解决军需而继续进行屯田外，在内地，对国有土地的经营完全仿照地主剥削方式进行租佃剥削。正如有的研究者所指出的，出现了"官田的私田化和官租的私租化"的现象。

宋代在各地设立营田使，或由地方官府兼管公田。在公田上兴修水利，"田之未垦者，募民垦之，岁登所取，其数如民间主客之例"。即将土地分别出租给农民，官府按民间地主出租土地的租率征收田租。有时为了吸引农民佃种官地，规定"初垦以九分归佃户，一分归官；三年后，岁加一分，至五分为止"，仍是以五五分租为标准。

虽然西汉时政府已开始将官田"假予"出租给贫民，然而西汉政府出假的公田以后即归农民所有，只是田租高于一般的田税而已。宋代营田的处分权则仍归官府，作为政府控制的最主要的不动产，每当财政紧急，而

地价高昂时，朝廷即下令营田使抛售营田，"尽鬻官田"。由官府招标，有意购买者，在限期内密封价钱投官。至期召集各欲买者，当堂开拆，以出价高者为买主。原则上买主必须在当场缴清价款。也可以先付一半，其余在一年内缴足。

明代的官田

明初封建君主专制中央集权大大加强，封建王朝对社会经济各方面都加紧了控制，因而国有土地的比例大为上升。洪武时，仅屯田就达八十九万多顷，占了当时全国垦田总数的十分之一。皇族、贵族的庄田，以及"官田"各占垦田总数的十分之一。弘治十五年（1502年），各类官田总数达民田的七分之一。

明代国有土地可分为屯田、皇族庄田和"官田"等几种。

明代的屯田起初是全部用于养军的。明初规定，凡军户（世袭为兵的人户）都授予一份屯田，一户约五十亩（低时仅二十亩，最高不过一百二十亩）。全国各地的卫所（军队单位，一卫约五千六百人。所分为百户、千户）平时五分之四的士兵从事耕种屯田。每份屯田每年定额上缴"余粮"六石（约合每亩一斗二升），作为军队的供给，其余的"正粮"由军户自行处理。屯田不得转卖倒手，军户不得自由迁徙。除了此种屯田外，明代还曾在西北、北方边境上组织过与前代类似的屯田。屯田制度施行不久就百弊丛生，军官侵吞余粮，并兼并屯田据为己有，强迫军户为其耕种，军户被迫逃亡。明朝中期，屯田已成为私有土地，与民田无异。

庄田是皇帝赐给皇族、贵族、功臣的田土。明代实行分封诸王制度，每当分封诸王就藩，就大量赏赐庄田。庄田上的劳动者由地方州县拨发农民充当庄田佃仆。也有逃军、逃户为躲避官府差役而"投充"佃仆。庄田佃户每年须向封主缴纳"庄田子粒银"三分。这种国有土地实际上在分封后已成为皇亲贵族私产。

虽然习惯上官田就指国有土地，但明朝狭义上的"官田"并非如此。明朝狭义上的"官田"专指苏、松、嘉、湖、抚一带州府的土地。元末割据战争时，这一带是朱元璋的劲敌张士诚的地盘。明太祖建国后，痛恨这一带的地主豪绅，对土地加以征收，作为官田，按地主私租额规定田赋，而实际上的土地所有权仍属私人。这些官田与民田一样可以买卖、继承，只是官田的田赋负担极重，每亩高达八斗以上（占收获量的30%—50%）。

清代旗地与更名地

清朝入关后，在北京附近大量圈占民田，分配给入关的满族王公和八旗军士，这些土地被称为京城旗地。这些旗地共二十万余顷，占了顺治年间全国垦田总数的二十五分之一左右。以后八旗军队分驻各地，在各省也圈占土地，称为驻防旗地。旗地是封建政权用暴力剥夺私有土地为国有土地，再转化为八旗王公军士的私有土地。旗地，主要是内务府的皇庄、宗室王公的庄田，八旗军士土地份额并不大。清初，旗地的劳动者多为八旗军队掳掠的农奴。以后农奴逃亡反抗，逐步也改为招民佃种，与民田同样经营。

为了保障满洲王公的利益和八旗军队的战斗力，清朝法律规定汉民不得收买旗地。但由于八旗军队入关后日趋腐朽，土地典卖层出不穷，屡禁不止，清乾隆朝曾四次动用国库银两赎回出典的旗地，旗地仍归原主。汉民只准佃种。这一制度一直维持到清末。

清朝入关后，北京附近的明皇室皇庄都被划为旗地，外省大量的明宗室庄田，由于清朝不再分封藩王，因而由朝廷加以接收，成为国有土地。清康熙八年（1669年）为了表示"德政"，康熙帝下令原明朝藩王宗室庄田免价归原来的佃户所有，佃户改为民户，田地"永为世业"，号为"更名（明）地"。并废除原来缴纳的庄田子粒银，改缴与一般民田同样的田赋银。这批更名地总数十六万余顷。

宋、元、明、清土地清丈

自从唐两税法以后，赋役制度总的演变趋势是向资产税方向发展。土地是最重要的不动产，田赋是最重要的财政收入，因而土地清丈、地权清理就成了保证财政收入的最重要的手段，也成为土地立法最重要的内容。而大地主为了躲避田赋负担，千方百计隐瞒田产，抵制封建政府一次又一次的清理清丈，每次封建王朝颁行的清丈法令最后都以不了了之而告结束。

北宋王安石变法时期，于熙宁五年（1072 年）开始实施"方田均税法"。这个法令的主要内容是清丈土地。规定以东西南北四边各一千步为一方（方内田共四十一顷六十六亩一百六十步），以方为单位，确定土地的肥力等级（共分为五级），并按土地质量确定税率，登记土地所有者及税则。公布于民一年后，如无争议，即正式下达户帖。每百步见方绘成一小图，一方田为一大图，一县绘成一总图。一切所有权转移、确认以方田所制簿书为定。方田角上堆土为峰并植树木，以为标志。方田均税法实施后，逃避赋税的隐田隐户都因此被清查。方田均税法使政府增加了税收，同时平均了赋税的负担，也缓和了社会矛盾。但实施这一法令必须经过长时期测量工作，手续繁杂，耗费大量人力物力，在山区、丘陵地区更难推行。由于清丈土地触及了大地主、官僚士大夫的痛处，因此导致他们群起而反对。经过十三年的丈量，仅清丈土地二百四十八万四千余顷。而这个法令推行中，一些贪官污吏乘此机会大肆搜刮，民怨沸腾，以后屡行屡废。北宋宣和二年（1120 年）正式宣布停止施行。

南宋政权建立后，为解决田赋日益隐漏问题，绍兴十三年（1143 年）开始实施"经界法"。经界法与方田均税法类似，也是土地清丈法令。规定凡私有田产者，应置"砧基簿"，将所有的土地形状、亩目、四至、地产等画成图册，一式三份，路转运使司、州府、县府各保留一本。未登记入簿的田产一律没官。改官丈量为民自报，有利于隐瞒田产，因此又改为各地方官府组织丈量、记录。经界法推行八年，其目的逐渐从清丈改为加税，引起各方反对。以后南宋曾多次重复推行此法，但每次都在大地主豪绅反对抵制下不了了之。

明朝加强了君主专制中央集权，洪武二十年（1387 年）明太祖派遣国子生至全国各地，组织土地清丈，严厉打击以飞洒、诡寄之类方法欺隐赋税的地主豪绅。当时法令规定，以田赋粮万石为一区，分区编号丈量每一块土地的形状、高下、四至、土质，并记录每块土地的所有者及田赋，所谓"以田为母、以户（或人丁）为子"。每块田块都编成号单，发给所有者，凡买卖典当，号单粘连契约，不至于卖多买少，失落田赋。而每一区的图册则保存于各级官府，作为征发田赋的凭据。由于这种图册所绘田块块块相连，状如鱼鳞，所以被称为"鱼鳞图册"。洪武法令以严酷著称，元末农民起义对各地的地主豪绅又进行了沉重的打击，因此这次法令推行较为成功，五年后基本完成，全国各州县都编成鱼鳞图册。虽然也有各州县应付、丈尺标准不一、土质辨别不清、合数亩为一亩等弊病，以及立法中没有对以后地形变化预设方法等缺陷，然而这毕竟是中国封建社会历史上唯一一次较为彻底的土地清丈。

经过一百多年，至明正德年间，各地原有的鱼鳞图册已大多破损不堪。另外，人户迁徙，荒地开垦、熟地抛荒，田亩更易，买卖中零割碎卖，产卖税存，胥吏上下其手作弊，明初的鱼鳞图册早已不能反映实际土地状况。登记在册的"天下土田，视国初减半"。田赋收入逐渐减少，而一些贪官污吏甚至将存在官府的鱼鳞图册"抱而鬻之市"。因此明中期起不断有人提出清丈土地、清理田赋。万历年间张居正主持改革，通令天下清丈田土，要求在三年之内完成。明清丈也采取"开方法"，三年后（1577 年）清丈初见成效。据说增加了三百多万顷在册税田。但这次丈量政治背景已不同明初，丈田过程中弊病百出，并遭到官僚地主的种种攻击，实效维持时间并不长。

土地买卖制度

随着土地买卖逐步成为土地兼并的主要方式，宋、元、明、清时期，封建政权制定了一系列有关土地买卖的法令，形成了完整的土地买卖制度。

首先，宋统治者沿袭汉唐以来的法律制度，规定不准盗卖他人土地、不准重叠典卖他人土地。明律规定，盗卖田土"一亩至五亩，笞十，罪止杖一百"。此外，宋朝起规定不得以土地准折抵债，作为对土地兼并的一种抑制。宋朝法律规定："典卖田地，以有利债负准折价钱者，业还主，钱不追。"明律规定，以债务准折他人土地者，杖八十。清律沿袭这一规定。

其次，宋、元、明、清各代法律都规定土地买卖契约必须经由官府登记盖印，并由买方缴纳契税。这名义上也是为了"抑兼并"，实际上目的在于增加财政收入。契税税额一般为契价的 2%—3%。宋元时往往由官府印刷契纸发卖，必须使用官契纸，买卖才有效。明清改为在民间地契之后粘连官府印制的纳税证明"契尾"，骑缝押上官印。凡经官府盖印的地契称"红契"，是土地所有权的合法证书。未加印的白契，原则上不受法律保护。

再次，土地买卖制度极为强调在土地买卖同时转移田赋，即所谓"过割赋税"，防止在地权转移中失落赋税，因而宋、元、明、清各代法律都规定了此项内容。宋代凡不过割者，田业一半还卖主，价钱不追，另一半没收入官。元代除没收一半田产外，买主笞五十七下。明律规定田产全部没官，"一亩至五亩，笞四十，五亩加一等，罪止杖一百"。清律沿袭。过割方式一般为买卖双方同至官府，在官府赋税登记簿册上注销、登记。

此外，宋元两代还曾规定，卖方在出卖土地前，必须"先问亲邻"，即先征求亲属和邻居的意见，亲邻享有先买权。元代规定不问亲邻成交者，要处笞二十七下。明清律虽无此项规定，但民间习俗在出卖土地前仍要先满足亲属的要求。元代还曾规定土地买卖必须事先获得当地官府的批准，"出给半印勘合公据"，否则买卖双方断罪，价钱、田地一半入官。

附表：《北朝、隋、唐均田制简表》

- **北魏**
  - **永久占有（世业）**
    - **桑田** —— 男丁每人 20 亩，女不给。原则上禁止买卖。不还官。
    - **宅地** —— 良民每 3 人 1 亩，奴婢每 5 人 1 亩。
  - **限期占有（还受）**
    - **露田** —— 男 15 岁以上每人 40 亩，女 20 亩。70 岁或身死还官。不许买卖。奴婢与良民同额。
    - **麻田** —— 男 15 岁以上每人 10 亩，女 5 亩。70 岁或身死还官。不许买卖。奴婢与良民同额。

- **北齐**
  - **永久占有**
    - **桑田** —— 18 岁以上男丁每人 20 亩，女不给。
    - **麻田** —— 不宜种桑改给麻田。
    - **垦田** —— 许官民垦田己有。
  - **限期占有**
    - **露田** —— 18 岁以上男丁每人 80 亩，女 40 亩。66 岁或身死还官。

- **北周**
  - **宅地** —— 10 人以上 5 亩，9 至 5 人 4 亩，5 人以下 3 亩。
  - 男丁田百亩，有家室者 140 亩。

- **隋**
  - **永久占有**
    - **永业田**
      - 诸王至都督以下给 100 顷至 40 亩不等。
      - 男丁中（18 岁成丁，17 岁以下为中）各给 20 亩。
    - **园宅地** —— 良民 3 人 1 亩，奴婢 5 人 1 亩。
  - **限期占有**
    - **露田** —— 男丁中每人 80 亩，66 岁或身死还官。

- **唐**
  - **永久占有**
    - **永业田**
      - 亲王至骑都尉，按品级 100 顷至 40 顷。
      - 男 16 岁以上每人 20 亩，工商业者减半。
    - **园宅地** —— 3 人以下 1 亩，每 3 人加 1 亩。贱民每 5 人 1 亩。
  - **限期占有**
    - **口分田** —— 男 18 岁以上每人 80 亩，年老残疾 40 亩，寡妻妾 30 亩，僧道 30 亩，女尼 20 亩，身死还官，不许买卖。

第三章　赋役制度

马克思指出："赋税是官僚、军队、教士和宫廷借以维持生活的源泉。简言之，就是行政权力整个机构借以维持生活的源泉。强有力的政府和繁重的赋税是同一个概念。""赋税是政府机器的经济基础。"中国古代强有力的君主专制中央集权国家政府，也正是建筑在极为繁重的赋税基础之上的。

在中国古代，赋税是封建国家对居民进行剥削的主要方式之一。除了这种掠夺劳动成果的方式之外，古代封建国家还直接役使人民人身，强制人民无偿提供各种劳役，即古代社会特有的徭役剥削方式。因此在中国古代，往往赋税与徭役合称为赋役，都是封建政权赖以生存的经济基础。

中国古代赋役的种类繁多。赋税，一般指对居民按土地、资产征收的带有资产税性质的田赋、户税，其中田赋最为重要，往往又称为田租、田税、地税等。此外，赋税一词还包括封建政权按居民人户和人口征收的户赋、算赋、口赋、身丁钱米、丁银之类的人头税。役，除了征发无偿劳役的徭役之外，还包括兵役、各种职役、差役等。在历史上，往往允许向官府缴纳实物、货币代替实役。然而随着时间的推移，代役缴纳的货币和实物与赋税合一，又出现新种类的实役。这种役合于税、税外又生新役的现象在古代循环不断地发生着。此外各种杂税也层出不穷。

赋役虽然是向社会居民征发的，但地主阶级往往可凭借政治、社会特权身份而免除赋役。即使地主所纳赋税也是向佃农剥削来的地租的一部分，所谓"税出于租"，是农民剩余劳动的转化形式。赋役的负担主要落在农民头上。

赋役是封建国家最主要的财政收入来源，因而也是封建经济立法的主要内容之一。这部分内容的经济立法很早就被正式纳入了封建法典，是正律的重要内容。

第一节　赋役制度的产生

早期国家赋役制度的雏形——"贡助彻"

夏商时代国家剥削居民的制度，据现有资料还不能完全判明。公元前5世纪战国时期的孟子曾说过："夏后氏五十而贡，殷人七十而助，周人百亩而彻，其实皆什一也。"这句话是否是对夏、商、周三代赋役制度的总结，后人长期争论不休。由于缺乏文献资料，在战国时期回顾夏、商、周三代的史实，实际上已经很困难了。早于孟子近一百年的孔子就曾说过："夏礼，吾能言之，杞不足征也；殷礼，吾能言之，宋不足征也。文献不足故也，足则吾能征之矣。"根据考古材制分析，殷商时代虽然已进入了青铜器时代，但农业生产工具仍主要是木、石、蚌、骨器，也没有大量使用畜力的例证，农业仍处于原始锄耕阶段。在这样的生产力水平下，只能依靠集体经营耕作才能维持生存。甲骨文中有"王大令众人曰协田，其受年""王往以众黍于冏""贞，惟小臣令众黍"等描述集体生产的记载。古代民歌《诗经》中也有很多类似描写，"十千维耦""千耦其耕"等。因此，即使夏商时代确实有贡助之类的制度，也不大可能是对个体农户的剥削方式，可能只是农村公社对领主、贵族、国王的一种贡纳。另一方面，生产力水平的低下，剩余劳动的产品也很少，按收获量的若干分之一进行榨取也应是后来的情况。然而，无论如何，"贡助彻"毕竟是中国古代赋役产生的第一步。

夏代尚处于国家的雏形阶段，其政治法律制度还处于原始低级阶段。所谓"夏后氏五十而贡"，很可能只是夏后氏向各部落、村社征收的贡献。贡字有"任土作贡"之意，是向夏后氏贡奉本地土特产的习俗。不大可能是像孟子所说一夫耕种五十亩，十分之一上贡给夏王那样严密的制度。

商代国家机构比夏朝发达，法律制度可能也较进了一步，对村社的剥削更进了一步。所谓"殷人七十而助"，"助者，籍也"，籍是借的意思。一般认为，这时村社成员除了耕种自己份地之外，还要耕种属于贵族的公田，公田的收获物属于贵族和国王。这是一种力役剥削制度。据后人的注解，商朝已出现了井田制。籍法即是井田制的剥削制度。

"贡助彻"中争论最多的是西周实行的"彻"。彻字本意含有收取、治理、通达等多种含义，随着各人对彻字理解的不同，而产生了互相矛盾的各种各样对彻法的解释。很多人按通达之意去解释。宋代朱熹认为，彻法是"同沟共井之人，通力合作，计亩均收，大率民得其九，公取其一，故谓之彻"。明朝人崔述则说："通其田而耕之，通其粟而析之，之谓彻。" 都认为彻法就是通力合作耕种，通计收获谷物而分成缴纳王室，因此它是一种实物分成剥削制度。西周时农业生产已有一定规模，除了公田之外，份地上的生产剩余品逐渐增多，已有可能实行分成剥削。国家有可能统计村社的收获量，十取其一，"其实皆什一也"。这时原始共同体的村社也已逐渐成为国家的基层统治机构。《周礼》称："五家为比，使之相保；五比为闾，使之相爱；四闾为族，使之相葬；五族为党，使之相救；五党为州，使之相周；五州为乡，使之相宾。"仍然保持着氏族公社的遗风。同时，又以"五家为邻，五邻为里，四里为酇，五酇为鄙，五鄙为县，五县为遂"。表现了氏族机构向国家机构的过渡。因此，在共同劳动耕作的基础上通力合作，通过一共同体的产量，由一身二任的比邻闾里组织为国家征收十分之一的收获物，所谓"巡野观稼，以年之上下出敛法"，是比较可能的。

"贡助彻"实行时期长达一千余年，是早期国家赋役制度的雏形。由于这时分邦建国，各诸侯国都是一个个小国，土地私有制还未发展，因而这种国家剥削制度的最大特点是国家与领主合一，赋税与地租合一。

赋税的出现

至春秋战国时期，农业生产力有了很大提高，铁制农具、牛耕的出现，淘汰了集体使用人力的耦耕制，个体生产、小农经济开始形成，农业生产经营方式有了革命性的变化。土地制度的变化，也使自耕农经济有了巨大活力，并使国家的赋税与地租分离。统治阶级的剥削对象从村社逐渐转向有权独立支配生产物的个体农民。

春秋战国时期，列国纷争兼并，战争频繁。宫殿和城池的营建、诸侯的朝聘会盟等费用直线上升。仅《春秋》所记载，在 242 年中，军事行动即有 483 次，朝聘盟会 450 次。这些都需耗费大量的资金。同时，各诸侯国不断加强君主集权。"强有力的政府和繁重的赋税是同一个概念。"原来的公田收益及十分之一的彻法已远远不能满足统治者需要。适应新的土地制度、新的社会形势的赋税制度应运而生。

春秋初期，公元前 685 年前后，管仲率先在齐国实行"相地而衰征"的制度。衰，是等差的意思。相地而衰征即按照土地的质量差别征收租税，开了履亩而税，按土地征税的先河。公元前 594 年，鲁国实行"初税亩"，即按个人所有的耕地面积征收地税，一般以此作为中国田赋的开始。初税亩的具体制度，据东汉人杜预的解释，"公田之法，十足其一。今又履其余亩，复十取一……逐以为常"。即在原对公田及村社征收十分之一的基础上，按每个农民份地上的收获物再征十分之一，即总共征十分之二。这种制度很快在各国得到推广。公元前 543 年，郑国子产执政，推行改革，也开始履亩而税，郑国人大为不满，民间歌谣传唱："取我田畴而伍之，孰杀子产，吾其与之。"过了几年由于采取履亩而税，确认土地的私有权，因此又逐渐得到了拥护，民间歌谣又传诵："我有田畴，子产殖之。"处于边远地区的秦国也于公元前 408 年实行"初租禾"，即按土地面积征收租税，按收获物分成定租税额。古代租、税二字常常通用，直到东汉人许慎所编《说文解字》仍称："税，租也。"

除了田税之外，赋也同时产生了。赋字原意是指君主及各级诸侯、宗主对下级臣属征用军马、弓矢、甲盾之类军用品的意思，因此由表示军备的"武"与表示财富的"贝"组合而成。以后使用范围渐渐扩大，凡上级向下级征收物品都可以赋为名。如公元前 513 年，晋国赵鞅、荀寅，"赋晋国一鼓铁，以铸刑鼎"。《说文解字》称"赋，敛也"，敛是收集、征收的意思。而各种物品的征敛最后总是落在土地之上。鲁国在实行初税亩以后的第四年，又"作丘甲"，以土地单位丘（九夫为井、四井为邑、四邑为丘，可能指一个小领主所拥有的土地），作为征发军用甲胄的单位。公元前 548 年，楚国妫掩任司马，管理有关军用品供给的事务，实行"书土田、度山林……量入修赋，赋车籍马，赋车兵、徒卒、甲盾之数"。即调查登记全国耕地，作为征发军用品的依据。公元前538年，郑国子产"作丘赋"，即也按土地征发军需品。鲁国在公元前483年又进一步"用田赋"，在田税之外，又按田履亩征收军赋，这样赋与税渐渐合一，无所谓军用民用。其区别仅在于税专指按亩征收谷物；而赋则按土地所有者的财力、拥有的地亩面积，征收货币和各种实物。

战国时赋税制度的详细情况，由于缺乏史料，还不能完全搞清其具体税率、征收方法、税额估算等制度。从一些史料分析，对于拖欠国家赋税者使用刑罚惩处，甚至动用死刑。如赵国赵奢担任田部吏，主持征收租税，而平原君赵胜家欠税，"奢以法治之，杀平原君用事者九人"，这是由于平原君赵胜是贵公子，罚不加尊，杀其用事者以警告之。一般平民百姓若欠税处罚当更重。赵奢之后被平原君推荐给国君，"王用之治国赋，国赋大平"。齐国对于农民欠税逃亡者也使用刑罚，"逃徙者刑，而上不能止者，粟少而民无积也"。征收赋税的税率可能并不固定。《韩非子·外储说右下》载："赵简主出税者，吏请轻重，简主曰：'勿轻勿重。重，则利入于上；若轻，则利归于民。吏无私利而正矣。'"可能税率、税额往往按当时财政需要而加以确定。征收的时期虽然一般应在田亩收获之后，但"上征暴急无时，则民倍贷以给上之征"。

赋税制度虽是从履亩而税产生的，但在战国时期，垦荒极为兴盛，土地的测量，评定地产，自然有困难，特别是在战争兼并极为剧烈的战国后期，赋税有相当比重是按人户、人口平摊的。魏文侯时，"户口不加，而租入岁倍，此由多课也"。尤其是在秦国，极力推行垦荒，并招徕毗邻的人多地狭的三晋（韩、赵、魏）之民至秦定居，尽力务农。垦荒后耕地扩大，使测量、评定难以进行。为了鼓励民众垦荒，商鞅变法时，按户征赋，改变原来按土地拥有量征收军赋的旧制，并规定："民有二男以上不分异者，倍其赋。"另一方面，小农经济一开始就是以男耕女织为特色的，政府需要的大量纺织也来自对人民的剥削。征收纺织品必然以户为单位，按土地则无从可征。因而赋逐渐成为一种人头税。后人指出："秦则不然，舍地而税人，故地数未盈，其税必备。是以贫者避赋役而逃逸，富者务兼并而自若。"秦统一全国后，人头税性质的赋制即推广至全国。

徭役的形成

除了赋税之外，徭役制度也在春秋战国时形成。徭役包括兵役、力役及各种杂役。古代农民在助耕公田为领主提供劳役地租的同时，还必须为领主提供各种劳役，诸如筑城、修建宫室、坟墓等。当发生战事时，还必须充当步卒，追随领主的战车出战。春秋战国时，战事频繁，步战逐渐成为主要作战形式。筑城、开沟、修建宫室等力役征发也更为经常，因而古老的服役惯例逐渐上升为国家制定的法律。战国时出现了专门的《徭律》及其他法令。

据湖北云梦睡虎地秦墓竹简中《徭律》《傅律》记载，战国末年，征发徭役的制度已相当严密。《傅律》是规定男子成年登记服役的法律。"傅，著也，言著名籍，给公家徭役也。"睡虎地秦墓墓主喜，17周岁时"始傅"。战国时各国制度虽有不同，但估计服役年龄大约都在17岁。秦《徭律》规定：征发徭役担搁延误，要罚二甲。服徭役迟到三至五天，应受斥责；六至十天罚一盾；超过十天，罚十甲。服徭役的徒众在本地筑城，城在一年内毁坏，原主持工程官吏有罪，仍由原筑城徒众修复，而本年度徭役照常征发，不得扣除修复的时间，等等。

战国时期战争频繁，当时势紧急时，征发力役、兵役则无时间限制。公元前260年，秦赵长平会战，秦军包围四十万赵军，秦王亲至河内郡，"赐民爵各一级，发年十五以上悉诣长平，遮绝赵救及粮食"。为应付不同征发的各种徭役，农民的农业生产进程被打乱，这已是战国时的普遍现象，因而当时的思想家如孟子、荀子都有"勿夺其时"的主张。

战国时凡有一定身份者皆可以"复"，即有免服徭役的特权。贵族官僚享有这项特权，还可以荫附各种随从人口。"士卒之逃事状匿，附托有威之门，以避徭赋，而上不得者万数"。一国之中，贵族官僚隐匿的逃户可达万数之多。

总之，至迟到战国中期，中国封建赋役制度的大概轮廓已经确立，对土地征收田税，对人户征收户赋，对劳动者征发徭役，建立了较完整的封建国家剥削形式。即孟子所称："有布缕之征、粟米之征、力役之征。君子用其一，缓其二。用其二，而民有殍。用其三，而父子离。"主张税、赋、役不能同时征敛征发。而这个制度以后一直延续了两千多年，与中国封建社会相始终。

第二节　租、赋、役并立时期

秦始皇统一六国后，秦国的赋役制度推行至全国，并保留了若干原来六国的赋役制度。秦亡后，建立汉朝的刘邦虽属楚人，但朝中官吏多为秦朝小吏，熟悉秦朝制度。而且，在与项羽争夺全国统治权的战争中，刘邦长期以秦国故地关中、汉中为后方根据地，按秦朝制度搜刮人力、物力，源源不断供给前线。因此汉朝的赋役制度沿袭了秦朝，即所谓"汉承秦制"。

长达四百多年的秦汉时期，赋役制度的主要特点是逐步减轻田租税，而剥削的重点在于徭役和户赋。

田税

秦统一六国后，据说曾收"泰半之赋"，田租"二十倍于古"。泰半是三分之二的意思，如果这是地租与田税合一的比例，则田税率在六分之一左右（地租率以二分之一计算），远高于春秋战国时期普遍认为适中的十分之一比率。汉朝建国后，为了收买民心，汉高祖时曾下令"轻田租，什五税一"。但这只是权宜之计，不久恢复为什一。至汉惠帝即位（公元前194年）正式将田税率定为十五分之一，"减田租，复十五税一"。在全力贯彻黄老"无为而治"的文景时期，田税率降至三十分之一，文帝时还曾连续十三年免征田税。除了在东汉初年一度加至十分之一以外，三十税一一直是汉朝法定田税率，沿用近四百年。

秦汉田税以实物为主。除了谷物之外，还按土地面积征收刍稿。刍是饲草，稿是禾秆。按睡虎地秦简中的《田律》规定，无论所有者土地是否开垦，都必须每顷缴纳刍两石、稿三石（1 石为 120 斤，秦 1 斤约合 220 克）。刍稿用于供养军队、官府的牲畜。田税的征收由基层政权组织负责催讨，农户自行输送至各县官府仓库，"大家车牛、小家负担，输租铚属不绝"。征税时间当在秋收之后，凡缴税延期，纳税不足、拖欠者，也应该有法律处罚，但因材料不足，难以确定。

秦汉田税以收获物按比例确定税额，但如此则必须每年由各地方官府估算产量，工作量极为浩繁。因此，实际上采取的办法可能是按各户占有土地的面积，以亩为单位估算几年之间的平均产量，再乘以税率（三十分之一），确定每户的税额，以后长期不变。东汉时，随着土地清查，又下令"度田为三品"，按地力厚薄定为上、中、下三品，按三等而课以同一税率。这样，实际上是进一步以土地的面积，而不是按收成为课税标准。

秦汉田税是朝廷的重要财政收入。朝廷财政主官即称"治粟内史"（西汉武帝时改称大农令，后又改为大司农），为九卿之一。西汉垦田八百多万顷，东汉七百多万顷。如以当时的平均粮食亩产量为一石计算，三十税一的税率可为朝廷带来三四千万石的谷物收入。西汉晁错称："百亩之收，不过百石。"

两汉的轻田税法令，有利于地主豪强扩张经济实力。由军功、豪强、官僚而形成的豪强地主势力在西汉已是巨大的社会势力，因而直到汉代灭亡，虽然屡遭战乱，财政多次告急，而轻田税法令始终未改，所谓"独于田租，不敢增益"，而农民的负担并未减轻。

算赋和口赋

秦统一六国后，据说是"头会箕敛，以供军费"。征收口赋，数额"二十倍于古"。汉代人评论秦代政治苛酷，士卒"死事之后，不得一算之复"。说明在秦朝赋已成为人头税性质的赋税种类。汉朝这种人头税的种类主要有：

一、算赋。刘邦进占关中称王后的第四年，公元前 203 年，"初为算赋"。一般认为汉朝与秦朝算赋不同之处是：规定算赋从 15 岁起征，56 岁免征，无论男女，每人每年缴纳一百二十钱。商人、奴婢"倍算"（二百四十钱）。

为了鼓励人口增殖，汉初还曾规定对 15—30 岁未嫁女子课以五算，即要缴纳六百钱。算赋是封建国家最主要的货币收入。

二、口赋。口赋是专门针对少年儿童征收的人头税，起自汉武帝统治时期，由于帝室开支巨大，财政困难，规定凡 2—14 岁的幼儿少年，每人每年纳口赋二十三钱。口赋专供皇帝及帝室、宫廷开支，"二十钱以食天子"，另外三钱供皇帝侍从的车马开支费用。由于口赋，"故民重困，至于生子辄杀"，以后改为从儿童 7 岁"去齿"起征。仅口赋一项，每年帝室就可收入四五亿钱。

三、"献费"。这是由各王、侯封国，各郡按人口征收，每年上供给皇帝的一种人头税，"人岁六十三钱"。起征年龄不详。

四、户赋。以上前三种都是按人口计算征收，可称之为人头税。此外，生活在各王、侯封国的居民，每户每年必须向封君缴纳二百钱。

汉代的口赋、算赋征收以户籍为基础。汉代规定，每年八月"算人"（"算，数也"，指人口统计），即调查户口、制作簿籍。实际上，算赋名称即来源于这种算人制度。汉代的口赋、算赋等都是货币税，征收铜钱。征收方法是官吏至各户征收，即沿秦之"头会箕敛"。后代人曾以为是"吏到其家，以人头数出谷，以箕敛之"。然而根据云梦秦简中《金布律》记载，当时规定"官府受钱者，千钱一畚，以丞、令印印"。箕可能与畚一样是一种蒲草或竹编的容器，专用于装钱，并非以箕敛谷。

汉朝各种口赋和算赋，原则上无论贵贱高低均须缴纳。西汉初曾规定民 80 岁以上，免其家两口人的算赋。东汉初曾规定迁徙他乡、开垦官田荒地者，免算赋三年。但这些都是特定时期的特例，并非长期稳定的制度。拖欠口算赋的处罚不详。

徭役

秦依靠武力统一全国，以后又大军出征匈奴，修建长城，筑阿房宫，造骊山墓，修驰道，开灵渠等，大量征发徭役。当时全国人口约 2000 万，而应征从事诸项工程、军事行动的人数估计达 300 万，占了总人口的 15%。虽然其中部分是刑徒、法律认定的赘婿、有市籍者等贱民，但其中主要成分应是应征服徭役的农民。繁重的徭役是当时人民最不堪忍受的沉重负担。陈胜、吴广、刘邦等反秦起义的英雄都是因徭役的压迫铤而走险的。

就制度而言，秦朝规定农民一生中必须服一年力役、一年屯戍。每年还必须为郡县地方官府服役一个月。汉代人董仲舒以古代每年役民不过三日为标准，称秦"三十倍于古"，平均每人每年要服役三个月。开始服役的年龄可能是以 17 岁为标准（见前文）。到达服役地点误期，"法皆斩"。服徭役者还必须自己负担衣装。睡虎地秦墓出土的简牍中有一木牍为两名服役者给家中的信件，要母亲速给其捎去五六百钱作为衣服的费用。

汉代徭役起征年龄放宽，23—56 岁男子有服徭役义务。武帝时一度降为 20 岁。其主要种类如下：

1. 正卒。男子一生必须服正卒一年。按各地不同情况，分为各种兵种，如骑士、车士、材官（步兵）、楼船（水兵）等。期满回家。但如遇有战争，仍可再次征发。

2. 戍卒。男子一生必须服戍卒一年。在京师守卫皇宫、皇帝陵墓，称为卫士；在边境戍边，称戍卒。汉朝号称"虽丞相子，亦在戍边之调"。

3. 更卒。男子每年必须替郡县地方政府服徭役一个月，称更卒。

从以上三种徭役来看，汉代徭役制度与秦无异。汉人晁错曾说五口之家，每年有两人服役。董仲舒所说的秦朝人民每年服役三个月的情况也符合汉代。

秦汉徭役制度是在频繁的战争环境下制定的，因而以兵役为主。西汉中期人口增多，战争减少，不再需要频繁调兵时，封建政府对农民的劳役剥削转变为赋税剥削，这即是"更赋"。汉代规定，凡年满 23 岁的应服役的男子，因官府不需要徭役劳力或身体条件不适合服役（凡身高不满六尺二寸为罢癃，可免实役）等情况下，改征更赋。时间长了，更赋逐渐成为一种专门针对23—56岁男劳动力的人头税。一般而言，在郡国境内的更卒（每年服役一个月），改征两千钱。戍边之役戍，按三日三百钱计算出更赋（戍卒以每年服役三日计算）。一个男劳动力因此每年要出更赋两千三百钱。因此西汉末王莽指责"汉氏减轻田租，三十而税一，常有更赋，罢癃咸出"，更赋成了最沉重的人头税。

汉代享有免役特权的主要有：王公侯之家免役；六百石（中级官员）以上官员之家的家属出更赋代役，官吏本身则终身免役；士子太学读书，本人终身免役；与皇帝同姓（刘姓）人户免役；第九级爵"五大夫"以上的有爵位者终身免役，而"五大夫"爵位可以纳粟四千石而买得。

总论秦汉的赋役制度，是以直接对农民人身进行剥削以及直接役使农民人身为主要特色。除了田税之外，都征收货币。赋役的种类繁多，仅人头税就有帝室税（口赋）、国家税（算赋）、王国税（户赋）之分。

第三节 租调制与租庸调法（三国至隋唐）

经过汉末的长期战乱，社会经济受到极大的破坏，经济凋敝，自给自足的自然经济进一步加强。门阀世族地主乘战乱割据一方，农民大量沦为佃客、宾客、部曲等名目依附农民。为了与世家大族争夺剥削对象，封建国家在这一时期强调按劳动力、按人户征收赋税租调。剥削物也以实物为主。此外，在这一时期，兵役逐渐与徭役脱离。

田租赋

三国、两晋、南北朝、隋唐时期的田税制度主要是从按收成确定租赁额转变为按田亩征定额税，又从按田亩征税改成按户、按人丁征税。这一时期的田税制度与土地制度密切结合，进一步把农民束缚于土地。

汉末已出现了按田亩征收田税的制度，改变了秦汉传统的按收获量分成抽税的传统。桓帝延熹八年（165年）"令郡国有田者，亩敛税钱"。灵帝中平二年（185年）又下令"税天下田，亩十钱"。东汉末年，曹操掌权，于建安九年（204年）简化征税方法，规定"其收田租，亩四升"，正式放弃按收田租"三十税一"的制度。如以平均亩产一石计算，亩敛四升与三十税一实际上相差并不大。这一制度被魏晋沿用。

西晋实行占田制，按每户理论上应占有的五十亩课田而征收四斛田租。实际上开始以户为征收田租的单位。西晋的制度即按其理论上的五十亩课田计算，也达每亩三升，比曹魏加重了一倍。以后虽然在东晋初又曾有一次转为按亩征税，规定"率亩税米三升"，但仅实行了五十年，又"除度田收租之制，王公以下口税三斛"，正式按人口征收田租。以后又加至每口税五斛。整个南朝历宋齐梁陈，基本上都按这个制度施行，名为地租，实际上已转化为人头税，因而又名为丁租。梁陈时，除了丁租之外，又另收税米，每亩二升。

少数民族建立的北朝政权，仍沿袭西晋按户征收田租的制度。北魏之初，规定每户每年缴粟二十石，之后因建立官俸制度，规定每户多出二石九斗粟以充俸禄，即每户田租额达二十二石九斗。税额如此之高，是因为在当时宗主督护制下，户籍上的一户往往包括了好几户，甚至好几十户的荫户。485年，北魏实行均田制，规定以"一床"（一夫一妻）为征收单位，一床出粟二石。其他人口按一床折算：凡年满15岁以上的未婚男子四口、奴婢八口或有耕牛二十头，都缴纳一床定额的田税（两石）。这实际上是照顾世族豪强的利益，拥有大量奴婢，依附农民的世族豪强因此可以少纳租粟。继起的北齐、北周沿袭了这一制度，但提高了税额。北齐规定除二石租粟外，每床还必须另缴五斗"义租"，储存于官府仓库，以备灾荒。北周规定一床的田租为粟五斛，比北魏加重了一倍半。

隋朝统一南北，从而将北朝的均田制及田租制度推广至全国。隋均田制以男劳动力为授田对象，田租也即以男劳动力为标准，规定凡受田的丁男（18—60岁），每年纳粟三石，不受田者即免租，税额低于北周。

魏晋和南朝户调

调，原是因某项财政紧急需要而临时调用、征调实物的法令。因为调是临时法令，以征收实物为主，征收方法也不按照烦琐的以人口统计为基础的口赋、算赋制度，而是简单地按户籍上登记的人户征收。临时法令以后逐渐成为长久性的正式制度。东汉初年，明帝即位诏令中已有："勿收今年租调。"说明临时之"调"已与经常之租并立。调在东汉已成为正式的国家财政收入项目。汉末商品货币经济衰退，自然经济加强，统治者进一步鼓励农业与家庭手工业结合，正式实行租调制。曹操任丞相后，建安九年（204 年）正式制定租调法，规定"收田租，亩粟四升；户绢二匹而绵二斤"。即以亩粟四升的田租代替原来汉朝一贯实行的三十税一，以户出绢二匹代替原来汉朝一贯的口赋、算赋。绢一匹在汉时约值五百钱，因而实际上户绢的剥削额重于口赋、算赋。

西晋的户调比曹魏又有所加重，"丁男之户，岁输绢三匹，绵三斤，女及次丁男为户者半输。其诸边郡或三分之二，远者三分之一"。西晋以男年 16—60 岁为正丁，年 13—15 岁、61—65 岁为次丁。边疆地区可以减轻三分之一至三分之二（输二匹或一匹）。在具体征收方法上，规定要"九品相通，皆输入于官，自如旧制"。所谓九品相通的旧制，即汉末的"平（评）资（资产）法"。其规定：由本地县官评估本县居民的资财情况，分成上上、上中、上下、中上、中中、中下、下上、下中、下下共九等。法律所规定的每户户绢额只是平均数，在实际征收时，则以一县户数乘以平均额，得出全县应纳总数，再按户等高低分派数量不等的绢帛。因此至晋朝，户调已不仅仅是人头税，还带有资产税的意义。

东晋沿袭西晋制度，只是起征年龄有所不同，男子 18 岁起征课，66 岁免课。女子已嫁，或未嫁而年 20 以上，也算一丁起征。继起的刘宋政权，修改晋户调制度，"天下民户岁输布四匹"。在征收方法上仍以"九品相通"，这种带有资产税性质的户调制度遭到了一些人的反对。刘宋时人周朗认为，"取税之法，宜计人为输，不应以资"，并指出当时按九品户等征收户调制度的弊病："桑长一尺，围以为价；田进一亩，度以为钱；屋不得瓦，皆责资实。民以此树不敢种，土畏妄垦，栋茨橡露，不敢加泥。"但南齐仍旧沿袭此制。因此南齐人萧子良也指责这种征发户调的制度，"围桑品屋，以准资课。致令斩树发瓦，以充重赋，破民财产，要利一时"。

资产税是赋税制度的发展方向，但在古代商品货币经济落后、自然经济占主要地位的情况下，资产的估算、征收的手续都是很困难的。同时，九品相通的赋税计算分配必须以良好的吏治为基础，否则流弊极大。因此反对计资而税的呼声越来越高。梁武帝萧衍推翻南齐，建立梁朝后，"始去资，计丁为布"，从而一举革除了魏晋以来有资产税性质的户调征收制度。梁朝规定：每丁男纳布二尺，绢二丈八尺，丝三两，绵十一两二分；丁女征收额为丁男的一半。户调从此改为丁调，成为单纯的人头税。

北朝和隋朝户调

北魏建国后，也沿袭西晋户调制度，每户帛二匹、絮二斤、丝一斤。在户调之外，又每户征帛一匹二丈。征收的方法也仍按西晋制度实行"九品混通"，"若有发调，县宰集乡邑三老，计赀定课，衷多益寡，九品混通。不得纵富督贫，避强侵弱"。法定户绢额仍只是个平均数。均田制实施后，户调也按一床（一夫一妻）征收调帛一匹。其他人口也如田租一样折合成一床。

北齐、北周仍按北魏方法征收户调，每一床征调一匹、绢八两。每耕牛一头，调绢二尺。未婚丁男、奴婢，每人按一床定额的二分之一征收户调。未婚丁男、奴婢的税率高于北魏。

隋统一全国后，基本上沿用北魏制度。产桑地区，每一床所纳户调绢一匹（规定每匹四十尺），绢三两；不产桑地区，每一床户调为麻布一端（一端六十尺），麻三斤。仆隶、单丁按定额的二分之一征收户调。未受均田者不纳户调。有品爵的官员，"孝子顺孙，义夫节妇，并免课役"。

三国、两晋和南朝徭役

三国、两晋、南北朝时期，除了西晋短暂统一之外（280—291年），连年战争不断，徭役极为繁重，尤其兵役更是人民的沉重负担。东汉末年军阀混乱，"募兵下县，……放兵捕索，如猎鸟兽"。三国时孙吴政权，"锁送其民，发以为兵"。西晋为征东吴，征发兵役，"有二丁三丁取一人，四丁取二人，六丁以上三人，限年十七以上至五十以还"。南朝时甚至订立连坐之法，凡逃避兵役者连坐家属、邻居，"合家又叛，则取同籍；同籍又叛，则取比伍；比伍又叛，则望村而取。一人有犯，则合村皆空"。南朝繁杂的兵役是南朝徭役制度的最大特点。

西晋规定男子13岁起为次丁，服半役，16—60岁服全役，61—65岁仍服半役。老少皆不得免。名义上规定每年服役不得过20日。南朝刘宋改为15岁起服半役，17岁起服全役，61—65岁改服半役。两晋和南朝虽然法律如此规定，但实际上，杂役征发极为普遍，诸如官吏迎送往来、官府打杂、运送官物，都大量征发人力。由于商品经济衰退，官府所需物品也要自给自足，因此在这一时期大量设立官府手工工场，满足宫廷、官府的各种物资需要，官府手工工场中的劳动力除了刑徒之外，主要仍是服徭役的农民。南朝政权赋役极繁，法外征发。刘宋时，"或年几八十，而犹伏隶，或年始七岁，而已从役"，南梁"役及女丁"，赋役法令往往仅为具文。

北朝徭役

北朝徭役制度的特点是汉民的兵役较前朝减轻。少数民族统治者一般以本族全民充军，使用汉族人较少。北魏孝文帝改革，令洛阳居民，每十二人征一人为兵，四年一轮换，但主要是"供公私力役"。兵役仍以鲜卑族人为主。西魏末年宇文泰（史称为周太祖）掌权，在大统九年（543年），"广募关陇豪右以增军旅"，大量将汉族地方豪强的私属乡兵、部曲纳入国家军队系统。550年又规定"籍民之有材力者为府兵"，即凡属九等户等中的上六等户，并且"家有三丁者"，"择其魁健材力之士"为府兵。到北周已是"夏人半为兵矣"。凡府兵免本人租调及其他力役，自备军资，轮番出战或宿护京师，进驻军事据点，成为专职士兵。府兵制实施后，兵役与徭役分开，从理论上而言，兵役不再是每户农民都要承担的法定义务。北周府兵制以后被隋唐继承。

除了兵役之外，北朝徭役制度以北周较为完整，规定：凡男子18—59岁皆任于役，丰年每人服役不过三十天，收成一般的中年二十天，收成不好的下年十天。每次征发徭役，每户不得过一人，家有80岁以上老人，一子可以免役；有百岁老人，全家免役。与北周对峙的北齐政权则仍征发农民为兵，男子20岁充兵，60岁免力役。

隋朝建立后，基本上沿袭北周的徭役制度，以18岁为成丁始服力役，60岁免役。炀帝时曾一度改为22岁成丁。隋规定"役丁十二番"，即每丁每年服力役一个月，以后改为二十日。

虽然北朝有正式的徭役法令，但法外征发是极为普遍的。北齐北修长城，创修台殿，大修佛寺，"劳役巨万计"。隋炀帝时修建东都洛阳，"每月役丁二百万人，……役使促迫，僵仆而毙者，十四五焉"。此外又开运河，筑长城、征高丽，正式赋役制已完全抛在一边。

唐朝租庸调

唐朝在隋朝基础上再次统一全国，由于隋末农民大起义沉重打击了世族豪强势力，封建政治局面较为安定，社会生产得到了恢复与发展。唐初统治者比较注重与民休养生息，实行轻徭薄赋，总结汉末以来各种赋役制度，使之整齐划一。在全面推行均田制基础上，建立了较为完善的租庸调制度。为了缓和阶级矛盾，唐朝在赋税、徭役各个方面的剥削率都降到了自汉末以来的最低点。

一、租。"有田则有租"，男子21岁成丁，60岁为老，凡丁男每年向官府纳粟二石，比隋减轻了一石。岭南地区改为纳米，上户一石二斗，次户八斗，下户六斗。

二、调。"有家则有调"，每丁每年按土地所产，或纳绢、绫、绸二丈，绵三两；或纳布二丈五尺，麻三斤。比之隋朝几乎减轻了一半。（绢四丈为一匹，隋制一丁一匹，或布一端。布六丈为一端。）

三、庸。"有身则有庸"，每丁每年服徭役二十日，闰年二十五日。在国家有急务，加役二十五日，可免除户调；加役三十日，租调全免。若不服役，可以输庸代役，每日绢三尺，即每年纳庸税六丈（一匹半）即可免役。由于唐初推行与民休养生息政策，实发农民力役相当少，一般农民均输庸税不服实役。实际上由徭役转为赋税。

唐田令规定：凡有水旱蝗霜等自然灾害，损失某地区农作物十分之四以上，免除该地田租；十分之六以上，免除全部租调；十分之七以上，租庸调全免。此外，唐朝又规定，凡皇亲、三品以上官员、官府学校学生、俊士、孝子、顺孙、义夫、节妇同籍者都可享有免役特权。九品以上官员，本人免役。其他如老、废、残疾之人，寡妻妾、部曲、客女、奴婢也可免官役。

唐朝实行北周开创的府兵制，规定府兵兵役在三年一定户等时，由户等在上六等（上上、上中、上下、中上、中中、中下）的户承担。每三年一次，在上六等户中，按资财、材力、丁口三项标准拣点府兵。《唐律疏议·户婚律》规定，"拣点之法，财均者取强，力均者取富，财力又均，先取多丁"。

如不按此制拣点，取舍不平，每有一人，主管官处杖七十。被拣中的府兵，本人免除租庸调，但必须自备资粮，"上番"服兵役。一般每年一番，一番一个月。路途近者，一年两番多。除服役时间外，加上路程，府兵每年脱离农业生产有三四个月之多。

"租庸调之法，以人丁为本"，因此，唐朝为了保证租庸调制度，就必须重视对于户籍的管理。规定每三年一造户籍，并实行"团貌"，即由县官及里正亲自记录该户每人的面貌特征。唐律规定，凡不申报户籍，为脱户罪，家长徒三年。如是无课役户，减二等（徒二年）；女户（户内无男丁）减三等。虽申报户籍但有隐漏，为漏口罪。凡增减年龄、身体状况，以图躲避课役者，"一口徒一年，二日加一等"。里正、县官也要受罚。

唐朝具体征收租庸调的方法，仍按北朝惯例，按户等分派。每三年造户籍"团貌"时，即"量其资产，类其强弱，定为九等"。按户等分别负担不同的租庸调定额。每年税收之数要公布于县门村坊，使众人皆知。如人户输送租庸调违期不充者，户主笞四十。里正、官员差科赋役违法或不均平，杖六十。官员、里正在差科赋役中擅自加重或在法令之外擅立名目赋敛，赃物入官，以坐赃论，入私以枉法赃论处。

在租庸调"正课"之外，唐朝的赋役还有：由地方政府征发的杂徭，按不同身份而确定的从属、附属所负担的"色役"，以及地税、产税等。

唐朝实行租庸调法的经济基础是均田制。唐中期起，地主土地兼并剧烈，均田制被破坏。户口流落，农民逃亡至外地沦为无地的客户，租种地主土地。而统治者日益腐朽，开支日益巨大，赋役逐渐加重，各种杂税杂役不断增多。逃亡者的赋役被平摊于未逃户头上，称之为"摊逃"。结果是农民逃亡更甚。唐中期人杨炎说："是以天下残瘁，荡为浮人。乡居地著者百不四五，如是者殆三十年。"以人丁为本的租庸调法已无法实施，尤其是安史之乱后，各项制度均被破坏，社会经济也大为凋敝。一方面军费开支浩大，另一方面传统的租庸调无法施行。仅就户口而言，安史之乱后的乾元三年（760年）政府户籍上登记的"课口"，不及安史之乱前的三分之一，以人丁为本的租庸调收入也不会超过三分之一。税制大改革势在必行。

第四节　两税法时期

唐朝租庸调制破产后，统治者施行了按人户资产和按地亩征收赋税的"两税法"，之后"两税法"又被宋朝继承。元朝及明朝初年虽不以两税为名，但仍保持着两税法"随民之有田者税之，而不复视其丁中"的原则，以及不再规定全国统一的税率、税额。赋税分夏秋两季征收等原则，因此仍可将其视为两税法的余绪。两税法共延续了七百多年。这一时期的特点是：在商品货币经济发展背景下，直接征发农民劳动力的徭役不再是主要剥削方式，各种力役转变为以钱代役，进而转为赋税。赋税的实物比重大为下降，而货币比重大为上升。

唐朝两税法

唐朝在建中元年（780 年）正式以两税法取代租庸调法，实行了税制大改革。唐朝的两税即指地税与户税。地税与户税都在唐初甚至在隋代和北朝就已经出现，只是当时是杂税，后来变为主税而已。地税，原来是作为防备荒年而征收的"义租"。北齐租调制之外，规定每床、每头牛必须纳义租五斗。唐初贞观年间，唐太宗下令："王公以下垦田，亩纳二升。其粟麦粳稻之属，各依土地。贮之州县，以备凶年。"以后曾一度改为按户出谷。唐玄宗开元二十五年（737 年）正式规定地税按亩征收："王公以下，每年户别据所种田，亩别收税粟二升，以为义仓。其商贾户若无田及不足者，上上户税五石，上中以下递减各有差。"地税原是取之于民、用之于民的义租，到了朝廷财政困难时，就变成了取之于民、用之于官的正式税收了。

户税原是一种按户等征收的货币税，以供给文武百官的俸食余钱，以及传驿、邮递等费用。唐初，一年户税总额仅十五万三千七百二十贯。户税是租庸调实物之外朝廷最重要的货币收入。因此户税逐渐走向正规化。武则天统治时强调："诏天下诸州，王公以下，宜准往例税户。"开元时，正式规定户税定额："三年一大税，其率一百五十万贯；每年一小税，其率四十万贯……每年又别税八十万贯。"

户税与地税的特点都是按户征收，王公以下文武百官权贵也无免税特权，征收的面广。而且无论是否拥有土地，有户有资则有税。当均田制遭破坏后，封建王朝无法直接控制土地与农民人身时，这两种资产税的作用就日益显著。盛唐天宝年间（742—755年），地税年收入已达一千二百四十多万石，而当时租庸调正税中的丁租一年才一千二百六十万石。户税在天宝年间的年收入也达二百余万贯，以开元年间（713—741年）的绢价每匹二百一十文计算，户税相当一千万匹绢，而当时正税的庸调总共才绢七百多万匹、布一千三百五十多万端。因此在安史之乱后，户税、地税取代租庸调已是必然趋势。

唐大历四年（769年），朝廷下令，将地税、户税整齐划一。规定地税分春秋两季征收。"夏税，上田亩税六升，下田亩税四升；秋税，上田亩税五升，下田亩税三升。荒田开佃者，亩率二升。"户税则王公以下，"上上户四千文，上中户三千五百文，上下户三千文，中上户二千五百文，中中户二千文，中下户一千五百文，下上户一千文，下中户七百文，下下户五百文"。官员也没有免税权，凡现任一品官按上上户纳税，九品官按下下户纳税，余品依此类推。如果一户之中数处任官，每处依品纳税。对于工商业者，如有邸店、行铺、炉冶，原来必须加二等纳税，现改为仍按原户等纳税。凡是无土地的"寄庄户"，从原八等加至七等；无户籍的寄住户，从原九等加至八等。户税是一种资产税，以产业为准，"如数处有庄田，亦每处纳税"。军队将士庄田，予以优待，"并一切从九等输税"。

唐建中元年（780年），朝廷正式实施两税法，废除原来的租庸调。两税法成为主要赋税种类，其规定：征收两税以人户、资产为准，"户无主客，以见居为簿；人无丁人，以贫富为差"。无论过去是何地籍贯，即就现居之处造簿登记纳税。不住一地的行商，"在所州县，税三十分之一"。即在收税时经过的州县税三十分之一的资产税。征税时间："夏输无过六月，秋税无过十一月。"税额不再固定，"凡百役之费，一钱之敛，先度其数而赋于人，量出以制入"。每年由主管部门造出预算，以一年支出（包括所需要的劳动力，也折合成雇工工钱）定额平摊各地。征收的品物、地税仍为实物。"丁租庸调并入两税"，实际上是将原先调、庸定额折钱摊入两税。然而户税征钱，地税征粮只是原则规定，实际上仍有征发各项实物，"以钱谷定税，临时折征杂物"。除了两税之外，取消一切杂徭、杂役、杂税。"敢加敛，以枉法论"。由于两税法是先问现居之户，后问所有之产，因此户籍是重要的依据，仍强调"审等第高下，三年一定户"。在定户等时，为了手续简便，普遍采取"手（首）实"，即由每户自报家产的方法。

两税法是中国赋役制度史上的一次重大变革。两税法实质是征收资产税，封建国家的剥削对象从人丁，即对农民劳动力进行直接剥削转向按私有财产的单位户资、地产进行间接剥削。按资产收税，改实物为货币，顺应了经济发展的规律，并且取消了无偿征发力役，徭役向赋税转化。就制度上而言，两税法具有税种划一、手续简便等优点，对于纳税人、纳税时间都有明确规定。其缺点则在于先定税额后定税率，各地负担不均，而且在当时条件下，还不可能做出精确的财政预算，并为贪官污吏横征暴敛提供了方便。估定户等和评价资产没有科学、客观的方法，正如当时人陆贽所批评的："曾不悟资产之中，事情不一。有藏于襟怀囊箧，物虽贵而人莫能窥；有积于场圃困仓，直虽轻而众以为富；有流通蓄息之货，数虽寡而计日收赢；有庐舍器用之资，价虽高而终岁无利。"两税法规定一切以货币计算纳税，而当时社会商品货币经济还不够发达，政府需要的物资不可能全由市场获得，必然还要征收实物。造成以实物折为钱币（计资定税），征收时又将货币折成实物，几经倒腾，农民负担大为加重。

宋代两税法

唐代灭亡后，出现了五代十国的割据局面，混战不已，中原地区社会经济遭到极大破坏。宋朝统一全国后，继承五代军阀横征暴敛的种种制度，并不加以整理，照旧征收，税制极为混乱。

宋朝名义上继承了唐代两税法，但将户税与地税合并于一，专以土地为征税对象。税率名义上是"中田一亩，夏税钱四文四分，秋米八升；下田一亩，钱三文三分，米七升四合"。征收时间是夏钱秋米，两次征收。因此宋代两税已成夏、秋两税了。至此，两税从原来的土地、资产税合并为单一的土地税。

宋代除了两税之外，各种杂税、附加税层出不穷。主要有如下税种：

1. 农器钱。五代时曾规定农器由官府专卖。宋代改为由民自造，但必须纳税钱，按土地每亩征一文五分。这项杂税直至北宋中期才废除。

2. 牛革筋角税。五代严禁牛皮、牛筋、牛角出境（牛皮为制甲胄原料，筋、角为制造弓箭原料），全部收官。以后改为随两税征收，每土地十顷纳牛革筋角一副。这一杂税至南宋才废。

3. 头子钱。这是两宋最主要的附加税之一。宋初规定川陕地区输两税时，夏钱每贯多征七文零头以弥补仓储运输的损耗，以后推广至全国。南宋时，头子钱每贯达五十二文。

4. 义仓税。这是两税中的地税，原来从备荒义租演化而来，五代时又重收义仓税，宋代仍沿用之。宋初规定每纳两税一石，增纳义仓税一斗。两宋时期，义仓税废置无常。

5. 进际税。它是专征于两浙地区的一种附加税。原割据这一地区的钱氏吴越国，为向宋朝进贡而征收进际税，宋朝吞并吴越后，照收不误。每田十亩，虚增六亩，每亩纳绢三尺四寸，米一斗五升二合。每桑地十亩，虚增三亩，每亩纳绢四尺八寸三分。这一附加税种直至南宋仍在征收。

6. 和买。它是两宋扰民最甚的杂税之一。和买原是政府向民间征购绢帛的意思，唐代已有此项制度。每年春季，农民困乏之时，官府预先付给绢帛款项（实为一种放贷），至蚕茧上市，农民以绢帛偿还，故称"和买"或预买。北宋中期开始，官府不再预付款项，而至秋却仍向农民征收绢帛，成为勒索杂税。到了南宋，又改为征钱，称"折帛钱"，每匹折钱两千文。

除了以上之外，尚有鼠雀耗（每百石加输二斗）、省陌（官府征钱以八十钱为一百钱，官府贷放钱而以七十七钱为一百钱）等名目。因此宋朝人称"两税之数，视唐增至七倍"。

宋代两税在征收制度上也是征出多门，成为变相的杂税、附加税。比如：

1. 折变。两税规定是夏钱秋米，而官府往往"一时所需则变而取之"，每当官府需要某项物资时就下令将钱、米改折他物缴纳。而折变时的物价又全凭官府指定。

2. 支移。原来两税法规定，人户原则上向本地官府缴纳两税。宋代则规定，官府可因需要令百姓自行将两税输往外县。习惯上输甲地，又往往令改输乙地。百姓除两税之外还要负担运输，苦不堪言。北宋中期规定："以税赋户籍在第一等、第二等者支移三百里，三等、四等者二百里，五等一百里。"如不愿意自己运输，即向官府缴纳"支移脚钱"，成一种附加税。到南宋，支移一般都改为征收脚钱，往往一石税粮要纳脚钱三斗七升。

3. 预借。唐代已有"青苗钱"，在春天青苗时即预征两税。宋代预征已成惯例。往往有预征三四年、七八年以后的两税。有的前任官员已预借，后任官员再预征，成为一大弊政。

宋代两税法已把户税并入了地税，因而又在两税之外征收人头税，称之为"身丁钱米"。凡江南、两浙、湖南、岭南人户，男子年 20 为成丁，每年向官府输身丁钱米，至 60 岁年老而免。这项人头税税额不固定，沿袭五代割据政权的混乱局面。两浙每丁身丁钱三百六十文；福建、两广则征收身丁米。

宋代职役

古代徭役制度经北朝隋唐，兵役从徭役中分出。以后两税法实行后，直接征发力役也改为征收赋税。就法律而言，役并于税。在古代徭役制度中，剩下的是由各地方政府征发的杂徭，以及为各阶层贵族官僚提供使令、打杂、当差的"色役"。宋代的徭役即主要是指从唐朝色役转化而来的职役。

宋代职役是以地方公职为主的。宋以前县以下的乡土地方公职，是一种"乡官"，号称："天子之与里胥，其贵贱虽不侔，而其任长人之责则一也。"里胥可以经一定年限推举为官，是宋以前官员的主要来源。唐宋时期科举选官，乡官不受重视，逐渐由身份权利而变成了挨户承担的义务。宋代这种职役主要有：

1. 衙前：主管官物、管理州郡仓库、搬运官物、迎送官吏等。押运官物、管理官物如有失落，必须负责自行补足赔偿。

2. 里正、户长、乡书手：负责督课赋役，清查户籍等。

3. 耆长、弓手、壮丁：巡缉乡里，逐捕盗贼。

4. 承符、人力、手力、散从官等：给官府打杂，应付各类使令。

职役之外，还有差役，为各级地方官府充当侍从等。

　　唐代每三年排定户等为征收两税，而宋代两税落于田亩，排定户等主要是为了征发职役、差役。宋代户等评定，乡村实行五级户等制，实际上是将唐代的九级户等中上四等作为职役的主要承担者，而下五等并为一等，可以免职役。凡职官户、城郊户（城市居民）、鳏寡户、女户、单丁户均可以免役。

　　由于宋代职役、差役制度不全，曾多次反复。至北宋中期王安石变法，推行"雇役法"（或称免役法、差役法），以前承担各种职差役的民户，出"免役钱"，而以前免役的官户、场部户、未成丁户、单丁户、女户、寺观等也得按户等缴纳"助役钱"。官府用免役钱、助役钱雇人充役。免役钱、助役钱随同夏秋两税征收。这个方法实际上是又一次将徭役转为赋役。因王安石变法几经上下，雇役法也兴废不时。最后南宋时，职役中的衙前、户长等永为雇役。但其他职役改换名目依然存在，而民间免役钱、助役钱早已成为杂税，不管是否服役依旧征收不误。

辽、金、元赋税

　　契丹族的辽朝、女真族的金朝、蒙古族的元朝，在建立国家之后，都仿照汉族地主阶级国家剥削方式，建立赋役制度，一般制度上都仿照宋朝。

　　在田赋两税上，辽、金、元三朝都仿照宋朝夏秋两税制，但制度比较混乱，视各地情况、民族成分而有所不同。如金朝对女真户征收"牛头税"，按耕牛头数征收，每三头耕牛为一具，每具缴纳五斗（后改为三斗）粟米，牛头税比之两税要轻得多（每亩约合五分之一升，而田赋秋粮一亩约五升），以保护女真贵族官僚地主的利益。元代在中原地区征收丁税、地税，每丁纳粟三石，驱丁（奴婢或农奴）一口一石，此为下税；每亩纳粟三升为地税。元代在江南则仍按南宋旧例征收两税。

　　在户税方面，元代实行科差制度，以人户为单位，征收户钞、包银、丝料。又因户籍之不同而分别立制，致使赋役极为复杂。大概而言，中原地区征收包银，每户纳官银六两。又规定汉族居民还必须向国家及其封主（蒙古王公）缴纳丝料，一般每户一斤六两系官丝，并缴纳若干定额不等的"五户丝"给封主。江南地区征收包银、户钞。包银每户二两，户钞（即中原之五户丝折钞）定额不等。科差一般限于夏秋之际征收。凡儒士、军户、站户、僧道等可免科差，但地税不免。元代的科差沿袭了蒙古军队军事统治时期的苛法以及金和南宋的一些搜刮方法，因而并无统一的原则、制度可言。包银至元末泛指一切杂税。

元代在徭役方面制度称为差役，也与宋代一样以职役为中心。各地凡有纳秋粮一石以上者，皆编为里正（每乡一人），主首（乡以下每都二至四人），每年轮流负责为官府催督赋税。如有缺损，必须补赔。为防盗贼，每二十户设立巡防乡手，遇盗，立期限盘捉（一日为一限）。巡防乡手由各色户等中每一百户出一人担当。此外，还有催督农耕的社长等。职役之外，由地方政府征发的力役杂徭统称"杂泛差役"。

明初赋役

明朝建立后，对于赋役制度本身并没有进行大的改动，基本上仍沿袭宋元之旧。只是大张旗鼓、雷厉风行地推行了较为彻底的户口清查与土地清丈，在此基础上整顿了赋役制度，收到了一定的成效。

明代田赋仍沿袭宋元的两税。税率号称十分之一，然而实际上各地都沿袭旧有税额征收，相差极大，并不以收获量为标准，全国也并无法定的明确税率。如苏州等地，田赋每亩高达七八斗以至一石以上，而浙东青田因是刘基故乡，每亩仅半升。田赋仍分夏秋两季征收实物，一般夏麦、秋米为"本色"。除了米麦正纳之外，还有丝、麻、棉等附纳品目。明太祖即位初下令："凡民田五亩至十亩者，栽桑、麻、木棉各半亩，十亩以上者倍之。麻亩征八两，木棉亩四两。栽桑以四年起科。"如有五至十亩以上土地而不种桑、麻、棉者，各出绢、麻布、棉布各一匹。除了本色之外，实际征收时又往往折为钞、绢等征收，称折色。

在徭役制度方面，明朝承袭宋元差役制度。凡16—60岁为戍丁，负担差役。16岁以下或60岁以上者免去差役。此外皇室故乡凤阳，官僚、王亲、官办学校学生（生员）都享有免役特权。明朝差役主要种类有：

1. 里甲。这是一种职役。明初规定一百一十户编为一里，里中丁、粮最多的十户为里长；每十户立一甲首，十年轮换为官府催征赋税、清查户口、编定户则。在明初，还按纳粮一万石为一区，设立正、副粮长各一人，指派丁粮最多的人户充当，每年押运解送田粮。这也是一种职役。但明中期粮长因赔累而不愿承当（原为世袭职役），改由众小户共同承担，逐渐与里甲混同。

2. 均徭。这也是一种职役，项目繁杂，主要是规定百姓为地方官府衙门服役，由于派役时原则上是按丁粮多寡、产业厚薄的不同情况分担，所以称之为均徭。主要分为提供驱使奔走服役的"力差"和提供各种办公杂物的"银差"。前者如祗候、禁子、弓兵、巡检、厨役、解户、库子、斗级、仓脚夫、长夫、铺司、铺兵、馆夫等；后者如岁贡、马匹、车船、草料、盘缠、柴薪、厨料、历纸、表笺等。均徭是以人丁为单位的，以后由于力差也往往输银代役，逐渐成为"丁银"，变成了一种人头税。

3. 杂泛。它也称夫役，是地方政府征发的种种杂劳役的名称。类似于唐代的杂徭，诸如筑城、治河、修仓、伐薪、运料等。明初规定杂泛以"验田出夫"原则征派，田一顷出丁夫一人，如不及顷，以其他土地拼凑，称之为"均工夫"。沿江地区几府的农民农闲时赴京服役三十天。

明初赋役制度仍是以自然经济为基础的封建国家剥削方式。自唐两税法以来，经过宋元明初种种节外生枝，原先户、地税单一，合杂税、杂徭于一的两税早已面目全非。赋役制度又走上了按户、地、丁分别进行剥削的老路。明初对户征发职役，对丁征发杂泛、均徭，对田土征收两税，是这种走老路的赋役制度的典型。明初赋役制度的主要特点在于：土地、人户的清查较为彻底，又使用严酷法律进行威吓，因而能收效于一时。明初明太祖统治时期，出动军队在全国清查户口，编定"赋役黄册"（因上送户部的户籍册用黄纸作封面而得名）。规定政府发给户帖，由人户自行填报本户籍贯、丁口、姓名、年龄、田宅、资财、负担的差役等项目，每里订为一册，册首列上本里的户口、税粮总数图表，一里因此又称一图。里中鳏寡孤独免役户、无田户附于册后称畸零户。黄册每十年编查一次，一式四份，中央户部和省布政使司、府、县各存一份。黄册与土地图册"鱼鳞图册"配套，所谓："鱼鳞册为经，土田之讼质焉；黄册为纬，赋役之法定焉。"明律在有关赋役钱粮方面违法罪行的处罚都重于唐律。凡人户欺隐田粮，一亩至五亩笞四十，五亩加一等，罪止杖一百，土地没收入官。缴纳钱粮违限，欠粮人户、里长以上各级官吏，每欠缺十分之一杖六十，罪止杖一百。违限一年仍不能征足，人户及里长各杖一百迁徙，提调主管官吏处绞，以后一般改为人户枷号示众，长官记过降级。逃避差役、投靠官豪之家隐蔽差役，皆杖一百。官府差遣丁夫不平，有一人笞二十，五人加一等，罪止杖六十，等等。比唐律的规定更为详细，刑罚也更重。

第五节　一条鞭法与地丁合一

明代中叶，封建经济又一次走向高潮，商品货币经济有了很大发展，沿交通干线出现了规模远超前代的工商业为主的城市，东南沿海出现了资本主义生产关系的萌芽。在这种前所未有的新形势下，以自然经济为基础，以人口、土地占有情况固定不变为前提下，对人、户、地分别进行赋役剥削的传统制度，不再适应变化了的形势。因而以资产税为中心，合赋税、徭役于一，征收货币为主的新税法应运而生。明代中叶起逐步推行一条鞭法，至清代进一步完成地丁合一，中国传统赋役制度至此大变样。

明代中叶的赋役改革

明代中叶商品货币经济发展的洪流迅速冲击着像铁板一块的明初赋税制度，货币金银成为统治者追求的目标，因而提出了赋税货币化的要求。其次，随着人口流徙、土地兼并，欺隐田丁极为普遍，从洪武二十六年（1393年）至弘治十五年（1502年）长达一百零九年中，在册的税田减少了一半，户口数也减少了近七分之一，政府的田赋、徭役收入大为减少，而财政支出日益浩繁，因此也不能不进行改革。这些改革主要有：

一、"征一法"。这是为了改革田赋混乱、负担不均的弊病而制定施行的。开始于明嘉靖年间，由南直隶巡抚欧阳铎首先在苏州府试行。其要点是将里甲、均徭银两与田赋合并，统计一县的田土，不分官民田，按亩平摊，每亩征平米三斗，米一石折银五钱缴纳。所谓"征一定额"而得名。其要点在于："征一者，总征银米之数而计亩均输之。"不仅平均田赋负担，打破官民田税额相差过大弊端，还打破里甲十年一轮换制度。因此"征一法"主要是一项田赋方面的改革。

二、鼠尾册法。明代扰民最甚的是制度混乱的徭役和差役，因而赋役改革都是以役制整顿为中心的。明正统年间江西地区已开始实行均徭法，在原有的黄册、鱼鳞图册之外，专门编制"均徭文册"。由于编制时将粮、丁最多的户编在首位，承担重役，小户、贫户编在册后，承担轻役，因此被称之为"虎头鼠尾册"，简称"鼠尾册"。这一种方法逐渐在江南一些地区得到推广。其主要特点是：

1．打破原有里甲单位，"不论里"，而以一县的丁户定则。

2．户则上下，只凭丁、田二项，其他产业不计。

3．全县的一切差役无论均徭中力差、银差，按轻重编为等次，以户则的高下分派。

4．编佥差役的权力从里长、甲首转由县府直接掌握。

5．无田产的商贾专供银差。

三、十段锦法。起于天顺年间，专为整顿役制、附带整理田赋。正德年间推行于福建、南直隶地区。主要内容是将一县土地全折算民田，然后平均分派为十段，每年由一段负担一县的徭役。各段人户按丁田数出役银、役米。进一步打破里甲、户等编役旧制度。

除此之外，还有"纲银"法（凡民间应役岁费，按丁四粮六比例，分别由丁、田承担）、"一串铃"法（田赋总收总解，不再零星征发。改纳本色为折色银）等。在这些改革之前，英宗正统年间，已规定南方的田赋本色米麦折为银两上缴官府，由官府输送京师。一石米折银两钱五分，称为"金花银"，部分实现了从实物税向货币税的转变。

从以上这些改革的内容可以看出，其特点都在于：

1．平均赋税负担，以一县为单位平均摊派，改革原有的里甲与里甲之间的贫富不均而差役平等的弊端，并打破官民田界限，凡土地一体平摊赋役。

2．实物税向货币税转化，徭役逐渐向赋税变化。

3．官府直接出面组织、摊派赋役，打破原来由里长和甲首主持、便于"豪民"操纵的局面。

由于这些改革带有很大的地方性，因此只得到中央政权态度暧昧的默认。虽然在 15 世纪初已开始陆续出现种种改革，但在整整一个半世纪中，仍只局限在个别地区、个别制度上，直到 16 世纪下半叶，才出现了较彻底的解决办法。

明代一条鞭法

明嘉靖十年（1531 年）御史博汉臣建议，由各省布政使统计一省丁、粮，均派一省徭役。每粮一石，折为银若干；每丁之各种差役，计银若干。这一建议以后在江南一些地区得到了推行，号称"一条鞭法"。鞭是编派、齐整的意思。这一方法的优点在于：与当时其他改革措施相比最为彻底地将田赋与差役合并征银，手续简便。万历年间，张居正任十年首辅，推行改革，而以一条鞭法作为赋役改革的重点。在清丈土地的基础上，万历九年（1581年）正式将一条鞭法作为法定制度在全国推行。但仍经过了半个世纪的时间，在崇祯十年（1637 年）左右才算基本上推广到了全国，成为正式的制度。

一条鞭法的主要内容是：

1. 将田赋的附征、杂税等各种差役一律全部征银，各种杂泛也由县府统计一年所需力役征银于民，再招募民工承担。银成为赋税征收的主要品物。

2. 差役银也实行计亩征银。原来以户为单位承担的里甲之类的差役改为以田亩承担，平摊于田赋之上，原先有免役特权的乡官、吏胥、生员等，凡有田产即须出差役银。实际上，差役银成为田赋银的附加部分。

3. 原按人丁征发的均徭也按人丁数征银，不再区分烦琐的力差、银差种种名目。因而称为丁银，从徭役转化为人头税。

4. 赋役的统计平摊都以县为单位，一县之差役银及其他杂税、杂泛由县府做出估算平摊到全县土地，一年一编审。革除了按里甲平摊和各里甲负担不均弊端。

5. 在征收方法上，改里甲催征、粮长解运的民收民解为官收官解。人户自行至县投柜缴纳银两，由官府改铸五十两一锭的标准银锭解送京师或存留县府。

一条鞭法是中国赋役制度史上的重大变革。其意义首先在于，结束了历史上征收粟米、布帛等实物为主的国家赋役剥削方式，从实物税转向货币税，适应了社会经济的发展。其次，从制度上而言，古老的直接役使农民人身的徭役制度被宣告废除，封建人身依附、强制关系得到松弛，劳动力开始从专制制度下解放出来，有利于资本主义生产关系萌芽的生长。再次，从对人、户剥削为主的赋役制转向以对资产（土地）征税为主，对人税转为对物税，赋役负担平均有了可能。

清初赋役全书

明末虽然在全国推行一条鞭法，但各地情况相差较大。由于一条鞭法的制定实施过程长达一个世纪，不可避免地带来各种不同理解、贯彻，所以全国并不整齐划一。尤其是明末战争频繁，财政捉襟见肘，为镇压农民大起义以及与关外后金（清）作战，崇祯朝加派辽饷、剿饷、练饷，总额达两千多万两，赋役制度大为混乱。一条鞭法本身也并不完善，改民收民解为官收官解以及每年定役摊派，使纳税人无法正确估计自己的税额，却便于胥吏作弊敲诈。改征货币后，人户所缴多为碎银，官府改铸成五十两标准银锭时所发生的损耗，并无定额，因而滥征"火耗"成为官吏搜刮捷径。官收官解赋税所需种种手续费的"羡余"也成为附加的剥削，制度无明确规定，任官吏上下。凡此种种，有待于政治稳定、吏治清明时代的到来。因此，明亡之后，赋役制度的进一步改革任务就由清朝来完成。

清朝一入关，即宣布废除明末三饷的加派。顺治三年又下令免去前明宗室及乡宦生员的免役特权，顺治十八年（1661年）又大兴"奏销案"，严厉处罚长期抗粮不纳的江南乡绅，逮捕三百余人，并规定凡经管线粮官员，如管下拖欠赋役钱粮，不得升转官职。部分地实行了"抑豪强"。

对于赋役制度本身，清初统治者进一步完善一条鞭法。顺治年间开始在全国各地编制《赋役全书》，开列各州县明万历年间的赋役原则，并详细载明其中的除差、实征的定额、赋役的用途和钱粮的起、存、总、撒实数（起：起运外地、至何部门；存：存留本地、作何用途；总：赋役总额；撒：分散）等。各州县《赋役全书》一式两份，一份存在官府，一份存于州县官学，允许士民检阅核对，防止地方官吏作弊。除了《赋役全书》外，仿照明制，编立鱼鳞图册（也称丈量册）、黄册（也称户口册）。前者重点详细记载土地的等级，分上、中、下三级。这三种图册互为表里，使赋役负担固定，防止作弊。

针对一条鞭法征收环节上的弱点，清初总结明代经验，在全国推行田赋催科四法：

1. 田赋征收分限，允许分期征输。

2. 建立催征制度，由官府印制滚单（也称输催），以每里中十五户或十户为一单位，官府在滚单上填写各户田亩数、应纳银米数、应完分数和期限，发给各里甲首，挨次催征。

3. 建立完纳钱粮的印票制度，印票是一种三联单，完纳钱粮后，官府、民户各持其一作为印信。

4. 建立亲输制度，强调民户完纳钱粮必须亲自至县府"自封投柜"。不需中途转手，防止胥吏、里甲从中盘剥。

摊丁入亩　地丁合一

明代一条鞭法将均徭改为丁银，有些地方将丁银与田赋银合一征收，大部分地区丁银仍另行编算征收。至清代，土地人口变化极大，而一地的丁银总额只增不减，农民负担不起丁银，往往被迫逃亡，隐匿人口，不申报户籍，形成"丁额无定，丁银难征"。山西一些县的丁银高达每丁四两，甘肃巩县更高达一丁八两。革除这一人头税尾巴已势在必行。

清圣祖为了改革丁银弊端，渲染德政，于康熙五十一年（1712年）宣布，以后丁银额以康熙五十年为准，永远固定，以后申报成丁的人口不再加征丁银，号称"盛世滋丁，永不加赋"。康熙五十年人丁两千四百六十万，丁银三百三十五万两，从此成为固定数额。康熙五十五年（1716年）又规定当土地所有权转移时，如"其丁银随地起者，即随地征丁，傥有地卖丁留，与受同罪"。即明代已将丁银与田赋银合一的地区，丁银随地转移。

雍正年间（1722—1735年），清朝政府又一次在全国范围推行"摊丁入亩"（又称"地丁合一"）的赋役改革。规定以省为单位，将一省的丁银总额平摊于田赋银之上，如山东省规定每田赋银一两负担丁银一钱一分五厘之类。丁银与田赋银完全合一征收，田赋从此被称为"地丁银"。各省因具体情况不同，每两田赋银摊入的丁银数额不同，大约从一厘至二三钱不等。

地丁合一后，地方官仍以火耗、羡余之名多收贪污，以饱私囊。康熙帝曾称："州县官若只取一分火耗，便是好官。"对此并不严究。雍正年间在推行地丁合一同时，又规定耗羡为地方官吏的"养廉银"（官吏的补充官俸及各种府衙杂用），正式定耗羡为地丁的附加税，称之为"耗羡归公"，变陋规为法规，变贪污搜刮为地方财政收入，至此，明中期以来的赋役制度变动才告一段落。

地丁合一制的意义很大。它发展了明中期以来的一条鞭法，完成了自唐两税法以来赋役合并的过程，从制度上而言，取消了人头税和徭役，是中国赋役制度的重大发展，对于社会经济的发展、社会的进步有一定积极作用。然而这一改革并不彻底，实行地丁合一后，官府仍时常有"役民折钱、桥道车马、工程支应等项目不一和应办不时"的劳役征发。清中期后又常以捐为名，征收各种杂税。

附表：《历代赋役制度演变简表》

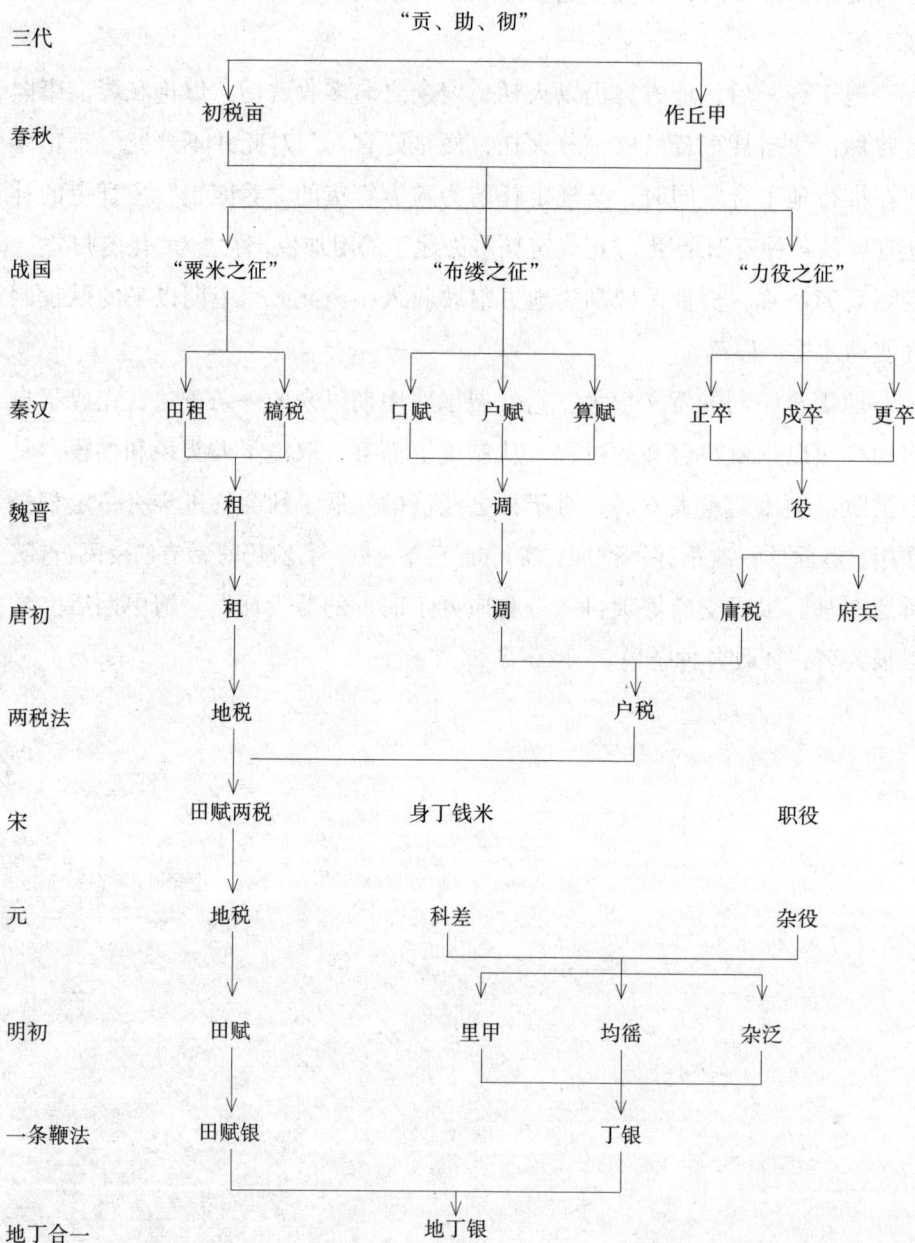

三代	"贡、助、彻"		
春秋	初税亩		作丘甲
战国	"粟米之征"	"布缕之征"	"力役之征"
秦汉	田租　稿税	口赋　户赋　算赋	正卒　戍卒　更卒
魏晋	租	调	役
唐初	租	调	庸税　府兵
两税法	地税	户税	
宋	田赋两税	身丁钱米	职役
元	地税	科差	杂役
明初	田赋	里甲　均徭　杂泛	
一条鞭法	田赋银	丁银	
地丁合一	地丁银		

第四章　手工业立法

　　古代传统手工业立法主要是指国家政权对于官、民手工业的控制和管理的相关法律制度，以及对手工业者合法地位的法律制度。由于制盐、酿酒、矿冶、铸钱等方面的手工业立法已包含在专卖法、矿冶法、货币法中，本章不再做重点介绍。本章主要介绍有关组织、陶瓷、军器、营建等方面手工业立法的大概内容。

第一节　手工业立法的产生

商、周百工制

　　手工业是人类第二次社会大分工的产物，从考古发掘中可以看到，早在三四千前商周时代，手工业技术已达到了很高水平。如精美的青铜器皿、玉石雕刻、陶器等，说明当时手工业已是高度专业化了。传说中夏商朝代，专门有几个氏族是从事手工业的，这些氏族日后成为"百工"的来源。

　　从一些史料来看，商周时代处于"工商食官"时期，手工业生产由国家垄断。按儒家经典《周礼·考工记》的说法，王公、士大夫、百工、商族、农夫、妇功为国之六职。百工仅次于士大夫。百工的管理者为朝廷的冬官司空。百工在西周受到法律的优待，因为百工为统治者创造各种用品。商周时期商品经济尚不发达，社会一般成员很少依靠市场交换得到手工业产品，手工产品主要是供国家使用的，如祭奠和随葬的青铜礼器、出行的马车、作战的兵器、行礼的乐器、贵族王公的服装等。周初，周公发布禁酒令《酒诰》，其中特别规定："惟工乃湎于酒，勿庸杀之。"工匠饮酒予以宽贷不杀。

西周法律体系主体仍是习惯法，因此还没有完整的手工业的法规。《考工记》被百工分为攻木之工（有七种）、攻金之工（有六种）、攻皮之工（有五种）、设色之工（有五种）、刮磨之工（有五种）、搏埴之工（制陶，有两种）六大类，三十种，分工已极为精细。至于大量的辅助工作者可能都是奴隶。按儒家经典《礼记·月令》的说法，在春天最末一个月由工师检验各作坊，规定不准有奇技淫巧之作，以免玩物丧志。到秋季最后一个月，"霜始降，则百工休"。到冬天第一个月，工师考核一年的生产情况，按产品上刻勒的工名进行验收，如有不当，必治其罪。

春秋战国的工官

春秋战国时期，工商食官局面被打破，出现了官私手工业并存的情形，一般习称社会结构为"士、农、工、商"。手工业真正实现了独立，私营小手工业者，"百工居肆，以成其事"，在市场上出卖产品，换取衣食。"技艺之士，资在于手"；而富商大贾大规模经营盐铁业致富。同时，各诸侯国统治者为了满足征战、奢侈品消费品的需要，大量设立官营手工业作坊，建立严密制度。官营手工业的规模大大扩大了。一般分为主造、监造、工匠三层责任负责，如武器制造，主造为中央地方各武库的工师、冶尹、左右校等官员；监造为相邦、司寇等工场所在地行政军事长官；具体制造者为工匠，称工，一般都必须在产品上勒名，有质量事故即须以法律处罚。春秋战国时代，官手工业作坊规模扩大是大量使用罪犯刑徒、奴隶劳动力的结果。专业工匠仍世传其业，也许就是原百工之后。最早的手工业立法就在这一时期产生。

秦国《工律》——最早的手工业法规

目前所能看到的最早的手工业法规，是云梦出土的秦竹简中保留的秦国《工律》《工人程》《均工》，此外在《徭律》《效》《司空律》等律中也有一些有关工业的法律条文。从这些法律及有关史料来看，秦官营手工业由朝廷内史总管，各地方行政长官监管，官营手工业具体管理官员有工官、工师、太官、啬夫、右府、左府等。劳动力大多为官府奴隶与罪犯刑徒，工匠负责技术指导。其法规的主要内容是：

一、官营手工业作坊必须遵循上级指令，不可自由生产。秦律规定，非原计划本年度应生产、朝廷也没有"命书"特别指示而擅自生产其他器物，工师、丞各罚两甲。官营手工业的产品并不投放市场，直接供国家使用。不允许主管官员自行组织生产，妨碍朝廷的用途。

二、建立详密的考核制度。秦律中反映出秦的考核制度相当详细。如规定在例行考核中成绩分为上、中、下三等。如列成绩下等，罚工师一甲，丞及曹长一盾，直接制造者徒众，罚穿联甲札的绦条二十根。连续三年评为下等，罚工师两甲、曹长一甲，徒众绦条五十根。考核以产品的质量、数量为准，如造大车质量评为下等，罚司空啬夫一盾，徒笞五十。

三、产品的规格、质量必须统一。《工律》规定："为器同物者，其小大、短长、广亦必等。"并规定产品统计时，不同规格的产品必须分别列账目。凡官营手工作坊出产的产品必须铭刻所制造官府的名称、工匠姓名。不能铭刻者，以黑色或红色漆书写。未铭刻者，罚官啬夫一盾。

四、规定生产的定额。秦律专有《工人程》一篇，规定劳动者的生产定额、劳动率标准的计算等。如规定工匠、刑徒、官奴的每日生产定额，冬天比夏天降低，"赋之三日而当夏二日"。做零活的女奴两人相当于工匠一人，定期服役的女奴三人相当于工匠一人，小奴隶（男身高六尺五寸以下，女身高六尺两寸以下）五人当工匠一人。然而从事刺绣的女奴、女工一人相当于男子一人。凡有专门技能的奴隶要集中至官营手工作坊服役，不能用于官府打杂。新工匠第一年定额为老工匠的二分之一，第二年相等。工师必须很好地传授技艺，曾做过工匠的必须在一年内学会，未做过工匠的必须在两年内学会。提前掌握技术者有赏，而至期限仍不能掌握者上报。

秦国的这些手工业立法相当复杂，说明工官组织受到高度重视。这些立法保证了工官能制造出大量精良的兵器、甲胄车辆供应秦国军队，也制造出了像秦始皇陵兵俑、随葬铜车马那样精美的工艺品。这些立法也基本划定了后世手工业立法的基本范围。

第二节　汉唐手工业立法

汉代手工业法

西汉手工业制度基本沿袭秦制。中央由九卿之一的少府负责，下设考工室、若庐、织室、东园匠、尚方等机构。分别经营器械、兵器、纺织品、陵园器物、禁器物的生产供应，直接掌握手工作坊。以后又设将作大匠，主管宫室营建。在地方各郡分别设立盐铁官、工官、服官等官营手工作坊。盐铁官营后，铁官各郡皆设，并规定地方官营手工机构全属中央大司农管辖。工官是从事各种杂项工艺制造的手工作坊，如怀县、广汉、成都三地工官大量生产漆器。服官是专门织造文彩绢帛的手工作坊，如临淄设三服官（三服：冬服、夏服、冠戴用的首服），工人达数千人，专门生产宫廷贵族的服装。生产技术水平达到了很高的程度，产品极为精美。如长沙马王堆出土的素纱蝉衣，仅重49克，就是服官产品。东汉的制度略同。

对于私营手工业，就目前看到的史料，汉代似乎还没有具体、明确的法规。秦汉之际，私营手工业极为兴盛，社会上普遍认为："以贫求富，农不如工，工不如商。"豪民主持的手工业在经过盐铁官营、告缗令的打击后，大为衰退。在告缗令中还有一条是针对一般手工业者："诸作有租及铸，率缗钱四千一算。"即以手工业制品的毛利估算，征收3%的税。但对民间手工业者的管理控制似乎还未明确为法令。

魏晋南北朝手工业立法

一方面，经过东汉三国战乱，社会商品经济衰退，随之而来的是官营手工业更为发达，官府对手工业者的统治更为严密；另一方面，男耕女织家庭手工业的发展，也缩小了私营手工业的市场。私营手工业（除了豪民之外）日益衰退。

这一时期各个朝代基本上沿袭秦汉的制度，中央仍由少府（北魏改称太府）负责官营手工业，下辖左、中、右三尚方，并设置各行业的手工作坊，为朝廷生产各种物资。

魏晋南北朝时期官营手工业工匠的法律地位比之秦汉大为下降，百工降为依附于官府的匠户。匠籍制度开始形成。北魏政权是由鲜卑人建立的，他们入主中原之初，曾大量掳掠汉族工匠。398年，北魏太祖徒百工伎巧十余万口以充京师；446年，北魏太武帝下令徒长安城工巧两千家于京师。这些工匠成为北魏官营手工作坊的主要劳动者。北魏法律禁止私人占有工匠。444年，北魏太武帝下诏，王公贵族及遮民百姓不可私养工匠，一律送官府作坊，当年2月15日之后仍私藏工匠，工匠处死，主人门诛（满门抄斩）。直到北齐，这一法律仍然有效，当时的一个官员毕义云就因私藏工匠在家织锦、造金银器物而被关押。工匠仍被称为百工，北魏规定百工的子孙只能"习其父兄之所业，不听私立学校。违者师身死，主人门诛。"百工子弟不可读书，更不能与士民通婚。北魏463年诏令规定：皇族、高级官员、王公、侯伯贵族以及士民之家，都不得与百工伎巧、卑姓为婚，犯者加罪。

与北朝对峙的南朝也同样规定工匠的身份世传，不同于一般的编户百姓，不得通婚。其中南朝萧齐朝在494年下诏规定：细作、中署、材官、车府等机构的工匠都无须全年服役，每年轮流为官府服役，开了后世轮番匠户的滥觞。南朝萧梁时，又因工程营建繁多，官府工匠不敷使用，实行和雇，即雇用私人手工业者，付与工资雇价，开雇匠制度先河。北周也几乎在同时规定了工匠"六番"服役，即每年上番至官府手工作坊服役两个月。这些制度为隋唐所继承。

唐代手工业法

唐朝官营手工业组织机构比前代稍有变化。中央尚书省工部、少府监、将作监、军器监都掌管手工业作坊。其中工部掌百工人役，将作监掌管工程营建、土木工匠，军器监负责兵器制造。少府监最为庞大，下设中尚、左尚、右尚、织染、掌冶五署，分别供给朝廷宝器、服饰、车舆、鞍马等物资。在地方上，由各道州府设立的官手工业坊称为"作院"。

唐朝官营手工作坊的工匠人数相当多。唐中期成书的《唐六典》记载，少府监有工匠一万九千八百五十人，将作监有工匠一万五千人。唐朝官府工匠分为三种：第一种称"长上匠"，即长役无番工匠，一般身份为官奴婢或官户（前代官奴婢的后代，户籍系于所隶属的各官府，是贱民）。第二种称"短番匠"，大多也是官户，但也有很多从诸州独立手工业者中挑选点检"材力强壮，技能工巧者"，被点中者即子孙相承，每年轮流上番服役，一番为一个月，后改为二十日。稽留不赴者，一日笞三十，三日加一等，罪止杖一百。第三种是"和雇匠"，也称明资匠，官府出资雇用民间匠人，法定雇价为每日绢帛三尺。并曾规定和雇应先依时价付予雇资。此外，官营作坊的一般辅助劳动力来自隶属于工部的工户（贱民，仅高于奴婢一等，与官户相等）和被判处徒刑的罪犯。京师罪犯送将作监作工，女犯送少府监缝作。对于工匠要技术培训，各按工种不同而明确定有期限，功多而难者，限三至四年内学成，其次为两年，最少为四十天。

唐朝手工业者的法律地位仍属贱民，规定："工作贸易者为工"，即自己生产、出卖产品的手工业者，"不得预予士"，不可担任官职。而官府长上匠、官户、杂户、工户更是低人一等。

官营手工作坊的产品数量、规格都由主管机构指定，唐律规定，凡有所兴造，应言上而不言上、应待报而不待报，各计庸（所耗人工费用）坐赃论，减一等处刑（价值一尺笞四十，五匹以上加一等）。如上报工时，耗用原材料财物不实，笞五十。如已损耗，并计财物价值及所费人工费用，计赃论罪。

《唐律疏议·擅兴律》"工作不如法"条规定，如官营手工作坊产品不合规格，工匠笞四十。质量太差应返工重做者，并计所在不任赃、庸，坐赃论减一等，如是供宫廷使用的物件，加重二等处刑。监当官司，减三等处刑。主管官员私自役使工匠造作，计庸值计赃准盗论，价值一尺以下笞五十，五匹杖一百，三十匹流三千里。工匠修缮、营造有所损坏以致出人命者，工匠徒一年。毁坏误伤人者无论。

为保证产品质量与明确责任，唐律规定，公私手工业工匠的各类产品都必须按官府统一式样制造，题刻或书写工匠姓名、制造年月。私人手工业者的产品未经刻写匠名不可出卖。如出卖不合标准的产品，买主可退还；如以假冒、伪造产品出卖，官府可没收货物。

第三节　宋元手工业立法

宋代手工业立法

宋代手工业立法大多沿袭唐代，中央仍由少府监"掌百工技巧之政令"，下设文思院、绫锦院、染院、裁造院、文绣院和诸州铸钱监。将作监，"凡土木工匠版筑造作之政令总焉"，下设修内司、东西八作司、竹木务、事材场、窑务、丹粉所、作坊物料库、帘泊场等机构。军器监"掌监督缮治兵器什物，以给军国之用"，下设东西作坊、作坊物料库、皮角场等。宫廷内加有造船务、内酒坊、御前军器所等机构，在地方上设地方性的官手工作坊，如绫锦院、绫绮场、织绫务、织官、锦院等。官营手工业作坊的经营管理制度与前代类似，原料大多来自农民的赋税，以及对私营工商业的税收。产品也大多供宫廷与行政支用，并不投放市场。

宋代手工业法的特点之一是：绝大多数在官府服役的工匠都是有偿劳役。宋代官营手工作坊工匠的来源分为五种：

1. 军匠、兵匠。宋朝常常将厢军士兵转为官营手工作坊的劳动力（宋代厢军大多是刺配的犯人，一般担任地方警戒，并提供各种杂役）。有技艺的士卒则称为军匠、兵匠。北宋初年，四川绫锦院有兵匠一千多名。南宋初在临安兵匠有三千七百人，东西作坊工匠二万人，杂役兵士五百人。

2. 招募、投充。宋代朝廷往往招募有一技之长的工匠到官手工作坊长期服役，工匠也可自愿投充。如投充官府铸钱监的工匠可不刺军号（厢军士卒、军匠和兵匠都刺军号），每日支取工钱二百五十文，米二升。

3. 鳞差。宋代朝廷将民间手工业者按行业置簿登记，编为"行"，设行头（如同农民的里正、坊正）管理，每有鳞差征发工匠为官府服役，称为"当行"。当行的工匠由所役官司优支雇值。

4. "和雇"。这与唐代一样，雇用民间工匠为官府短期服役。

5. 罪徒。这也与唐代一样，宋朝被判徒刑的罪犯往往发至作坊服刑。

以上除了罪徒之外，军匠、投充匠、当行匠和雇匠都有雇值与月粮。如御前军器官的长役工匠，每月支月粮二石，添支钱八百文，每日食钱一百二十文。春冬衣钱也依例支给。新拨充的兵匠别立一等，月粮一石七斗，每日食钱一百文。对于能加倍完成定额的工匠有赏。和雇与招募的工匠雇值更高。此外，各作坊每年还按技术水平，对工匠实行评等，分上、中、下三等，按等级发放月粮食钱。

宋代手工业法的另一特点是：力图控制民营手工业为国家服务。如在矿冶、煮盐、酿酒行业中采取承买制，由富商出资向官府承包利润，或抽实物税（如矿冶实行二分抽分，官收十分之二）。也往往对产品实行"和买"，征购部分以至全部。其次，往往由官府发放原料，支给一定雇值，发派生产任务给民间手工作坊，限期取回产品。

元代匠户制

元朝在征服扩张过程中，对于拒不投降的城市往往采取屠城政策，只是规定"惟匠者免"。城破之后，掳掠全城托业工匠聚之京师，分类置局，或就地设局，建立官营作坊。如1236年，括中原民匠七十二万户。1275年，拨江南民匠三十万户。1279年最终灭南宋之后，又籍人匠四十二万。这样，随着军事征服，元朝在掳掠大量技术工匠与劳动人手的基础上，建立起一整套远超前代的官手工业体系，并以征服者的姿态，控制了社会上残留的民间手工业。

元朝官营手工业规模极为庞大，仅中央工部、将作院、大都留守司、武备寺、徽政院等机构所属的局院场务就达三百一十三个，遍布于各地，种类繁多，无所不包。如毡局、绣局、绫锦局、毛缎局、罗局、尚衣局、御衣局、铜局、铁局、银局、玛瑙局、大木局、小木局、石局、竹作局等。又特在大都、上都、真定、平江、杭州、建康等二十多处设织染提举司、织染局。朝廷又设诸色人匠总管局、诸司局人匠总管府，总掌百工技艺，统一调配工匠。

元朝将原掳掠来的数以百万计的工匠编为"系官人匠"，作为官府手工作坊的劳动力。系官人匠具有严格的封建隶属关系，匠户子孙世袭其业，其婚配也受官府约束。元朝实行"匠不离局"，匠户不属于普遍的州县户籍，而隶属于所属局院。匠户可免除一般的差役，"充匠除差"，一丁入局，免除全家丝钞。匠户全家的口粮、衣装也由国家支给。口粮一般每月四斗，最少为两斗五升。家属口粮以四人为准，四人以上仍给四人口粮，四人以下按实际人数发放，大小人口有不同标准。一般粮半年一支，衣服冬夏两季一支。匠户在官府服役别无雇值，是无偿劳役。

隶属于蒙古贵族的工匠称为"投下工匠"，待遇比系官人匠略好。此外，独立手工业者称为"民匠"，编成特别的户籍，遇有造作，轮番征发服役，"拘刷充役"。他们在服役期间，也支给口粮工价。

元朝匠不离局的制度，使大量手工业工匠丧失自由商品生产者的地位，导致了生产力的衰退。而就元代朝廷本身而言，要负担如此众多的工匠及家属的口粮，也是财政一大累赘。匠户可免差役，很多民户窜籍匠户以逃避差役。因而元中期以后，朝廷逐渐允许工匠在局役的空余时间独立支配，进行商品生产，对于工匠的口粮发放也逐渐改为验工与粮，并停止拘刷工匠；相反，朝廷多次清理系官人匠，窜名匠户者复为民户，匠户富强者、手艺平常者也还民当差，仅留下技艺精绝者留局。

元代《通制条格》

现存元朝法律《通制条格》中，专有《营缮》一篇，有"造作"门，共二十七条，集中了官营手工业方面的法令条格。其主要内容有：

一、任何营造都必须有"视其日月，计其工程，日验月考"，做出计划，定出期限，不得有误。除了扣除夫匠病疾、雨雪妨工之外，拖延过限十分之四以上，局官决二十七下，十分之四以下决十七下，十分之二以下罚俸一月。监造官要经常点校。已规定建造、制造的产品，不得擅自变化。

二、造作原材料必须经过预算，不能虚冒支领，材料发放由总司官汇同当该官吏一一照算验收。完工后多余的原材料必须在十日内还官，限外不还，以隐盗官钱法科罚。

三、匠官、头目、堂长人等，每日绝早入局，监督工匠工作，抵暮方散。局官也必须每日巡视作坊，提调官按月点检。各地局院必须每季向工部呈报进度，年终结算，如质量上等，按期完成，官员定夺迁赏；质次期晚，提调官吏、局官依律责罚。

四、禁止在局工匠聚众闹事，煽动人匠不入局工作，耽误工程，要"痛行断罪"。但提调官也不能非理骚扰，取要饮食钱物。

第四节　明清手工业法

明代匠户制度

明代沿袭元朝制度，官营手工业规模仍十分庞大。工部、内府、户部、都卫司等都有属于本系统的作坊。其中以工部为主，下设营缮所、宝源局、皮作局、文思院、织染所等机构，所控制的工匠有三十多万人。地方各省也设有官营手工作坊。浙江、南直隶等八省就有二十二个织染局。南京织染局织机达三百多张，工匠三千多人。官手工业的主要行业除了传统的织染、军器、建筑、铸钱、矿冶之外，制瓷、造船等行业也达到了相当规模。尤其制瓷业，在景德镇设御器厂，有官窑五十八座，工匠数百人，辅助工役达千人以上。

明代将全国所有的手工业者都编为匠户，不得自行变更，世袭为业。明律规定私自改变户籍、诈冒脱免、避重就轻者，杖八百，其官司妄准及变乱翻籍者罪同。匠户户籍仍由州县管辖。编入匠籍的工匠与军、民、灶户一样负有服役义务。匠役为官营手工作坊提供了主要的劳动力。

明代匠户主要分为住坐工匠、轮班工匠、雇募工匠三类。

住坐工匠是由民间征集而来，分为军匠、民匠，前者隶属军籍，属于军事系统都司、卫所；后者隶属于工部，大多集中于京师，为朝廷内府及工部直属机构作坊服役。留在地方上官营作坊长役的称"存留工匠"。住坐工匠一般每月上工十日、歇工二十日，工部支给月粮，一般三至五斗。以后逐渐改为支银。住坐工匠本人免差役，并可免除一丁差役。住坐工匠逃亡，一日笞十，五日加一等。

轮班工匠是将全国各地编入匠籍的工匠分为若干班，轮流上班至京师服役。一次服役为三个月。明初规定按各行业不同需要，分别为一至五年为一班。以后改为一律四年为一班，一班为三个月。轮班工匠是无偿服役，不但上工之日没有代价，连往返京师的盘费也要由自己负担。服役工匠之家可免两丁差役。匠户当班做工未满而逃回，并行治罪。明律规定：匠户承差而稽留不著役，一日笞十，五日加一等，罪止笞五十。提调官吏故纵同罪，受财以枉法论（一贯杖七十，至八十贯绞）。入内府及承运库工作轮班匠不得易名顶替，雇人代役。违者与代替者各杖一百，雇工钱入官。

在官营手工作坊工作的还有雇募工匠，如南京、苏州、杭州的织染局，景德镇的御器厂，都因为派织、派造的数目大，原有存留工匠不够，因此雇募民间工匠来从事专业技术要求高的工作。如景德镇御器厂就雇募烧造敲青、弹花、祷背、龙缸等高手，由官给工食。一般日给银二分五厘，龙缸大匠、敲青匠日给银三分五厘。

官营手工作坊的辅助工役称为"夫役"，一般规定为一匠五夫。夫役主要来自被征发杂役的农民以及囚徒。

明匠户制沿袭元朝野蛮、强制性的剥削制度，成为社会生产力发展的桎梏，工匠不断逃亡。明初三十多年中，南京的工匠逃亡了四分之三。1450年，北京逃匠已达二万四千人。军器局军民匠也逃亡了一半多。匠户制度已难以维持。1485年，明朝廷下令，凡轮班工匠有愿出银代役者，南方工匠每名每月出银九钱（三个月班役共二两七钱）、北方工匠出银六钱（三个月班役共一两八钱），无力出银者依旧上班。随着商品货币经济的发展，1562年，明朝廷正式下令一律以银代役，实行"匠班银"征收制度。按旧规四年一班、每班征银一两八钱，折为每名工匠每年向官府纳银四钱五分。轮班工匠输银代役后，仍属于匠籍，有时仍被官府征发或被官府派役工作。住坐工匠仍不能解除现役，但人数已大大缩减。官营手工作坊劳动主要由雇募工匠承担。

明代《工律》

明朝手工业制度相当严密，并都伴有严厉的刑罚。明代法典《大明律》中专有《工律》，是主要的手工业法规。其主要内容有：

凡军民官司有所营造，都必须经上级批准。未经上级批准而非法营造，各计所役人数、计工值坐赃论，城墙倒塌、翻修房屋则不在此限。营造计料、申请财物及人工不实者，笞五十。若已费财物人工，并计所耗财物价值及所费人工钱坐赃论。

凡工匠造作不如法，笞四十。制造军器、织造缎匹质量粗糙不合规格，各笞五十。若不堪使用应返工者，各并计所算损财物及所费人工，罪重者坐赃论（一贯笞二十，罪止徒三年）。如是应供奉宫廷之物，加二等处刑；局官减工匠一等处刑；提调官又减一等；并且工匠必须赔偿官府的损失。

凡造作过限，如缎匹、军器、工匠违限不纳十分之一，笞二十，罪止笞五十。局官减工匠一等，提调官又减一等。如是因局官供应原材料不及时而造成延期，局官笞四十，提调官减一等，工匠免予处罚。

凡造作局头目、工匠，多领物料归己，为"冒破物料"之罪，计赃以监守自盗论（一贯杖八十，四十贯斩）；追物还官；官吏知情不举，同罪处罚；不知情而失察举，减三等，罪止杖一百。

凡主管官员将自己物料夹带送局加工制作，杖六十；物料入官，工匠笞五十；官吏知情不举与同罪；失觉察减三等。

凡官营手工作坊专为宫廷生产的产品式样，民间工匠不准造作出卖。如民间织造龙凤纹的宁丝、纱罗出卖者，杖一百，缎匹入官。机户及挑花工匠同罪，连当房家小起发赴京，充作局匠（住坐工匠）。又如在江西禁止民窑烧造官样青花白地瓷器发卖，违者正犯处死，全家谪发口外。在1446年，又严禁民间私造黄、紫、红、绿、青、蓝、白地青花瓷器，首犯凌迟处死，没收家产，家中丁男发边卫充军；知而不告者连坐治罪。

明代官营手工作坊生产管理落后，产品又不投入市场，经济效益极差。如景德镇御器厂烧造御用瓷器"百选一二"，每件瓷器耗费成本几乎与银器价值相近。1600年，御器厂上供瓷器二十三万五千件，费银达二十万两。御器厂日渐衰退，官矿生产也不景气，1581年朝廷下令封闭全国规模最大的官铁冶场——遵化冶铁局。官营织造局也不断衰败，明末除了南京、苏州、杭州三个织染局外，其余织染局均告封闭。上贡的缎匹"贸易以充"。

官营手工业的衰败，迫使明朝廷逐步放弃自给自足的官营体制。织造行业采取了"民机领织"的办法，将官营织染局的织染任务分派给原设局地区的民间机户承担。又如制瓷行业采取"官搭民烧"的办法，将朝廷所需的瓷器分派给民窑承烧。名义上，民机领织、官搭民烧都是有偿的，由官府支付工价银，具有官府定购的性质。但实际上工价的议定往往官府一言定价，工价极低。如景德镇御器厂自烧大样瓷缸，一口估价银五十八两五钱，二样瓷缸一口估价银五十两。而官搭民烧的大样瓷缸，一口仅估价银二十三两，二样瓷缸一口估价仅银二十两。而且产品都须经官检验，百般挑剔，成为民间手工业的沉重负担。

清朝手工业法

清军入关后的第二年，即 1645 年，清政府正式下令废除了匠户制度，取消了匠籍。但原匠户承担的匠班银仍照旧征收。1722 年实行"摊丁入地"赋役制度改革时，规定各省匠班银也一齐摊入地丁银中。延续千年之久的匠役制度彻底废除。

清代官营手工业比之明代，规模、范围要小得多。除了军器及宫廷特殊需要之外，大量采取了征购、订购的方式来满足朝廷的需要。仅在江宁、苏州、杭州、北京的织染局仍保持较大规模。清初江、苏、杭三局共有织机两千张，比之明朝有所扩大，然而同一时期，民营织染业发展更快，仅江宁民间织机已达上万张。清朝景德镇御器厂正式官匠仅二十余人。各局、厂的劳动力主要是雇募匠，并都规定了明确的雇值。如织染机匠，一个月给口粮四斗，工价则各随工种技术而不同。苏州织染局机匠工价，缎纱花机每日工银一钱五分，缎素机每日工银一钱三分五厘，挑花匠、画匠月工资银二两，倒花匠月银五钱。在计时工资之外也有计件工资，如帕子丝九七折净，每两样络工银一分。车匠、染匠、牵边工等都按件计酬。

明清民营手工作坊已出现了资本主义萌芽，在丝织业机户与机工之间形成了较为自由的雇拥剥削关系。棉纺织业、染坊、踹坊中也形成了类似的雇拥关系。苏州当时有踹坊（加工棉布，使之紧密光滑，便于染色）四百五十家，雇用的踹匠达一万人以上。在烧窑、造纸、矿冶等行业都出现了自由雇拥的作坊。清代的一些地方性法规逐步规定了一些制度。

1734 年，苏州府在机户（作坊主）的要求下，公布文告，镌刻碑石，"永禁叫歇"，禁止工匠结帮叫歇（停工）。如有机工挟众叫歇，要求增加工资者，许地邻、机户人等，即时扭送地方审明，比照把持行市律究处（杖八十），再枷号一个月示众。

1720年，苏州府发布文告，对踹匠进行整编，依照保甲法，规定踹匠每五人互保，取结册报，一人犯律，四人同罪。并规定踹匠只能日则作工，夜则关闭在坊，不得出坊上街。入坊踹匠必须有人担保，申报来历。

此外，清各地方官府往往限定工资。"永禁叫歇"文告规定工价按件而计，视货物高下、人工巧拙为增减；规定常例酒资，纱机一只酒资银一钱。踹匠也实行计件工资每匹银一分一厘三毫，当米价涨至一两五钱，每踹布千匹，加银两钱四分。对于纸坊的各个工种也都有政府文告明文规定。

第五章　专卖法之一 ——盐法

专卖制度，即由国家对某项产品的生产、买卖进行垄断。在中国古代，专卖往往称之为"禁榷"。禁，即由国家禁止某一类物品的私人生产销售；榷，原是独木桥的意思，"榷，水上横木所以渡也"，转引为"专也，谓障余人卖买而自取其利也"，即指由国家垄断某一行业而从中取利。禁榷制度是中国古代经济立法最重要的内容之一，是国家控制工商业的最主要的法律工具。利用这一法律制度，国家得以垄断一些日用工商产品的生产、销售。利用垄断的专卖价格，获取高额利润。长期实行专卖的主要有盐、酒、茶、铁等行业，这些产品都是人民生活所必需而又无法自给自足、必仰于市场的大宗日常生活用品，从而使封建国家能获得大量的收入，对人民进行间接剥削。设立禁榷制度的目的正在于此。

专卖法内容很多，而盐专卖始终是专卖法的重点。本章主要介绍盐专卖法，在下一章再介绍其余的专卖法。

第一节　专卖法的产生

专卖法理论产生于社会大变革的春秋战国时代。在这一时期，生产力空前提高，人口迅速增加。人口增加，刺激了食盐的生产，而人口的流动，又刺激了食盐的贩运，盐商成为当时最富的商人。另一方面，列国纷争兼并，促使各国统治者寻求各种富国之策以养战士。因而，对于获利丰厚的盐业自然不会不予以注意。据说春秋初期管仲辅佐齐桓公，曾实行"官（管）

山海"的法令，使齐国专"渔盐之利"，从而国富兵强，使齐国成为春秋时期第一个霸主。从此以后，原来不被重视的山林泽海之利得到了高度重视，出现了种种援引"溥天之下，莫非王土"和"工商食官"的古老传统，要求实行"壹山泽""专山川之利""严山泽之禁"等政策。

《管子》的"官山海"

在战国时种种"壹山泽""专山川之利"的理论中，最为典型、对后世影响最大的是假托管仲著的《管子》一书中提出的"官山海"理论。《管子》一书提出了完整的专卖理论，成为后世专卖法的指导性原则。

《管子》反对用增加税收办法来增加财政收入。其认为征房屋税等于毁人房屋，征牲畜税是使六畜不繁，征土地税是禁人耕种，征人头税则使人民与统治者离心离德，征户籍税则使人逃籍，成为游商大贾，与国争利。相反，为了缓和社会矛盾，要降低税率，主张"田租百取五，市赋百取二，关赋百取一"。要增加财政收入，富国强兵，只能依靠"官山海"。

《管子·海王篇》提出了具体的盐专卖法理论。该理论指出："十口之家，十人食盐；百口之家，百人食盐。终月，大男食盐五升少半，大女食盐三升少半，吾子（小孩）食盐二升少半，此其大历也。"食盐是每个人都不能缺少的生活必需品，因此官府只要控制盐的生产，把盐价每升提高若干，则"万乘之国，人数开口千万也"，一千万人口的大国，国家一天就可以收到二百万盐利，一个月就可收到六千万盐利。如果每月征收每人三钱人头税，只能得三千万，还要遭到人民的反对。"今夫给之盐筴，则百倍归于上，人无以避此者，数也。"不产盐的国家，政府可以垄断盐的运销，照样能收到如此盐利。因此，《管子》主张对盐业采取国家完全专卖，垄断生产、运输、销售等环节，达到增加收入的目的。

此外，《管子》还提出铁专卖法理论（详见第七章"矿冶法"），要求由政府封禁矿山，允许百姓采矿冶铸，"民得其十，君得其三"。《管子》还提出官府在丰收之年低价收购余粮，囤积于官府仓库，遇有荒年，平价出卖。并主张森林国有，国家谨守山林、海泽、草莱之地，定时向百姓开放。

以上这些"官山海"理论，其要旨在于主张实行专卖（主要是盐专卖）

来代替抽税，以间接税取代直接税，夺取商人之利归国家所有。这是中国古代有关工商经济立法的重要学说，对于后世经济立法产生了深远的影响。

商鞅抑商立法

《管子》中"官山海"理论的出发点是与商人争利，是出于增加财政的目的。公元前356年，秦国商鞅主持变法，进一步将实行专卖与崇本抑末、推行农战国策联系起来，从政治上着眼制定、实施专卖法。据商鞅的学生们所编的《商君书》来看，当时的法令主要内容是"壹山泽"，即由国家独占山泽之利，设立盐铁官，开矿煮盐，严禁私人经营。这样的目的一方面是增加财政收入，后人称为秦盐铁之利"十二倍于古"；另一方面是使所谓"恶农、慢惰、倍欲之民，无所于食"，逼迫这些人只能从事农耕。

实行粮食统制贸易，不准私人经营粮食买卖，"使商无得籴，农无得粜"，商人不得向农民收购粮食，农民不准向商人出卖粮食，粮食只能由国家经营。这一制度目的在于堵塞商人利用年岁丰歉进行粮食倒卖的发财门路，使经营粮食买卖的商人无利可图，只能转入农耕。另一方面，迫使农民只能尽力从事农耕，增加生产来解决自己的口粮，也没有余钱去买各种奢侈品以至荒弃农业。这是历史上唯一的粮食专卖法。

商鞅变法奠定了秦国富强的基础，秦统一全国后，秦国法律推行到了全国。专卖法除了财政目的之外，又具有崇本抑末的政治作用，成为后世实行专卖制度的另一个基调。

汉初专卖法

秦统一全国后，专卖法的具体内容究竟如何，由于缺乏文献资料，难于考证。可能只对盐业继续实行专卖，对粮食实行统制，对铁业实行专卖的制度可能被放弃了。

秦朝灭亡后，汉初在黄老"无为而治"道家思想指导下，一方面继续秦朝崇本抑末的传统政策，下达"贱商令"，规定商人不得穿丝绸、坐车、持兵器，不得做官；另一方面，又"开关梁，弛山泽之禁"，允许商人向国家租赁山林纳税经营。各郡国也可以经营盐铁，当时吴国"东煮海水以为盐，以故不赋，国用饶足"。这样，汉朝放弃了秦朝的专卖法。从汉建国至武帝的七八十年间，富商大贾"采铁石鼓铸，煮海潮为盐，一家聚众或至千余人"。

第二节　西汉至南北朝的盐法

西汉的完全专卖法

西汉武帝时，由于边境战事频繁，财政紧张，统治者逐渐开始实行盐铁官营，全面推行盐铁专卖（铁专卖详见"矿冶法"一章）。

元狩四年（公元前119年），汉武帝任命东郭咸阳和孔仅为中央最高财政官大农令的下属官盐铁丞，专门负责盐铁专卖。东郭咸阳是"齐之大煮盐"（大盐商），孔仅是"南阳大冶"（大铁商），二人都"致生累千金"。汉朝统治者打算用这些内行来经营盐铁业，并可减少盐铁商人的反抗，争取大盐铁商的支持。公元前120年正式下达盐铁官营法令。东郭咸阳与孔仅视察全国，在各地设置铁官和盐官，选择"盐铁家富者为使"。不久，又任命商人出身的官僚、武帝的亲信桑弘羊为大司农，全面掌握盐铁官营专卖事务。古代专卖法从此进入了一个新的阶段。

汉朝盐专卖法令主要内容是：在全国产盐地区设立32个盐官，由盐官招募所在地区的平民参加官营盐场的生产。应募平民自行准备生活、生产费用，工具则由官府发给。所产盐按官府发给的牢盆（煮盐的平底铁盆）为单位，由官府付给一定的工价，全部收归官府。各地所需盐由官府征发民夫搬运。盐的销售也全部由官府办的官肆垄断，私人不得煮盐卖盐。私煮盐者处钛左趾的刑罚，即在犯人左脚上戴一个六斤重的铁制刑具，并作为刑徒为官府服役，工具及产品都予以没收。

西汉的盐专卖法的特点是：采取由官府垄断盐生产、运输、销售各个环节的完全专卖法，民产、官收、官搬、官卖。盐专卖法的施行，最明显的是给中央集权的君主专制政权带来了巨大的收入。"当此之时，四方征暴乱，车甲之费，克获之赏，以亿万计。皆赡大司农，此皆扁鹊之力，而盐铁之福也！"而实行专卖法以及同时实行的"告缗令"等法令，极大地打击了中小商人阶层，中家以下大抵破产。统治者还称之为"非独为利也，特以建本抑末，离朋党，禁淫侈，绝并兼之路"，具有重大的政治意义。虽然标榜抑兼并、崇本抑末，可是却打破秦汉禁止商人任官的旧法，任命了一批大盐商担任盐官，"吏益多贾人矣"。形成了大官僚、大地主、大商人三位一体的豪强政治。

西汉采取行政手段组织盐专卖，带来了很多弊端。盐官重量不重质（因盐场定额以量为准），生产的产品"多苦恶"。盐的运输大量征发徭役，加重了人民的负担。盐价上涨，百姓往往被迫淡食。统治阶级内部也发生争论。武帝死后，昭帝始元六年（公元前81年）召开了"盐铁会议"，以桑弘羊等为一方，以大将军霍光为后台的贤良文学为另一方，就盐铁专卖及武帝内外政策进行了激烈的争辩。桑弘羊做了部分让步。第二年，桑弘羊被杀，但盐铁官营仍继续实行。西汉末年，王莽篡政，实行"五均六管"，对盐、铁、酒、山泽、五均赊贷、钱布铜冶实行全面官营。直到东汉建立63年后，公元88年，东汉政府宣布："罢盐铁之禁，纵民煮铸。"连续实施了208年的盐专卖法被正式废除，而改以征收盐税。

三国、两晋、南北朝盐法

东汉末年，军阀割据。曹操开始实行屯田制时，为了筹集屯田开垦的耕牛、农具等经费，于建安二年（197年）又一次恢复盐专卖制度，在产盐地区设司盐校尉，召集流亡百姓从事盐生产，由官府垄断产、运、销各个环节。其具体细节不详，但依据当时屯田采取严格的军事编制来看，盐场官营可能性很大。三国鼎立局面形成后，由于战事频繁，魏、蜀、吴三国政权都按汉朝旧法，实行盐专卖。

西晋建立后，进一步实行盐专卖，统一全国后，在各郡县设立司盐都尉、司盐监丞等官署，负责盐的生产运输、销售。晋朝法律规定，"凡民不得私煮盐，犯者四岁刑"，所在地区主管官员也连坐受罚，官府不再干涉。

南朝（420—589年）历代政权对盐都不采取专卖。南朝最后一个政权南陈建立后，"立煮海盐赋及榷沽之科"，立海盐赋，即对海盐生产者征税。

这说明在南陈以前，盐税制度也不健全，对盐业实行完全放任。

北魏（386—534 年）盐法时而禁榷，时而征税，变化无常，总的特点是比南朝控制严密。北魏分裂为东、西魏后，东魏政权在沿海的沧、瀛、幽、青四州沿海，设立二千六百六十六处官营煮盐灶生产官盐，一年收盐二十多万斛。"军国所资，得以周赡矣"。但官营官销盐法只施行了三十多年，北齐代东魏后，取消专卖法，改为征收盐税。与东魏对峙的西魏政权，专门设立掌盐官，对池盐、井盐实行专卖，禁止百姓私自生产贩运。北周代西魏后，沿袭这一制度。

隋朝统一北方后，隋文帝在开皇三年（583 年）下令："通盐池盐井，与百姓共之。远近大悦。"曹魏以来断续实行了三百多年的盐局部专卖法被彻底废除。

第三节　唐宋的通商法

自隋开皇三年（583 年）至唐开元九年（721 年）的一百三十八年中，封建政权对盐业采取了完全放任自由的政策，不仅不实行专卖，连盐税也不征收。随着商品货币经济的发展，封建政权对于农民的人身控制逐渐放松，而财政开支日渐浩繁，至唐朝中期，实行盐专卖又被提上了议事日程，开元九年（721 年）开始征收盐税。三十五年后，至载德元年（756 年）开始实行盐专卖。以后各朝沿而不改，盐专卖连续实施了一千二百多年。

唐朝著名理财家刘晏的"通商法"

755 年，爆发了"安史之乱"，唐朝由盛世转入大乱，此后藩镇割据，边境战事不息，军费浩大，而中央政府所能控制的仅四川、江南等地。人口流移，户籍耗散，唐朝廷只能依靠盐利。756 年，平原太守颜真卿在河北、江南租庸使第五琦在江南先后开始实行盐专卖。当年，第五琦被任命为新设置的"诸州榷盐铁使"，盐专卖法推行至全国各地，"尽榷天下盐"。

第五琦的榷盐法仿照汉朝桑弘羊的盐法，实行民产、官收、官运、官销的完全专卖。"就山海井灶近利之地，置监院，游民业盐者为亭户，免杂徭。盗鬻者论以法。"亭户所产盐由官府全部征购，各地设立盐官负责运输、销售。这一方法虽然能带来若干实利，但需要有强大的政府机构为后盾，并需大量征发徭役，使得民怨沸腾，效率不高。

762年，户部侍郎刘晏创立了"民制、官收、商运、商销"的通商法，与后世就场专卖法类似，对盐业实行部分专卖，取得成效，奠定了后世盐法的基础。这一通商法的主要内容是：

一、民制官收。政府对盐业的专卖以控制生产为主。在全国主要产盐区设立四场、十监，负责生产、统购。四场即涟水、湖州、越州、杭州；十监即海陵、盐城、新亭（以上三地今属江苏）、临平、兰亭、永嘉、嘉兴（以上四地今属浙江）、大昌、富都（以上两地今属四川）、侯官（今属福建）。在这些地区设场官、盐监招募亭户进行生产，官府奖励增产，"遣吏晓导，倍于劝农"。亭户免除其他杂徭及租税，所产盐由官府统购。"自余州县，不复设官"，裁撤原负责行销的庞杂机构。

二、商运商销。允许商人向官府场监批发官盐贩运，批发价格中已包含了官府的盐利在内。商人批得盐后，"纵其所之"，可自由运销各地。只是在运输途中还必须向沿江河运输要路诸道（道当时是唐地方最高行政机构）缴纳通过税"榷盐钱"。此外销售即不再征税。

三、控制盐价。为防止因商运商销造成商人垄断盐业，又规定在各地设置"常平盐仓"，贮存官盐。交通不便，商人不愿前往之处，即由官府调运常平盐仓存盐至当地发卖。当某地商人哄抬盐价，官府即发卖常平盐，平抑盐价。而当商人竞相降价，官府即乘机收购贮藏于常平仓，调节盐价。这样即可控制盐价、缓和社会矛盾，而官府又能名利双收。

四、严格缉私。缉私制度起于刘晏。当时官府规定在淮北、岭南和江南地区设立扬州、陈许、汴州、庐寿、白沙、淮西、埇桥、浙西、宋州、泗州、岭南、衮郓、郑滑十三个巡院，负责巡查盐商是否夹带私盐（无政府批发单据或超出批发单据的即为私盐），发现私盐"论罪有差"，并没收盐及资产、运输工具。此外，这十三个巡院还负责视察各地盐价，随时报告盐铁使，以决定是否收、放常平盐。

刘晏任户部侍郎又兼盐铁使，主持盐政近二十年，把政府盐利收入从四十万缗提高到六百万缗，"天下之赋，盐利居半，宫闱、服御、军饷、百官俸禄皆仰给焉"。刘晏死后，有人建议恢复官运官销法，但在朝廷讨论时，遭到了大多数人的反对。刘晏的盐法一直被沿用。

刘晏是中国历史上著名的理财家，他主持盐政之所以成功，不仅仅在于立法稳妥，更主要的是他任用清廉官员，提高行政效率，尽量避免采用直接的行政手段来实施盐法。而在他死后，大多数继任盐铁使都急于提高盐价，穷征暴敛，使商人、消费者都陷入困境。在实行榷盐之前，盐价十钱一斗。第五琦实行专卖时一下子提高到一百一十钱一斗。到刘晏死后加至三百七十钱一斗，盐利达刘晏时的三倍。官盐价格飞涨，百姓被迫买卖私盐，巡院屡禁不止，私盐处罚屡次加重，贞元年间（785—805 年）法律规定盗卖池盐一石者处死，犯私盐一斗以上脊杖，没收车驴。能捕得一斗私盐者，赏千钱。买卖双方、货栈、接洽人等关系人都一样论罪。盗刮碱土一斗，比私盐一升。刑法虽酷，但官府腐败，官盐质次价高，销售不旺，盐利收入减少。私盐大为兴盛，在官府重刑逼迫下，私盐贩铤而走险，唐末农民大起义首领黄巢正是私盐贩。

在私盐流行同时，藩镇割据，各地盐利逐渐被军阀侵夺，不再入朝廷。与长安相距不远的解池也被军阀王重荣擅夺。唐僖宗时企图派盐铁使接管解池，王重荣以此举兵造反，僖宗被迫出逃。不久，唐朝灭亡。可见盐利在唐末已与朝廷命运紧紧相连了。

五代时官商并卖法

对盐专卖法威胁最大的莫过于私盐，禁私盐最重要的在于使官盐质佳价低，货源充足。刘晏通商法之所以成功，全在于让官盐在市场竞争中获胜，并不仅仅在于他的缉私制度。以后缉私制度再严，私盐仍不可能禁绝，官盐也不能打开销路。官盐积压日甚，商人不再愿意运销官盐，官府不得不自行运销，于是出现了官商并卖法。

五代中的后梁政权基本仍沿袭唐朝旧制。923 年，后唐取代后梁，开始改变盐法，实行官商并卖。这一盐法主要规定各府州县镇，都设置榷盐场院，向百姓发卖官盐。乡村僻处，仍由商人向官府批发盐运销。官府直接卖盐并不能保证打开销路，因此，后唐采取了按户俵散、硬性搭配的官卖盐法。以"计口授盐"为原则，城镇居民按缴纳房屋间架税的数额搭售官盐，盐价与房屋税一并征收，称之为"屋税盐"。乡村按户摊派官盐，官盐在春季育蚕时发放，至缴纳夏税（钱及丝绢）时，同时缴付盐价，称之为"蚕盐"。这些计口所授官盐只能食用，不得转卖，故又称食盐。如将自己的食盐贩卖他人，即作为私盐犯，严刑惩罚。后唐长兴四年（938年）"盐法条流"规定：括碱土煮盐者，不计斤两多少，"并处极法"。犯私盐一斤以下，买卖双方各杖六十。犯私盐十斤以上，不计多少，各决脊杖二十处死。其用刑极为残酷。

后唐所创官商并卖法为后来的后晋、后汉、后周政权所继承。只是后晋曾一度废除官卖，依旧通商，但在各关津要路征收过税钱，城镇店铺征住税钱。重复征收盐税，不久即废除。后晋、后汉、后周各代私盐处罚更酷，计口授盐的摊派配售更为严厉。后晋将计口授盐进一步发展为"计户征税"，按户等立盐税五等，自一千文至五百文，计户收税。后周在北方地区将盐价摊入两税，合称"两税盐钱"。配售官盐逐步向杂税发展。

五代盐法还值得一提的是，后周从显德元年（954年）开始，对盐商划定行销区域，防止侵夺官府自行卖盐地区的盐利，并便于官府盐督，这一制度以后为宋、元、明、清各代所继承。

宋初官般法、折中法

北宋政权建立后，继承了五代十国时期各地的各种杂税征敛，也沿袭了参差相错的各种盐法，主流则仍是官商并卖。

宋朝将盐按品质分为颗盐、末盐两大类。颗盐是内地盐池所出产的池盐，主要是指解池盐。解池水含盐量很高，只要引解池水灌入盐田，风吹日晒即可成盐。盐的颗粒大，味正质佳，因而自古以来，解池盐一直被视为"天产美利"，而且便于圈禁管理，一直是宋朝实行官营专卖的主要对象。末盐指海盐、井盐和刮碱土熬成的土盐等。宋朝政府在各产盐地区都设立盐官加以统制，按产量大小分为三等，大者称监，中者称场，小者称务。生产者称为亭户、盐户等名目，一般可以免除两税。而解池附近居民划为"畦户"，每户出两丁为官府服役晒盐，免除徭役。产盐仍由官府全部征购，实行严格的民制官收。

在行销上，宋朝沿袭五代官商并卖法。根据城镇乡村及各地情况、惯例而变通，号称"各随州郡所宜"。大概而言，京西、陕西、河东、河北等处实行通商；京东、淮、浙、广东等处实行官般（搬）官卖。在梓、益、夔、利四路（即今四川地区），允许私人开凿盐井，官府也设立盐监开采。私人盐井产盐纳税后可以贩卖，但不得出四路境外。其他通商地区的盐商不得越界至官卖地区贩卖，否则视为私盐加以严惩。

宋初实行官卖各路，称"官般法"（般即搬运）。由官府征发乡户差役运输官盐，由里正一人主持，称"帖头"，缺损官盐必须补赔。官盐销售仍采取五代旧法，实行计口授盐、俵散蚕盐，盐价则附于两税一并征收。

宋初多次减轻了对私盐罪的处罚，逐步从死刑减为徒流刑，宋太宗时定犯私盐者，自一斤以上，论罪有差，至五十斤加役流，一百斤以上押送京城处置。

宋太宗雍熙年间（984—987年），由于与北方辽朝战争频繁，边境军需物资匮乏，因而宋朝廷下令河东、河北商人往边境输送粮草，称为"入中"。商人入中后，按路途远近及所入中物质价值授给票券，称"交引"。商人持交引至京师榷货务支兑现钱，或至解池或江淮官盐场监支取官盐贩运。此法称之为"折中法"，是宋通商法的主要方式，以后逐渐成为经常性的制度。端拱二年（989年）在汴京设立折中仓，商人入中不必亲至边境，只需将物资运至汴京入折中仓即可支取交引贩卖解池盐。这一方法实行后，通商法不再是所有商人皆可批卖官盐，而必须是经过入中粮草而由政府发给交引的特许商人才能运销官盐。交引不仅是一种有价证券，最主要的是允许商人贩运官盐的特许状。

宋初官般法、折中法断续实施了八十多年，弊端都很多。前者主要是骚扰民力，"兵民辇运，不胜其苦，州郡骚然"。各州郡征发民力运输官盐，损耗极大，据北宋人沈括记载，当时"辇车牛驴，以盐役死者，岁以万计"。后者除了奸商买卖交引、买空卖空等弊病外，最主要的是官商勾结，虚指时价。1038年，西夏与北宋发生对抗，西北边境告急，宋政府为鼓励商人入中，规定入中粮食可凭交引支取金银；入中羽毛、筋角、胶漆、铁炭、木料等杂项物资，都可凭交引支取解池盐。商人与贪官勾结，虚指时估，有的入中两根橡木便估价一千钱，给解池盐一大席（二百二十斤）。从而使解池盐价格暴跌，官府损失极大。

范祥"盐钞法"

北宋庆历八年（1048 年）范祥主持榷盐，推行"盐钞法"，以解池盐为中心改革盐法。盐钞类似于原来的交引，也是一种有价证券，并且作为贩运官盐的特许证明。盐钞法的主要内容是：

一、打破原有的官销和商销界限，"旧禁盐池一切通商"，将通商法推行至全国。国家集中控制盐的生产环节。有盐钞才可支取解池盐等优质官盐贩运销售。盐钞上注明支盐地点与行销地区范围，防止商人囤积居奇，就易避难。

二、商人以现钱买盐钞。入中一切以现钱不以实物，杜绝虚估弊端。起初规定商人在边郡每入中现钱四贯八百文换一盐钞，持钞至指定的产区支盐。如不愿支盐，也可至京师兑换现钱，一钞兑钱六贯二百文。盐钞已包括盐价及政府盐利在内，因而商人至盐场只需再缴付若干手续费、附加费即可取盐发运。盐钞类似于提货凭单。

三、盐钞按盐池产量印制发行。开始时每年定额产盐三十七万五千大席，按此数发行盐钞，一钞支盐一席（二百二十斤）。产盐有定额，盐钞有定数。

四、在京师设立都盐院。都盐院积贮官盐，当京师盐价每升不足三十五钱时"敛而不发"，大量收购。当盐价上涨至每升过四十钱时，"则大发库盐，以压商利"。这也是模仿刘晏的常平盐仓制度。

范祥的盐钞法基本上是按照刘晏通商法的精神加以发展而来。其主要不同之处在于：设立盐钞定额，划定行销范围以及指定商人必须在边境入中现钱买盐引等。这一方法施行后，"黠商贪贾，无所侥幸"，号称官私两便，"省数十郡搬运之劳"。政府盐利收入也大为增加，仅解池盐的盐钞收入即达二百多万缗。"可助边费十分之八"。

蔡京及南宋"引法"

盐钞法仅实施了几十年，就逐渐被破坏。主要是因为北宋政府军费开支浩大，财政紧张，往往为贪一时之利而增印盐钞，无复定限制。盐钞信用丧失。尤其是到了宋徽宗时，蔡京等人改入中边境为入中京师，"欲囊括四方之钱，尽入中都"，并滥印新钞，称之为"换钞法"。商人往往买得盐钞却无盐可支，不久发行新钞，商人必须贴价倒换，"凡三输钱始获一直之货"。无钱贴价，旧入中钱即由官府没收，盐钞作废。一些奸商趁机在市场上倒卖盐钞证券，无后台势力的中小商人纷纷破产，有的晨为富商，暮成乞丐，以至于赴水投环，自寻死路。盐钞法已无法继续施行。

政和三年（1113 年），蔡京又设"引法"。引与盐钞类似，也是给予商人运销官盐的专利证券、提货凭据，但引有严格的时效限制。引分为长引、短引两种：长引行销外路，有效期限为一年；短引行销本路，有效期限为一季。商人在京师缴纳包括税利在内的盐价领引，然后至各指定盐产地支领运销，每引支盐一袋（三百升）。如过期半年，引即作废，未卖完之盐也归官府。引法规定商人必须指定行销范围行销，并限定盐价，而商人在行销地区内有独占权。蔡京所定引法未规定引的发行额制，并且以后又多次改变法令，朝令夕改，直到北宋灭亡，引法还未正式定型。

南宋政权建立后，基本上仍按盐钞法实行盐专卖法。由于丧失北方优质解池盐，而对海盐的控制比较困难，所以南宋不再实行完全专卖法，而是根据情况分别采取盐钞法、通商法，或放弃专卖采取征税法。南宋在沿海招募产盐户，分为亭户、品户。亭户所产盐称"正盐"，全部由官府征购。品户所产盐称"余盐"，在对官府缴税后，可以自行卖给商人。南宋并专门颁行"禁私敕令"，规定对私盐罪的处罚。犯私盐一两笞四十，两斤加一等，二十斤徒一年，二百斤刺配本城，三百斤流三千里，夹带通商盐入禁榷地（即实行官卖法地区），按私盐罪减一等处罚。人户私卖蚕盐、兵役私带食盐、官盐带入别县，一升笞二十，罪止徒三年。

两宋政府盐专卖收入相当可观。北宋哲宗年间（1085—1100 年）仅淮盐、解池盐专卖收入，每年即已达四百万缗，相当于唐代最高纪录六百多万缗的三分之二。南宋时期，朝廷财政"鬻海之利居其半"，仅泰州海陵一监，年入就达六七百万缗，相当于唐朝榷盐最盛时全国的总收入。

第四节　元代及明代前期的盐引法

金元两朝至明代前期的盐法，基本上仍按唐宋开创的通商法、盐钞法、引法的基础而略加调整。由于元、明将发行的纸币称为"钞"或"宝钞"，因而特许卖盐的证券全都称之为盐引，盐法以盐引法为基调。

元代的盐法

元朝总结了唐宋以来盐法的利弊得失，尤其是吸取了宋代因盐法多变，导致盐政混乱不堪、不可收拾的教训。元朝逐步将盐法条理化，使盐法逐步成为独立的单行法规，立法较前更为严格，变动也比较少。

元代盐法仍以民制、官收、商运、商销为原则。虽然官不运盐，但主管盐务的机构仍以转运司为名。元朝设立大都、河间、山东、河东、两淮、两浙、福建、辽阳都转运盐使司，以及广东、广海、云南盐课提举司，四川茶盐转运司。中央由户部总管盐专卖，由中央户部负责印制发行盐引，各转运盐使司、提举司等负责招商卖引。其具体做法是：户部每年按销引定额印制盐引下发各转使司、提举司。盐引分为前后两券，中间骑缝押上转运司官印。商人至转运司买引时，由官府编列号目，填写支盐盐场、行盐区域，后券给付商人收执。前券称"引根"，发至支盐盐场。商人持引至盐场，由场官按照盐引号目核对"勘合"（检查骑缝印章是否合缝、原封）无误，即由场官在引背批写商人姓名、支盐时间。元代盐引是一次性有效证券，并且在当年内有效，过期失效。

元代产盐地区一律设盐场加以统制，征购盐户产盐。盐场由当地都转运盐使司管辖。各场每年产量均有定额，盐户依定额生产输纳于官，官付给工本钱。所产盐一律二百升一袋并编列号目，商人所持盐引，一引固定支盐四百升（两袋），至场即照盐引号目支取袋装官盐发运。

元代对于商人运销官盐的制度更为严密。商人赴各转运司买引，元初引价是每引中统钞九贯，至元中期延祐二年（1315年）已高达一百五十贯。引价已包含盐价及专卖税利在内。商人持引至指定盐场支盐，除勘合盐引外，还必须由场官发给"水程"验单，才能贩运。水程是一种特许运盐的通行证，编有号目以便查对，上填明商人姓名、所贩官盐的盐引及号目，指定销盐的县份等内容。沿途关津，照例查验水程、盐引及盐货，都相符合，才得放行通过。到达指定县分后，必须及时向官府报到，由当地地方官府查明水程、盐引才能发卖。盐货卖完后，必须在五日内向行销当地的官府缴纳盐引，违限不纳即作为私盐处罪。

除了商运商销之外，元代也部分实行官运官销。元朝将商运商销地区称之为"行盐地"。而在盐场附近（一般在百里之内）地区，由于易于走私，私盐充斥，排斥官盐，因而划为"食盐地"，实行官运官销。品盐地采取计口授盐，由各州县组织人畜牛马至场运输官盐，按户验口，俵散派卖。

为了防止商人垄断盐价牟取暴利，元代沿袭刘晏旧法在各地设立常平盐局，用来控制盐价。常平盐局所存官盐的来源是：规定凡各盐场所收盐，一半供商人持引贩卖，一半归于常平。在分配上，优先满足各地常平盐局的需要。因此，元代实际上实行的是官商并卖。

元代专门设立"盐法"处罚私盐罪。其规定：凡贩卖私盐者，杖七十，徒二年，没收一半财产入官，一半付其告发人充赏。再犯者加等处罚，三犯者远流。商人不按指定地区贩盐，即为越界罪，减私盐罪一等处罚。至发卖地不报官，以及盐引定额外夹带，盐、引不相随，盐、引不相符，并同私盐罪处罚。卖尽盐后不报官缴引者，杖六十，徒一年。伪造盐引者斩，家产付告发人充赏，左邻右舍知情不告者杖一百。凡因贩卖私盐而处徒刑者必须发官盐场服刑，戴镣居役，充当盐夫。

元代盐专卖虽然规定较为详尽，但实际执行情况很差。元代政治黑暗，吏治腐败，贿赂公行，权贵争相托名买引夹带、转卖、营私舞弊。而元政府为了一时小利，常随意抬高引价，元初至元中期仅四十多年引价即上涨16.7倍。因而官盐价格随之上涨，商人不愿买引，官盐大为积压。元政府又采取扩大食盐地的办法，强行摊派，引起民怨沸腾、私贩盛行，私盐商逐步成为反抗力量。元末，浙东方国珍、苏南张士诚等反元武装头目原先即为私盐商贩。

明初"开中法"

明初盐法，一如元朝之旧。只是明初极度强化中央集权，在法制的贯彻上较为努力。中央由户部掌盐政，地方各布政使负责销盐。中央派出巡盐御史定期巡视。地方专职盐务机构为：两淮、两浙、长芦、山东、河东、福建六个都转运盐使司；广东、海北、云南、灵州、察罕诺尔、辽东六个盐课提举司；四川茶盐都转运司。转运司之下设批验所大使，负责向商人批发盐引等事务；又设盐仓大使负责收盐，验收发盐。凡产盐区都设盐场，由盐课司大使、副使负责管理盐场事务。对盐户的控制更为严密，洪武元年（1368年）征发沿海居民编为"灶户"，世代承袭，按户出丁为盐丁。每个盐丁每年都有定额上缴盐货，称为"额盐"。灶户不得私自出卖盐货给私商。灶户除额盐外，免除其他徭役。靠近产盐盐场的地区仍划为食盐地，官运官销，计口授盐。

明初经济政策以巩固自然经济为特色，在盐法上也不例外。1370年，为了增加北方边疆的军粮储备，仿照北宋"折中法"，实行"开中法"。由户部出榜征招商人输粮于北部边防，称开中。户部编印勘合，一式两份，一份发给边防征粮机构，一份发各盐司。商人纳粮于边仓后，由收粮机构按所纳粮数、应支盐数，填给"仓钞"。商人持仓钞至指定盐司，在转运司、提举司处换为盐引，再至指定盐场支盐，发给水程起运官盐。其详细制度与元朝类似，只是盐引成为一种盐粮兑换券，每粮一石换盐一引。明朝一盐引为二百斤，正好一袋一引。开中法实行后，一些商人不愿千里运粮，就出资招募农民赴边疆垦荒居住，所产粮食就近供给边仓，换取仓钞盐引，称"商屯"。此外明朝还曾先后实行纳马中盐法、纳布中盐法、纳铁中盐法等。盐成为明代朝廷手中的万灵宝药，需要什么宣布"开中"什么。

明朝法典《明律·户律·课程》中专有盐法条款，规定：凡贩私盐者，杖一百，徒三年；有军器者，加一等；拒捕者斩；盐货及车船牲畜没收入官。灶户私自卖盐即为贩卖私盐罪，同样处罚。买食私盐者，杖一百。商人持引卖盐，如有盐引相离、盐引相违（所贩盐货非指定的盐场出产）、使用过期盐引（盐引有效期仍为一年），即同私盐处罚。如贩盐犯界，杖一百。在盐引指定的地区卖毕后十日内不退引，笞四十。转卖、倒卖盐引，买卖双方各杖八十，盐货价钱入官。灶户未完成额盐，每十分之一，笞四十，等等。为了缉捕私盐商贩，明朝在交通要路沿途设立巡检司，巡访缉拿私盐商贩。

开中法与盐引制的破坏

明初开中法实行不久就百弊丛生。开中法以实物经济、以货易货为宗旨，本身就与社会商品货币经济发展趋势相违背。再加上明朝统治者理财无方，措施混乱，不仅未达到增加财政收入的目的，还使原有的盐引法也无法施行下去了。

首先，明初统治者以盐法作为促使宝钞流通的方法，永乐元年（1403年）规定"户口食盐纳钞法"。由于明初政府发行的纸币"大明宝钞"迅速贬值，信用极差，民间拒绝使用。明统治者一方面用严刑镇压拒收宝钞、抵制宝钞的行为，一方面又以《户口食盐纳钞法》强迫民间使用宝钞。这一法令规定：全国以大人每月食盐一斤、小孩半斤计算，每年向官府纳钞一贯，称为盐钞。持引贩盐的商人至指定的行销地点后，将官盐转卖给当地官府，由官府按户摊派食盐。至征收两税时一并追征盐钞。倒退到了宋代的官般法，只是运输由商人承担而已。商人丧失销盐的利润，百姓被迫缴纳高额盐价，地方官府的贪官污吏又得到一个敲诈勒索的机会。这一不近人情的法令靠严刑高压维持了三十三年才被废除。以后恢复明初的制度，允许商民自由买卖食盐，然而官府盐钞照旧征收，后来又改为征收银两，成为一种杂税。明中期实行一条鞭法，盐钞即编入田赋银。

其次，明初以宝钞支付盐丁的工价，之后宝钞迅速贬值，一百年后的成化年间（1465—1487年）宝钞一贯仅值钱一文（原一贯钞应合一千文）。盐丁所得与废纸无异，而官府仍按丁征收额盐，灶户困苦不堪纷纷逃亡，官收盐不足，手中无盐而空卖盐引。1490年，官府允许灶户输银代替额盐，改征折色，一引纳银两至三钱，并允许持引商人自行下场向灶户收购"余盐"，逐渐丧失了对盐产的控制能力，民制官收被瓦解。

　　再次，开中法实行后，商人都愿意贩运质量优异、运输方便的淮浙盐，而淮浙盐引发行又无定额，造成淮浙盐不敷分配，而其他盐场出现官盐积压的现象。官府于是规定允许已持淮浙过期盐引的商人排队"守支"，淮浙盐每年所产盐货的十分之八为"常股"，挨次按号由守支商人支取贩运。其余十分之二储备于官仓，称"存积"，预备当边防紧急、急需粮草物资时，临时召商入中，这些紧急应召开中的商人所兑盐引可以不分次第，引到即发存积盐。守支商人不愿守支，可以改支河东、长芦、闽广、山东各盐场官盐，称"兑支"；而商人不愿来往奔于道路，也不愿意长期等候，入中于边的商人即将盐引出卖，别的商人收购盐引专门负责行销官盐，形成了"外商""内商"之别。而内商又不愿长期守支，出卖、典当盐引，盐引屡次倒手，这种违法的盐引"伙支"成为痼疾，纳粮实边的开中法再也无法维持了。弘治五年（1492年），明代朝廷正式放弃纳粮实边的"开中法"，召商至京师户部纳银买盐引，原有的守支商人可以自行下场收购余盐。这样民制官收的盐引法也于无形中被改为民制商收。以后明政府又进一步放宽政策，规定商人凡支引正盐可加买两引余盐。商人纷纷集中内地，边屯废弛，商屯结束。

　　最后，明代宦官、官僚公然侵占盐引，走私贩盐牟取暴利。"京官岁遣吏下场，恣为奸利；锦衣吏益暴，率联巨舰私贩，有司不能诘。"此外皇帝也任意将盐引赏赐佞幸权贵，如明武宗时，太监刘允差往乌斯藏请佛王入京，向皇帝奏讨长芦盐一万引、两淮盐六万引，跟随人役也分得一万引，载运的船只极多，以致堵塞运河水道。这些都对盐专卖法造成巨大破坏。

　　明初实行开中法的一百多年间，朝廷中央无直接收入。废开中法后，户部所收到各地盐课共一百二十六万两，其中一百一十六万两入太仓，其余解至各边镇。总的来说，盐利的财政意义不如唐宋两朝重要，而且由于庞大的盐务机构耗费大量盐利，政府实际所得并不多。明嘉靖年间，海瑞就曾指出："计盐课之入于朝廷者，尚不足以偿各管盐员役禄俸之费。"

第五节　明后期及清朝的盐业纲法

明中期以后，唐宋以来民制、官收、商运、商销的盐专卖法已混乱不堪。明末出现重大变革，从此官卖名存实亡，官垄断盐业转为商垄断盐业。

明末"纲法"

万历四十五年（1617 年），两淮盐法疏理道袁世振创行"纲法"，对延续了四五百年之久的盐引法加以重大变革。

纲法并不是全面筹措、深思熟虑的立法，而是一种权宜之计。主要目的在于清理商人手中存积的盐引。由于政府逐渐无正盐可供引商贩运，盐商须自行下场，在引价之外再付灶户工价盐本才能得盐。盐引逐步成为单纯的卖官盐特许的证明。明神宗时，因官收场盐不够，商人久候领不到盐，以致积引甚多。为了疏销积引，万历四十五年（1617 年）实行纲法。其主要内容是：

一、编立纲册。将盐引编成纲册，分为十纲，每年以一纲行积引，九纲行现引。过去手中积有盐引的商人编入纲册，不在纲册之上的商人不得加入。由于这些商人原已出了高价买盐引，因而允许其将纲册永远据为"窝本"，每年照册上旧数派行新引。实际上是商人以原来的引价买得官盐行销的垄断权。

二、仓盐折价。灶户不再向官府缴纳额盐，改为按额盐每引纳银若干，称"仓盐折价"。商人持引支盐即自赴场向灶户直接购盐。改原来的"民制、官收、商运、商销"为"民制、商收、商运、商销"，官府实际上已放弃了专卖，只是从旁监督，征收盐税，帮助商人实现垄断。

三、"减斤加价"。明末一引盐已重五百七十斤（二百斤正盐再加余盐、补耗等），每引定价白银五两六钱。改行纲法后，每引减为四百三十斤，以疏销积引，并且引价提高至白银六两整。由于这时盐引价已不再包括盐价，盐引只是纳盐税证明和特许证明而已。商人出高价买得这张证明，好处在于可以垄断收盐特权，并得世袭。

四、商人专岸。由于纲法承认商人可以永占买引运销官盐的权利，因此，盐引指定的行销地区也就成为这些商人的垄断行销地区。行销官盐地区习惯上称之为"引岸"，商人垄断即称为"专岸"。

纲法逐渐在全国推行后，商人为了能永占盐利，纷纷争购盐引，一时积引销尽，盐利也大为增加。然而这只是表面现象，盐商成为依附于官府的垄断商人集团，不再积极参与商业活动。很多盐商在盐场收得盐后，就地转手倒卖，称之为"囤户"，虽属违法，但已成惯例。直到明亡，纲法方才推广至各盐场，然而积弊已到处出现。

清朝引岸制

清朝入关后，继承明末纲法之旧，也称为引岸制，专卖法已转变为民制、商收、商运、商销，以及官府征收引税、加以监督的"官督商销法"，但在部分地区仍实行官运官销。

清朝引岸制可分为引、岸、税、商几个部分来说明。

一、引。盐引由户部印发，称"部引"。每引可运销官盐斤数高低各不相同，高的达八百斤一引（两浙），低的二百二十五斤一引（山东），一般的三四百斤左右一引。引的名目繁多，有大引、小引之称。引不是任何商人都可以出银购买的，必须是持有引窝（又称窝根、根窝）的专利商人才能买引。引价实际上成为官府的盐税。

二、岸。岸即固定的行销区域，称引岸、引界、引地等，由具有引窝的商人垄断官盐运销，他商不得入内，引岸划分方式多承袭明代，犬牙交错。各岸税制不同，往往仅一河或数里之隔，彼轻此重。

三、税。税分产盐地区向灶户征收的场税和向行商征收的引税两种，为正课。此外还有种种附加税、手续费之类。这些与赋税一样，添收耗羡。买引后至场购盐还需完税，各地不同，淮南六钱七分，淮北五钱五分。雍正年间耗羡归并于正课，但不久正课之外又生耗羡。

四、商。清沿明末囤户之弊，对盐的生产采取包税制，允许商人包占场产正盐，但必须缴纳场税足额。这些垄断产区产盐的称为场商。买引运盐行销的商人称运商。运商是持有窝根有垄断权的专利盐商。运商向场商买盐，场商则既卖盐于官，又卖盐于商。原则上而言，运商如拖欠税课、无力承运，即加以革退，另招新商，然而实际上由于盐商固定不变也有利于官府征税管理，更便于官吏敲诈勾结，场商行商一般都世袭其业，形成了依附于官府的特殊的专利商人集团。

清代有窝根的运商往往并不亲自组织运销，而是将窝根出租他商，坐收租金之利，因而又称世商。向世商承租窝根的商人称租商，往往也不经营而再次将窝根转手于代商。这些虽都是违法行为，但通行无阻，成为惯例。由此层层转手，层层盘剥，弊害极深。灶户卖盐一般每斤六文，几经转手，盐价每斤达六十文以上。

虽然清代盐制实际上已不再是官府专卖，但却设立了远超前代的庞大盐务官僚机构。清朝在长芦、山东、两淮、两浙、两广设都转运使司（盐运司），下设库大使、批验大使、盐课大使等机构。在河东、福建、云南、四川设盐法道。各销盐省份也专设盐法道，各州县也专设盐法委员，监督州县引盐销售情况。此外，缉查私盐的巡检司遍布全国。每年又派出巡盐御史轮换巡查盐务。多一层官吏即多一层盘剥，多付一次陋规。如两淮盐运司书吏有十九房之多，商人领引办运，需文书辗转十一次，经大小机关十二处。名为节节稽查，实为处处索费。

清代盐税收入相当可观，乾隆十八年（1753 年）已达七百多万两，以后一直保持在六七百万两水平，然而朝廷并不满足。雍正和乾隆两朝时为开边、南巡等盛典筹措资金，向两淮盐商勒索"报效"，依附于官府的专利盐商们也乐于讨好皇帝。报效由此成为惯例，凡皇室、朝廷一有大典，即令盐商报效，多则上百万两，少亦数十万两。乾隆、嘉庆年间，各地盐商报效总数近三千万两。尤其是嘉庆年间发生川楚白莲教大起义，淮、浙、芦、东盐商报效军费达一千一百五十万两，其中仅淮南就有八百多万两。上行下效，各级官府也加紧盘剥勒索，致使窝商大多亏损，租商、代商也力疲不堪。这些勒索报效最终仍然落在广大消费者头上，盐价飞涨，引盐质差价高，私盐逐渐流行。

清中期以后，因财政紧张，又对已混乱不堪的盐政滥抽滥调，以补急需。其主要方法：一是增加盐课，二是盐斤加价。清初一引盐课二两，这时逐步加至四两以上，并宣布提高盐价，每斤略加一文二分。实际上这时政府既不实行专卖，手中也无常平盐之类平抑盐价的手段，无法管理调节市场实际价格。道光十年（1830 年），淮南盐每斤场价低于十文，运至汉口即达四五十文一斤。再由汉口转运各地，近者六七十文、远者八九十文不等。官盐价格如此飞涨，私盐日益盛行，排挤官盐销路，官盐堆积于盐场无人认购。官府盐税大损，就在 1830 年，两淮盐商亏欠的历年税银已达五千七百多万两。官督商销的引岸制种种弊端暴露无遗。

晚清"票盐法"

道光十一年（1831 年），两江总督陶澍提出盐法改革方案。陶澍认为，当时实行的纲法主要弊端是中间环节过多，致使官盐成本上升，而且给各种借公肥私者提供了方便。因此改革的重点在于革去专商，裁撤冗官。1832 年，在淮北试行"票盐法"，获得一定成就，以后逐步向各盐区推广。票盐法的主要内容是：

一、废引改票。发行盐票，取代盐引。一票可贩盐十引（以四百斤为一引，即一票可贩盐四千斤）。盐票一次有效，用完作废。在各盐场适中地点开设盐局，接洽盐商。票商只需在盐场大使公署照章纳税后即可得票，持票至盐局批验认可，即可向灶户收购盐货，无须经场商居间。票税在开始时比引税减轻，一引正杂费二两五分一厘，永不议加。

二、革除专商。票盐法认票不认人，改专商为散商，原来持有窝根的特权商人丧失垄断权利。无论何人，纳税领票即可收盐贩运，仍不得越出原定行盐区域，任其在区内自由竞争，盐价不再限定（实际早已无法限定）。从而保证盐质优良，并使盐价平衡，驱逐私盐。

三、裁撤冗费。撤除巡盐御史，盐务直属地方最高长官——总督。票盐法绕过了原先设立的各种繁杂的盐务机关，又从根本上革掉了买窝、租窝费用，有可能使官盐的成本降低。

票盐法仍是一场治标不治本的改革，各级盐务机关照旧存在，划定行盐区域、场区限制等主要弊端也未革除。票盐法的推广也很缓慢。尤其是太平天国农民起义爆发后，隔断了长江交通。清统治者为镇压革命筹集军费，停止推行票盐法，就连改革开始的淮南盐务也被破坏。曾国藩、李鸿章等规定"大票法"：凡商人行销湖北、湖南、江西三省必须五百引起票，行销安徽省必须一百二十引起票；设立督销局，规定保价（限制最高盐价）；规定"整轮"，持票者必须轮候号数才能买盐，但如票商能报效捐款，每引捐银一两左右，即可继续递运，作为世业而循环转运，垄断盐利。这样一来，实际上又回到了商专卖的纲法。票盐法只施行了一二十年即被放弃了。

第六章 专卖法之二 ——酒、茶诸法

第一节 酒 法

禁酒令与"大酺令"

酒是古代最常用的饮料之一,传说中夏代杜康(即夏朝第六代国王少康)是中国"酿酒始祖"。据现代考古发掘材料,在距今五六千年的大汶口文化遗址中已发现了可能是用于饮酒的高脚杯。中国古代酒类主要是用谷物酿制而成。酒被视为谷物之精,用以祭祖、祀天、敬老、祝节等隆重场合。平时为了表示要节约粮食,防止聚众饮酒惹起事端,破坏社会秩序,古代统治者很早就制定了禁酒的法令。西周初年(约公元前 11 世纪),周武王之弟姬封被分封于殷商故地卫国,管辖殷遗民七族。由于殷商末年统治者饮酒无度以致亡国,因此周公旦特作《酒诰》告诫姬封,要防止酗酒风气传播,禁止聚众饮酒,"群饮,汝勿佚,尽执拘以归于周,予其杀"。以死刑禁止群饮酒,这是中国历史上第一个禁止饮酒的法令。以后,禁止聚众饮酒成为传统的法令。汉律规定:三人以上无故群饮酒,罚金四两。

秦汉以后,法律禁止聚众饮酒,因而允许百姓开怀畅饮便成为统治者的一种恩典。公元前 222 年,秦王为庆祝平定韩、魏、燕诸国,下令"天下大酺"。据《史记·正义》解释:"天下欢乐大饮酒也。"西汉文帝时因得一玉杯,视为吉祥之兆,下令"酺五日",《汉书·文帝本纪》注:"今诏横赐,得令会聚饮食五日也。"以后成为传统,各朝沿袭,每当朝廷庆典,便发布赐酺令。据史料统计，两汉共发布过十四次大酺令，两晋赐酺十二次，南朝一次，北魏四次，唐朝五十四次，五代一次，辽朝两次，宋朝九次。总计从秦至宋，赐酺共九十八次。元、明、清不再有此举。

为了稳定社会秩序禁止聚众饮酒，为了节省粮食，历代统治者还往往禁止酿酒、卖酒。西汉景帝时（公元前157—前141年），由于发生旱灾，曾下令禁止卖酒四年。从此成为惯例，每当发生灾荒，都由皇帝发布禁止卖酒的法令。据史料统计，两汉一共曾发布七次禁沽令，两晋两次。特别在十六国时，后赵石勒因粮食储备不丰，以重法禁沽，行之数年，民间以致无酿酒者。南朝刘宋时曾发布一次禁沽令，北魏两次，北齐四次，北周一次，唐朝共有五次。其中安史之乱（755年）后，唐肃宗乾元元年（758年）和乾元二年（759年）连续两年禁止卖酒，朝廷中除光禄寺祭祀及宴请番客所需之外，也暂停饮酒。金朝曾有一次禁沽令，元朝十八次，清朝一次。清朝政府还规定，各地如有水旱灾荒，可酌情禁沽，禁止出卖酒曲，违者处刑。从西汉景帝至清朝，共有四十五次禁沽令。

秦汉酒税与榷沽

在禁饮酒、禁沽的同时，酿酒业的优厚收入也使朝廷觊觎，对酒业征收酒税或实行酒类专卖的法令也逐渐出现了。

据《商君书·垦令》记载，战国时商鞅主持秦国变法时，曾规定："贵酒肉之价，重其租（古代租、税通用），令十倍其朴。然则商贾少，农不能喜酣奭，大臣不为荒饱。商贾少，则上不费粟；民不能善酣奭，则农不慢。"主张对酒类征收重税，使酒价高于成本十倍以上，农民买不起，酒商因无销路而改业，农民因不饮酒而尽力耕作，官吏因不饮酒也能恪尽职守，从而达到崇本抑末的目的。这可能是历史上第一个对酒业征收重税的法令。这个法令的目的并不在于增加财政收入，而在于推行农战国策，这是与后世的酒税、榷沽大不相同之处。

汉初无酒税，至武帝天汉三年（公元前98年）。在盐铁官营同时，"初榷酒沽"，即实行酒专卖，"县官自酤榷卖酒，小民不复得酤也"，由官府在各地设立榷沽官，实行官酿酒、官卖酒，禁止私人酿酒、卖酒。这是历史上第一个酒类专卖法令。榷字从此专用以表示国家专卖法。这次酒专卖的具体制度不详。其施行时间并不长，汉武帝死后，公元前81年，在召开盐铁会议同时，桑弘羊表示让步，停止榷沽，改为征酒税。"罢榷沽官，令民得以律占租，卖酒升四钱"。即下令撤销各地榷沽官府，百姓可以酿酒出卖，但须纳税，卖出一升酒纳四钱酒税。历史上第一次酒专卖共实行了十七年。西汉政权以后一直采用酒税法。

西汉末年，王莽篡政，新朝始建国二年（公元10年），羲和（即西汉大司农职）鲁匡建议再次实行酒专卖，认为"酒者，天之美禄，帝王所以颐养天下，享祀祈福，扶衰养疾，百礼之会，非酒不行"，因此，"绝天下之酒，则无以行礼相养；放而无限，则费财伤民"。禁绝天下酿酒、沽酒，则不能举行礼节；而允许百姓自由酿卖，又要造成浪费和奸商坑害百姓等弊端，所以最好仍旧由官府实行专卖为宜。这一年，王莽正式下令实行酒专卖。各地官府开设酒坊酿酒出卖。酒坊卖酒收入的十分之七上缴国库，十分之三的收入以及酒糟、醋等副产品用作工具、器械、柴薪等日常开销。也就是说酒坊要上缴十分之七的利润给政府。酒坊的劳动力、谷物原料的来源无从得知，可能由地方政府的赋役收入中调拨。为了防止私人卖酒，侵夺官利，王莽又下令严禁私人酿酒，"犯者罪至死"，这一次酒专卖法实行的时间也很短促，仅十几年，随着王莽政权的崩溃而结束。

东汉、三国、两晋时期，关于榷沽与酒税的法令，史无明文记载，南北朝时期实行榷沽的记录也不多，只是北周、南陈曾分别设立官酒坊，实行榷酒。

唐朝榷酒与榷曲法

隋朝建立后，废除北周的官酒坊，以示除旧布新。唐初承隋制，既不榷沽，又无酒税。直到安史之乱后"病笃乱投医"，开始对酒业实行征税与榷沽。变化不一，多次反复。

764年，唐朝廷下令开征酒税，由各州规定酒的生产、销售定额，登记天下酿酒、卖酒人户，每月按户征收酒税。未经登记纳税的其他人户及政府部门一律不得酿酒出卖。771年，朝廷又规定天下酒坊按大小分为三等征酒税，征酒税法令施行了十六年后，至 780 年朝廷下令罢征酒税。

783 年，为了增加财政收入，应付日益增长的军费，唐朝廷在停征酒税三年后又下令全面榷沽。规定：除了京师长安地区之外，"天下悉令官酿"，禁止民间私行酿酒卖酒，各州县开设官酒坊，酿卖官酒，每斛价格三千文，"直虽贱，不得减二千"，如有官酒质量低下或民间私自酿卖，都必须受刑罚处罚。这些规定与汉朝榷沽原则类似，实行官酿官销的完全专卖法。

786 年，唐朝廷下令长安及其附近地区与实行榷沽，而京师之外其他地区允许私人开酒店卖官酒，每斗酒纳"榷钱"一百五十文，酒坊主人免去徭役。在淮南、忠武、宣武、河东地区，仅实行榷曲，即仅对酿酒最主要原料之一的酒曲实行专卖，允许民间买制官曲自行酿酒出卖，并且缴纳酒税，改完全专卖为部分专卖。官营酒坊的经营很难保证盈利，为了确保收入，811 年，朝廷下令京师地区罢除官营酒坊，除了特许的酿酒户照常纳榷钱、纳酒税之外，其余榷酒钱摊入两税一并征收，变榷酒为杂税。各地也仿行此法，将酒税、曲税、榷酒钱等都平摊至各户头上承担，变成种种名目杂税。834 年，各地榷酒收入达一百五十六万余缗，而其中官营酒坊酿酒费用耗去三分之一。为了保证酒利，对私人酿卖私酒也处以严厉刑罚，"一人违犯，连累数家"，实行连坐担保。对贩私酒者除处刑罚之外，并没收其家产。

唐朝末年，藩镇割据已成定局，因而各地酒法也各不相同。唐会昌六年（846 年）敕令规定：扬州、陈许、汴州、襄州、河东五处实行榷曲；浙东、浙西、鄂岳仍实行官卖。但这时酒利收入已不入朝廷而握于各地军阀手中。唐昭宗时（889—904 年），因为朝廷用度不足，再次在长安地区实施榷酒法（原已改为榷曲），而当时这一地区酒利已被凤翔节度使李茂贞垄断，因此李茂贞兴兵示威，唐昭宗无奈，只能放弃。

五代的榷曲

唐中期再立榷酒法后，酒利成为一项财源，唐朝灭亡后，继起的五代小朝廷除了朱梁以外，都实行了榷沽与榷曲，但以榷曲为主。法令极为严酷。

后梁没有榷沽、榷曲之法，以后沙陀族李存勖打败后梁，建立后唐，号称继承唐朝传统，因而恢复榷沽法，并伴以极残酷的刑罚。后唐枢密使、洛阳留守孔循曾因私酒诛杀犯者全家，引起社会矛盾激化，统治集团内部也议论纷纷，后唐天成三年（928 年）发布敕令，改革酒法，规定将各地酒税按土地平摊。乡村人户每亩土地缴纳"曲钱"五文，随两税一并征收。允许私人造曲、酿酒自用，并可在本乡村坊内出卖。京师、各府、州、县、镇、关城、草市等城镇居民区，也允许"榷酒户"自造酒曲酿酒贩卖，每年七月向官府缴纳"榷酒钱"。榷酒钱数额按 924 年官卖曲得利的十分之二确定。除了榷酒户之外，其他人户也可造曲酿酒自用，但不能出卖。如要卖酒就必须向官府纳榷酒钱。实际上已放弃榷沽改为征税。930 年，减乡村曲钱为每亩三文。931 年，宣布免除曲钱。允许乡村人户造曲酿酒，城镇人户则不得私造。酒曲仍由官府制造，减价一半出卖。同时实行称为"扑断"的包税制，即确定酒税数额，招人承包缴纳，一任承包酒税者酿酒出卖，自负盈亏。

后唐灭亡后，后晋、后汉、后周三代以榷曲为主，在各地设立卖曲务，造官曲发卖，人户不得私自造曲。同时又对乡村人户征收曲税，一税两收。发卖不尽的官曲往往强迫人户摊买。禁私曲刑罚极为严酷，后汉凡犯私曲者皆弃市，后周犯私曲五斤以上者处死刑。

北宋官卖法

北宋建国后，承五代十国分裂割据局面，并不采取全国统一的酒法，因地、因时、因人而变化无常。大概而言，酒曲实行专卖，而酒则采取官民并卖。五代的曲钱已成为两税的附加税，不再与榷酒发生关系。

宋朝刚建立时，沿用后周制度，榷曲不榷沽。宋太宗太平兴国二年（977 年）二月，"初榷酒酤"。在各州州城以上的城市都设立酒务，专门负责酿造发卖官酒。东京开封、西京洛阳、南京商丘设官曲务，专门造曲发卖，以后北京大名也置务造曲。川峡、缘河、河东、福建诸路中数州和广南东路、西路不实行榷沽。榷沽州之下的县、镇、乡、闾允许民间买官曲制酒发卖，纳酒税。但"若有遗利"，则设官沽。各州酒务用官钱买柴薪，雇用工匠，酿酒所用粮食以平籴等方法向人民和买，不得动用官仓。酒务酿酒，春至秋季酿成即卖的称"小酒"，分为二十六等，每斤价格一般为五钱至三十钱。

冬季酿成至次年夏季发卖的称"大酒",分为二十三等,一般每斤价格八钱至四十八钱。东京、南京官曲每斤一百五十五钱,西京一百五十钱。神宗熙宁十年(1077年),全国府、州、县、镇共有酒务一千一百六十四处。

由于各地酒法不同、官私酒价不同,为了防止自由竞争,导致官府酒利失落,北宋规定各地的酒划定疆界,未实行榷沽地区产酒不得流入榷沽地区,即使官酒、官曲也划定彼此销售的疆界,不得越境侵界贩卖。每处官酒务都有定额上缴酒课,不足者主持官员有罚。1112年开始推广"比较法",凡酒务有二官者分为两务,各定课额酿酒收息,互相比较,超者有奖,不足者有罚。1120年又规定酒务官动用官库粮食,完不成定额酒课,以坐赃罪处罚。

官酿官卖法的弊端很多,如官员贪亏酒利和官曲,官酒质次价高等。最为害民的是官员为了完成酒课,往往采取平摊酒税的办法,"课民婚丧、量户大小",强行摊卖官酒,以至于强行征收酒钱,责令乡村衙前、伍保捐输。官酒也被用作官僚迎来送往、互相馈赠的礼物。扬州一郡每年酒礼费,见之于账册就达十二万斛。并盛行向京官送酒,拍马奉迎。江浙每年五六次,总数几千瓶。各地官僚互通有无,称之为"公使酒",1070年有人上书揭露,陕西公使酒交相馈赠,途经二十多驿站,烦扰沿路民众。有的官员赠送邻州官员公使酒达九百多瓶,役使卒夫役达二百多人。

除了官酒坊之外,北宋还有官醋坊。宋初朝廷并没有规定榷醋。但各地酒务在榷酒同时都实行榷醋,得钱自肥。崇宁二年(1103年)朝廷下令诸郡官醋坊收入并入各路提举常平司。大观四年(1110年)又下令存郡官卖酒糟的收入并入各路转运使,凡县、镇、村都一律禁止私人卖醋。榷醋法作为正式法令推行全国。

北宋酒户与买扑法

除了官酿官卖的酒务之外,非榷沽地及榷沽地区县、镇、乡、间,宋政府允许民间商人酿酒出卖。宋太宗淳化五年(994年),在下达榷沽法令后不久,即补充下令诸州岁课较少的四百七十二处官营酒坊改为民营。私人酒业经营者被确定为酒户,产酒只能销售于本地。规定每年定额上缴官府的酒课。酒户由官府招募，并由官府检查应募者的家产，由地方官吏及豪族大姓担保。酒户酿酒的酒曲不得私造，必买官曲，万一缺欠酒课，即用酒户家产抵押，仍不够则由保人官吏、大姓均赔。条件极为苛刻，因此应募者并不踊跃。

为了确保酒利收入，北宋在开设官营酒坊后，又普遍推行"扑买"（或称买扑、扑卖）法，即采取包税制，这一方法早在五代就曾有过。北宋王安石变法，在1071年进一步完善扑买法，规定：州、镇、军、戍等地酒坊经营不善，欠缺酒课者，允许民间扑买。官府于半年前出榜招人承买，愿扑买者，在两个月内自行"实封投状"，提出扑买价格，至规定日期当场开封检状，由出价最高者承买。如出价相同，先投状者承买。承买的价钱在三限内付清（一年为一限）。承买的价格实际已相当于预付了若干年的酒课，扑买者付清款项可自行组织酿造发卖，为了防止垄断，规定每三年扑买一次。扑买法的好处在于使朝廷能迅速获得实利，又不必自行经营，避免官营酒坊亏损的弊病。因而第二年又下令全国州县酒务，不以课额高下，都允许有家业人召保买扑（在这之前规定：江南、四川、陕西等路凡卖酒收入不足三千缗的官酒坊才允许衙前、人吏、承符等买扑）。

扑买法的弊端也很多，由衙前、人吏、承符等买扑的酒坊，往往仍采用官营酒坊的强制销售方法，而且买扑者也往往即一乡之豪猾，"声势尤甚于官"，以至于仗势逞威，武断乡曲。官府因其酒课，"虽欲为小民理直，有所不能也"。

北宋酒类专卖给朝廷带来巨额收入。太宗至道二年（996年）榷酒课已达铜铁钱二百七十七万缗，京师卖曲钱四十八万缗，比唐末增加了一倍。1021年又增至铜铁钱九百一十五万多贯。至仁宗皇祐年间（1049—1054年），酒、曲课收入每年即达一千四百九十八万多缗。收入如此之巨，朝廷因此规定严厉刑罚加以保护。宋初贩卖私曲十五斤、私酒入城三斤者处死，以后逐渐减轻；城郭私造酒曲五十斤、乡村私造酒曲百斤以上者处死刑；禁榷地区，私酒入京城周围五十里，西京及诸州城周围二十里，数量在两三石以上者处死刑；私酒入有官酒务的城镇四五石以上者也处死刑。私卖曲、私卖酒者比私造者减刑一半。

南宋隔槽法

北宋灭亡后，南渡的宋朝廷局促于江南，而军费开支浩大，财政全靠种种名目的专卖法支撑，专卖所得财利占岁入百分之七十，茶、盐、酒、坑冶、榷货、籴本、和买收入总额达四千四百九十余万缗，而岁入总共为六千五百三十万缗。其中酒利仅四川、东南地区就有一千四百万贯，相当于北宋时全国的酒课。酒与茶、盐并立为南宋财政三大支柱之一。

南宋酒课收入如此之丰，主要在于官府采取了更为露骨的搜刮方法。其中最主要的是建炎三年（1129年）总领四川财赋的赵开所创的"隔槽法"。其主要内容是：原买扑及官营酒坊一律改为"隔槽"经营。各坊改设槽官主持，由官府准备酿造器具、曲种，出租酿酒的酒槽，招民自备米麦谷物，租用官酒坊设备酿酒，租费随米麦价格浮动。各人分槽造酒，不加限制。所酿造之酒，允许出卖，视同官酒。除租费外每入米麦一石，输钱三千文，并输头钱（宋代规定凡公私钱物出纳都须缴纳的一种附加税）二十三文。这个法令实质是将官营改为出租，充分利用官营酒坊的设施，又不需要自行组织经营。比之税额固定的买扑法，又可水涨船高，随酒的产量增加税收，因此逐渐推广到各地。以后虽有各种反复、增减税额，但一直是南宋基本的酒法。隔槽法原意是以酒利引诱民户酿酒纳税，然而实施不久，官府为确保收入，往往命令人户分别认定每月酿酒数额摊派槽钱，无论是否酿酒，槽钱照征不误，逐步成为一种杂税。

除了朝廷推行的隔槽法之外，很多地方仍实施原有的官卖法和买扑法。各地情形不同，并不完全统一。南宋朝廷唯利是图，也不强求统一，绍兴元年（1131年）规定各州县自增酒价，上缴酒课之外，盈余部分州县可自行留用。因而抑配强卖之风更甚，"至贫之家，不捐万钱，则不能举一吉凶之礼"。只要有婚丧之事，无论贫富，官府都强行摊酒，逼要酒价。南宋法律对于私酒、私曲的处罚也更为严酷。

金、元、明、清酒法

金朝初年仍沿袭北宋旧法，实行官民并卖。除榷酒之外，金朝还实行榷醋。醋课五百贯以上城镇设都监，一千贯以上设同监。金代专设酒使主管榷沽，凡一年酒课及十万贯地区设立酒使司。酒使司官员任期一年，防止酒官见利贪污。金代酒法本身并无任何创造，只是极力从行政、刑罚上加以保障实施。金世宗大定三年（1163年）中书省上奏中都（今北京）酒户多逃亡，酒课亏损。金世宗认为这是不能严禁私沽所致，而私沽坏法又以宗室贵族为首。因此下令由酒使率士卒巡查，取缔私酒，"虽权要之家亦许搜索"。奴婢贩卖私酒，并处罚其主人（杖一百）。

金世宗时虽屡次严令榷沽，但酒官贪污，苛求不已，酒课收入无起色。官营酒坊所产官酒，金世宗自己饮用后都称"酒味不嘉"。大定二十七年（1187年），金世宗认为："自昔监官多私官钱，若令百姓承办，庶革此弊。"下令改变酒法，放弃榷沽，改行榷曲。百姓可自行买官曲酿造酒类发卖，缴纳酒税。曲课定额，每五年根据情况调整一次。从此榷沽逐步被酒税代替。

成吉思汗建立大蒙古国后，太宗三年（1231年）也仿行中原之法设置酒、醋务坊，由各府州县长官兼任场官，按所辖地区人口确定每年的酒醋课。灭金的同一年（1234年）颁布《酒曲醋货条禁》，严禁私酿私卖。然而忽必烈建立元朝统一全国后，在大部分地区取消榷沽，允许民间自行酿酒，征收酒税，并免除农民醋钱。同时，也保留若干官营酒坊，实行官民并卖。元朝每年酒课收入高达四五十万锭（钞）。

明朝不再实行榷沽，也停止征收酒税，改为征收税。《明律·户律·课程》规定：凡人户出售酒曲而不纳税者，笞五十。实际上曲课收入微乎其微。以后清朝停征曲税，酒法至此完全废除。

第二节　茶　法

饮茶的风气在三国、两晋、南北朝时期开始流行，至隋唐已大为普及。茶叶质轻价高，利于长途贩运。气候湿润的江南地区是茶叶主要产区，也便于沿江贩运。因此，茶叶商人在隋唐时大起，仅次于盐商。茶利比之盐利更高。白居易名诗《琵琶行》就是描写一个嫁给茶商的京师女歌手的别离之怨："商人重利轻别离,前月浮梁买茶去。""茶之为利甚博",因而已逐渐引起朝廷关注,被视作一项财源。此外,唐宋时期,饮茶风气逐渐传播至北方游牧少数民族,茶叶成为与游牧民族贸易最重要的商品之一。出于政治上的考虑,统治者也需要控制茶叶,因而茶法出现于中唐,至宋朝大盛,历元、明、清不衰,与封建社会后期相始终。

唐朝的茶税与榷茶

历史上首次开征茶税是在唐德宗建中三年(783年),当时的户部侍郎赵赞建议,经朝廷同意下令开征茶税。至贞元十年(794年)茶税法令全面推行,凡出茶州县及山林、茶叶贩运要道路口,设立关卡征收茶税,分茶叶为三等,税额为十分之一。每年茶课四十万缗,与刘晏初领盐法时所收盐利相等。

唐太和九年(835年),当时的宰相兼盐铁使王涯下令"榷茶"。专设榷茶使,在江南各产茶地区设立"官场","令百姓移树就官场中栽,摘茶叶于官场中造",完全搬用盐法中官收官运的完全专卖法。并且下令焚烧不愿迁树的农户原有茶园、积存的茶叶。当时人称之为"有同儿戏,不近人情"。这种粗暴至极的掠夺性专卖法令自然遭到反对,"天下大怨"。不到一年,王涯在朝官与太监争权夺利的政变(甘露之变)中被杀,暴尸于市,商人们"皆群诟詈,抵以瓦砾"。历史上第一次茶叶专卖法令被废除。

榷茶法取消后,唐朝仍恢复了茶税制度,税额逐渐上升。唐武宗时,各地藩镇割据势力也觊觎茶利,在州县设置邸店(堆栈)强迫过境茶商在邸店堆放茶叶,以保管为名征收"塌地钱"。一茶二税、三税,茶价随之飞涨,私茶(漏税茶)盛行,为保障茶利收入,大中初年(约847年),盐铁使裴休制定《茶法条约》,规定:三犯漏税私茶贩运,每次都在三百斤以上者,处死刑。如"长行群旅"(武装长途贩运),茶虽少也处死刑。茶叶生产者"园户"私自卖茶一百斤以上,杖脊,三犯者加重徭役。

宋初交引法

宋朝初年,实行民制、官收、商运、商销的榷茶法。原则上规定"天下茶皆禁"，唯川峡、广南等路听民自买卖，禁其出境。宋朝在江陵、真州、海州、汉阳军、无为军、蕲口设六个榷货务，凡江南、两浙、荆湖、福建产茶由官府全部征购，运至榷货务存积。在淮南六州又设置十三个官营茶园山场，凡六州之内的茶农全部隶属于山场，称园户。每年以茶代税，其余茶叶也全部由官府征购。园户交售茶叶必须负担20%—35%的损耗。官府则先行发放价款，称为本钱，园户负担20%的利息。官府掌握六务十三场存积的大量茶叶，商人欲贩茶叶者，必须先至京师榷货务缴纳钱、金银、绢帛，挑选六务十三场茶叶，由官府发给交引，赴所指定榷货务或山场运销。运输茶叶途中，仍须纳经过税与住税。宋初北方战事频繁，茶也和盐一样实行入中法，商人运输粮草物资于边疆，官府依距离远近、物资价值发给交引。

北宋对于破坏榷茶法行为的处罚也很严。茶农园户不得私自积藏出售茶叶，否则计值论罪。官设山场的园户破坏茶树，计所出茶叶价值抵罪。结伙持杖运贩私茶并拒捕者，皆处死刑。卖假茶一斤杖一百，二十斤以上者弃市。主管茶业官员盗卖官茶赃一贯五百钱即处死，以后减轻为十贯以上，刺面配本州牢城。

入中交引法违反商品生产规律，强行隔断生产与交换环节，必然不能持久。茶农备受超经济剥削，以至有"种茶即种祸"之谣。园户大量逃亡。而奸商与官府勾结，虚估入中价值。交引也非法交易，旧交引在市场上滞留，官茶不应付兑。大商人派人四处打探场务积茶质量，见好茶就快速抢运，劣茶堆积，中小茶商大量破产。而北宋朝廷本身又自坏其法，多次更改法令。仁宗初年定"三说法"，令商人入中粮草、香药、犀齿实物换取交引，更便利官商勾结虚估时价，当时人称实入中边防才值五十万缗，而东南三百六十多万缗茶利尽归商贾。于是在天圣六年（1028年）又改行"贴射法"，贴字本意是"以物为质"，射的本意是"指物而取"，即允许商人直接至场指定茶叶交易，规定官府停止预付园户本钱，园户产茶仍积于官山场，茶商向官府缴纳息钱（息钱视原茶售价与本钱之间的差额而定，实际即原来官府的净利润），然后可至山场指定茶叶交易，当场与园户订约，由官府给券证明，贴射后剩下的茶叶仍按原交引法发卖。由于商人只射好茶，劣茶堆积卖不出去，大亏茶利，贴射法仅行两年多就停止，恢复三说法，几年后又改行贴射，反反复复，茶法大坏。私茶盛行，禁私虽严，一年受刑者数万，而私茶仍不为减少，太宗朝曾爆发四川王小波、李顺起义，就是由茶贩领导的。茶法屡变，既不利财政收入，又激化社会矛盾。

北宋嘉祐四年（1059年），面对茶法破坏的形势，宋朝下令停止榷茶，"一旦以除，著为经营"。茶农每年纳租后即可自由出卖，商人随路缴税就可自由收买运贩。仅福建腊茶仍实行禁榷，其余都改成了通商。通商前茶课收入仅一百零九万贯，通商后茶课反而增至一百一十七万贯。

北宋茶引法

北宋通商茶法实行十几年后，至王安石变法时又逐步改为禁榷。为了扶植西羌族，牵制西夏政权，熙宁七年（1074年）下令川峡四路实行榷茶，茶叶由官府征购，运至边境与西羌互市，换取马匹。严禁川峡茶农私卖，产茶十分之三由官府征收抵税，十分之七卖于官场。其余地区仍实行通商。

宋徽宗崇宁元年（1102年）宰相蔡京主张再次榷茶，称北宋初年榷茶一年净取三百二十万余缗，而行通商法后"利源寝失"。1104年正式实施茶引法，以后又影响盐法，并被南宋及后代沿用。茶引法颁行后又经过几次修订，主要内容是：

一、在各路专设提举茶事司。产茶各路禁止民间私相售卖茶叶。本路百姓买茶，必须向官府买"食茶关子"，经官司核实向园户购买。

二、商人欲贩卖茶叶者，先至京师都茶场买茶引。引分短引、长引两种。短引一般为二十贯，可贩茶二十五斤，限于本路及附近各路有效，有效期限半年。长引一般为一百贯，可贩茶一百二十斤于远方，长引有效期限一年。茶引原先规定过期作废，以后逐步放宽有效期至七年，并允许民间流通买卖。但旧引买茶超过三千斤必须倒换新引。茶引是贩茶的许可证明及纳税证明凭据。

三、茶商持引至产茶州县园户处买茶，官府在产茶州、军、县专设合同场，秤发商人所买茶叶，装入官府统一制造的笼篰（竹编的装茶器具）。如茶叶超过茶引数目即予以没收。笼篰由官府封印，不得私拆。茶贩必须使用官制笼篰。

四、加重私茶罪处罚。园户擅卖茶叶，茶商躲避检查，使用私造笼篰，都视同私茶处以徒刑。园户有私卖茶叶、超过茶引规定数量而多卖的，同保园户不告发者，如煎盐亭户法处罚。持短引及食茶关子贩茶出境者，流两千里，告发者赏钱一千贯。涂改、私造茶引者处重刑。

蔡京的茶引法颁行后，又设比较法强制各地州县官员推行。各地茶课不再固定，互相攀比，务求增加。茶价飞涨，陕西官茶一斤价达五六贯。朝廷却因此大大增加收入。1119 年，茶利达一千万缗。方腊起义爆发后，停止比较法。但茶引法一直沿用至南宋灭亡，是南宋的财政支柱。淳熙年间（1174—1189 年），仅东南茶利每年就有四百二十万缗。

金、元茶法

与南宋对峙的金朝，茶叶主要靠从南宋输入。1164 年，南宋与金朝达成"隆兴和议"，每年给金岁币银二十万两、绢二十万匹。然而，南宋利用禁榷的茶叶与金朝贸易，回收银绢，金朝每年须付出一百万银绢向南宋买茶。金朝因其"费国用而资敌"，也采取茶叶专卖。1198 年仿照北宋茶引法，设官收茶，每斤一袋，值六百文，招商买引。但北方气候不适宜种茶，收效极微。金朝不得已尽量减少茶叶消费，甚至下令禁止饮茶，七品以上官员才可以饮茶。1223 年又规定亲王公主、五品以上官员之家存积的茶叶不准出卖，也不得转赠他人。

元朝也采取南宋引法。占领四川后，沿用南宋制度，设西蜀、四川监榷茶场使司。统一南北后，1276 年定长引、短引法。长引一引可贩茶一百二十斤，短引一引可贩茶九十斤。不久又在江州设梯茶都转运使司，负责印制茶引，禁榷江淮、荆湖、福广茶叶，并废除长引，专行短引，每引税钞十二两五钱。茶引之外，又设茶由，给零星卖茶者，一茶由卖茶九斤，收钞一两。1293 年，元朝在江南各处设官茶提举司十六处（后裁减为七处）。对私茶罪的处罚比照私盐法，商人无引即为私茶。

元朝茶利也十分可观，每年有二十万锭钞左右，因此茶引法一直沿用至元朝灭亡。但元朝吏治腐败，制度混乱。当时有人揭露江南各提举司卖引，"每引十张，除正纳官课一百二十五两外，又取要中统钞二十五两，名为搭头事例钱，以为分司官吏馈馈之资。提举司虽以榷茶为名，其实不能专散据卖引之任，不过为运司官吏营办资财而已"。

明代茶法

明朝也沿用茶引法，但这时茶利已不如宋朝那样重要，制度并不严密。禁榷的目的主要在于控制茶叶以制约北方游牧少数民族。

一、全国分为官茶、商茶两类。江南地区产茶为商茶，实行通商。四川、陕西汉中地区产茶由政府禁榷，号为"官茶"，这些地区茶树每十株官取两株，征收茶叶二两。无主茶树组织人力采茶，官取十分之八，其余茶叶全部由官府征购。严禁私茶出境，永乐时朝廷曾规定私贩茶叶出境，犯人与把关头目都凌迟处死，家迁化外。弘治十八年定例：私贩茶叶于进贡外番及境外游牧少数民族，犯人、牙保、知情者，不拘斤数，并发配南方烟瘴之地，永远充军。西北地区私贩茶叶一百斤以上，发附近充军；三百斤以上发边卫永远充军；一百斤以下枷号一个月。

二、商人贩运江南商茶，必须先至当地官府买引，每引二百钱，一引可贩茶一百斤，不及一引之数称畸零，另给由帖。以后税率逐步上升，凡茶引一道，输钱千文；茶由帖，输钱六百文。商人持引才可向茶户买茶。无引贩茶即为私茶，比照私盐法处罚。山园茶主将茶叶卖给无引由茶商兴贩者，初犯笞三十，茶叶、价钱没官；再犯笞五十，三犯杖八十，倍追原价没官。另外在交通要路设茶引批验所，客商贩茶过所，检查茶、引是否相符，将引由截角，别无夹带，方许放行，违越者笞二十，伪造茶引者处死，籍没当户家产，告捉人赏银五十两。

三、川陕官茶由官府统一发运，在河州、秦州、洮川、甘肃等地设立茶马司，负责与游牧少数民族"茶马互市"，以茶换马。一般茶四十斤可换上马一匹，中马需用茶三十斤，下马需用茶二十斤。但因官茶运输不易，官吏克扣贪污，往往一马值几百斤茶。如碉门茶马司，在永乐七年（1409年）用茶八万斤才换得七十匹马。

清代茶法

清代沿袭明制，专立"陕西茶马事例"，禁榷川陕茶叶于陕甘易马，称"茶斤中马"。至康熙中期，由于清疆域内牧区辽阔，茶斤中马逐渐失去其意义。1730 年定"川陕茶征税例"，停止川茶禁榷，改行茶引法。

清代茶引规定由户部统一用铜印制。一引可贩茶一百斤，每贩一千斤允许带"附茶"一百四十斤、"耗茶"十四斤。不及一百斤称畸零，另给护帖，一般每引茶分为十篦，一篦十斤，每引纳银一两二厘五毫。伪造茶引者斩，籍没家产，告捉人赏银二十两。山园茶主私自出卖茶叶于无引商，杖六十，原价没官，商人持引经过关津批验所，仍同明制检验截角。

清朝在盛京、直隶、河南、山东、山西、福建、广东、广西等地实行通商法，仅与一般商品一样征收商税。实行引法茶地区收利也极微，各省一般仅千余两，甚至仅数十两。川、陕、甘三省号称边引，每年收入也不满十五两。茶税已不再是重要财源了。

第三节　其他专卖法

除了以上所述盐、酒、茶之外，历史上曾实行官营专卖的商品还有铁、矾、铜、金、银、珠宝、乳香、铅、锡、毛竹等多种。因铁、铜、金银、铅、锡等将在"矿冶法"专章介绍，而珠宝、乳香将在"市舶法"专章介绍，因此本节主要介绍历代矾专卖法。

矾，即明矾石，是制造皮革、蜡烛、纸张、染料、颜料等手工产品的重要辅助材料，也可以入药或用以改善水质。唐朝以后手工业有了发展，对矾的需求量也逐渐增加，从而被统治者当作一项财源。唐朝在矾主要产区晋州（今山西临汾地区）设立平阳院，"以收其利"。这是历史上第一次对矾实行专卖。838 年停止榷矾。五代时又恢复。从此矾法成为专卖法的重要组成部分，历宋、元、明各代，延续六七百年。

宋代矾法

宋朝初年，在矾主要产区晋慈、坊州（今山西临汾、吉县）、无为（今安徽无为）、灵石、铜陵等地设置炼矾务，实行民产官收的专卖法，严刑禁止商人私贩，曾规定私贩河东幽州矾一两以上、出卖私矾三斤以上、盗卖官矾十斤以上都处以死刑，以后减轻为按照私茶法处罚。

宋朝榷矾具体制度是：征募产矾地区百姓充当炼矾户，称"镬户"。每季炼矾定额为一盆，约一千六百斤。四分之一无偿缴纳官府，其余官府出价征购。矾运销也采取与盐、茶类似的"入中法"。各地产矾以一百零四斤为一驮。召商向边地输粮或向京师榷货务输送金帛，发给交引，至各炼矾务运矾。

北宋王安石变法时加强了对矾的禁榷，河东、河北产矾区也招募镬户定额生产。1078年又规定各产矾区都有固定的行销区域，商人不得越界贩卖，如京东、西五路只能卖晋州矾、隰州矾；陕西卖坊州矾；川峡四路矾不得出境。越界贩运即同私矾，并在东南九路设发运司，实行官运官销。为完成矾课定额，往往也采取强迫染户、铺户预买官矾，缴纳矾价。矾课收入一年达三十三万缗以上。"元祐更化"后，新法被废除。

北宋崇宁年间（1102—1106年），蔡京先后立盐、茶引法，矾也不例外，改为矾引法通商。各产区设矾场，商人入钱请引，才能向镬户收矾运销。以后南宋沿袭此法。

元、明、清矾法

元代对矾采取官商并卖法。官府在河南无为路设矾课所，商人欲买者先至所买引，才可能贩运。每引可贩矾三十斤，纳钞五两。其余地区往往采取包税制，将矾产区包给商人经营，官抽定额矾课钞，或征收十分之二的实物。明朝沿袭元制，在黄墩、昆山、桐城设矾课所，每引三斤，私煎私贩按私盐法处罚。其他地区虽然律有明文规定不得私贩矾货，但并无实效。清朝沿袭明律，但有关矾法规定形同具文，实际上已被废除。

第七章　矿冶法

中国古代矿冶法是封建国家关于矿山开采、金属冶炼方面的立法。其中贵金属及铜、锡、铅矿作为货币原料，一直受到严密的控制。这是古代矿冶法的一项重要内容。矿冶法另一内容是防止民间私自采矿冶炼铁制兵器，防止铁制兵器的流传。历代统治者还竭力企图控制采矿冶炼事业，实行官营专卖。这些内容组成的古代矿冶法不能不对中国金属的开发利用产生重大影响。

第一节　矿冶法的产生

中国很早就产生了采矿冶炼事业，开始利用金属工具，在商周时代已能铸造精美的青铜器皿。至春秋战国时期中国进入铁器时代，铁器迅速普及。至战国出现了大批冶铁致富的大商人，如邯郸郭纵，"以铁冶成业，与王者埒富"。赵国卓氏、山东程郑、大梁孔氏、鲁人曹丙等都是靠冶铁而"富至巨万"。矿冶业的发展，使荒山有了开采的价值，从而引起统治者的注意。民间铁商的巨额利润也使统治者垂涎。矿冶法也就从这一时期开始出现。

矿冶法理论

战国时人假托管仲而编的《管子》一书中提出了具体的矿冶法理论。《管子》基于远古时代一切山林氏族公用的习俗，强调一切荒地山林全都是君主控制的国有财产，凡"为人君而不能谨守其山林菹泽草莱，不可以立为天下王"。而在山林荒地中，最值得重视的是矿山。《管子·地数》指出，"山上有赫者，其下有铁；上有铅者，其下有银；上有丹砂者，其下有金；上有慈石者，其下有铜金；此山之见荣者也。苟山之见荣者，谨封而为禁"，凡有矿苗的山岭都必须封禁，"有动封山者，罪死而不赦。有犯令者，左足入，左足断；右足入，右足断"。即对侵犯国有矿山者实行残酷的刖刑。这样做的目的在于："然则其与犯之远矣，此天财地利之所在也。"封禁矿山就为了由君主独占这天财地利。

矿山的天财地利就在于矿山有开采利用的价值。《管子·海王》指出："今铁官之数曰：一女必有一针、一刀，若其事立；耕者必有一耒、一耜（翻土农具）、一铫（大锄），若其事立；行服连轺辇（马车）者，必有一斤（斧子）、一锯、一锥、一凿，若其事立。"铁制工具已广泛为当时农业手工业、家庭手工所必备。因此，《管子》建议国家垄断冶铁业，实行冶铁官营专卖，达到增加财政收入和富国强兵的目的。"令针之重加一也，三十针一人之籍"，将缝衣针的价格提高一钱，官卖三十根缝衣针就等于征收了一个男子的人头税。同样，每一刀价格提高六钱，"五刀，一人之籍也"。耜价提高七钱，"三耜铁一人之籍也"。以冶铁官营专卖，垄断铁价来代替征收人头税，"不赋而国富"。

然而，《管子》虽然主张对冶铁实行专卖，但并不主张采矿冶炼全由国家包办的"鼓山铁"办法。认为如果国家统一包办采矿、冶炼、运输、销售各个环节，将造成社会矛盾激化。"今发徒隶而作之，则逃亡而不守；发民，则下疾怨上，边竟有兵，则怀宿怨而不战。未见山铁之利而内败矣。"征发罪犯深山采矿，需要重兵防守，仍免不了逃亡；征发人民徭役入山采矿，百姓就会抱怨，一旦发生战事，百姓就不愿从军作战。因此，《管子》主张利用矿山最好的办法是招民承包矿山开采，国家征税，"与民量其重，计其赢，民得其七，君得其三"。

除铁矿之外，铜矿是古代最重要的矿产，铜不仅可铸成各种器皿，被称为"美金"，用以铸造表示贵族身份的礼器。更重要的是，铜是铸造货币最主要的原料。《管子》主张铜矿国有，禁止私人开采，由国家垄断货币铸造，

"人君铸钱立币，民庶之通施也"。

《管子》有关矿山国有、国家经营矿冶业等思想，成为以后各朝矿冶立法的指导思想。此外，后世矿冶法又具有防止民间私造武器、防止游民聚集荒山以采矿为名反抗官府的性质。

秦代矿冶法

秦国拥有丰富的铁矿资源，采铁、冶铁业发展迅速。《山海经》中记载的十五处铁矿，秦国境内就有六座。秦国专门设立了铁官，负责采矿冶炼，《史记》的作者司马迁追忆自己的祖先是"秦主铁官"。专门负责采矿的是采铁官，负责冶炼的是冶铁官。在湖北云梦出土的秦简《秦律杂抄》部分，有一段关于对采铁官进行考核的律文："采山重殿，赀啬夫一甲，佐一盾；三岁比殿，赀啬夫二甲而废。殿而不负费，勿赀。赋岁功，未取省而亡之，及弗备，赀其曹长一盾。"即规定采矿官员在两次年终考核中都列为下等，罚啬失（官名）、佐（副官长）各一甲一盾。三年连续评为下等，罚啬夫二甲，并撤职永不起用为官吏。收取每年规定的产品，在尚未验收时就丢失或不足定额，罚曹长一盾。由此可见，秦代对于官营铁矿的管理已较为严密。

除了铁矿之外，秦国还禁止私人采铜铸钱。汉朝人回顾秦朝情况，称"曩禁铸钱，死罪积下"，盗铸钱罪至死。云梦出土的秦简《封诊式》中就有一个捕获盗铸钱的案例。

秦统一六国后，据说"铁之利二十倍于古"，在设官营矿冶的同时，也允许私人承包矿山采矿冶炼。秦始皇时迁徙六国豪富，赵国卓氏迁至巴蜀，另一山东大冶铁商程郑也被迁巴蜀，魏国孔氏迁至南阳，但并不禁止这些商人至迁徙地重开旧业。卓氏在巴蜀"即铁山鼓铸，运筹策，倾滇蜀之民，富至僮千人，田池射猎之乐，拟于人君"。程郑"亦冶铸，贾椎髻之民（卖给西南少数民族），富埒卓氏"。孔氏在南阳"大鼓铸，规陂池，连车骑，游诸侯……家致富数千金"。南阳成为当时最著名的冶铁中心。

第二节 汉代的冶铁官营

汉初数十年间，全面放松对社会经济的统制。公元前175年汉文帝废除秦盗铸钱法令，同时开放矿山禁令。文帝曾将临邛矿山之采矿鼓铸权赏赐给宠臣邓通，"以铁铜赐侍郎邓通，通假民卓王孙，岁取千匹。故王孙货累巨万亿，邓通钱亦尽天下"。邓通将铁矿以每年千匹绢帛的代价出租给卓王孙，自己经营采铜铸钱，两人都成巨富。在这一时期，私营矿冶业有了很大发展。

汉初的放任政策，使私人冶铁商大为发展，形成了与中央王朝对峙的强大势力集团。至汉武帝时，采取了一系列措施加强中央集权，又连年对外征战，财政紧张。为了打击商贾集团、增加财政收入，开始了盐铁官营。

汉代铁官营

公元前118年，汉武帝下达盐铁官营法令。在这前一年，"南阳大冶"出身的盐铁丞孔仅，至各地巡察，挑选大铁商任各地铁官。盐铁官营法令颁行后，汉朝廷在全国设立46个铁官。铁官征发服徭役的农民并调集罪犯"刑徒"开采铁矿，就地冶炼，鼓铸铁器。无铁矿的地区，也设立小铁官，组织民夫与刑徒，将废旧铁器回炉冶炼，重新浇铸成铁器。铁官生产的各类铁器，国家都有尺寸、重方面的标准。每处铁官都有出产铁器的定额。官营作坊出产的各类铁器，由官府组织发售。不设铁官的郡县，需要铁器时，由当地官府组织人力至铁官处搬运。

汉代的铁官营是实行官采、官冶、官搬、官卖的完全专卖法，从生产至销售各个环节都由国家垄断。法令严禁任何私人经营铁冶。凡私人开采铁矿、炼铁铸器，处以钛右趾的刑罚，并服苦役，工具、产品全部没收入官。

西汉的官营冶铁业达到了相当大的规模。《汉书·贡禹传》记载："诸铁官，皆置吏、卒、徒，攻山取铜铁，一岁功十万人以上。"史即主管官员，卒即被征更卒服役的农民，徒即刑徒各类罪犯，称为"铁官徒"。每年采矿冶炼的人工达十万以上。铁官多是当地原来的大冶铁商，一般较为内行，具有一定管理能力。一般铁官之下设一至数个作坊，平均一个作坊有两千多人。西汉的冶铁技术已达到很高的水平。

铁官营弊端

铁完全专卖后不久，就暴露出种种弊端，引起了种种社会矛盾，也遭到了统治集团内部一些人的激烈抨击。公元前81年举行的盐铁会议上，反对盐铁官营的贤良文学抨击指责铁官营的弊病，主要有：

一、官府经营冶铁，完全以行政手段管理。铁官为完成定额，产品种类单一，多制造大型农具，一般小农既买不起，也无法使用。

二、铁官为完成定额，重量不重质，生产的铁制品质量低劣，甚至"割草不痛"。而官府每当"卖器不售"，产品积压，就硬性搭配，"善恶无所择"。其价格也僵硬不变。

三、官营卖铁器的场所都在城内，农民往返费时费工，每当产品积压，官府就硬性推销，强迫农民购买。农民为此倾家荡产，被迫"木耕手耨"。

四、农民被迫服役，往返荒山采矿烧炭，或远途搬运铁器，农民的徭役负担极为沉重。

此外，正如《管子》早就指出的，实行"鼓山铁"，"未见山铁之利而内败矣"。汉朝的铁官营激化了社会矛盾。除了深受徭役之苦外，铁官徒在官府的残酷奴役下，或逃亡，或起而反抗。西汉发生了多起"铁官徒"起义。公元前22年，颍川铁官徒申屠圣等发动起义，历经九县。公元前14年，山阳铁官徒苏合等起义，历经十九个郡国，杀东郡太守、汝南都尉，朝廷为之震动。

随着官营冶铁业经营不善、社会矛盾激化，统治者逐渐放弃了对冶铁业的全面垄断。东汉和帝在公元88年宣布废除盐铁官营法令。

三国至南北朝的矿冶法

东汉末年，曹操在实行屯田制的同时，部分恢复了盐铁官营制度。在一些有铁矿的地区设置司金中郎将，召集流民，按军队编制开采铁矿、冶铸铁制农具，以供屯田需要。至三国时，魏、蜀、吴都曾按汉朝旧法部分实行铁官营。

两晋南北朝时期矿冶法的情况不详。史载两晋十六国时，曾在汉中点检民户充当"金户"，专门从事淘金，得金全部输官。这可能是历史上第一次官营贵金属开采的法令。北魏时虽然废除了金户淘金制度，但却在长安、平城等地设立银官，组织民夫开采银矿、锡矿。而对于一般金属矿产，北魏并不加以官营垄断，"其铸铁为农器、兵刃，在所有之"，可能采取官民并采并铸制度。

第三节　唐、宋、金、元矿冶法

隋唐矿冶法

隋朝起，统治者放弃了矿冶官营专卖政策。官府不再垄断全部矿冶行业，只是在若干矿产丰富、有利可图的地区设立官营机构，组织开矿冶炼。其余地区允许民间自行采矿冶炼，而向官府缴纳实物税。

唐朝在一些矿区设立官冶，开采冶炼。全国共有 168 处银、铜、铁、锡冶。凡设官冶地区，禁止民间开采同类矿产。官冶的收入归地方州县政府。虽然自唐中期起，中央专设盐铁使官职，但实际上仅对盐实行专卖，铁并不禁榷。至唐德宗时（780—805 年），有人提议"山泽之利宜归王者"，才规定各处官冶收入统由中央盐铁使掌握。当时全国官冶每年采银二万两，铜二十六万六千斤，铁二百零七万斤，锡五万斤，铅无常数。矿冶实际收入极微："举天下不过七万余缗，不能当一县之茶税。"因为官冶采炼金属成本很高，要耗费大量人力物力。产品一般都由官府自行消费，采铜一般就地铸钱，铁制品等投入市场机会很少，也很难与私人矿冶产品竞争。官冶只能为官府提供一些金属制品，货币收入微不足道。

宋初矿冶法

宋朝初年沿袭唐末制度，在全国主要的金、银、铜、铁、铅、锡及水银朱砂矿区分别设置监、冶、场、务机构，负责开采冶炼。矿务机构属于中央工部机构之一虞部统辖，也有部分隶属于路转运使、提举常平司。凡有官冶机构地区禁止民间私自盗掘、盗采。金银矿原则上由国家禁榷，私人不得盗采。矿产收入一般上缴中央。在宋初几朝，完不成采冶定额的监、冶、场、务机构经常加以蠲免；经常亏损的允许关闭，因而各官冶废置无常。仁宗时有一年登州采金超额两千两，仁宗欲下令嘉奖主官，宰相王曾劝阻，认为"采金多，则背本趋末者众，不宜诱之"。

972 年，宋太祖颁布禁铜令，禁止民间铸造铜佛、浮屠、人物，禁止铜铁输出外境，这是为了满足官府铸钱的需要。对于贵金属的控制也很严，971 年规定伪造黄金者弃市，并曾多次下令削减宫廷用金，严禁民间以黄金装饰衣服器物。当时北宋朝廷用金十分惊人，仅 1008 年用于宫廷服饰、玩具、什物的黄金就达十万两。大量金银被用来赏赐官僚，而各官冶的产量有限。皇祐年间（1049—1054 年），每年各官冶采得金属数量为：金一万零五百九十五两，银二十一万九千八百二十九两，铜五十一万零八百三十四斤，铁七百二十四万一千斤，铅九万八千一百五十一斤，锡三万三千零九十五斤，水银二千二百斤。此后，这些金属的产量也一直维持在这个水平上，仅铜和铁曾增加一倍以上。

北宋中期王安石变法时，因王安石认为"榷法不宜太多"，进一步放宽矿冶方面的一些禁令。废除禁铜令，允许民间开采铜矿，制作铜器，并允许贩运，官府只予以征税。金银矿也允许民间承买，采取与酒法类似的密封投状法，承买者可自行开采，产品的十分之二实物上缴官府，其余允许承买者自由货卖。同时又对官冶利益加强保护，凡与官冶邻近的坊郭、乡村，禁止盗采，烹炼人户互相连保，保内人有犯，与保甲法一样实行连坐处罚。

北宋末期铁专卖

王安石改革后期，王安石本人失去皇帝对其的信任，罢职而去，而新法愈趋严厉。1083 年，京东路实行榷铁，禁止民间私铸铁器，官府垄断铁冶，铸器发卖于民，至 1086 年"元祐更化"后被废除。但这是北宋铁专卖的开始。

1108 年，宋朝廷禁止民间私相贸易铁货，铁矿及铁锭全部由官府发卖。民间可以自铸农具，但铸泻户（官府指定的冶铸户）的原料必须向官府购买。

这种部分专卖法比之汉朝铁专卖法有所发展，以控制铁原料为主。

北宋徽宗年间蔡京等人当国，认为"盐铁利均"，而现在盐法已备，铁尚未榷，建议全面榷铁。经过多年争论，1118年，北宋正式下达榷铁令，规定各路官府设置炉冶，回收旧铁及铁货冶铸。铁矿禁止私人开采，由官监冶、场、务开采，商人欲买铁货，先至各路官冶买引。禁止民间私相贸易铁货。农具、铁制用器民间仍可自造，官府主要控制铁原料。官府卖铁货，取息（利润）十分之二。矿苗微弱的贫铁矿允许私人承买，但产铁全部卖于官府，私自出卖有罪。铁引是仿照盐、茶引而来的，因此这一时期的铁专卖是仿照当时盐法，实行民采、官收、商运、商销的部分专卖。

北宋的铁引专卖法仅施行了很短的一个时期。因为官府矿产量不高，无法满足人民需要。私人承买的贫矿，官府定额征收铁课，无论矿产如何，都必须足额完纳，承买者望而却步。1126年，徽宗退位，钦宗继位，下诏废除榷铁。

南宋的矿冶法与北宋初年略同，官民并采并卖。只是官冶设置更多，但产量并不比北宋增多。为了奖励官冶的开采，南宋朝廷规定，坑冶监官岁收金四千两、银十万两、铜锡四十万斤、铅一百二十万斤，可以晋升转官。

金朝矿冶法

金朝入主北方后，全面沿袭北宋末期的矿冶专卖法令，禁令更严，禁止一切私人矿冶的开采经营。随着金朝统治的巩固，金朝廷逐步放松了专卖禁令。

1163年，金朝廷宣布金银矿冶开禁，允许民间开采金银，官府征收二十分之一的实物税。1165年又规定，原由官府开采的银冶，允许民间承买，称之为"射银冶"。1172年金朝正式宣布金银矿冶全部放开，允许自由开采金银，官府不再征税。

金朝对铜矿采取严格的禁榷。金朝地处北方，铜矿贫乏。为铸铜钱，金朝采取奖励政策，派遣人员至各地探查铜矿，能探查得实者，给予奖励。金朝并禁铸铜器。1171年严禁铸造铜镜，并规定民间铜器全数送官，官付半价收买，一切铜制品需由官府检验押印。铁矿及其他矿藏，金朝采取与南宋类似的官民并采并卖制度。

元朝矿冶法

元朝统治者相当重视工商业。蒙古在扩张战争中大批掳掠各民族的手工业工匠，建立王朝后，设置了大量的官营手工作坊，开设大量官冶场和官矿场。矿冶业的技术水平有所提高，炼铁业广泛开始使用木制风箱，产量大为提高。

元朝法令对于炼铁业的控制极为严厉，主要着眼于防止民间武器流传。元朝法律规定：铁冶由官府完全专卖，铁矿禁止私人开采。元朝官矿场的规模相当可观，仅燕北、燕南两处的铁课就达一千六百多万斤，比北宋英宗时全国官冶的铁产量还要多七百七十多万斤。官矿场产铁除了供官府铁工场制造各种军器用具外，还向民间铁商批发。民间商人要批发铁货，必须至官冶买铁引，一引可贩铁二百斤。买引后再至指定的官矿场买铁。如贩运途中引铁不相等、引铁相离、引外夹带，没收铁货。商人铁货发卖完后，必须在十日内赴官府批纳引目，否则笞四十。铁引有期限（期限不详），持过期铁引贩铁，同私铁法处罚。私铁法的处罚是："无引私贩者，比私盐减一等，杖六十，铁没官，内一半折价付给告人充赏。伪造铁引者，同伪造省部印信论罪，官给赏钞二锭付告人。监临人正官禁私铁不严，致有私铁生发者，初犯笞三十，再犯加一等，三犯别议黜降。"元朝还在各地设置铁局，制造农具发卖，禁止私人炼铁铸器，铁匠也受严格控制。只是官冶、官铁局经营不佳，废置不常，官铁法实际效果很差。

元代对铸钱原料的铜矿、锡矿也采取专卖法，官营垄断。诸出铜之地，民间敢有私炼者，禁之，更不得私造铜器。锡矿也采取引法，民间贩锡必买锡引，一引贩锡百斤，纳钞三百文。锡引法与铁引法类似，无引比照私盐减等，杖六十，锡没官。

元代对于贵金属的控制较松，主要采取征税法。诸产金地区，官府定金课每年征收实物税，税率不详。银矿的产银，一般官收十分之三的银课。官营金银矿往往包给商人经营，采取包税制。个别地区，如湖广行省允许民间自由开采银矿。

第四节 明清的矿税

15 世纪，社会生产力已有了较大发展，金属使用更为广泛，但明朝的矿冶法比之宋元两代更为严密，仍注重于控制民间获得金属的途径，从而对社会经济发展造成了巨大障碍。

金、银、铜矿冶法

明代规定金银等贵金属，以及作为铸钱原料的铜、铅、锡等矿藏全部国有，不准私人开采，民间开采即为盗掘罪。《明律·刑律·贼盗》规定："盗掘金、银、铜、锡、水银等项矿砂，每金砂一斤折钞二十贯。银砂一斤折钞四贯，铜、锡、水银等砂一斤折钞一贯，俱比照盗无人看守物，准究盗论。免刺字，罪止杖一百，流三千里。"金银只能由官府设置的官营金银场开采。每一银场都规定有每年的上缴定额银课，如不足即由当地居民设法补足。禁止私人买卖金、银、铜、锡。

对于民间盗掘罪，以明朝《问刑条例》更为严厉。明英宗正统年间（1436—1449 年）定私煎银矿罪："凡福建、浙江等处军民私煎银矿者，处以极刑，家口迁化外。其遁逃不服追问者，调官军剿捕。"云南是中国古代最主要的铜矿产区，因此立法更严。1484 年定例，云南军民人等私贩铜货出境，本犯处死，全家发配烟瘴之地充军。

明代对金银贵金属开采制定如此严厉的法令（前代矿冶法尚无处死刑之例），原因不仅在于"王者专山海之利"的传统观念，而且更注重于防止农民借采矿聚集深山反抗官府。1500 年定例："凡盗掘银、铜、锡、水银等矿砂，但系山洞捉获，曾经持杖拒捕者，不论人之多寡、矿之轻重，及聚众三十以上，分矿至三十斤以上者，俱不分初、再犯，发边卫充军。若不及数，又不拒捕，初犯者枷号发落，再犯免枷号，亦发边远充军。"

明代铁冶法

与宋、金、元几代相反，明代不再对冶铁业采取官营专卖，但为了防止人民聚集反抗官府、制造铁制兵器流散民间，威胁王朝统治，明朝廷制定了严密的法律制度。其主要内容为：

凡开采铁矿，设立冶铁炉座，必须将炉首、炉丁的姓名、籍贯、炉址、人数等详细造册报官，由州县官详细勘查后批准，发给执照，才能开炉。炉首必须是本地有山之人。每处只能开一炉，雇工不得超过五十人。炉丁不得雇外地无业流民，每年开炉生产时间限于九月中旬至来年二月初旬的农闲季节。其余时间闭炉，炉丁遣散回乡从事农务，不得逗留炉场。炉场也按乡村里甲编制，由州县卫所巡捕及各地巡检司经常巡视查点。官府对铁冶征收三十分之二的实物铁税。凡民间贩运生铁，也必须向当地官府申请旗票，才可贩运，无票贩运，按私盐法处罚。各地地方官府也可以"骚扰地方"为理由，奏准封闭矿坑，驱散矿丁。

明末矿税

明代官营银场实际上收利不多，得不偿失。1467 年，明朝廷下令开采湖广金矿，设二十一处金矿场，岁役民夫五十五万人，死者无算，仅得金五十三两，只好停闭。1546—1557 年，嘉靖帝下令开采河北银矿，委官四十余人，防兵一千一百八十多人，费三万多金，才得矿银二万八千五百两。明代官办各银场都规定每年课额，只增不减。如明初福建各场岁课银仅二千六百七十余两，浙江仅二千八百余两，至明中期，福建增至四万余两，浙江增至九万四千余两，云南十万两，四川一万三千余两。当地矿产穷竭，出产不足，即由所在居民补足。因而开一银场，即附近居民祸至。这一点明太祖已知甚详，曾称："银场之弊，利于官者少，损于民者多。"

明代后期社会经济发展，社会上出现了自战国以来第二次拜金热潮。带头者正是酒色财气四者俱全的明万历皇帝朱翊钧。为了满足其近似病态的占有欲，1590 年，万历皇帝派出亲信太监充当矿监，至各地主持开采银矿、征收矿税。矿监四出，到处指人坟山、田产、房屋为矿，封禁要挟，勒索钱财，"敲扑善良，必足其数；发冢夷山，以为胁取之术"，所谓"税不必矿"。矿监所到之处，"矿头以赔累死，平民以逼买死，矿夫以倾压死，以斗争死"。一味提高矿税税额，引起各地民变。1605 年，万历皇帝被迫下令停止矿税，税务仍归原来主管部门。八年矿税，矿监进奉给皇帝的白银共三百多万两，大部被矿监及其走狗自肥。正如当时人指出：一个矿监有百人随从，以一家十口计算，派出人员即达数万，每一处矿监要费银四十万两，二十处矿监要花费八百万两。1605 年后，矿监并未撤回，直到 1620 年万历皇帝死后，矿监才撤回。

明末这种掠夺性的矿税，充分暴露了明代矿冶法的落后与掠夺本质。

清代禁矿令

清朝入主中原后，以严防人民反抗为急务，清朝皇帝声称，"从来矿徒，率皆五方匪类"，"人聚众多，为害甚巨"，"若招商开厂设官征税，传闻远近，以至聚众藏奸，则断不可行也"。因此，与明末大开银矿相反，清初诸帝动辄以有碍风水、聚众扰民、有妨本业、不安本分等理由，下令封禁各地矿场。1704 年，康熙帝发布谕旨："开采之事甚无益于地方。嗣后有请开采者悉不准行。"禁一切新矿的开采，老矿任其自然废除。1705 年下令禁榷云南全部铜产，矿商出铜 20% 缴纳矿税官课，其余全部由官府征购，并封闭西南少数民族地区的矿洞。1715 年又下令封禁广东全省矿山。

除了禁开矿之外，清初又提高了矿税税率。1680 年定例，各省开采金银，四分解部、六分抵还工本。金银矿除征税外全部征购，实行民产、官收的部分专卖。税率高达 40%，比前代要高得多。

禁矿是清朝的传统政策。乾隆年间（1736—1795 年）曾一度开禁。1744 年广东矿山开禁，但以后在嘉庆、道光年间，又实行严禁开矿的政策，并陆续封闭旧矿。主要禁矿理由是强调地方治安。此外，如 1821 年清廷因"地脉风水"，封闭直隶银矿。1837 年，禁止兴京、开原、铁岭、抚顺界内一切矿山开采活动等。

清代矿税

清代矿冶法基本沿袭明末规定。清朝统治者吸取了明官营矿场不易经营的教训，加紧了以税收方法控制矿业。乾隆年间制定了一批矿税法令，总的原则是官民"二八分课"，即征收 20% 的实物税。

一、金银矿原则上仍由官府垄断经营，在金银主要产区以官营金银厂为主。但实际上逐渐采取了官商并采的政策。允许商民开采，官府抽税。乾隆年间税率除至十分之三。矿税课额仍然固定，除云南岁课银五万六千两外，一般省份银课仅几千两，金课仅几十两。

二、铜铅矿不再禁榷，广泛采用"招商承买"，仍实行"二八抽课"。官抽 20% 的矿产，其余全部由官府征购。但实际上也采取灵活变通，如规定四川、广西、广东、贵州省铜铅矿，实行"二分抽课，四分官买，四分通商"，即 40% 的铜产品允许商人自行贩运出境，称"通商铜"。云南铜官征十分之一，官购十分之八，其余十分之一由商人自卖于市场，称"一分通商"。

三、铁矿的矿税仍按"二八分课"。但铁的价值较低，官府不再特设铁官管理，铁冶的实际产量也较难准确估计，因此铁税一般折银征收。征税方法也折为按炉座、矿坑数征收。如云南每炉课银二十两，广西则十两，广东五十两之类。浙江对坑户（开矿者）征课分三则（等），仅一两左右。

四、煤矿在明清两代开采较多，除明末曾一度征税外，一般不征矿税。清代规定煤矿仅向原地主征收田赋银。在官地公田上开煤矿，则必须由窑户向州县申请领帖，领帖须费银，但并非法律规定的正式税种。

清代矿冶法并不以矿税收入为主，清廷并不在乎得到多少，矿税收入无足轻重。乾隆中叶，仅云南就有铜矿四十余处，小厂有三百多处。全国有八九十座铁矿，但矿税收入占全国总收入比例很低，1705 年，矿税银八万两多一点，金仅八十四两。

清矿冶制度

在屡屡禁矿的同时，清代在明律基础上制定了更为严密的矿冶制度。

清朝规定：开采铜矿必须申报地方最高长官总督、巡抚批准，并由督抚委派官员监督。因为铜属于禁榷物资，因此开矿的商人必须照额纳税并向官府出卖铜产。通商铜也必须向官府申请印照（证明）才能上市，否则按私盐罪处罚。

对于铁矿开采仍和明代一样严密控制。1831 年户部则例规定，开采铁矿必须申报省按察使司批准，并有商民作保，发给执照，才可开采。炉址、炉座数目、产量、工场主、矿丁、铁工的姓名履历都必须一一经官登记。"所出铁斤只准铸造铁锅、铁盆、农具，倘有卖给匪类、私制军器等弊，立即严拿治罪。"如有不领执照私挖铁矿，立即封禁，照例治罪。当地官府必须按季考察，如在深山采铁，必须编立丁册，设立保甲，随时抽验。铁器的销售，也必须由地方官府发给印照，运贩后由官府注销。无照采取、照外多买、不交销原照，即行查究治罪。1797 年，曾有蓝泄等人伙贩铁锅夹带至台湾地区发卖，被处以绞刑。

第八章　平准、均输与常平

平准、均输、平籴、常平等都是中国古代国家政权通过吞吐物资平抑物价、调节大宗日用商品供求的法令制度，是古代经济立法的重要内容。这一立法的前提在于政府拥有大量的物资积蓄，并能通过一个准确、迅速的通信网络掌握市场动态信息，及时抛出或收揽各种商品。中国古代国家政权不仅拥有大量赋税收入的物资，又具有征发物资、劳役的全权，而且历代都极为注重修建驿路、整顿驿站，政府一直拥有最可靠、最有效的通信联络手段。因此，有可能利用这类立法来控制市场，通过贱买贵卖的手法经营官营商业，以打击豪强商人的势力，并增加财政收入。

第一节　平籴与轻重理论

立法总是在某一种理论的指导下出现的。政府控制市场、吞吐囤积物资、平抑物价的理论，产生于商品货币经济空前活跃的春秋战国时代。

均平的理论

均平的概念在中国产生很早，并一直成为各种社会政治、经济理论的基调。春秋时齐国晏婴就曾提出"权有无、均贫富"的说法。老子认为"天之道"是"损有余而补不足"，他反对当时的"损不足以奉有余"的"人之道"。强调均平、和谐。孔子也曾说过："闻有国有家者，不患寡而患不均，不患贫而患不安。盖均无贫，和无寡，安无倾。"这种均平的理论主要都是从分配上着眼，但追求均平却从此成为风气，成为各种经济立法的基本思想。

计然之术

最早提出国家参与商业、经营官商、控制物价的是春秋末期越国大夫范蠡、计然。计然认为由于气候的变化、水旱的重复，使物价不可能长期稳定，但国家可以将物价控制在一个范围之内，并以经济手段调节物价。米贱则农民无利可图，米贵又使商人受困。范蠡认为："夫粜，二十病农，九十病末（商人），末病则财不出，农病则草不辟矣。上不过八十，下不过三十，则农末俱利。平粜齐物，关市不乏，治国之道也。"因此计然告诫统治者不要单纯积蓄财富，积蓄时间久了就会自然贬值，"贵上极则反贱，贱下极则反贵"。要善于捕捉时机，捕捉行情变化，"贵出如粪土（大量抛售），贱取如珠玉（高价收购）"。或是"旱则资舟、水则资车"，未雨绸缪，预作准备，把国家积蓄的物资通过市场投机，不断增值，用此项财富"厚赂战士，士赴矢石如渴得饮"，富国强兵。这被称之为"计然之术"。

计然之术不是单纯的理论。据说越王勾践采纳了范蠡与计然的建议，制定法令，结果在十年内就使越国大为富强，一举吞灭强吴，成为诸国霸主。这种利用市场价格涨落差距进行投机的致富方法是当时商业的普遍形式，而国家参与则是计然所创。

李悝平粜法

战国时期，商人势力大为增强，如周人白圭以"乐观时变，故人弃我取，人取我与"而经营致富，号称经商如同"伊尹、吕尚未之谋，孙吴用兵，商鞅行法"。在此同时，崇本抑末思想也开始出现，并逐渐体现在国家立法之中，出现了以保护农业为主的平粜理论。

魏国李悝首先实行"平粜法"。李悝在魏文侯时任魏国相国，主持变法改革。他认为国家之本在于农业，因此"作尽地力之教"，鼓励农民精耕细作，提高单位面积产量。他又认为粮食市场上，"粜甚贵伤民（韦昭曰：此民谓士民工商也），甚贱伤农。民伤则离散，农伤则国贫。故甚贵与甚贱其伤一也。善为国者，使民无伤而农益劝"。保护农业，又照顾工商利益的最好办法是"平籴"。每当丰收年份，由国家出资半价收购余粮，以提高粮价，不致惨跌；每当歉收年份，则由国家将丰年购入积存的粮食投放市场，平价出售，压低粮价。具体而言，上熟年份（视平常年份增产三倍），官收购四分之三的余粮；中熟增产两倍，收购三分之二的余粮；下熟增产一倍，收购二分之一的余粮，"使民适足，贾（价）平而则止"。荒年来临，"小饥则发小熟之所敛，中饥则发中熟之所敛，大饥则发大熟之所敛而粜之。故虽遇饥馑水旱，籴不贵而民不散，取有余以补不足也"。这一法令实施后，收到了很好的效果，魏国迅速成为强国。

李悝的平籴理论与范蠡、计然之术虽然都是一种国家吞吐物资控制物价的思想，但有很大的区别。首先，立法目的各不相同。计然之术是企图由国家经营商业，参与竞争，从中取利富国。而平籴法强调国家的政治稳定性，以此强国。其次，二者的范围也不同。前者涉及各类有利可图的大宗日用商品，后者局限于粮食谷物。然而二者都对后世产生了重大影响，前者成为官营商业和商业管制的平准、均输、五均六管、市易诸法的滥觞；后者则开了后代常平仓、义仓、预备仓法的先河。

《管子》"轻重"理论

战国秦汉时期成书的《管子》一书中的"轻重"理论，是后世平准、均输、常平诸法的理论基础。轻重一词来自《管子》中的"轻重"诸篇，指物价的高低贵贱及人们的重视程度。《管子》中的"轻重"诸篇，是中国古代有关调节物价和货币流通最为详尽、最为完整的著作，对所有经济立法都曾产生过巨大影响。

《管子》以供求关系解释商品和货币的流通、交换，指出在供求关系决定下，商品规律是以"夫物多则贱，寡则贵，散则轻，聚则重"，即物以稀为贵。"少或不足则重，有余或多则轻"。各种商品可分为货币、谷物、万物（货币、谷物以外一切商品）三类，其中最主要的是谷物与货币。所谓"五谷食米，民之司命也；黄金刀币，民之通施也"。由于谷物生产受自然气候影响，时有丰歉发生，而其他万物无此之虞，所以谷物"独贵独贱"。谷物又是人们的"司命"，极为重要，因此，"五谷者，万物之主也。

谷贵则万物必贱，谷贱则万物必贵"。在谷物生产正常的年份，则是货币起主要作用，"币重而万物轻，币轻而万物重"。

在谷物、货币、万物的交换流通中，不可能保持一个长期稳定不变的交换价格，物价总是围绕供求关系波动不已，即使君主政令也不能使之固定。所谓"衡无数也，衡者使物一高一下，不得常固"。国家应该利用这一规律来达到富国强兵的目的。原则是"以重射轻，以贱泄平"。具体而言有如下几个方面：

一、国家必须积蓄物资，尤其是控制谷物、货币二者。所谓"执其通施以御其司命"。《管子》提出，"使万室之都必有万钟之藏（钟，是齐国的量制），藏襁千万（襁，是串钱的绳索，泛指钱币）。使百室之都必有千钟之藏，藏襁百万"。从而使市场上谷物与货币减少，价格上涨，以刺激农业生产。"杀正商贾之利，而益农夫之事"。其中最主要的是提高粮价，"使卿、诸侯藏千钟，令大夫藏五百钟，列大夫藏百钟，富商蓄贾藏五十钟。内可以为国委（委是积存之意），外可以益农夫之事"。

二、以积蓄的物资组织农贷，扶助农业。春季蚕农缺粮，政府出仓储粮贷给蚕农，约至夏天取绢帛以偿还。春夏之交，青黄不接，政府以钱币、谷物出贷农民，秋天取谷以偿，从而使"民无废事，而国无失利也"。

三、以积蓄的物资作为官营商业资本，投入市场牟利，与计然之术相仿。比如国家通过赋税、赏罚等手段大量回笼货币积存，市面货币流通量减少，物价下跌，政府可乘机大量收购各种物资，"国币之九在上，一在下，币重而万物轻。敛万物，应之以币"。以后市面货币流通量增多，物价上涨，政府又可乘机抛售物资，"币在下，万物皆在上，万物重十倍，府官以市横出万物，隆而止"。《管子》称此为富国的捷径，是国之轨道。"国轨，布于未形，据其已成，乘令而进退，无求于民。谓之国轨。"

四、利用轻重原则与敌国进行商战。如"天下下我高，天下轻我重，天下多我寡，然后可以朝天下"。或者抬高本国物价吸引敌国货币流入己国，或在自己物资充足时压低物价，以吸引敌国人民投奔己国。

《管子》的轻重理论，尤其是这种大量吞吐物资调剂市场，增加国家收入的思想，对后世产生了极为深远的影响。后世理财家们的经济立法思想，可以说无一脱离其理论范围。

第二节　均输、平准和市场诸法

秦国商鞅变法时，实行粮食专卖，禁止私人买卖粮食，根本取消了粮食市场，又采取了极为严厉的抑商立法打击商人。秦国统一全国后，强大的中央专制集权严密控制农民人身及土地，注重以刑罚方法、行政手段进行管理统治。因此注重经济手段的平籴理论无法上升为法律。秦朝灭亡后，西汉初年统治者奉行"无为而治"，这些理论也没有在立法中得到实现。直至汉武帝统治时期（公元前140—前87年），进行长时间的边境战争，财政困难，"兴利之臣自此前始也"，在商人出身的官僚桑弘羊主持下，于公元前116年颁行了均输与平准令。

均输与平准

均输的原意是平均运输贡品的负担。西汉规定各王侯封国及各郡都要向朝廷上贡当地的土特产贡品。各郡国与京师长安的距离各不相同，长途运输贡品要征发农民徭役，运费大大超过贡品本身的价值，贡品也往往有所损坏。当朝廷需要的贡品不敷支出时，还要另行采购，加重财政负担。桑弘羊建议实施均输法，规定在各郡国设专职均输官，按照原先每年上贡的贡品价值及运输费用的总额，征收或按市价征购当地丰饶、价廉的土特产（原来的贡物也可改折他物），由均输官负责挑选其中小部分优质、价高、轻便的物品仍上贡京师，而大量的一般土特产则运往其他能卖高价的地区出卖，这样"输者既便而官有利"。事实上，这个法令是将原政府的一部分实物税收转变为官营商业资本，由均输官担任官营"行商"，利用官府的运输工具、人力、信息通信系统与私营贩运商进行竞争，将赋税转变为商业利润。

如果说均输是官营贩运商业，那么平准就是官营的"坐贾"。平准是平抑物价的意思。平准法规定在京师长安设平准令，下属平准机构属员共有一百九十人。各地运至京师的贡物，均输官运来的土特产，工官制造的一些民用手工业产品，财政部门贮存的物资等都由平准统一管理。每当长安市场上某种商品价格上涨，平准就以略低价格抛售；而当某种商品价格下跌时，平准又以略高的价格收购，所谓"抑天下物"，使"万物不得腾涌"。同时在买卖中，平准也获得高额商业利润，成为最大的官营囤积商。桑弘羊自称"开委府于京师，以笼货物。贱即买，贵则卖，是以县官（朝廷）不失实……民不失职"。

均输与平准都是官营商业的一种形式。实行均输、平准的当年，据说就达到了"太仓、甘泉仓满，边余谷，诸均输帛五百万匹，民不益赋而天下用饶"的效果。同时这一立法也打击了商人的势力，加强了中央集权。武帝死后，均输、平准法在盐铁会议上受到反对派贤良文学的猛烈抨击，但这一法令并未废除，一直实施到王莽篡政，总共一百二十多年。

王莽五均赊贷

王莽篡汉夺权建立新朝后，进一步对均输、平准法加以发展，推行了号称"五均赊贷"的法令。

"五均"一词来自儒家经典《周礼》上所称西周管理市场官员名称。王莽规定在长安东、西两市及洛阳、邯郸、临淄、宛、成都五大城市设五均司市官，原有的管理市场的市令、市长改称五均司市师，受其管辖。下设交易丞、钱府丞等官。交易丞即原来的平准令、均输官，负责官营商业经营，出纳吞吐物资，平抑物价。司市师也有平抑物价职责，在每个季度的第二个月，核定物价，定出各种商品的上、中、下三等价格，称为市平价。商人的五谷、布帛、丝绵等物不能出售，即由司市按原价收购囤积，市场物价超过市平，就发卖平抑，市场价格低于市平价则任其交易。钱府丞职责广泛，首先负责征收商税及所得税，另一重要职责是经营官营信贷业。凡百姓因祭祀、表葬之类耗资活动而无现钱，可向钱府举贷。年利在十分之一以下，但逾期不归还，要处以徒刑。

王莽的五均赊贷在原来官营商业基础之上又增加了官营信贷业务，比之原有平准、均输大为繁苛。而且各地五均官员大多由原来的富商担任，这些人乘机大做自己的生意，"乘传（公家驿车）求利，交错天下，因与郡县通奸，多张空簿（账册），府藏不实"。敲诈勒索，贪污挪用，使五均赊贷法完全走样。

五均赊贷与盐、酒、铁官营、铸钱、山泽税合称为"六（管）"。王莽下诏称"此六者，非编户齐民所能家作，必仰于市，虽贵数倍，不得不买，豪民富贾，即要（要挟）贫弱。先圣知其然也，故斡（管制）之。每一斡为设科条防禁，犯者罪至死"。对国民经济实行全面管制，使天下人"摇手触禁，不得耕桑"，"富者不得自保，贫者无以自存"。天下大乱，加速了王莽政权的垮台。东汉建立后，王莽的五均六管及原来的均输、平准法被废除。魏晋、南北朝时期，自然经济比重上升，统治者注重直接控制剥削，不再有均输、平准之法。

刘晏常平法

唐朝中期经过安史之乱后，朝廷全凭东南漕运维持（漕运，古代专指向京师及边防运送粮食物资）。大理财家刘晏主持漕运时期，吸取了西汉均输、平准的一些内容，以"常平"为名，进行了一些改革，主要有：

在整顿漕运的同时，利用漕运的大量船只和人力，进行类似于均输的活动。每当长安所在关中地区丰收，不需要东南地区的大量漕米时，刘晏即在东南各州采购当地土特产与手工业产品，用漕船运至大运河沿线的汴州（开封）、洛阳及关中地区，按当地行情，或发售，或囤积居奇。大运河沿线是全国行商的重要通道，也是经济中心所在，刘晏此举与桑弘羊均输法一样，利用漕运富余运力及资本与行商竞争。

刘晏在推行盐专卖"通商法"同时，也吸取了西汉平准法的经验。如设立常平盐仓，平抑盐价。而常平盐仓的利润除上缴朝廷外，也按行情购买物资囤积适时发卖。刘晏尤其重视商业情报，巡查私盐的十三巡院的重要职责就是经常及时报告各地市场行情。

刘晏的常平法实施时间约在 762 年以后。在他主持漕运和盐专卖的十几年间，取得了空前的成就，因而在 766 年，朝廷还给刘晏在盐铁转运使头衔上加上"常平使"官衔。常平成为财政主管官"度支盐铁使"的又一头衔。虽然刘晏在 780 年以谋叛罪被冤杀，但以后几任财政官多出自其门下，仍奉行其创设的制度。"属吏在千里外，奉教如目前，四方水旱及军府纤介莫不先知焉。"直到唐末战乱，这一制度才被废除。

王安石均输法和市易法

北宋王安石变法时期，仿照西汉平准、均输法，也制定颁行了与之类似的均输法和市易法。

1069 年，在王安石的建议下，北宋颁行了均输法。北宋建都于大运河中段的汴京，交通方便，主要物资来源于东南六路，朝廷在东南设发运使，总管六路物资发运京师。每年发运物资都有定额，丰收之年不能多，歉年又不能少，发运使对京师市场行情全然不知，常常造成"远方有倍蓰之输，中都有半价之鬻，徒使富商大贾乘公私之急，以擅轻重敛散之权"。北宋均输法大体上仿照了桑弘羊的均输法，规定东南六路发运使扩大职权，对于东南六路原要上供的物资有处理全权，并总管六路的茶、盐、矾、酒专卖事务，应了解六路地区及京师的市场行情，官府库藏收支情况，据此对上供物资灵活处置，如有富余即运往价高处发售，或囤积居奇，"凡籴买、税敛、上供之物，皆得徙贵就贱，用近易远"，使死财变活财。在开始实施的当年，宋神宗亲自批准以内藏库钱五百万缗、上供米八百万石作为均输的本钱。这样使发运使成为这一地区最大的、官营的商业机构。这一法令引起了守旧派官僚们的强烈反对，实施以后的效果也并不是很好。

就在实施均输法的同时，王安石还提出了市易法的建议。市易法即仿照西汉桑弘羊的平准法，通过官府控制吞吐物资以平抑物价。1072 年开始在汴京设置市易务，由内库拨钱一百万贯作为本钱，制定"市易条法"，不久又推广到各路。市易条法主要内容是：

一、设立市易机构。在汴京及二十二个重要城市设市易务，由汴京都市易司领导。市易务设监官、提举勾当公事等官员。以下招纳各行行户、牙人充当行人与牙人，评估物价，负责具体经营。监官、提举也往往由商人担任。市易务收购物资由行人、牙人会同客商公平议价。

二、市易务职责为吞吐资物。一般由官库拨钱为资本收购各种货物，也可以将原来各地上供的土特产计值发卖，或与客商以货易货。上供物品中如鹿席、黄芦之类六十种货物都可以发卖民间。市易务是官营商业机构，仍按贵卖贱买原则平抑物价，赚取商业利润。市易务经营的商品种类极为琐细，甚至包括瓜果、木梳、冰块等。

三、兼营信贷。按照北宋商业习惯，一般交易中广泛使用赊买，双方至年终才彼此结算，并清算利息。市易法也吸取这一惯例，规定凡商人不能立即付清现款，可以赊买，半年付息十分之一（年利为十分之二）。另外，市易务也是官营金融信贷机关，有地产抵押的商人可以担任市易务监官提举，使用公款经营，年息为十分之二。行人也可自报家产，以金银为抵押，五人结保借贷官钱、官物，发卖经营。由于商人比之官僚要善于经营得多，为了牟取利润，实际上市易务将所需物资的本钱放贷给行户（工商业者），官府坐收十分之二的利息。

市易法的目的并不如王安石所称"抑兼并"，实际上完全是一个官营商业、金融机构。市易法广泛推行放贷，商人违限不还即予以罚息（倍收利息），官营商业转变为官营高利贷。商人欠债累累，与官府矛盾激化，而官府也疲于催讨。这一法令施行的同时，统治集团内部一直为之争论不休。至1086年，"元祐更化"，废除一切王安石新法，市易法也被废除。

然而，宋徽宗上台后，看中市易法是敲诈商人、君主聚敛财富的捷径，又复行市易法。1097年市易务恢复，1100年还曾改称平准务，但习惯上仍称市易务。蔡京掌权后，将市易法普遍推广至各地方州县。凡地方州县市易年利润在一千缗之上的地方设市易专官，五百缗以上由原各商税场、务机构兼领，五百缗以下不设市易。南宋仍沿袭此法。这时市易法已完全成为剥夺人民财产的工具，官府强迫行户承包市易物资的经营利润，不愿承担者必须缴纳"免行钱"。官府收购物资也不再是市场议价，而是以低价强行征购，"以时值计之，什不得二三。重以迁延岁月而不偿，胥卒并缘之无艺，积日既久，类成白著，至有迁居以避其扰、改业以逃其害者。甚而蔬菜鱼肉，日用所需烦琐之物，贩夫贩妇所资锥刀以营斗升者，亦皆以官价强取之。终日营营，而钱本俱成乾没。商旅不行，衣食路绝"。南宋时朝廷曾多次下令禁止市易强买强卖，违者以赃定罪，但并无实效。

元、明、清时期，商品经济进一步发展，统治者也意识到无法掌控市场，尤其是吸取了宋代市易法最终激化社会矛盾的教训，不再愿意制定类似的法律制度。因此，平准、均输之类的经济立法退出了历史舞台。

第三节　常平仓、义仓诸法

李悝的平籴法可能并不是战国时各国的普遍制度，秦朝及汉朝初期也没有类似的制度。西汉中期创立的常平仓法基本仿照平籴法，是政府贮粮备荒、调节粮价的制度，为此后各代所继承。另外，民间在政府指导下自行组织贮粮备荒则称为义仓、社仓。

西汉常平仓法开创了后世政府控制粮食市场的先例

公元前54年，大农中丞耿寿昌向汉宣帝建议，在沿边各郡修筑常平仓，丰年由官府出资收购余粮，歉年谷贵，开仓平价发卖。当年西汉朝廷下达法令，设立常平仓，受到民间普遍欢迎。耿寿昌的常平仓法明显受李悝的平籴法和桑弘羊的平准法影响，但仅实行了四五年，汉元帝即位后就下令废除。然而，常平仓法开创了后世政府控制粮食市场的先例。

东汉明帝时（58—75年），由于政治清明，风调雨顺，连年丰收。62年，汉明帝下令在京师洛阳设立"常满仓"，并在洛阳开设官府主办的粮食市场"粟市"，规定一斛粟价为二十钱，用以稳定粮价，防止因丰收使粮价惨跌（如西汉时一石粟仅为两钱）的现象发生。

西晋王朝建立后晋武帝司马炎曾多次提出实施平籴法。当时绢帛贵而谷粟贱，晋武帝企图以官府积贮的绢帛换取民间余粮作为粮食储备，又可抬升粮价。然而这一建议却遭到群臣屡屡反对，群臣以江南尚未统一，急需军资储备，"不宜以贵易贱"为由，不愿实行平籴。这正说明当时商品经济衰退，人们不愿将物资投入交换流通领域的心理特点。直到283年才在京师洛阳设常平仓，与西汉耿寿昌的常平仓法相同，"丰则籴，俭则粜"，主要立法目的在于崇本抑末。

317年晋王朝东渡后，虽然在建康（今南京）仍设有常平仓，但这只是一般的官府贮粮仓库，并没有平抑粮价的性质。以后南朝历宋、齐、梁、陈四代也不再有常平仓法之举。

　　与南朝对峙的北朝也同样没有吞吐粮食、平抑粮价的常平仓法。至北齐政权割据河东（550—577年），曾在564年颁布法令，在各州郡设"富民仓"。其规定：每民一床（一夫一妻）在输租调同时，必须附带输义租五升。各州征收到的义租一部分贮藏以备荒年赈济灾民，一部分贮藏于富民仓。富民仓储备定额为各州郡的中、下户（北齐按资产分为上、中、下三个户等）人口一年所需口粮。每当荒年谷贵开富民仓以下价出卖贮粮，平抑谷价，回收绢帛钱币。丰年则反之，抛出绢帛平价收购余粮。很明显，富民仓与西汉常平仓性质相同，只是这一官办粮商的本钱不再由政府拨款，而是直接征之于民，这一特点对后世有很大影响。

隋唐义仓、常平仓

　　隋朝继北周而建立统治，并没有与北齐富民仓类似的制度。隋在陕州设常平仓，但这一常平仓与洛州河阳仓、华州广通仓一样，都是向京师运输漕粮的转运仓库。随着北朝以来自然经济的加强，调剂粮食市场的常平仓法被存粮备荒的义仓、社仓法代替。585年，隋文帝下令各州军民百姓，建立社仓，"收获之日，随其所得，劝课出粟及麦，于当社造仓窖贮之"。社仓由社中执事者掌管，造账检校，每当凶年，社中有饥馑者，即以社仓谷粟赈济。社仓是官方劝导、民间自行组织、以济灾救荒为目的、合作互助的机构，官府并不直接插手。日后社仓大多被豪绅把持，变卖社仓谷粟以饱私囊。而且民间自建仓窖粗糙简陋，粮食不宜久贮。隋文帝为此在596年又下令关中一带各县社仓改由县府掌管，分上、中、下三等征收社仓税粮，上户不过一石，中户不过七斗，下户不过四斗。民间社仓就此转变为官府义仓。

　　唐朝在618年，唐高祖就下令设立义仓，然后又参照北齐富民仓法，规定义仓以粮为主，兼营其他物资的吞吐，"以均天下之货，市肆腾踊，则减价而出，田稼丰羡则增籴而收。应使公私俱济，家给人足，抑止兼并，宣通拥滞"。以义仓兼平准，成为官营商业机构。然而这一法令仅施行四年就被废除。唐太宗登基后的第二年（627年），正式颁布义仓法令，规定各府、州、县都建立义仓，王公以下，无论官民，一律每亩土地纳粟两升，义仓成为税收，此税以后即称地税，并强调义仓"为百姓预作储贮，官为举掌，以备凶年"。即取之于民、贮之于官、用之于民的济灾救荒法，与唐初义仓法不同，却与隋文帝义仓法类似。

随着社会商品经济的发展，粮食市场逐渐形成，常平仓又一次出现。651年，唐高宗下令在长安东西两市设常平仓，714年，因天下连年丰收，唐玄宗下诏，要各州县官府"加时价三两钱"收购民间余粮，以稳粮价，收购的粮食造仓贮存，待来年春荒时减价出卖。本钱由官府垫支。719年，正式下达常平仓诏令，规定各地州县都设常平仓，本钱由朝廷预拨，上等州（四万户以上）备本三千贯，中等州（二万户以上）二千贯，下等州（二万户以下）一千贯。当时正值盛唐时期，全国连年丰收，朝廷经常下诏规定各州县常平仓以常平仓本钱及官府钱物加时价三文收购余粮。而每年春荒时，百姓可以向常平仓赊买粮食，待秋熟后一并偿还。这开了日后常平赊贷的先河。

安史之乱后，唐朝由盛转衰，常平仓成为聚敛钱财的手段。764年，在刘晏主持下，朝廷发布敕令，规定各州常平仓必须积贮谷粟绢帛，以备军需；并在两京（长安与洛阳）、江陵、扬州、汴州、苏州、洪州等商业繁盛城市设常平官，资本启百万至数十万贯不等，进行官营商业（参见前一节）。为开设常平，开征茶、漆、竹、木、除陌诸税以为资本。但因当时内外战事繁多，这些新设杂税收入被挪用，除了刘晏负责的大运河沿线外，其他地区并未实际施行扩大营业范围的新常平法，仍以旧制维持粮食积贮、平抑粮价。

另一方面，安史之乱后，原先取之于民、贮之于官、用之于民的义仓粮食也大量被挪用，成为朝廷正式赋税收入。780年施行两税法后，义仓原来的粮食来源——地税转为正式赋税，义仓断粮。为此，806年唐朝廷发布敕令，各州必须以全州所收两税的十分之二补充常平仓与义仓，其中常平仓粮专用以平粜，控制粮价，而义仓也不再无偿发赈，每遇荒年，义仓发放谷粟作为政府对农民的放贷，来年秋熟必须加息偿还。

唐末藩镇割据，常平仓、义仓物资大量被移作军粮，失去了原有的意义。唐朝廷对此虽然频下诏书严禁，毫无实效。唐灭亡后，五代相沿，义仓和常平仓时废，至后周曾设"惠民仓"，以各地方杂税为本钱，贱买贵卖，平抑粮价，与唐常平仓类似。

宋代常平法和青苗法

北宋建立后，宋太祖曾在963年颁行义仓法，各县置义仓，每征两税一石附加义仓税一斗（即十分之一）。义仓粮食发放也是放贷性质的，民间有荒必须申请借贷，由县申报州府，经批准后才可发贷，秋后加息偿还。唐两税的地税原已包括了义仓税在内，至宋义仓税又成两税的附加税，不久后废除。以后屡屡有人建议建设义仓税，直到1057年，宋朝廷才下令各州县设"广惠仓"，将各州县的官田（被没收罪犯的和户绝无人继承的田产等）出租给农民，租谷收入积贮于广惠仓，用以救济州县中孤老鳏寡及荒年救灾。同时，规定少于万人的县留田租千石，万人以上县留田租二千石，二万人留三千石，三万人留四千石，四万人留五千石，六万人留六千石，七万人留八千石，十万人留一万石，最后将多余的田产招标出卖于民。

北宋常平仓法有了很大的发展。992年北宋朝廷在汴京设常平仓。1006年开始在各路设常平仓。按照一路人口多少，从上供朝廷钱物上截留两三千至一两万贯不等，作为常平仓本钱。常平仓官直属于中央司农寺，中央财政主官三司使及各路转运使不可挪用常平仓钱物。每年夏秋收获季节，各路常平按每万户收购万石的比例收购余粮（至多五万石），收购价应比时价略高，但最高不得过每斗百钱。灾荒年份减价出售贮粮，但不得低于原收购价。三年未出卖常平粮，应兑换新粮。真宗天禧五年（1021年），全国各路常平仓收购余粮总计十八万三千余斛，出卖常平粮二百四十三万余斛。45年后，英宗治平三年（1066年），各路常平仓籴数增至五十万一千零四十八石，粜数增至四十七万一千一百五十七石。常平、广惠仓所存钱谷总数高达一千五百万缗斛以上。这一批物资脱离财政部门控制，而北宋朝财政状况几乎一直是捉襟见肘。因此，至王安石变法时期，常平仓成为重点改革对象。

1069年，王安石主持三司条例司，向宋神宗建议改行常平新法。认为现散在常平、广惠仓的一千五百万钱物"敛散未得其宜，故为利未博"，这只是一笔死财，不能生利。官府应将这批钱物发贷民间，帮助农民度过春荒，发展生产，坐收利息。这一建议引起轩然大波，守旧派纷纷上书反对，但最终被确定为法条，称为常平新法。因为主要内容是在春夏禾苗尚青时发贷常平钱物，故一般称之为"青苗法"。其主要内容是：

一、各路设置专职提举常平官，由朝官出任，统管一路常平义仓、免役、市易、坊场（商税征收机关）、河渡、水利等项新法的贯彻实施，而以青苗法为主。各州由一通判专门负责钱物出纳。提举常平以后虽曾一度被废除，但最终成为一路正式赋税之外的财政主官，与安抚使、转运使、提点刑狱并列为一路最高长官。

二、改常平仓为农贷机构。常平仓、广惠仓原有物资除吐纳平抑物价部分外，其余均作为农贷资本。

三、农民可以在每年一月至五月初，春夏之交、青黄不接时向官府举贷现钱或粮食。贷款额按户等确定，一等户不得超过十五贯，末等户（五等户）不得超过一贯五百文。必须每十户结为一保。

四、青苗钱随当年缴纳夏秋两税一并偿还，夏税、秋税各还一半（夏税在六月底征收，也就是说有的在举贷青苗钱才五个月不到就须偿还二分之一）。青苗法规定官府出贷以钱为主，而农民偿还以实物为准。如愿意还钱帛者，钱与实物的折算率，无论出贷偿还，一律以前十年粮食的平均价格计算，当年如遇灾荒，可以延至下年归还；而无灾荒逾期不还者，同保人均赔，或罚倍息。

五、青苗钱是一种有息信贷，规定利息为两分，即十分之二。从借贷到偿还仅半年多（秋税在十一月底以前征收）利率达十分之二，拖欠不还以倍息处罚。

青苗法是中国历史上唯一一次由政府正式颁行的、社会影响较大的农贷立法。实际上与原常平仓性质大不相同。青苗法规定偿还以实物为准，实际上是政府农贷与预购农产品结合的产物。具有一定的限制农村高利贷、发展农业生产、推动农村商品货币经济的意义。

在与反对派十几次的论辩中，王安石反复强调青苗法立法的目的是抑兼并。然而，青苗法的直接动机无疑是增加财政收入，以官营信贷与高利贷者争利。1083 年官府还曾规定各路发贷、回收青苗钱的定额。在青苗法的实施过程中，也大大走样。很多官员为了表功，硬性按户等抑配青苗钱，完全违背立法者双方自愿的初衷。有的官员以实物放贷，高折价钱；人户偿还时又按低价折收实物，或多取利息，或鞭笞催讨。凡此种种，以示推行新法有功。更有甚者，贪污受贿，与权豪狼狈为奸。而主持者王安石本人也操之过急，原定在1069年仅试行于开封、京东、京西、两淮地区，可是听取片面的汇报后就急于向全国推广。所有这些都成为守旧派加以攻击的口实。1085年，宋神宗下令废除青苗法。

1095年，蔡京掌权，得到宋徽宗的信任，再次颁行青苗法，严禁硬性抑配青苗钱，青苗钱的利息除为一分（十分之一），并又规定每年青苗钱放贷完毕，就立榜公布借贷人姓名、贷款额，防止借名伪冒。北宋灭亡后，青苗法不再施行。

在实施常平法同时，北宋朝廷又在1078年再次颁行义仓法，规定当年丰收的地方州县都建义仓，每两税两石附加征收义仓税一斗（5%），低于北宋初的比例。民输两税少于一斗者免缴义仓税。义仓后由各路提举常平负责。义仓是单纯的救荒措施，遇荒年发赈，但实际上取之于民，用之于官，并不起救荒作用。义仓税成为田赋的附加税种。

元、明、清的义仓法和常平法

与北宋对峙的辽朝在995年就曾颁行义仓法，规定由民间自行结社，义仓由社司主持，官府不再直接插手。另一少数族建立的王朝——金朝，也在1174年、1192年两次颁行常平法。其特点是：

1. 明确规定各州常平仓贮粮的定额，二万户以上州以三万石为额，一万户以上以二万石为额，一万户以下五千户以上以一万石为额，五千户以下以五千石为额。

2. 明确规定常平仓籴粜粮食的价格，丰年增市价十分之二收购，歉年减市价十分之一出卖。

3. 常平仓不再设专官，而由地方州县官兼领。

1194年，金朝境内常平仓共有五百一十九处，积粟米达一千五百九十六万石，钱三千三百四十三万贯。

元朝在 1269 年颁行常平仓、义仓法。元朝常平仓略同于金朝制度。义仓则与辽义仓类似，是官督民办的互助粮食储备法。农村基层劝农组织——社（每五十户为一社）主持义仓，丰年每丁纳粟五斗，驱丁（被元军俘虏的汉族人户）纳粟两斗，荒年无偿发赈。

明朝初年，明太祖令各州县都设立"预备仓"，分东南西北四所，贮粮备荒。预备仓由乡间里老掌之，以后移入县城，改官督民办为官设官管，地方官兼任仓官。至明中期预备仓已大多废弛。1490 年预备仓实行限定定额，各州县在十里以内必须积谷一万五千石，二十里内积谷二万石。州县官任内如预备仓不足定额十分之三，处以夺俸处罚，不足十分之六以上降级调用。以后还曾多次立限，但并无实效。明预备仓也时有与前代常平仓一样，出贷钱物，平抑粮价。

元朝的社仓也被明朝沿用。1529 年立社仓法，规定合农民二三十户为一社，由家道殷实而有行义者为社首，处事公平一人为社正，能书算一人为社副。社中人户分上、中、下三等，出米四至一斗，建仓贮存，荒年发放。

清朝规定各省、府、州县都设常平仓，或兼设"裕备仓"。春夏出贷钱谷，秋冬收还，利息一分（十分之一）。荒年经皇帝批准可无偿发赈。常平仓也兼吞吐存粮平抑粮价，但出卖不得超过存粮的十分之三。大州县常平仓额定积谷一万石、中州县八千石，小州县六千石。常平仓由州县官兼理。仓粮有霉烂者，革职留任，限一年内赔足复官，逾年不能赔足者解任。三年外仍不赔足，定罪，着落家产追赔。在官设仓库之外，又令农村民间组织社仓、市镇居民组织义仓，也仿照官常平仓法，春夏放贷，秋冬收还，取息一分。以后多次改变，或改为官理或仍督导民办。实际上，清中期后常平仓、社仓、义仓已名存实亡。

第九章　货币法

在中国古代，"货"泛指一切财富，"币"专指皮、帛。以后联称，专指人们在社会经济生活中交换流通的媒介。中国货币经济源远流长，一直是一种独立发展的体系，货币制度具有鲜明的特点。中国是世界上最早使用金属铸币的国家之一，又是世界上最早使用纸币的国家。从很早以前开始，货币的铸造、发行就由国家垄断，因此国家有关货币的法令内容极为丰富，各朝各代都有大量的货币方面的法令，包括货币的制造、发行、流通、兑换、禁止伪造私造等各个方面，是古代经济立法的重要内容之一。

第一节　货币法的产生

货币的出现——最早的货币是贝壳

中国与世界很多古老民族一样，最早的货币是贝壳。贝壳被古代人类视为吉祥符号，是人们生命的源泉。新石器时代人们就已将贝壳串起来作为头饰。贝壳是最早的商品之一，是各部族之间交换的重要物品。贝壳又具有天然单位、坚固耐久、便于携带等特点，逐渐成为最早的交换媒介与流通手段。在汉语文字中，凡有价值的字大多带贝字旁，如财、货、贷、赁、贫、赐、贵、贱等。说明在中国文字形成时，"贝"已成为价值符号。在商代遗址出土的甲骨卜辞中，据有人统计，其中记载商王赐臣下贝的有一百多次，赐金三十三次。一般八九个贝壳串为一串，称之为"朋"。随着金属使用范围的扩大，商朝已出现了铜贝。到西周，用贝更为普遍。周代青铜器上的铭文记载周天子赏赐常达百朋之多。贵族之间的交易也往往有十几朋之多。同时，周代也广泛使用铜块作为货币。金银贵金属及玉器则被视为宝器，一般并不在民间流通，只用于诸侯贵族之间朝聘盟会。

春秋战国时期社会生产力的大发展，促进了货币经济的高涨。商品交换深入到社会各个阶层，贝币逐渐退出货币领域，大量模仿生产工具的货币出现了。钱字原来就是指一种农具，《诗经·大雅·周臣》有"痔乃钱镈"的诗句，至战国时成为金属铸币总称。春秋晚期中原地区广泛流行布币，布即镈，原是一种铲状农具。较早的布币首部为空首，直接模仿原农具上安装木柄的銎。以后才逐渐出现了尖足、耸肩、方足、圆足等各种形式的布币。东部及北方渔猎地区流行刀币，尤其以齐国为著。模仿纺轮的环币在中原及西北地区也很流行。环币中的圆孔愈至后期愈大。为了方便修整币边，也有可能出于"天圆地方"的考虑，环币圆孔最后改为方孔，称为圜钱。南方楚国还有仿贝椭圆形铜币。战国时黄金也成为货币种类，一般以重量为单位，如酱、斤、镒等（二十两为一酱，十六两为一斤，二十两又为一镒）。尤其楚国使用黄金较多，一般铸为金版，打上方格，使用时按方格凿取，以爰为单位（十二铢为一爰，二十四铢为一两）。

货币法的开端

货币经济的发展，使货币立法成为客观需要。传说西周初年，姜子牙曾立"九府圜法"的货币法。《国语·周语》也有记载，在周景王二十一年（公元前524年）曾颁布法令，开铸大钱。但一般认为这都非信史。货币经济至战国才全面形成。据《左传》一书统计，言及货财共有八十多条，仅九条言及金、玉，其余全为实物，并无一条言及钱、刀、币。而在《战国策》一书中，涉及货财的五十多条中用"金"有四十一条，实物仅九条。从考古发掘及传世的大量战国钱币来看，形式繁多，大小轻重千差万别，钱币上多有铸币铭文，多达近百种。可能当时各国并无货币法令，铸币权也没有完全集中到国家政权手中。

货币立法真正出现应在战国中晚期。尤其是《管子》一书提出了完整的货币理论，总结了当时各国货币立法的经验，成为后世货币立法最主要的理论来源。

首先，《管子》强调货币是人类社会生活不可缺少的必需品，是人们交换、流通产品财富的最主要手段，"黄金刀币，民之通施也"，"刀币者，沟渎也"。《管子》强调必须建立严密的货币制度，以此调节社会财富关系，缓和社会矛盾，控制社会经济。将货币立法作为统治的主要工具，在法律体系中有重要地位。"人君操谷币金衡，而天下可定也"，强调货币立法的必要性。

其次，《管子》强调铸币权必须统一在君主手中，货币必须由国家铸造发行，以国家法令规定流通、兑换。所谓"君有山，山有金，以立币，以币准谷而授禄"。"人君铸钱立币，民庶之通施也。"因此必须禁止民间私人铸币，预防民间以发行铸币而形成对君主的离心倾向。

再次，《管子》又提出建立货币的本位制度，"以珠玉为上币，以黄金为中币，以刀布为下币"。珠玉来之不易，只能掌握于君主手中，是权力、财富至极的象征，不可轻易赐予臣下。而黄金在三种币中最为重要，可影响和调节珠玉、刀布的流通"制上下之用"。因此，统治者应积蓄黄金，"万乘之国，不可以无万金之蓄饰；千乘之国，不可以无千金之蓄饰；百金之国，不可以无百金之蓄饰"。用黄金赏赐农战之士，调节谷帛刀币的流通。"三币握之则非有补于暖也，食之则非有补于饱也，先王以守财物，以御民事，而平天下也"。

最后，《管子》又认为在平常年景，社会货币流通量决定万物的价格，"币轻万物重，币重万物轻"，社会上货币太多即万物腾贵，反之则万物趋贱。因此，货币立法必须具有调节功能，并可乘时操纵整个国民经济。如先大量回笼货币压低物价，乘时收购物资，然后增加货币投放量，抬升物价，乘时出卖物资，从中国家可得到大量利润。

秦国《金布律》

目前所能见到的最早的货币法令，当属湖北云梦出土的秦简中的《金布律》。这是专门的货币法规，颁行时间至晚是在秦统一六国前夕。

《金布律》规定各种货币都必须投入流通，不得以钱币的好坏善恶为理由拒绝收受。官府及出卖商品者在收钱时，有选择收入货币者有罪，管理市场的官员检查不严、列伍长不告发都有罪。官府征收税钱必须以一千钱为单位，装于称为畚的竹器中加以密封，主管官员盖印。后人称秦收户赋，"头会箕敛"，即是指此。秦国严禁私人铸钱，定有盗铸罪。秦简中有盗铸者被人擒获的案例，盗铸者可能要处死刑。西汉人贾谊回顾秦及汉初法令，"曩禁铸钱，死罪积下"，邻里并有告发盗铸的义务。

第二节　秦汉货币立法

秦统一六国后，战国货币经济高涨的影响犹在，形成了金钱并行本位的货币制度。直至东汉三国，随着商品经济衰退逐步消亡。

秦代货币法

秦统一六国后，秦始皇下达诏令，规定：以黄金为上币、铜钱为下币，战国时期列国间或使用的龟、贝、珠、玉、银等只能用作器饰宝藏，不可作为货币流通。各国的刀布之币统一于秦圜钱之下。秦圜钱规定为外圆方孔式样，铭文"半两"，表明重量。直径为一寸二分，重十二铢（半两）。规定黄金仍以金块形式流通，以镒为单位（一镒为二十两），称"一金"。以法令确定黄金、铜钱并行本位的货币制度。

秦代仍规定禁止私铸，但又规定各种钱币自由流通，很难真正禁绝私铸。铸币权也分散于各地方郡县政权，按统一的半两钱式样规格铸钱。

西汉铸币法

西汉建立之初，仍沿袭秦代制度，但采取了有意识的货币贬值政策。汉高祖下达法令以秦半两钱太重，"令民铸'荚钱'"（中间方孔大，四边如榆荚而得名），表面铭文仍为半两，实仅重六至四铢。黄金也改以斤（十六两）为"一金"。整个西汉时期盛行黄金，但一般并不流通，主要是用来支付与贮藏，使用量相当可观。据资料统计，西汉皇帝赏赐臣下的黄金总数达九十万金，约合二百七十三吨。西汉一般黄金一斤相当于铜钱一万枚。

西汉货币法以铸币制度为中心，而铸币制度的中心又在于铸币权。西汉初仍禁私人盗铸，但毫无实效。至汉文帝五年（公元前175年）正式下令废除秦以来的盗铸法，"使民放铸"，规定私人铸钱必须按国家法令规定的式样、规格、重量、质量，不得杂以铅、铁，违者处黥刑。诸侯王纷纷自铸铜钱，尤其吴王刘濞"即山铸钱，富埒天子"。文帝又赐宠臣邓通铜山，邓通以此"财过王者"，当时号称"吴邓钱布天下"。

民间自由铸钱的结果是地方豪强势力大为膨胀，大量私铸劣钱充斥市场，物价高涨。而官府禁铸铅铁钱，"民人抵罪，多者一县百数，及吏之所疑，榜笞奔走者甚众"。社会矛盾激化，照当时人贾谊说法，纵民私铸是"悬法以诱民，使入陷阱"。货币法改革势在必行。

公元前156年，西汉朝廷颁布铸伪黄金弃市律，是货币立法趋于严厉的第一个信号。汉武帝统治时期（公元前140—前87年）大大加强君主专制中央集权，实施了一系列货币立法。

首先，恢复秦代制度，禁止私人铸钱，铸币权收归政府，并以严刑处罚盗铸罪，盗铸钱罪至弃市。据史料记载，在开始实行货币制度改革之初的五年中，因盗铸罪而被处死的达数十万人之多。

其次，试行新的货币种类。如公元前118年，朝廷下达"白金皮币法"，由朝廷以银、锡合金铸"白金"，分为三品：圆形龙币称"白撰"，重八两，值三千钱；二品为马币，值五百钱；三品为龟币，值三百钱。又以上林苑中白鹿皮制皮币，方一尺，饰以彩画，值四十万钱，专用以诸侯朝觐、聘享之用，并不投入市场。白金成色无明文规定，质轻价高，民间盗铸成风，在第三年就明令废除。但白金皮币法却开创了中国使用银币、纸币的先例。西汉朝廷在铜钱方面，还曾不断推出三铢、四铢等新币种，直到公元前118年确定五铢钱为法定货币。

再次，统一铸币权于中央朝廷。在推出五铢钱的公元前113年，朝廷正式下令禁止民间私人及地方各郡国政府机构铸钱。在历史上首次统一了铸币权。中央设上林三官，专门负责铸五铢钱（上林即上林苑，三官即汉武帝时设立的钟官、辨铜、均输三种官职），号称"三官钱"。钱仍为圆形方孔，铭文"五铢"，重量也为五铢（约合今四克）。铸造精细，含铜量高，伪铸不易，"民之铸钱益少，计其费不能相当，唯真工大奸乃盗为之"，民间劣钱渐被驱逐。以后汉朝廷又下令，上林三官除五铢钱以外的钱币不得在市场上流通，诸郡国以前所铸钱一律停止使用，由官府回收熔化，输送上林三官作铸钱原料。

汉武帝时，这次货币法改革使铸币权真正集中到中央朝廷手中。从此，中央朝廷总揽铸币权成为惯例，二千多年中再也没有大的反复。同时，由于朝廷决心较大，并以优质足值的官钱驱逐劣币，建立了良好的信用。五铢钱成为中国古代最成功的货币之一，上林三官先后共铸钱达二百八十亿枚之多。五铢钱的形制也长期为各代所沿用，直至唐代才被废除。

新朝货币法

西汉末年王莽篡权，建"新朝"，推行一系列复古政策，在货币制度上也别出心裁，在短短的十七年统治期间，连续施行了四次币制改革，货币制度极为混乱。

在王莽篡汉前一年（7年），王莽下令改革币制。在汉五铢钱之外，按周景王铸大钱传说，铸造发行三种新货币。其一称"大钱"，铭文"大钱五十"，仅重十二铢，却值五铢钱五十枚，贬值二十倍。其二称"契刀"，上部仍为圜钱，下部为刀形，铭文"契刀五百"，重二十铢，值五铢钱五百枚，贬值一百二十倍。其三称"错刀"，与契刀相同，仅"以黄金错其文"，值五铢钱五千枚。同时，实施黄金国有法令，禁止列侯以下官吏百姓拥有黄金，现有黄金以一斤兑换两错刀比例兑换给官府，大肆搜刮民间黄金。至王莽败亡时，宫中藏金达七十匮（每匮一万斤）。

王莽正式代汉建新朝（8年）后，因忌讳钱、刀字（卯、金、刀合为刘字），改钱称"泉"，停止使用刀币。发行"小泉"，重一铢，却值一枚五铢钱。前铸大钱改称"大泉"。为防止民间盗铸，禁止民间拥有铜、炭。

王莽第三次币制改革距上一次仅一年。公元10年，王莽下令实施一整套奇特繁杂的货币体系，称之为"宝货制"。一共是五物、六名、二十八品。

五物即规定金、银、龟、贝、铜均为货币，其中铜又分为泉、布两种，故称五物六名。原汉五铢钱合一小泉，持有者限期向官府兑换，官熔化作为铸泉布原料。凡仍使用、持有五铢钱，投诸四裔（流放边疆地区）。盗铸泉布者，没为官奴婢，地方官吏、四邻连坐。非议宝货制者，罚作一岁，官吏免官。聚众五人以上非议宝货制，没入郡国，槛车铁锁传送长安钟官（朝廷铸币官署）服苦役。被逮者"愁苦死者，什六七"，造成"农商失业、食货俱废"。王莽不得不下令宝货制缓行，仍以原大、小泉流通。

公元 14 年，王莽第四次改币制，仍申明宝货制，但兑换关系多有改变。铜布改为一品，铭文"货布"，重二十五铢，值货泉二十五枚五铢钱。铜泉也改为一品，铭文"货泉"，重五铢，与原有大泉（重十二株）一比一兑换，限六年内将原大泉兑换完毕。

王莽四次改币，完全无视社会经济生活实际，每一次改币都乘机使货币贬值，又伴之为严峻的刑罚，造成极为严重的社会经济后果，是新朝灭亡的原因之一。

东汉三国货币法

东汉建立后，由于新朝末年社会战乱，商品经济消退，地方豪强势力大为膨胀，自然经济上升，出现了很多要求取消货币的议论，货币立法不再活跃。

东汉的币制恢复了西汉的五铢钱，仍沿袭西汉的式样继续由中央铸造五铢钱。而东汉的货币立法以实行实物货币为特点。东汉章帝时（76—88年）曾下达"封钱令"，规定田租税不再征收现钱，改征布帛，并规定民间市场交易也可使用绢帛。虽然不久恢复旧制，但相当部分的赋税已改为征收实物（调）。至东汉末年连年战乱，中原地区货币制度陷于崩溃，各地军阀滥铸劣币小钱，更加重社会经济的破坏程度。社会经济极为凋敝，回到了以物易物的简单交换。金银贵金属重要性大为下降，生活必需品谷物、布帛成为可靠的财富，并成为计值、支付的最主要手段。

曹操占据中原后，208 年开始又铸五铢钱。三国鼎立时，魏、蜀、吴三国都曾铸五铢钱，并曾铸木钱、铁钱，实行通货贬值，但行用范围并不广。

221 年，曹魏政权下令废除五铢钱，"使百姓以谷帛为市"，正式以法令取消铸币。魏明帝（226—239 年）曾取消这一废钱令，但并不能扭转整个社会实物交换、自然经济趋势。战国以来金钱并行本位的货币制度就此退出历史舞台。

第三节　两晋至隋唐的货币法

三国两晋开始，进入了所谓"钱帛并行本位"时期。与自然经济加强的社会经济状况相适应，主要货币是谷帛与铜钱。绢帛以匹为单位，标准为每匹长 40 尺（合今 964.8 厘米），幅宽 2.2 尺（合今 53.06 厘米）。谷粟以斛斗为单位。铜钱以贯（1000 枚）为单位，但一贯往往并不足 1000 钱，称之为"短陌"。铜钱是主要的流通手段，但计值、支付主要依靠绢帛。从西晋起，法律对于侵犯财产犯罪，都以绢帛计赃，直到唐律（661 年颁布）仍是如此。在这一时期，金银仍是主要的宝藏手段，但单位价格大为上涨，金银单位从镒（20 两）、斤（16 两）改为以两计算，一两值 0.6 万—1 万钱。

两晋南朝货币法

两晋时期（266—420 年），晋朝一直没有正式铸造发行钱币，在这 100 多年间一直沿用汉代五铢钱及魏蜀吴旧钱。成汉李寿时（338—343 年）曾铸"汉兴钱"。汉兴是李寿的年号，这是历史上最早的年号钱。

南朝刘宋政权正式下令铸钱，设钱署，铸四铢钱发行。以后萧梁政权又铸五铢钱，以年号为铭文。523 年，萧梁朝廷开铸铁钱，重五铢，禁止一切铜钱流通。这是历史上第一次正式大规模发行铁钱。铁比铜更易得，私铸盛行，史称："所在铁钱，遂如丘山，物价腾贵，交易者以车载钱，不复计数。"后来继起的南陈废铁钱恢复铜钱。

两晋货币立法主要集中于铸币权、短陌问题上。从汉武帝起，铸币权已明确由中央朝廷垄断，民间私铸一概禁止。但因两晋钱荒及政府发行劣质铸币，私铸有利可图，屡禁不止。晋朝不正式发行货币，市面上各种货币杂乱，而南朝各代铸钱种类繁多，达几十种，动辄当十、当百、当千，官钱质量低劣，以至于触手即碎，入手不沉。私铸无法禁绝，朝廷往往予以默认。如东晋初年，江南豪族沈充私铸小钱，谓之"沈郎钱"，流行全国。刘宋每出一官钱，即被模仿盗铸，禁之不绝。

东晋南朝时金融秩序败坏，钱荒严重，民间交易只论贯不具体计数，有奸商便以少充多。梁时破岭之东以八十为百钱，名曰东钱。江、郢之上以七十为百钱，名曰西钱。京师以九十为百钱，名曰长钱。梁武帝为之下令，交易用钱必须足陌，违者男子远流，女子质作三年，但并无实效，梁末民间有以三十五文为一百钱的。

北朝货币法

拓拔族建立的北魏，起初一直处于实物经济，没有有关货币的立法。北魏延兴三年（473年）按汉朝旧制，下令民间以绢布交换贸易，绢以阔二尺二寸为幅，长四丈为匹，布长六丈为端。这是首次货币法令。北魏孝文帝改革，才下诏命民间交易用钱，并在495年下令铸五铢钱，铭文为太和（年号）五铢。强制京师及各地通行使用，法律规定太和五铢钱与绢帛的兑换率为200∶1（钱二百为绢一匹）。

北魏并没有严格集中铸币权，法令规定："民有欲铸，听就铸之。铜必精炼，无所和杂。"允许私人按法定式样铸钱，只是强调质量要优秀。北魏法令还规定历代古钱只要无缺损仍可使用，官府铸钱也散在各州郡，由地方政府采铜开铸。这样劣钱大量充斥市场，物价上涨。继起的东魏也允许私铸，"凡有私铸，悉不禁断"。只是法律强调进入市场流通的钱币必须合乎标准。548年法令规定，市面流通的五铢钱必须重如其文，凡入市交易的五铢钱必须每一百钱重一斤四两二十铢。规定在京邑两市及州镇郡县的市门口各置两秤，百姓私钱在此校准，交易时按重量标准收受。重量不及五铢以及铅锡杂钱不得入市，法令下达的五十日内禁绝一切劣钱，但这一法令并未认真实施。

西魏及继起的北周政权位于关中地区，货币立法以有意实行货币贬值与严禁私铸为特色。561年北周下令铸布泉钱，以一文当北魏五铢钱五文。

574 年又发行"五行大布"钱，以一当十，即一枚五行大布合十枚布泉，与布泉、五铢并行。北周货币贬值，为吸收敌对政权控制地区的铜钱流入本国，规定边防关卡严加盘查，只准境外铜钱入关，严禁本国铜钱外流。同时，北周严禁私铸，首犯处以绞刑，从犯远配。

隋代货币法

隋朝是一个统治时间短暂的朝代，货币立法的主要内容有统一铸币发行、铸币标准、严禁古钱和私钱等几个方面。

581 年，隋朝铸造发行五铢钱，又叫开皇五铢，重如其文，规定一吊百钱，一千钱重四斤二两。583 年，朝廷下令各关卡以开皇五铢为样钱，入关铜钱与之重量、式样、质地相似才可放行，凡不合样的钱一律没收熔化改铸钱原料。同时，隋朝多次下令严禁使用古旧钱币。584 年，朝廷颁令天下：凡未能禁绝古旧钱流通的地方县令，处以夺俸禄半年处分。由于民间私钱多用铅锡铸成，585 年朝廷下令封禁铅锡矿山，私人一律不得开采。591 年，又在京师及诸州市场立榜置钱样，不中样钱不得入市交易。隋文帝在 598 年还曾下令各地官府突击搜查市肆，凡非官铸钱一律销毁，其铜入官。凉师市上有人因用恶钱而被处死。经过三番五次严禁，北魏以来的私铸风气被暂时抑止。

然而，隋文帝在禁私铸同时，又允许各王子开铸钱币。591 年赐晋王杨广于扬州五炉，599 年又赐汉王杨谅于并州十炉、蜀王杨秀于益州五炉，加赐杨广鄂州十炉。诸王钱大为流行，往往杂以铅锡。至隋炀帝杨广上台，对外扩张，大肆挥霍，私铸也随之盛行。以至于剪铁片、裁皮糊纸杂钱大量使用，物价高涨，直至隋朝灭亡。

唐代货币法

唐统治者吸取了汉末以滥铸官钱、滥发大钱（当十、当百、当千）引起通货膨胀、私铸蜂拥、物价飞涨的历史教训，在货币立法上采取了极为谨慎保守的态度，紧缩通货成为指导性原则。

621 年，唐朝廷铸造发行"开元通宝"钱（也有读为"开通元宝"）。

规定每枚直径为八分，十枚重一两，一千文（一贯）重六斤四两，同时下令废除前代五铢钱。开元通宝钱在中国货币史上有重要意义，它正式废除了前代钱币的重量称呼，最终消灭了铜块货币的痕迹，并简化了重量折算，反过来影响衡制，从二十四铢一两改为十钱一两。开元通宝是唐朝近三百年的主要币种，币种长期稳定，其形制规模为以后各朝模仿，流行一千多年。唐铸币制度立法主要内容有：

一、严禁私铸。唐初发行开元通宝钱同时规定：盗铸者身死，家口配没为官奴婢。唐正式法典《唐律疏议》中的《杂律》规定："诸私铸钱者，流三千里。作具已备，未铸者徒二年。作具未备者，杖一百。若磨错成钱，令薄小，取铜以求利者，徒一年。"由于唐代金银货币作用不如绢帛铜钱，因此唐律规定："私铸金银等钱，不通时用者不坐。"唐代历朝皇帝发布的敕令往往对私铸处刑更重。如 682 年敕令：私铸者抵死，邻居、保、里坊、村正皆从坐。安史之乱后，数月间，在长安附近，盗铸豪族被榜掠致死者达八百多人。

二、严格规定官钱的质量标准。前代法令只规定官钱重量标准，对于官钱成色无具体规定。一般采取"即山铸钱"的办法，在铜矿产地置炉开铸，成色随矿而定。唐朝天宝年间（742—756 年）法令规定，在天下十一个州设置钱监，置九十九炉，每炉配备工匠役丁三十人。每炉每年铸钱定额为三千三百缗（贯），用铜二十一万二千二百斤，白蜡三千七百斤，锡五百四十斤，即官钱含铜量规定为百分之八十三点三二。每贯官钱成本规定为七百五十文。全国每年铸钱发行三十二万七千缗。

三、禁止古旧劣钱流通。唐代政府频频下令禁用恶钱。660 年下令恶钱五文可兑换官钱一文，以后改为二兑一。回收的恶钱熔化做原料。在长安市中置钱样，恶钱不得入市，并多次下令禁诸州恶钱。虽然唐朝仍有私铸，但并没有造成物价踊贵。

四、禁止铸造铜器。铜是多种日用器皿的原料，中国并非富有铜矿的国家，铜器与铜钱矛盾长期存在。钱贱则销钱为器，钱贵则化器为钱。为保证铸钱原料，唐初即下禁铜令，禁止买卖铸造铜器。772 年诏令天下新铸铜器只准铸铜镜，其余禁止。民间旧有铜器可照旧使用，但不得买卖。当时铜六斤可铸一贯钱，而铜器六斤却值三千六百钱。因此朝廷又在794年下令，允许铸造铜器，但卖价一斤不得超过一百六十钱。830年，朝廷又规定，寺庙佛像只可用铅、锡、土、木建造，不可用铜，违者处死刑。

五、禁止蓄钱与钱币外流。唐朝自安史之乱后，在社会动荡同时，实物经济格局也被打破。780年两税法实施后，当年回笼的税收铜钱即达一千三百零五万六千零七十贯之多。赋税货币化，带动社会经济交易结算广泛用钱，而政府铸钱额却降到了十万贯左右。这样出现了中国历史上第一次严重的钱荒现象。一些富豪又以奇货可居，大量积蓄铜钱，有藏钱至五十万贯之多。为此朝廷屡下禁令。817年规定，不问贵贱品秩，一人积钱不得超过五千缗，超过者限在两个月内购买实物。824年规定，现有存钱一万至十万贯者，限于一年内用完；十万贯以上者限两年内用完。同时，又下令禁止铜钱出境，与番商贸易只能以物易物。国内也禁止铜钱输往岭南，防止转道出海。785年，朝廷还曾下令禁止客商携钱出关中地区。上行下效，各地方政府也纷纷禁止铜钱出境。

六、除陌钱规定。唐代曾仿照民间短陌惯例，开征"除陌"税。此税废除后，又曾多次下令禁止短陌钱交易，但无实效。821年，朝廷发布敕令，承认"与其禁人之必犯，未若从俗之所宜"。正式规定法定除陌为八十钱，即以九百二十文为一贯。

唐代实物货币法

唐代实物货币主要是绢帛。绢帛在货币体系中起着价值尺度与支付手段的主要作用。绢帛也投入流通。唐初租庸调税制全为实物，百官的俸禄也以实物表示。即使唐中期两税法后，朝廷仍强调以布帛流通。其法令主要内容如下：

一、规定布帛的法定标准。绢帛是丝织品的总称，包括锦、绣、绮、罗、纱、纳等。用作货币一般是绢（丝纱较疏）、缣（较为细密的丝织品）。布主要是麻织品。唐朝法令规定绢以四丈为一匹，布以五丈为一端，幅宽不得小于一尺八寸。一般用作货币的绢帛都以匹计。因为一经割裂，价值就会受损失。

二、以绢帛计值。唐代法律有关财产的规定一律以绢帛计值（以匹为单位），诸如官吏的俸禄、家产、物价的评估、财赃的确定等都折合为绢帛。法令并规定绢帛与铜钱的兑换率，728年规定为每匹绢值钱五百五十文，但实际上绢钱比价随时间地点而自由波动。当时岭南两三百文兑一匹绢，河南却七百文兑一匹绢，以后曾上涨至三四千文兑一匹绢。

三、确定绢帛在流通中的地位。唐初民间交易尚多用布帛，但随社会经济发展，绢帛的货币作用日益衰退。朝廷为了应付钱荒，出于保守的理论基调，多次下令重申绢帛的交换流通作用。732年，朝廷规定市面交易应杂用绢、布、绯、绮、罗和杂货，不得专用铜钱。734年明确规定：田产房屋和大牲畜交易，必须使用绢帛，日常交易，价值一贯以上也必须钱绢兼用，违者科罚。即使在施行两税法后，朝廷仍规定可以将钱折为绢帛缴纳两税。811年朝廷又规定，交易必须杂用钱绢，凡十贯以上交易兼用钱绢。

唐代金银与"飞钱"

与秦汉时不同，唐代视金银为一种制造奢侈品的原料。据唐代政治家、史学家杜佑所撰《通典·食货》记载，"其金银则滞于为器为饰，谷帛又苦于荷担断裂，唯钱但可贸易流注，不住如泉"。唐朝廷直到806年的诏令中仍称："铜者可资于鼓铸，银者无益于生人。"唐法令规定白银作为上贡给皇帝的贡品，要铸成长条状的银铤，一般一铤为五十两。唐末，白银逐渐进入流通。而岭南地区自南朝以来，一直以金银为货币。

由于金银贵金属被排斥于货币之外，而唐朝中期，钱荒日益严重，因而出现了称为"飞钱"（或称"便换"）的汇兑制度。唐朝中期商品经济快速发展，钱币难以大量携带，社会保有量又少，而且当时各地纷纷禁钱出境，从事南北贸易的商人，尤其是东南及四川商人将茶叶杂货运至长安销售后，得钱不可携出关中，所以一些商人创设了飞钱，将销货后所得之钱交给各道（地方最高行政机构）驻长安的进奏院（办事机构），以及各卫军使驻京留守机构。设立联号的客商，交钱后领取半联票券，轻装出关赴贸易地，另半联由受钱机构负责传递至外地官府，商人至即合券对票取钱。这一制度产生后，很快引起了朝廷注意，先是认为此举可能会促进蓄钱，下诏禁止（811年），第二年又觉得此举有利可图，下达诏令：飞钱事务由朝廷正式收归官营，由户部、度支、盐铁三司专门办理飞钱汇兑事务，商人汇兑，每贯收汇费一百文。由于此令遭到商人抵制，朝廷不得已，又改为敌贯（平价兑付）。这一制度一直保留至唐朝灭亡，朝廷还下令禁止地方政府留难商人兑付。

五代十国货币法

唐朝灭亡后，中国陷入五代十国分裂战乱时期。然而总的趋势是实物货币从此退出，长达六百多年的钱帛并行本位制度就此结束。五代十国各割据政权货币立法的重点是铸币制度，总的特点是大量发行低级贱金属货币，如铁钱、铅钱。由于割据状态，货币流通的地方性很强。

先后占据中原地区的梁、唐、晋、汉、周五代政权都曾发行铸币，其中后晋在938年下令，允许民间私铸，官出钱样"天福元宝"。这是中国货币立法史上最后一次允许民间自由铸钱。后周世宗在955年下令省并境内佛寺，废佛寺三千多所，寺中铜器一概用以铸钱"周元通宝"。同时下达禁铜令，实行铜国有，民间一切铜器都必须上缴官府用以铸钱，私自持有铜器五斤以上处死刑，五斤以下处徒刑三年。这是中国历史上最为严酷的禁铜令。

与中原五代政权并立的十国币制各不相同，其中楚、南汉、闽、后蜀、南唐都曾大量发行铅钱和铁钱，强迫民间使用，而境外不能流通，货币流通地方性大为突出，同时还规定铜钱与铅铁钱的法定兑换率，南唐为1：10，南汉也为1：10。闽则规定："永隆通宝"大铁钱一枚可兑铅钱一百枚。

第四节　宋、辽、金、元货币立法

唐末五代以后，谷帛实物退出货币体系，铸币成为唯一的货币种类。由于铜仍属于贱金属，单位价值偏低，社会需求量又很大，中原铜矿资源并不富裕，因此随着商品货币经济走向高涨，铁、铅之类贱金属也成为铸币材料。虽然在岭南地区早已使用白银，但统治者并没有因此立法推广金银的货币属性，相反，出于财政剥削需要，宋朝统治者采取了将信用兑换券纸币化的办法，中国成为世界上最早实行纸币制度的国家，从而打断了向金银贵金属货币演变的过程。宋纸币立法影响了与之对峙的辽、西夏、金、元政权的货币立法，从而形成了所谓钱钞并行本位的货币制度，货币立法以铸币与纸币为中心。

宋代货币法

宋朝有专门的"钱法"，由若干年内有关钱币的法令条文汇编而成，如《大观新修钱法》。宋代是历史上钱制最为复杂时期。就钱币铭文而言，北宋确立"年号钱"制度。两宋历朝皇帝每改一次年号就发行一种新钱，两宋十八个皇帝，共用五十多个年号，就有五十多种钱币。这一年号钱制度以后为元、明、清各代继承。就钱币面额而言，有当二、当十、折三、折五种种面额；就币材而言，有铜、铁、铅、夹锡等种种币种。其钱法主要内容如下：

一、官铸钱法。北宋铸币权集中于中央朝廷，由朝廷派出官员在全国设钱监，负责铸币发行。初年设七监、四铜钱监和四铁钱监（都在今四川境内）。钱监招募工匠，征发农民，每旬可停工一日，每日规定出产定额，但每年五月一日至八月一日暑热季节"止收半功"。宋初规定每年铸钱八十万贯，景德时（1004—1007 年）铸钱一百八十三万贯。元丰时（1078—1085年）铜铁钱监增至二十六个：铜钱十七监，岁铸额为五百零六万贯；铁钱九监，铸铁额为八十八万九千贯。此阶段铸钱额为两宋最高峰，以后南宋降至四十万缗，一般保持在一二十万缗水平。

宋朝钱法明文规定了官钱的质量标准。宋朝标准官钱为通宝钱，沿袭唐朝开元通宝之制，直径一寸，重量一钱。各年号钱铭文不同，但大小重量始终如一。发行的大面额钱币如当五钱、当十钱则另行规定标准。铜钱成色规定：铸钱一千，重五斤，用铜三斤十两、铅一斤八两、锡八两（即含铜 60%、铅 30%、锡 10%）。大面额钱币成色则临时规定，各不相同。

铁钱成色无特殊规定，据说北宋末年，蔡京为防止人民销熔铁钱铸作兵器，特令铸行"夹锡铁钱"，规定每缗用铁八斤、黑锡一斤、白蜡一斤。

二、严禁私铸。宋朝法典《宋刑统》沿袭唐律有关私铸条文，并又规定，私铸造意（主谋）者，及"句合头首"者，并处绞，仍先决杖一百。从犯及提供私铸场所者处加役流，仍先决杖六十。发生私铸人户邻保配徒一年，里正、坊正、村正各决杖六十。纠告者赏给所获铜物。此外，每铸一次新钱都随之发布一个处罚私铸的单行条法。北宋末年，因星变发布大赦令，一次赦免的盗铸罪犯达十几万人之多。宋朝还禁止销毁成钱，毁钱为器，重一两以上者，徒两年，并罚钱三百贯。准许邻里告发，若邻里失察，罚二百贯。为禁私铸，宋朝沿袭五代禁铜令，禁止私人拥有铜器，宋初规定两个月内私人须将铜器送官，违者五斤以上处死，五斤以下徒三年，北宋中期以后改为七斤以上处死。

三、禁用恶钱。北宋初年发行宋元通宝钱同时，下令诸州民间轻小恶钱，在诏令下达后一个月内送官销毁，限满不送官者，罪各有差。统一全国后，规定各地杂钱一贯重四斤半以上者送京，四斤半以下就地销毁。

四、限钱与省陌。宋朝钱法严禁窖藏铜钱。1159 年专门颁布限钱法，民户积钱超过一万贯、官户积钱超过两万贯，限在两年内换成实物，否则一律予以没收。同时宋朝还实行两晋以来的短陌、除陌制，不过宋代称之为省陌制。977 年，北宋朝廷法令规定省陌法，以七十七钱当作一百钱用，以七百七十钱当作一贯或一绢用，民间交易，公私出纳皆以此为准，但必须在钱贯数后注明"省"，如是足陌钱则注明"足"。

五、规定铜铁钱兑换率。979 年法令规定川峡四路（原蜀国地区）铁钱十文折铜钱一文。以后也曾多次明确规定兑换率。但实际上法令效果很差，川峡四路中利州为 5∶1，绵州为 6∶1，益州为 8∶1。陕西、河东铁钱法定兑换率为 3∶1，实际上为 10∶1。

六、限制钱币流通区域。这是北宋铸币立法中最大的特点。宋代钱币流通地方性很强。宋朝在逐步统一全国过程中，对不同地区采取了不同的对策，对原使用铁钱的蜀国，未沿袭原有制度，设三个铁钱监，发行宋铁钱取代后蜀铁钱，禁止铁钱出境，形成了国内最大的铁钱区。而对原来也使用铁钱的江南地区，则大量增铸发行铜钱，回收铁钱，改为铜钱区。在与西夏政权发生战争后，北宋又在陕西、河东地区发行小平钱和折十铁钱，一方面解决财政困难，另一方面防止这一地区铜钱外流，输入敌国。因此，这样就形成了铜铁钱并行区。至南宋与金朝隔淮对峙，为筹措军费，防止铜钱流出，规定两淮、京西、荆门等各沿边地区也改为铜铁钱并行区。因而货币立法就以限制钱币流通为中心。规定铁钱区铁钱不得出境，铜钱不得入境。铜铁并行区也限定地界，如江南钱不得至江北，内地钱不得出边境，违者为"阑出铜钱罪"，至两贯者徒一年，五贯以上弃市。庆历（1041—1048年）条法规定，铜钱阑出边境一贯，首犯处死。南宋在 1158 年专门制定"铜钱出界罪赏"，规定如用铜钱与番商交易，徒两年，一千里编管；严禁铜钱入北朝地界，违者处死。1182 年又规定广、泉、明、秀等市舶港口所在州军如有铜钱漏泄海外，即罪其守臣。

宋代金银法

宋代贵金属的货币作用日益加强，广泛成为人们社会经济活动中最主要的贮藏、支付手段。宋代钱币分区流通，又难以搬运，全国通用的支付手段主要是白银与绢帛，所谓"舍银帛无以致远"。各地向朝廷输送上供财物，往往折为白银"轻"。1021 年宋朝廷收入钱二千六百五十三万贯，金一万四千四百余两，银八十八万三千九百两。1071—1076 年，朝廷岁入钱六千余万缗，银二百九十万九千零八十六两，五十多年间，白银收入增加了 3.5 倍。而朝廷白银开支也十分可观，除赏赐、发放官俸等之外，对少数民族政权的"岁币"数占相当比重。如 1004 年宋辽澶渊之盟规定，宋每年岁输辽银十万两、绢二十万匹，后又增岁币为银二十万两、绢三十万匹。1044 年宋与西夏和议，宋岁"赐"西夏银七万两、绢十五万匹、茶三万斤，并每年出银十万两买马。1141 年南宋与金绍兴和议，规定南宋输金岁币银二十五万两、绢二十五万匹。而两宋时朝廷银矿岁课（对银矿所征矿税）一般仅二三十万两而已。因此宋代规定民间赋税可以折银缴纳，尤其是商税、盐税之类的货币税种。景德年间（1004—1007 年）规定东西川商、茶、盐、酒税都半纳银帛。宋仁宗景祐年间（1034—1037 年）规定商人买官茶，每一百贯茶价六十贯钱，四十贯可折为金银。一些交通不便地区，也允许百姓田赋税折银，如四川在 980 年、浙东在 1164 年都规定可折银两纳税。

北宋白银通常铸为铤形或哑铃状的锭形，一般五十两一锭，也有二十五两、十二两的银锭。银锭上都铸有铸地、银锭重量、匠人姓名等信息。971 年，朝廷发布《伪黄金律》。宋代朝廷经常发布法定金银与钱兑换率。977 年定一千文钱换金一两。咸平时（998—1003 年），定白银为八百文钱换银一两，后改为七百七十文钱换银一两，1007 年定为一千文钱换银一两。

白银的货币作用日益重要，但朝廷并未因势利导，规定白银的详细制度。相反不承认白银为主要货币。北宋中期起，以发行纸币取代了白银的地位。

宋代纸币法

宋代社会商品经济发展加快，导致社会货币量不足，一直发生钱荒。而大量低贱金属铸币又严重妨碍交换流通。如四川铁钱十贯重六十五斤，"街市买卖至三五贯文，即难以携持"。宋代朝廷又划定铜铁钱分区流通，不得越界。因此，北宋商业结算广泛使用赊的结算方式。所谓"商贾贩卖，例无见钱"。直到年终才彼此结算割除。这种发达的信用关系是纸币得以出现的社会因素。

"会子、交子之法，盖有取于唐之飞钱"，唐飞钱汇兑制度，在宋朝仍存在。970 年宋朝廷已在京师设便钱务，专管飞钱业务。商人入钱京师左藏库，领取半券后至诸州，地方官府必须合券当日予以兑换，否则予以科罚。朝廷对这种信用关系是很熟悉的，因此当纸币在民间出现后，朝廷迅速抓住这一本小利大的新鲜事物，正式发行纸币。为弥补财政困难，又将此项制度作为财政剥削的手段，很快走上滥发纸币通货膨胀的道路。

宋代纸币最先出现于四川。宋初，因铁钱搬运不便，一些商人私自发行"交子"，进行商业结算兑现。"交子"一词是当时俗语方言，泛指票据、证券，与以后的关子、会子一样，交、关、会都具有会合、对照的意思。当时十几户富豪联保，以向官府承包仓库、塘堰修理费用的代价，获得了在益州一路发行交子的特权，成为联号交子铺。交子统一由同一色的纸张印造，票面上印有木屋人物图案，并押有铺户的印记，印有朱墨相间的密押。

交子面额并不固定，按领用人入钱数目而随时填写钱贯数目。交子可随时向各地交子铺兑现，远近行用，兑现时每贯交付手续费三十文。因此，这时的交子还只是一种信用兑换券。每年春夏之交米麦丝茧将熟时，数额动辄千百贯。然而交子行用日久之后，联营交子铺的富豪大发其财，广置庄园、邸店、房屋、宝货，以至交子不能及时付兑，再加上也有伪造交子现象出现，纠纷日多，1023 年益州地方政府下令封闭交子铺。

就在 1023 年，北宋朝廷又以"自来交子之法，久为民便，今街市并无交子行用，合是交子之法归于官中"为由，在十一月设官交子制度，第二年二月发行。其具体制度是：

1. 官交子形制仍依原来的规格形式，但明印交子钱贯数目，自一贯至十贯分为十种面额（规定为省陌，即七百七十文为一贯）。官交子由益州官府铜印记造。

2. 官交子设立流通年限，每三年为一界（实足两年），界满可以旧交子换新交子。

3. 每界官交子的发行额规定为一百二十五万六千三百四十缗。

4. 每界官交子发行时官府备准备金"本钱"三十六万缗。

5. 官交子流通区域限定于四川。持交子兑现钱，旧交子换新交子，每贯付工本钱三十文，原旧交子予以毁抹。

6. 有伪造交子者，许人陈告，赏小钱五百贯，官交子从信用兑换券向纸币转化。

益州官交子发行后，不久爆发北宋与西夏的战事，北宋朝廷为应付边防财政需要，在西北各路以益州交子支付给运粮物至边的四川商人，让其回四川兑换。官交子的行用区域随之扩大。北宋特地规定伪造交子罪如伪造官文书罪（造意、句合头首者斩，从犯先决杖六十），通情转用并邻人不告发，皆罪之。伪造交子用纸者，罪以徒配。随着官交子行用地区的扩大，发行量也越来越大，信用低落。尤其是到 1106 年蔡京弄权，改称交子为"钱引"，除了开封府及闽浙湖广以外，各路均可流通。这次改革只一年便废除。四川官交子仍照旧发行，改称钱引。每界发行额两千多万缗，而全无准备金，钱引一贯仅值十文。

宋朝廷南渡后，1131 年因与金朝战事，在婺州一带大量屯兵，商人输送至此的物资由朝廷发给"关子"，商人持关子可至行在（临时首都，即今杭州）提取香、茶、盐等专卖物资，可兑换现钱的关子称"现钱关子"。1159 年，榷货务正式印制发行关子，票面十至一百贯，三年一界，但又很快被会子所取代。

南宋初年，东南地区一些商人之间自行发行"便钱会子"，可能也是一种信用兑换券。1160 年，南宋朝廷下令会子发行权收归于官，专置"行在会子库"，仿照四川钱引制度，印制发行官会子。会子为纸制，长方形，上部印有赏格和面额，并有"第某某料"的编号。中间横书"行在会子库"，下部为朱墨相间的花纹。会子分为三贯、两贯、一贯、五百文、三百文、二百文六等面额。1168 年又规定每三年为一界，每界发行额为一千万贯，行用范围规定为两浙、湖北、京西等地，凡民间交易、公私出纳、纳税上供都可使用会子。伪造会子者斩，告发者赏钱一千贯或补进义校尉。窝藏、使用者各以徒罪。会子制度完全模仿川交子（钱引），会子成为南宋最主要的货币。然而起初朝廷尚注意限制会子的流通量，发行有限额，并常出现钱、白银回收会子。以后随朝廷财政状况的恶化，政治腐败，滥印滥发会子。两淮、湖广都自行发行会子，四川则照旧行用钱引。南宋末年，十七、十八两界会子并用，发行额达二万二千九百万贯，出现了极为严重的通货膨胀。而民间伪造日盛，甚至出现回收销毁的过期会子比原发行额还要多的怪现象。南宋末年，二百贯会子不能买一双草鞋，无异于一堆废纸。

辽夏金铸币法

建立辽朝（916—1125 年）的契丹族原为游牧民族，交换使用牛、羊、布、帛，并受中亚地区影响，也使用白银。以后与中原地区联系加强，开始使用铜钱、铁钱，约在 925 年前后起铸年号钱，仿照唐钱形式，铭文也用汉字，铸钱量很少，唐宋钱始终是主要流通手段。辽铸币立法很严格。铸币权由政府垄断，严禁私铸，并禁止买卖铜铁，凡销钱作器三斤以上，持钱出京满十贯以上，均处死刑。与北宋一样，辽朝也严禁铜钱、白银出境。

西夏（1038—1227 年）是党项羌族建立的政权，也发行铜、铁钱币，受宋影响，也有年号钱，铭文为西夏文。

女真族建立的金朝（1115—1234 年）直至 1157 年才正式铸造发行钱币，也按年号铸钱，铭文仍用汉字。制度与宋类似，禁止铜钱出境，商旅携带钱币不得超过十贯。官民之家藏钱不得超过两万贯，猛安谋克（女真族及降附者组成的军、政、经合一组织）之家不得超过一万贯。限外藏钱许人告发，十分之一充赏，十分之九没收。奴婢告发限外藏钱者可免为良人。金朝也实行省陌法，规定以八百文为一贯。

金朝交钞法

金朝的纸币立法对于后世有重大影响。受北宋交子制度的影响，金朝在铸造发行钱币之前已发行纸币，1153 年正式开始印制发行"交钞"。朝廷置交钞库，专门负责管理印造、兑换事务。交钞分为大、小两种。大钞面额为一、二、三、五、十贯五种，小钞面额为一百、二百、三百、五百、七百文五种。仿照宋交子法，设七年为一界，分界流通。当时发行交钞目的在于吸收宋朝在河南的铜钱，黄河以北不行交钞。以后才推广到河北、辽东，并进行了一些改革。其交钞法的主要特点是：

一、以交钞为主要货币。1198 年规定，民间一贯以上的交易必须使用交钞，违者徒两年，以法令强制交钞流通。从而使交钞取代铜钱，成为主要货币种类，逐渐具有不可兑换的性质。金朝规定伪造交钞者斩，告捕者赏钱三百贯。

二、废除分界制，建立无限期流通制度。1189 年，金朝下令废除交钞以七年为界的分界制，实行交钞无限期流通。同时，金朝又设"倒钞法"，允许民间持字迹磨灭、纸张破损的交钞向官府交钞库倒换新钞。每贯纳工本钱十二文。

三、尝试建立银本位纸币制度。1217 年金朝发行"贞祐通宝"纸币，规定每四贯折银一两。1222 年又发行"兴定宝泉"纸币，每两贯当银一两。至金灭亡前一年，金朝发行"天兴宝会"纸币，完全以银为本位，面额以银计，一钱至四钱分为四等。这是中国历史上最早的银本位纸币。

交钞很快成为金朝统治者应付财政困境的手段。停止分界法后，金朝经常发行新钞，钞法屡变，实行通货膨胀，引起民怨沸腾。金朝立法禁止民间议论钞法，许人捕告，赏钱三百贯。金末接连发行二十至一百贯、二百至一千贯面额的大钞，纸币贬值至万贯钞在市场上买一张烧饼。

元代宝钞法

蒙古族建立的元朝在其统治的九十八年间，基本上没有正式发行钱币，而以纸币——宝钞为最基本的货币。元初即模仿宋、金制度，在其占领的中原地区先后发行丝会（以丝为本位的会子）、交钞、银钞等名目纸币。1260 年，忽必烈时代发行"中统元宝钞"，集中纸币发行权，并建立全国统一的纸币制度。"中统元宝钞"分为两贯、一贯、五百文、二百文、一百文、五十文、三十文、二十文、十文共九种面额。1287 年又发行"至元通行宝钞"，与"中统元宝钞"并行，分为两贯、一贯、五百文、三百文、二百文、一百文、五十文、三十文、二十文、十文、五文十一种面额，从此长期稳定达六十多年。元末又发行"至正交钞"，并铸造发行代表纸币的铜钱——"权钞钱"，分为五钱、二钱五分、一钱五分、一钱、五分五种面额。中统钞、至元钞、至正钞是元代最主要的货币。

元朝宝钞法总结了中国三百多年来纸币立法的经验，达到了相当高的水平。元朝于 1287 年正式颁行了由叶李制定的《至元宝钞通行条划》，为当时纸币的发行流通提供了专门的法律依据，也是中国以至世界上最早、最完备的纸币法规。其主要内容如下：

一、设置各级专职管理机构。中央户部设宝钞总库负责宝钞的贮存，设印造宝钞库负责印制。各行省设宝钞提举司，各路设平准钞库，负责发行与兑换。规定各路长官必须每半月查点一次平准钞库所存金银宝钞。凡宝钞机构有关人员不得私自阻滞钞法，否则查明治罪。

二、建立银本位纸币制度。宝钞虽仍以钱贯数目为面额，但实际上并不与铜钱兑换，而是与白银相兑换。每至元钞两贯等于白银一两。民间花银一两可向官库换至元钞两贯。民间习惯上都称钞为锭（一百贯）。元初发行中统钞，都有与发行额同等数量的金银作为准备金，与宝钞一同运至各地。允许民间持钞向官府兑换白银，每两收工本费三分。每当市面上宝钞过多，即出银收钞，保持稳定。在开始发行至元钞时，虽有钞本，但一般已不允许持钞兑银，只是作为安定人心的措施，渐渐成为不兑现纸币。

三、强制民间使用流通。规定民间交易、官府税收、俸饷一律用钞，质典买卖田土房屋也一律写明使用宝钞数额。禁止使用古旧铜钱，现有铜钱一律没收入官，并屡屡禁止直接使用白银交易。旧钞可向平准库兑换新钞，每贯付工墨费三分。

四、严惩伪造。现存《元史·刑法志·作伪》中《伪造处理细则》有十二条之多，规定：伪造宝钞者首犯、从犯、知情不告者皆处死，没收家产。两邻知而不告者，杖七十七。坊、里正及巡捕官兵各笞四十七。买使伪钞，初犯杖一百零七，再犯徒一年，三犯远流。捕告伪钞，赏银五锭（二百五十两）。挑、剜、涂改宝钞者，不分首从杖一百零七，徒一年，再犯远流。

以上这些制度，如专用纸币、集中金银于国库、设置发行纸币准备金等已接近近代纸币流通制度。然而，它毕竟只是元代统治者一种财政措施。元代很快步宋、金后尘，走上通货膨胀道路。1275 年，中统钞发行额为三十九万八千一百九十四锭，1276 年又发行一百四十一万九千六百六十五锭，1288 年达二百一十八万一千六百锭。至元钞发行后，规定与中统钞的兑换率为 1：5，公开承认贬值五倍。至元钞发行量也猛增至初期的几十倍。至元末发行至正交钞，毫无钞本，每日印造不可计数，滥印滥发，纸币完全失去信用。民谣所谓："人吃人，钞买钞，何曾见？"纸币失去信用成为促发元末农民起义的因素之一。

金元金银法

金朝曾经因纸币贬值又不铸铜钱，为安定人心，在 1197 年铸造发行"承安宝货"银币，面额为一两至十两五种，一两银币折钱两贯。这是自公元前 118 年西汉铸白金以来，首次正式发行银币。这次尝试因权豪伪铸铅币，盗铸成风，京师市场被扰乱，商人为之罢市，在三年后宣布废除，但金朝民间已广泛使用白银交易。

蒙古入主中原以前，因受中亚诸国影响，已广泛使用白银，并曾发行银币。币面为兽形，如鼠、牛、虎等，以示纪年。入主中原后，受中原文化影响，改行纸币，不再铸造银币。白银仍按中原形制铸为银锭，一般分为五十两、二十五两、十二两几种。在银锭背面铭文"元宝"，从此银锭被称为元宝。同时，在银锭上铸明铸造部门、年份、重量、铸银匠人姓名等。白银是元朝纸币发行的钞本，民间也广泛使用，白银已取代黄金、钱币、绢帛，成为货币体系中最主要的价值尺度及宝藏手段。

随着元朝纸币的不可兑换，元朝多次下令严禁民间以金银交易。元朝廷垄断金银，民间白银只能向平准钞库换钞。意大利人马可·波罗在其著名的《游记》中提到元朝实行金银国有，一切外国客商必须将金银宝石售予君主。元朝法令规定，私人买卖金银，许人首告，金银没官，一半付告人充赏。银十两、金一两以下，决杖五十七；银十两、金一两以上，决杖七十七；银五十两、金五两以上，决杖九十七。同时，元朝禁止伪造金银，伪造白银处以徒罪。金银匠打造金银必须凿记匠人姓名，不得自用金银造卖。

然而，由于金元以来民间用银已成惯例，无法扭转，因此元朝的禁用金银法令时立时废。1284 年严禁，第二年即解禁。1287 年又禁，1304 年又弛禁。1309 年再禁，1311 年又解禁。

第五节　明清货币立法

宋元以后，白银势不可当地进入社会经济生活，具有过渡性质的纸币制度已接近尾声。尽管明朝之初以严刑酷法强制发行纸币、禁止使用金银，但是最终不得不放弃纸币。明朝中期起，白银成为最主要的货币，形成了银、钱并行本位的货币制度。证明了马克思所指出的："商品交换越是打破地方的限制，商品价值越是发展成为人类劳动一般体化物，货币形态也就越是归到那种天然适于担任一般等价物这种社会职能的商品，那就是贵金属。"

明初宝钞法

明朝建立后，沿袭元朝制度，继续发行纸币，采用以纸币作为主要货币的制度。1375 年发行"大明宝钞"，用桑皮纸制成，分为一贯、五百文、四百文、三百文、二百文、一百文六种面额。一贯钞规定长一尺、宽六寸（约合今 26 厘米 × 32 厘米）。额题"大明通行宝钞"，左右分别题"大明宝钞""天下通行"。中画钱串，下印赏格。五张一贯钞称锭，千张一贯钞称块。朝廷户部设广源库、广惠库，各地置行用库，负责宝钞的发行与回笼。以后还曾发行面额为五十、四十、三十、二十、十文的小钞。其主要制度是：

一、大明宝钞为政府发行的不兑换纸币，政府发行宝钞全无钞本（准备金）。严禁民间买卖使用金银，只能持金银向行用库换钞。法定兑换率为：银一两换钞一贯，黄金一两换钞四贯。

二、钱、钞兼行。1377 年规定：一百文以下的交易支付专用铜钱，一百文以上交易必须用钞。1394 年曾发行小钞，同时禁止使用铜钱，民间铜钱限半月内送官，违者治罪，但不久即开禁。以后又规定商税输纳钞七钱三分。官吏、军士俸饷也发放宝钞。

三、倒钞法。军民商贾可持旧钞向各地行用库换新钞，量值收工墨费，每贯三十文，但明朝规定只要宝钞字迹尚清就必须收受。1422 年，明成祖亲下榜文，规定如有泼皮无赖借口昏烂拒不收旧钞，许人首告，正犯就地处死，户下追钞，全家发边远充军。商人借口行钞不便歇业或无赖捣乱市场者也一般治罪不饶。

四、严禁伪造。《明律·刑律·诈伪》伪造宝钞条，凡伪造宝钞及知情行用者，皆斩，则产入官。告捕者赏银二百五十两，仍给犯人家产。挑剜涂改宝钞者杖一百，流三千里；从犯知情使用者杖一百，徒三年。误受伪钞及经挑剜涂改钞贯，经手之人杖一百，倍罚。撕毁宝钞比照弃毁制书处斩。

明代宝钞法总的特点是建立不兑换纸币制度，既不能兑现，政府发行额又无任何依据与限制，对于宝钞的回笼也无任何积极有效的措施，全然只是作为政府的行政行为，一味使用高压手段加以推行，自然被日益活跃的社会经济生活所排斥，而且明宝钞印制粗糙，伪制盛行。大明宝钞发行仅十五年后，两浙一带民间宝钞一贯仅折二百五十文铜钱。1391 年南京新旧钞差价已达一倍。至 1394 年，浙、闽、赣、两广一带，宝钞一贯仅值一百六十文。这一方面说明政府宝钞发行已失去控制，另一方面也说明这些传统用银地区对纸币的不信任与排斥。明朝廷这时才意识到宝钞回笼的重要性。1404 年施行"户口纳钞食盐法",令全国民户成年人每月纳钞一贯,买官盐一斤,未成年人减半。估计可回笼五千万锭宝钞,并可强迫民间使用。又令各处税粮、课程、罚款都可准折宝钞缴纳。1419 年设市肆门摊税,又在沿江、要道设钞关,令商人纳税用钞,迫使商人使用宝钞。而与此同时,朝廷发行宝钞仍毫无限制,明成祖为表示遵循祖制,下令新发行的宝钞仍旧使用洪武(明太祖年号)字样,从此直至明亡,明宝钞都是洪武年号,更便于滥发宝钞。这些病笃乱投医的法令并未起作用,宝钞贬值如飞流直下,1433 年一贯钞仅值五文,1438 年仅值一文。1535 年,一块(一千贯)仅值二百八十文。"积之市肆,过者不顾",宝钞法实际上已被废除。但为遵祖制,明朝廷仍照旧发行宝钞,直到明末,仍以宝钞支付部分军饷。

明代白银制度

明初为了纸币能顺利发行流通,多次严禁使用金银。明初规定买卖金银以奸恶论,处死。后又规定全家迁徙。明宣宗(1426—1435 年)法令规定:用银一钱者,罚钞千贯。然而这些法令都无法阻止白银进入千家万户的经济生活。朝廷法律对告发制造伪钞的赏格用银,说明白银已成人们追求的目标。明朝对商税、鱼课等也一直征收白银。实际上到 15 世纪初,已是"朝野率用银,其小者乃用钱"。明朝统治者最终不得不承认白银的货币地位。

明正统元年(1436 年),朝廷正式下令"弛用银之禁",并规定南直隶(江苏)、浙江、江西、湖广、福建、广东、广西等地的田赋粮共四百多万石全部改为折征银两,号称"金花银",从而确定了白银的法定支付手段的地位。不久,市肆门摊、钞关、户口食盐都改征银两。1452 年朝廷又下令百官俸禄钞也改为折银发放,每钞五百贯折银一两。嘉靖年间(1522—1566 年),朝廷还正式下令规定了各种铜钱对白银的比价:嘉靖制钱七文准银一分(七百文一两),洪武等年号钱与前代杂钱,上品依嘉靖钱例,七文准银一分,其余视高下或十文,或十四文,或二十一文准银一分,正式以白银为价值尺度。16 世纪中叶起,各地逐步实行以赋役折银为中心的赋役制度改革,直到 1581 年张居正改革,推行一条鞭法。白银正式取代了纸币的主要货币地位。明律规定，伪造金银者杖一百，徒三年。

白银成为实际上的主要货币后，朝廷并没有发行银币，白银仍只是以银块形式流通，商人店铺必备戥子，随时称量。大块白银一般铸为银锭，与元制相仿。朝廷也往往铸造一些一钱以下的金银豆、金银叶及金银钱币，仅供赏赐之用。闽广一带则开始使用大量流入的外国银币。当时中国对外贸易处于恒出超状态，大量日本、南洋、美洲、欧洲白银流入中国。

白银的大量使用，激起了中国自战国以来第二次拜金狂潮，其中带头者正是皇帝本人。明英宗朱祁镇 1436 年规定每年一百多万两金花银尽输内库（皇宫仓库），1443 年又设太仓专以贮银。太仓白银贮量一直在八百万两左右。尤其是明神宗朱翊钧，为搜刮金银，派出太监四处开矿征税，进行赤裸裸的暴力抢掠。明朝各级贪官污吏也尽力搜刮。明太监刘瑾被杀后抄家，抄出白银达两亿多两，黄金一百二十五万两。权臣严嵩家中窖藏金银达十几窖，每窖数十万两。

清代白银制度

清朝在入关之初，曾一度发行钞贯纸币，但仅 10 年即废止，而沿袭明中期以来制度，实行银、钱并行本位。清朝廷正式规定货币制度为："以银为本、以钱为末。"白银已完全以主币形式出现。1745 年清乾隆帝发布上谕中说："朕思五金皆以利民，鼓铸钱文原以代白金（指银）而广用，即如购买什物器用，其价值之多寡，原以银为定准，初不在钱价之低昂。……使钱价低昂以为得计，是轻重倒置，不揣其本而惟末是务也。"然而银本钱末并不等于现代意义上的银本位制度，因为并无严格意义上的主币、辅币之分，铜钱也无限使用。

清朝因循守旧，白银仍以落后的银块形式流通。一般有五十两的"元宝银"、十多两的中锭、二两至五两重的锞子（馒头状）及散银。在成色上，清朝规定，官府所铸银锭应为纹银，作为全国标准银，含银量应为935.374‰。但实际上并不能达到，纹银实际上只是一种假想的标准银。民间实际使用的宝银往往为纹银的七成至十成之间，名目繁多，如江浙元丝、湖广盐撒、陕甘元鏪、广西北流、云贵茶花等数十种。贸易时要折合纹银成色换算，因此实际使用很麻烦。全国的白银衡制也不统一，主要有库平两、海关两、广平两、漕平两四种。库平两约合今 37.301 克，是国库收支所用秤码；海关两约合今 37.68 克，是征收海关税时所用秤码；广平两约合今 37.57 克，是广东通行的秤码；漕平两约合今 36.65 克，是江南漕粮折银的衡法。如此复杂的形式、成色、衡制，地域色彩极为浓厚，流通极为烦琐。在民间广泛流通外国银币，1799 年抄没权臣和珅家产，其中有洋钱（国外银元）5.8 万元。然而统治者并没有因势立法，正式发行银铸币。仅在西藏，1793 年清朝发行了"乾隆宝藏"银币，取代西藏原有"章卡"银币。这是我国境内流通最早的本国正式银铸币。

明清钱币法

明初即在户部之下设宝泉局铸造发行铜钱，仍沿袭前代年号钱制度。但明初几朝铸钱不多，民间流通主要是古旧钱，凡明朝官铸钱称之为"制钱"以区别之。明律规定私铸铜钱者绞，匠人罪同。从犯及知情买使者减一等处罚（杖一百，流三千里），告捕者赏银五十两。将时用铜钱剪锉令薄小，取铜以求利者，杖一百。禁止私人拥有铜器，除了铜镜、军户的军器和寺观庵院的钟、磬、铙、钹以外，一切铜器废铜必须赴官出卖，一斤给价铜钱一百五十文。私相买卖、积藏铜器者，笞四十。

清朝在户部、工部各设钱法堂，在户部设宝泉局，铸钱发行，供全国行政经费开销；在工部设宝源局，铸钱支付工部各项工程经费。各省都设铸钱局，按户部统一法式铸钱。凡官铸钱仍称为制钱。制钱铭文仍为年号，满汉文兼用。清朝统治者认为后代盗铸难禁，是因为官钱质量不高，因此立法强调制钱必须优质。清初规定制钱成色为铜七铅三。以后也曾多次明确规定制钱成色，铜的含量始终确定在百分之五十以上。对于制钱的重量规定也很详细。唐以来，钱币法定重量一直为一钱（十分之一两）。而清初制钱重一钱四分，因为统治者认为制钱能比古旧私钱厚重、铸造精美，就能驱逐劣币，杜绝私铸。然而钱币过重，民间又发生销钱铸器的情况。当时银一两可买铜七斤，而银一两换钱八九百文，可得铜七斤半左右。所谓"重则私销，轻则私铸"。因此在 1734 年立法，规定制钱重一钱二分，

第二年又定条例，凡剪钱边，熔钱为器罪至绞监候，从此制钱重量才稳定。为防止私铸私销，清朝仍禁止民间铸造铜器，凡三品官以下人户不得拥有铜器，旧有铜器也必须在三年内输官，逾期以私藏禁物罪论处。这一禁令至乾隆年间云南铜矿大量开采后才弛禁。

白银成为事实上的主币后，制钱对白银的比价成为货币立法的重要内容。清朝比较注意白银、铜钱的发行与回笼。法定铜银比价仍为一千文合银一两。清朝规定钱粮的缴纳以银七钱三为准，官俸、兵饷的发放也往往采取银钱各半搭配。为了调节银钱比价，清朝廷经常增减官铸钱的数量。一般清朝每年铸钱三四十万串（一千文为一串）至六七十万串，为调节银钱比价则经常减产、停炉。还曾设立官钱局，允许民间持银向官钱局兑换制钱，又曾设钱行经纪发钱换银或发银换钱，以平抑钱价的波动。这些措施比较有效地维持了银钱的正常比价，但常常出现钱贵银贱的情况，在乾隆年间，曾有七百五十文换一两的比价。至 19 世纪初，鸦片贸易盛行，致使白银大量流出，逐渐出现了钱贱银贵的趋势，而原有的平抑措施也因清政府腐败而不再发生效力，货币制度陷入混乱。

第十章　征商法

古代的征商法是国家向商业活动及商人征税的各种制度。其中最主要是商税，古代往往称之为"关市之税"。关是国家设于各地交通要道的关卡，通过关卡的商人要接受盘查并缴纳通过税。市是古代城镇中专门进行商业活动的区域，也有官员管理，维持秩序，商人在市内做交易，必须缴付市税。关税与市税合称为关市税。除了这两种主要的税以外，封建王朝还往往向具有商人身份的人征收各种杂税，也是征商法的重要内容。

第一节　周秦征商法

商业活动在很久以前出现了，传说舜曾"贩于顿丘"。建立商朝的商族就是因为其首领擅于搞贸易交换而闻名。据说商族先人王亥，在夏朝时曾亲自驾牛车，载帛赶牛去黄河北岸开展贸易。因此以后商业、商人即以商族而得名。在远古时代，商业被氏族首领掌握，号称"工商食官"。约在西周中期，民间交换行为增多，私营商人逐渐出现，西周统治者制定了一些商业管理制度。世传的儒家经典《周礼》就记载了一整套经后儒修饰的周代制度，其中有很多商业管理制度。虽然这部书很多内容是后人假托，但一般认为此书虽不可尽信，亦不可不信。将西周作为古代商税法的开始时期，还是比较可靠的。

西周关市之赋

《周礼》记载周代有九赋，其中之一就是"关市之赋"。关市之赋是针对商贾的。关于"关市之赋"的起源，战国时孟子曾说过："文王之治岐也，……关市讥而不征。"即在周初文王时代，没有关市之征，关市官职主要职责是治安。"古之为市也，以其所有易其所无者，有司者治之耳。"然而以后"有贱丈夫焉，必求垄断而登之，以左右望而罔市利。人皆以为贱，故从而征之，征商自此贱丈夫始矣"。商业繁盛后，出现了竞争和不正当的投机活动，受到众人的鄙视，官府从而对投机者征税以惩罚之，市税就此而起。孟子又认为："古之为关也，将以御暴。"古代关卡也是为了维持治安而设立的，以后才征收关税，作为财政收入。马克思认为："关税起源于封建主对其领地上的过往客商所征收的捐税，客商缴了这种税款就可免遭抢劫，……在现代国家出现之后，这种捐税便是国库进款最方便的手段。"可见欧洲的关税也是起源于关卡治安费用。孟子所说的关税起源可能是比较真实的。

据《周礼·地官司徒》记载，西周关市之赋的制度是：在交通要道处设立关卡，由司关负责，管理商人货物的通过出入，讥察征税。"凡货不出于关者，举其货，罚其人"，逃税者没收货物，处罚犯人。对于市场的管理更为详尽，设有司市、质人、廛人等官职。市之下每肆各设肆长，司市之下，肆长之上又有贾师、胥师、司稽、司暴等官职。当时的市分三类："大市，日昃而市，百族为主；朝市，朝时而市，商贾为主；夕市，夕时而市，贩夫贩妇为主。"大市是正午开市，主要是贵族之间的交换贸易。朝市是早上开市，商人为主。夕市是傍晚开市，是一般小贩交换买卖。市中有司市卒、胥吏执鞭巡逻，违反物价、扰乱市场都给予处罚。负责征收市税的官员是廛人。廛是市内的邸店（堆栈），供商人堆放货物，商人至此存货并纳税。税分为"絘布"——列肆之税，即商铺税；总布——由守斗斛、铨衡官吏征收的度量衡器税；罚布——向违反市令者征收的罚款；廞布——商人堆放货物的堆栈费，为后世塌房税滥觞。廞布最重要，故以称官职。布即泉布，是货币的一种。古代赋税都以实物为主，而只有关市之赋一开始就是货币税。

《周礼》所记载的这些制度可能并不尽然，但据其他史籍所载来看，西周时确已存在关市之赋。据《左传》记载，当时长狄部族进攻宋国，宋将耏班作战有功，宋武公下令："以门赏耏班，使食其征，谓之耏门。"即将关门赐给耏班管理，关税收入也属于耏班私有。春秋初年，齐桓公称霸，"使关市讥而不征"，以为诸侯利，可见这之前各国都有关市税。晋文公称霸后也曾"轻关易道，通商宽农"，减轻关税整治道路。

抑商思想与商税法

战国时期，各国已普遍征收关市税，关市之赋成为一项重要的财政来源，如战国时赵国名将李牧在雁门防备匈奴，曾在军营中开军市，并征接市租为幕府开支，每天屠数牛给士卒加餐，鼓励士气。财政需要成为商税立法的政治基础。税率大为提高，引起怀旧的儒家大为不满。孟子提倡"去关市之征"，并指责"今之为关也，将以为暴"。荀子责各国统治者："苛关市之征以难其（商贾）事。"但这些议论并不是当时社会政治的主流，并未引起统治者的注意。扩大财政收入，把关税作为国库进款最方便的途径，这才是当时各国统治者的注意力所在。儒家的轻税、免税的议论直到后世才被重视，作为皇帝发布恩惠的理论来源。

战国时游商大贾的大量出现，商人阶层逐步出现于社会政治舞台，并与统治者争夺剥削对象，侵犯国家利益，富埒王侯，使统治者感到震惊。抑商思想开始流行，至战国，随着各国相继建立专制中央集权政体，崇本抑末思想成为一股强大的潮流，成为征商立法的思想基础。《管子》一书提出了崇本抑末的种种主张，认为当时"商与君争民"，"野与市争民"，"故上不好本事，则末产不禁；末产不禁，则民缓于时事而轻地利"，虽然《管子》也承认商是"四民"（士、农、工、商）之一，但强调从事贩运、坐市贩卖的商业属于末业，于国家不利。战国末期秦国商贾出身的相国吕不韦召人编撰的《吕氏春秋》也在"上农篇"中强调崇本抑末，认为"民舍本而事末"的害处在于：1. 民不听国王命令，不积极投身战事；2. 民喜欢迁徙，"皆有远志，无有居心"，国家有难不愿应召服役；3. 从事末业使民"好智而多诈"，会钻法律的空子，"以是为非，以非为是"，破坏官府威信。从国家利益出发，强调抑末的重要性。战国末期法家韩非更是将一切商贾都划为国家的蠹虫，主张全部予以压制（见《五蠹》）。

比之思想家的议论更为实际的是各国政治家们的抑商立法。最早将崇本抑末思想化为国家商税立法的是秦国的商鞅变法。商鞅变法时"重关市之赋"，以"不农之征必多，市利之租必重"为原则。这种商税立法的目的并非在于财政收入。因为如从财政经济考虑，就必然要从保护税源角度出发，不能无限压抑商业活动。商鞅时商税立法全是从政治角度出发的，为其崇本抑末政策服务的。从此，推行崇本抑末与分商贾之利就一直是历代征商法的基础，从而使征商法往往带有掠夺性质。

秦代征商法

在湖北云梦出土的秦简中，有《金布律》《关市律》等相关市场管理的法规，其中征商法的内容不多。规定在市中交易者，都必须在货物上系上标签表明价格，只有小件物品单价不足一钱的才可以不系标签。市场上售卖的布匹，必须长八尺、幅宽二尺五寸，不足标准的不得出卖。为官府出卖产品，收钱者必须当买者的面将钱投入钱罐。

秦国统一六国后，征商立法变化不大。其中最有特色的是：秦朝廷以商人作为征发徭役的重点。秦代将在市中经常做买卖的中小商人"坐贾"，登记在专门的"市籍"。凡有市籍者及其子孙与有罪的官吏、逃亡者、赘婿（卖身的上门女婿）等身份低贱者并列，经常征发至边境作战。如公元前214年秦始皇征发逃亡者、赘婿、贾人略取陆梁地为桂林郡。这一制度在汉初仍被实行，以后就被废除，这是秦朝特有的征商法。

第二节　两汉至南北朝关市税

汉朝建立之初，沿袭秦朝的旧法，颁发了一系列"贱商令"。如规定商人不得衣丝乘车、不得持有兵器、不得为官吏等。着重从政治上贬低商人的社会地位，但在经济政策上却采取了放任政策。"汉兴，海内为一，开关梁，弛山泽之禁，是以富商大贾周流天下，交易之物莫不通，得其所欲"。在汉文帝时，不仅废除了关税，连关卡也都废除，商人行旅出行不受任何盘查。直到西汉武帝时（公元前140—前87年）征商法令才趋于严厉。

关市、租铢和赏贷税

汉初废除了关卡，唯一的商税是"市租"，即市场税，当时的诸侯国齐国大城市临淄，据说有十万户人家，"市租千金，人众殷富，巨于长安"。市租，"谓所卖之物出租"，即向卖主（商人）征收的商税。

汉武帝在公元前101年开始下令征收武关的关税，"治武关，税出入者以给关吏卒食"。这是汉代关税的开始。当时武关的关税仅仅用于关卡本身人员的开销，并不作为一种正式的税收。以后关税制度逐步建立，至东汉末法定关税率已达十分之一。

除了关市之外，汉代还有一种称之为"租铢"的商税。有的解释是："租铢，谓计其所卖物价，平其锱铢而收租也。"即这是一种以买卖价格为课税标准的物品税。也有人认为是一种专门对经营珠宝金银商人征收的商税，"资万钱，算百二十七"，即税率为1.27%。

秦汉之际，高利贷资本极为活跃，利息也无限制，甚至达"倍称之息"。公元前154年，发生了"七国之乱"，关中的列侯、封君从军出征，纷纷向长安的"子钱家"（高利贷者）借钱，而子钱家们以为关东的战争未见成败，不肯借钱，只有无盐氏（人名）放贷千金。三个月后，七国之乱平息，无盐氏收息达十倍之巨，一举成为关中巨贵。景帝末年（公元前142年前后），景帝下令限制高利贷，年利最高不得超过20%，并规定国家对子钱家的利息收入征收6%的"赏贷税"。司马迁在《史记》中提到，一个子钱家放贷一千贯钱（一百万文），可得息二百贯（二十万文），相当于一个千户侯的收入。

缗钱令与告缗

汉武帝元狩四年（公元前119年）颁布"缗钱（缗是串铜钱的丝绳，一般一千钱一串称一缗或一贯）令"，开始征收关市之外的商税及车船税。

缗钱令的主要内容是：

1．凡商人，高利贷者买卖物品、出资金钱，无论是否在市内成交，是否具有市籍，都要按交易额或贷款额纳税，税率为每两千钱一算，即为6％。征收方法为"各以其物自占"，以自报自缴为主。

2．凡积储的手工业品，冶铸的金属制品，尚未投入市场贸易的，依产品价值，缗钱四千纳税一算，即税率为3％。

3．非官吏、三老（乡官）、边防骑士而有轺车（小车）一辆者，纳税一算（一百二十钱），而商人的车辆纳税二算（二百四十钱）。在这之前十年已开始征收商车税，税率不详。

4．凡有长度五丈以上船只，一条船纳税一算（一百二十钱）（私人船只一般都是商船）。

5．征税方法以自报为主，凡隐匿不报或报而不实者，处戍边一年，没收所有的缗钱。若有告发者，奖以没收的缗钱的二分之一。

6．凡有市籍的商人及其家属，都不可占有田产，违者没收田产及僮仆（奴隶）。

"缗钱令"实际上包括了三方面的内容。第一项和第二项是开征工商税，税率为贩卖价格（毛利）的6％，如以纯利计税率要在30％以上，比之三十税一的田租高得多，体现了崇本抑末的原则。第三和第四项是车船税，第六项具有土地法令的性质。

"缗钱令"实施后，商人们都不愿报税，隐匿财物逃税成风。两年后，武帝委派扬可专门主持告发匿财逃税，称"告缗"。除了工商业者外，凡有积蓄者都必须出缗钱。告发者奖给没收钱物的一半，并委派御史、廷尉正、监各官至各地主持"告缗"。"于是商贾中家以上大率破"，朝廷因此得民财物以亿万计、奴婢千万数。这时的"缗钱令"已带有资产税的性质。"告缗"造成了社会经济的破坏，商业物资流通被阻滞，物价腾贵。武帝死后（公元前87年）"缗钱令"实际上已停止实施。

三国至南北朝关税

自东汉起，关税税率逐渐提高。东汉灭亡后，曹魏政权在220年规定：

关税为过关货物价值的十分之一，但实际税率高于法令的规定。230 年魏明帝颁布"庚戌令"："关津所以通商旅，……轻关津之税，皆复什一。"十分之一的税率一直维持到两晋南朝。东晋南朝时关卡增多，连过关津（津是江河渡口的意思）的薪、炭、鱼、荻（芦苇）也要纳税，具体税制不详。

除了关税之外，东晋南朝还另立名目征通过税。如四桁（浮桥）税、牛埭税（船过水坝时使用牛力拖拉过坝，因此征收使用费，后变成通过税）等，仅牛埭税一项合计每年得钱四百多万贯。

北魏在太和七年（483 年）"弛关津之禁，任其去来"，停征关税。以后一直不见开征关税的记载，可能已经废除。直到 575 年北齐末年，才开征关市、舟车、山泽、盐铁、店肆等税，以供北齐皇室奢侈生活的需要，但仅过了两年北齐就灭亡了，关税再次废除。因此废除关税可称是北朝的传统政策。

三国、南北朝的市税

汉代的市租在三国两晋南北朝时期一直没有废除。东晋时，仅淮北就有大市一百多个，小市十几个。大市都设有税务管理机构，税额沉重。市税已成为最主要的商税。南齐时还曾对市税采取包税制，将一些市税包给商人征收。

北朝除市税之外还有"入市税"。北魏 526 年规定，凡入市贩卖货物的行商，每人先缴纳市门税一钱，入市交易时再征市税。对于在市中开设店铺的坐商，将店铺列为五等，分别征税，具体税率不详。以后北齐、北周仍沿袭此制，分别征收入市税、市税、店铺税。

东晋和南朝的估税、散估税

东晋时在历史上首次开征交易税，称之为估税、散估税。规定凡买卖奴婢、马牛、田产、房屋定有正式契约的交易，无论是否在市内成交，买卖双方都必须输估税，税率为契约上所载价款的 4%，卖方负担 3%，买方负担 1%。除了这类定有正式契约的交易外，其他不立文契的零星物品的买卖交易也必须缴散估税，税率也是 4%，由卖方负担缴纳。

这项交易税制度的制定，表面是因为当时"人竞商贩，不为田业"，为了崇本抑末才使商贩输税。实际是为了增加收入，"利在侵削"。以后南朝宋、齐、梁、陈四代都沿袭此制，成为日后契税的滥觞。

隋朝统一南北后，隋文帝采取了经济放纵政策，继承北朝传统，废除关税与入市税，商税减轻，对社会经济走向繁荣有一定作用。

第三节　唐、宋、元商税

唐初与汉初一样，颁布了一些贱商令。禁止商人任官与士大夫并列，规定商人只能穿白色衣服，不得骑马，不得乘轿，出葬不得排列鞍马仪仗。为了防止士大夫感染商人习气，唐太宗曾下令"禁五品以上入市"。但另一方面，实行经济开放政策，如减轻市税、取消关税等。唐太宗还曾在 626 年下令停废潼关以东缘黄河各关。702 年，有人提议开征关税，遭到了官僚集团中大多数人的反对。反对者的理由以崔融最为典型："关为诘暴之所，市为聚民之地。税市则民散，税关则暴兴。暴兴则起异图，民散则怀不轨。"从政治着眼反对征关市税。

唐前期的市场法令

唐初的商税仅市税一种，市税分为向有市籍的坐贾征收的市籍税和按交易额征收的市税。市税税率为交易额的 2%。

唐代市税很轻，而市场管理制度相当严密。唐朝专门制定有《关市令》，继承了周秦以来的市场管理法规。《唐律疏议·杂律》中也有市场管理的条文，主要内容是：非州、县治所所在城镇不得设市，县以下，以及不满三千户的小县只能有定期的集市。各州县及京师东西市都设市司负责管理，每日"日午击鼓三百声，而众以会。日入前七刻，击钲三百声，而众以散"。市是一个有围墙封闭的区域，四面各设门，有专人看守。市司负责检查商品的规格、质量和价格，度量衡具的检校，市场秩序的维持。法律规定，市中出卖的商品必须牢固、用料正规，绢匹必须长四十尺、布端必须长五十尺，门幅在一尺八寸以上，未达到标准规格者，制造、出卖者各杖六十。市司知情同罪，失察者减三等（笞三十）。市中各类商品的价格由市司每旬（十天）核定一次（汉代为一月或一季）。市司评物价不平，计所贵贱坐赃论。市中商人所用斛、斗、秤、尺，每年八月至官府校订一次并由官府盖印证明。校勘不平，杖七十。如商人使用不经校勘的斛、斗、秤、尺，笞四十；使用私造的斛、斗、秤、尺不平，笞五十。在市中用强买强卖、买卖欺诈等不平等交易手段，杖八十。凡买卖奴婢、马牛、牲畜，都必须在三日以内至市司立市券，市券由市司发给。不立市券，买者笞二十，卖者笞三十。

唐后期征商

唐朝在安史之乱后，陷入了财政紧急状态。急征无门，出现了种种征商法令，其中主要有：

一、756年的"率贷法"。755年安史之乱爆发，第二年唐肃宗刚上台就因财政危机，采取权宜之计，派出御史至江淮、蜀汉向商人"率贷"。率即按比例的意思，贷是借款，率贷即按商人资产额的一定比例借款。凡富商豪户，根据其家资征借其所有财货畜产的五分之一。这是一种紧急措施，名为借贷，实际上是强迫商人捐款，大多有借无还。官府的回报大多给空名告身（官职委任状）。商贾能以财产十分之四捐助军用者，终身免役。率贷法开了日后开捐的先例。以后唐朝廷一有财政危机即下令借商，严重扰乱了正常的商业活动。782年，唐朝廷下令借商，凡家产万贯以上的商人，每人留万贯，其余全部入官，约定在战争平定后归还。真正的富商大贾朝廷，结果负担都落在中小商人身上。官府在长安城内对商贾进行大搜索，刑讯逼迫，不久，又规定"括僦柜质钱"，凡商人和老百姓存在柜坊及抵押给质库（当铺）的钱币财物一律征借四分之一。同时下令封闭所有柜窖，市中买卖麦粟也要征四分之一。长安商人被迫以罢市抗议。

二、关津之税。在实行率贷的同时，各地节度使、观察使已自行开征关津税，提高市税税率。782年，唐朝廷正式下令开征关津税，罢停了三百年的关税就此恢复。唐朝廷在津要之处都设置官员，检查估价过往商人的财物，每贯税钱二十文，即税率为2%。竹、木、漆、茶四种商品则征什一税，税率10%。唐末藩镇割据，各地军阀也纷纷开置税场，关卡林立，农民蔬菜水果过关也要纳税，有的地方甚至连死人的棺材过关也要索税。

三、783年的除陌钱。除陌钱是一种交易税。陌字原意是在钱荒的时候准许不足贯的铜钱在市内流通（如七十七文为一百文等）。除陌法规定，无论是否在市内交易，都必须按5%的税率纳税。唐市税也属于交易税性质，但税率仅2%。即使双方以物易物，仍估价为钱征收，征收办法是：有牙人（买卖中介人、接洽人）介绍交易的，由市牙在市司发给的印纸上登记，第三天即缴税。自相交易者，也发给私簿登记，无私簿则自报。偷漏税钱在一百文以上者，杖六十，罚六千钱，告发人赏钱十千（由犯罪者给付）。除陌法实际上是参照东晋和南朝的估税发展而来的。这个法令除了邸店（堆栈）、牙人得利外，商民大受祸害。不久，泾原节度使姚令元叛乱，纵兵杀入长安，号称"不税尔间架除陌"。唐朝廷平叛后，被迫在第二年废除此法。

此外，在实行两税法时，对商人规定征三十分之一的资产税。第二年增至十分之一。在实行除陌法时还曾实施"间架税"法，按房屋间架收房产税。官僚贵族有免税权，负担大多落在市民和工商业者身上。

宋代关市税

宋朝初年注意整顿商税制度，对五代十国割据时期关卡林立的状态进行了整顿。而北宋时商品货币经济有所发展，原来封闭的市制已被废除。除了州县之外，乡镇中各种规模的草市、乡村中的集市都成了政府征收商税的对象。关税照旧征收，也称"过税"；市税改称"鬻卖税"，也称"住税"。只要卖货即有税，过税税率一般为2%，住税税率一般为3%，但并不固定，随各地情况、各种商品的不同而变化。官府需要的物资十抽其一，称之为"抽税"。征税的商品包括布帛、什器、香药、宝货、猪羊、马牛、茶盐等。凡贩夫贩妇的细碎交易、岭南地区商贾贩生药和民间自织自用绢帛都可免税。凡收税的商品在税场上榜示，使人一目了然。已纳税商品，一一加盖官印。藏匿货物逃税者，三分之一货物没收，没收物中二分之一给告发者充赏。运贩商物必须经由官路（便于征过税），自辟小道运贩者有罪。

宋朝在各地设立专职税务机关。各地州县税务机构大者称税务、小者称税场，有的关镇也设置税务机构。税务、税场有的设专官，也有的由地方州县官兼领。宋朝对税务极为重视，北宋建立的当年（960年）就定有《商税则例》。北宋首次对商税税收采取"课额"制，即规定各地必须上缴的税额。规定以988—990年的税收平均数固定为课额，各地税额只增不减。税务官能超额上缴就可升迁或"减磨勘"（提前晋升），因此各种地方附加税层出不穷。政和年间（1111—1117年）规定在原定税则之外再增收一分（税率是否提高一分为3%，还是税额提高十分之一，史载不详）。以后又有"三五分"甚至"七分增收税钱"的名目。宋代商税收入相当可观，995年已达四百四十万贯，二十多年后就提高至八百零四万贯，以后一直保持在七八百万贯水平之上。

宋朝杂项征商

北宋商税起初并不繁重，商税收入属于朝廷，各地商税务、税场隶属于各路转运使，税利转运朝廷。至北宋末年，蔡京等人专权，横征暴敛，而国家多事，各地方大员擅自开征商税，至南宋形成了惯例，杂征敛财名目之多为历史上所罕见。

一、经制钱。北宋末年发生了浙东方腊起义，朝廷委派陈亨伯负责筹集军费，开创了多项附加税合一征收的办法，因为当时他任发运使经制东南七路财赋，因而其所征税种被称为"经制钱"。经制钱并不是新税种，而是对几种旧有商税、杂税等略加几分附加税，合一征收而得。如卖酒税、鬻糟税、牙税（契税）、头子钱（原是田赋两税的附加税，经制钱在附加税上再附加收税）、楼房店务钱（营业房屋税）等都略加几分，合一征收。号称"敛之于细，而积之甚众，求之于所欲，而非强其所不欲。如增收印契钱，出于兼并之家，无伤于下户；增收卖酒钱，合于人情无害于民"。各地附加的份额并不相同。1126年钦宗继位，废除经制钱。

二、总制钱。北宋经制钱到南宋时又恢复，并仿照这个办法又创总制钱，合称"经总制钱"，大约每纳各种杂税一贯就须纳经总制钱五十六文。北宋末征收经制钱共计二百万缗，南宋征收经总制钱在1149 年就达一千四百四十多万缗，成为朝廷主要收入之一。

三、月桩钱。南宋初年军费紧急，朝廷下令州县按月向大军输送钱物，故称月桩钱。全凭州县自行筹措设法，朝廷并无统一规定。名目之多，难以计数。南宋末每年月桩钱收入达三百九十万贯。

四、板帐钱，亦称"版帐钱"。这也是南宋为筹措军费而开征的杂税。主要实行于福建、两浙等路。据店铺账簿所记金额（交易额）按比例征收。两浙路一年即有一二十万贯之多。

经总制钱、月桩钱、板帐钱等杂税，都由地方官主持征收，助长了州县地方官横征暴敛的恶习。宋末元初人马端临指出："今朝廷之所以取之州县者，曰经总制、月桩、板帐钱也，而州县之所藉以办此钱者，曰酒坊、牙契、头子钱也。……上取其一，而下取其十也。"这些杂税开始都是以征商为主的，但到了后来，已是各类地方杂税的总称。此外，南宋的商税也更为混乱。地方州县自设税场，阻拦搜检过往行人。行人随身携带的缗钱也抽税（原规定免税）。斗米、柴薪、菜茹等都勒令上税，连空船也要纳税。乡村集市也收住税，广泛推行包税制，招商承买墟市，苛征无已，税场被商民视为法场。

元代征商法

元代的统治者非常重视商业。官僚权贵也大都经营商业，元朝廷并不禁止，只是下令官僚权贵经营商业也须一体纳税，并不优免。元代宗教势力很大，僧道也大规模经营商业。几乎每位元朝皇帝都下令严禁官僚权贵僧道行商匿税。元初曾有一些蒙古贵族建议将中原地区辟为牧地，当时的政治家耶律楚材坚决反对这一建议，指出："中原地税、商税、盐、酒、铁冶、山泽之利，岁可得银五十万两，帛八万匹，粟四十余万石。"可见商税对于元朝廷财政的重要性。

1234 年，元朝开始设立征收课税所，征课商税。元朝商税主要有三种：

1. 正课。即每年有定额上缴任务的商税，分为买卖税、通过税以及对于田宅奴婢马牛交易的契税。商税的税率在1270 年规定为三十取一，以后改为二十取一。

2. 额外课。即无定额的征课，名目达三十二种之多。除了历日、契本、河泊、山场、窑冶和房地租，都是地方商税和杂税。

3. 船料税。即对于商船所征之税，一千料以上的船每年纳钞六锭，一千料以下依次递减。

商税税额 1270 年定额为四千五百锭，元朝中期定额达九十三万多锭。

元朝商税的征收方法广泛推行包税制，即招商人承包税额，包办税务。元初富人刘忽笃马、涉猎发丁、刘廷玉等以银一百四十万两扑买天下课税。不久由焉尔图哈玛尔扑买，增至二百三十万两。广泛推行包税制的后果是商税把持在一些具有独占权的大商人手里，"贪利之徒，罔上虐下"，税务法制荡然无存，极为混乱。

第四节　明清关税与商税

明朝统治者继续推行传统的崇本抑末政策。明初法令规定：农民可以穿绸纱绢布，但商贾之家只许穿绸纱，这是汉唐贱商令的余绪。然而明初统治者对商人和商业的看法比汉唐时要积极得多。明太祖朱元璋承认"商贾之士皆人民也"，也需要教化。鉴于商贾一般读书不多，明太祖特命儒士编书教导商贾，这被称为是中国商业教科书的开端。明朝并在一定程度上实行了经济放任政策。

明初商税市场制度

明初的商税主要是通过税，降低了商税税率。规定商税三十税一，超过者以违法论。明初商税务机构分为都税使、宣课司（局）二级，隶属于省布政使司，商税收入由省解缴朝廷。宣课局之下又有分局以及各税所。洪武初年，全国课税机构共有四百多所，明太祖下令裁撤了三百六十四处。但以后又逐渐恢复，达三百八十局，以南直隶（今江苏，共六十八处）、浙江（六十处）、山东（四十处）三省最多。明初商税法令规定凡书籍、农具和不鬻于市的货物都予以免税。因此明代税法是按"三十税一"和"凡物不鬻于市者勿税"两大原则征收。1403 年进一步明确规定：军民嫁娶丧祭和节日时所送礼物、染练自织布帛、所买的已税之物、船只车辆载运自用货物、农用器具、挑担小贩贩卖蔬菜、货卖杂鱼、民间常用竹木器物、铜锡器物、日用食物等都可以免税。明商税也是货币税，规定纳宝钞或铜钱。为了保证纸币回笼，规定纳商税钱三钞七。

明初商税中还有一种"塌房税"。塌房是明初特设的官营仓库。明太祖建都南京，因为商贾运货至南京只能堆积在城外或积存船上，所以下令在三山门外沿河建造几十所房屋，名为"塌房"，供商人堆积货物，收取三十分之一的房钱、三十分之一的商税、三十分之一的"免牙钱"（代为接洽商贾）。明成祖迁都北平，也照例建塌房，收取塌房税。

虽然汉唐封闭的市制早已被打破，但明初对于市场秩序的管理制度仍十分严格。明不设专职市司机构，市司由各地治安机构兵马司、巡检司兼理。府、州、县衙门也有管理市场的职责。凡民间店铺市肆每月向府、州、县衙门申报各项买卖货物的价格，府、州、县衙门每月初旬取勘月价，不得高抬或少估。市司（即兵马司）每三日校正一次街市的斛、斗、秤、尺，并估定时价。在其他方面，明代也都继承了唐律令的有关规定。

市肆门摊税

明代商业活动发达，商业交换遍及城乡各地，政府控制不易，因而唐宋时的住税消亡。至明中期，传统的买卖税向店铺营业税转化。1425 年，开始征收市肆门摊税。市肆即店铺，门摊是按门摊派的意思。宋元时已有门摊名目。明代开征此税原意是为了回笼宝钞，强迫店铺收纳宝钞。这项税起先在顺天（北京）、应天（南京）、苏州、杭州等全国三十三个最主要的商业城市开征。1429 年因宝钞贬值，又将税额提高五倍。规定油房、磨坊，每月纳钞五百贯；堆卖木材、烧造砖瓦，每月纳钞四百贯；店房每间每月纳钞五百贯；载货驴车每辆纳钞二百贯、牛车五十贯、小车二十贯；菜园每亩每月纳钞二百贯；果园果树每十株每年纳钞一百贯。1442 年又有所减轻，缎子铺每季纳钞一百二十贯，其他油坊、磨坊、糖、茶食、木植、剪裁、绣作铺等每季纳钞五十六贯。这时市肆门摊税已逐步失去了回笼宝钞的性质。宝钞被废除后，市肆门摊税改折银两征收，成为正式的店铺营业税。

钞关与工关

明代商税机构隶属于省布政使司，税收往往挪用于地方行政经费。三十分之一的税率也不能使朝廷满意。因此，1429年，明朝廷又在原有的税务机构之外，由中央户部直接派出的征税机构至交通干道要地设关征税，税收直接解入朝廷。由于开征此项新税时，仍以回收宝钞为急务，因此称之为"钞关税"。

钞关最早设于大运河沿线的水路要冲地区，包括漷县关（正统十一年移至河西务）、临清关、济宁关、徐州关、淮安关（在今江苏靖江）、扬州关（在今江苏省扬州市江都区）、上新河关（在今南京），共计七关。1450年又在长江沿线的金沙河洲、九江以及运河沿线的苏州、杭州新设钞关。明后期设北新、浒墅、九江、两淮、扬州、临清、河西务和崇文门八处钞关。原以征收船料为主，凡舟船受雇载运货物，即按船只大小征税，每船百料，纳钞百贯。以后改以船的梁头广狭为准，五尺至一丈六尺分等征税。仅临清、杭州两关兼收十分之一的货税。明中期起一律改征银两，并一律在船料外增收货税。1625年定例：钞关税率十分之一，每关设定额，全部钞关课额达四十三万九千九百两，远远超过了原有的商税税率。

除了户部派出的钞关之外，明中期又设工部派出的工关。唐中期已有对商人贩运竹木抽取实物的做法。元朝对毛竹采取专卖，江南产竹不得自由贩卖，必须向官府买竹引。对于木材也在各林区设竹木局抽取木料。明初沿袭元制，各地设竹木抽分场（局），对竹、木、薪、炭课税抽分，隶属于户部。明太祖曾下令废除竹木抽分场。以后几代皇帝大兴土木，因而在1471年由中央主管土建的工部直接派出官员在芜湖、沙市、杭州设立抽分竹木局，对竹木实行抽分。以后逐渐增多，各竹木林区要道都设关抽分。因与户部派出的钞关相对，被称为工关或木关。工关税以抽分实物为主。一般规定，凡客商贩运芦柴、茅草、稻草等三十抽一；杉木、竹篾、白藤等三十抽二；松木、松板、杉板、檀木、黄杨、梨木、杂木，毛竹、木炭等十抽其二。

明末税监

明朝后期，交通干道沿线的工商城市迅速发展。明万历年间，神宗皇帝带头追求金银，除了大派矿监外，还对各工商业繁荣的城市派出税监、税使，滥征商税，对工商市民进行掠夺。税监至各地招募地痞为爪牙，以黄旗为标志，在各地滥设关卡，无论是否已纳税的货物都逼令再税。长江货船顺流而下一日可行三四百里，而税监设卡五六处，仪真与京口一二里路程也设两个关卡，征两次税。甚至一船灯草笤帚，货物价值只值一两多白银，船料竟达银三四两。一些税监还指令走狗公然抢劫商旅。商民怨声载道，进而奋起反抗，形成了明末特有的城市民变风潮，较为繁荣的临清、苏州、武昌、汉口、通州、景德镇等城镇都发生了反抗税监的民变。

明末税监的征商毫无法律依据可言，完全是一种对市民的暴力剥夺，对城市经济打击极为沉重。临清原有绸缎铺三十二家，这时关闭二十一家，七十五家布店仅剩四十五家。河西务一百六十多家布店只剩三十多家，市面萧条，经济凋敝。当时户部统计天下殷实富户比税监出使前减少了一半。虽然在市民的反抗下税监与矿监一起被撤除，但造成的破坏却直到明亡也仍未恢复。

清代关税

清代的关税制度是沿袭明末钞关制度发展而来的，是清代最主要的商税种类。关税收入直接缴送中央户部，关本身是户部的隶属机构，故称"户关"。1753 年，户关共设有三十四处，以直隶（共十处）、江苏（共五处）最多，其余省份设一至两处。本关之下又设分关、分局和分卡，合计有数百个关卡。

清关税仍属通过税性质，分为货物税和船税（沿河关卡）两类。货物税分为衣物税、食物税、用物税和杂货税四项。凡赈济灾荒物资和粮食、携带货物中随身常用物品、粮船常用物品等可免税。根据清《户部则例》，关税税率为物价的5%，高于明代商税。规定各卡必须将税率高悬木榜，使众咸知。但实际上各关因循守旧，税率各有不同，甚至一关之下各分局、分卡税率也不相同。正税之外的附加税名目繁多，如盖印费、呈单费、验货费、补水费、办公费等，除了办公费规定为正税一成（10%）之外，其余多由吏胥陋规演变而来，税率更是参差，甚至有比正税高数倍者。

户关虽由户部派出，但清代规定由各省的总督、巡抚、将军（驻防八旗）加以监督。设专职关道或其他道台兼任。分关往往由知府、同知、知州、知县等地方官兼任。各关的关税都有上缴定额，每年缴送朝廷。完不成定额，由主管关务的官员负责赔偿：缺额在三百两以下者，必须在半年内赔偿；三百两以上，限期一年；一千两以上，两年为限；五千两以上，三年为限；五万两以下，六年为限；五万两以上，八年为限；限内不能偿足，免职处分，并没收所有财产抵充；仍不足，子孙代偿。如能超额上缴，称为盈余，给予奖励、超升。因此各关官员无不尽力搜刮。清代户关的收入比之明代钞关增加十倍以上，1753年，关税总额已达四百零二万多两。

除了户部派出的户关之外，还有工部派出的工关。清代工关主要不再是抽分竹木的机构，也征货物税与船税。即使竹木也往往折征银两，实际上与户关的性质相同，只是将关税收入上缴工部而已。工关共有十八处，关税收入也达二十七万余两（1753年）。

落地税及其他

清代裁撤了明代的都税使、宣课司税务系统。原有的商税、门摊税并入各省、府、州、县地方税种，制度也都出自地方，全国不再有统一、正式的法规。清代将以上税种一般统称为落地税。落地税主要指州县政府对于进入本地市场货物征收的商税，税率、税额、征收方法等各地不同。由于落地税是从古代住税发展而来，所以又称坐税。清初落地税城镇和乡村都征，乡村的落地税由差役胥吏征收，或由牙行包税。乾隆年间定例：市集落地税只能在人烟凑集、贸易众多的城镇才能征收。乡镇村落的落地税全行禁革，不许贪官污吏巧取一文。落地税征课的货物品种极为繁杂，农具、帚箕、薪炭、鱼虾、蔬果等都纳税后才能发卖。落地税收充作地方经费，只上缴朝廷很少一部分，一般每省仅一万两左右。

清代主要的营业税种还有当税。当税是向当铺征收的营业税。1652 年制定典铺税例，各当铺每年五两。1664 年修订当铺税则，当铺每年纳银二两五钱至五两，分四等征收。1728 年又制定当帖规则，规定必须持有当帖才可开业。领帖费额各地不同。

除了以上落地税、当税之外，清代中期还出现了各种地方杂税，尤其是各种捐输危害更大。捐输原为自愿捐助输财于国的意思，清中期起财政日益紧张，以捐输为名向商人勒索成为普遍现象。商税逐渐加重，商业呈现萎缩状态。

第十一章　市舶法

中国在很久以前便开始与世界其他民族有贸易往来。由于受自然地理条件及古代交通工具的限制，中国古代对外经济贸易联系路线主要分为海、陆两条。陆路即出河西走廊，沿天山南北两路西进的著名"丝绸之路"；海路即从东部沿海港口驾船出海，东航日本、朝鲜，或南下南洋群岛转折向西过马六甲海峡。古代的对外贸易一般都采取以货易货的方式，一般称陆路对外贸易为"互市"，因为陆路对外联系是沿着边防关戍进行的，又称之为关市。古代一般称海路对外贸易为"市舶"，市舶原是指在海上互市船舶的意思。自唐朝设立市舶使管理海外贸易后，市舶一词专指海外贸易。

在唐朝以前，中国对外贸易、对外联系一直以陆路为主，而唐以后，丝绸之路经常被游牧民族阻断，贸易要经多次转手，同时中国南方经济繁荣发展，造船术、航海术发达，对外贸易重点逐渐转为以海路为主。宋、元、明、清各代的对外贸易方面的法律制度也都以海路贸易为主。因此，本章讲解以市舶法为主，兼及若干陆路互市制度。

第一节　唐代以前的互市与市舶

公元前 1 世纪，汉武帝派遣张骞出使西域，从此打通了通向西方的丝绸之路。当时对外贸易主要是奢侈品贸易。汉朝廷在边境设立了关卡烽燧，和平时期对于出关贸易者一般不加阻拦，但是必须有官府许可，发给出入边关的证明"符传"，否则为"阑出边关财物罪"，要处死刑。汉武帝时，匈奴浑邪王至长安，长安商人与匈奴随行人员开展贸易，触犯此项罪名，"坐当死者五百余人"。西汉初年，与南越交恶，曾禁止铁器输入南越。以后汉律中正式规定："胡市，吏民不得持兵器及铁出关。"此外的互市制度史无明文记载。

海道的贸易在汉代也已出现，香禺（广州）在东汉已是犀象、玳瑁、珠玑、铜、果布（有人认为"果布"是马来语"龙涎香"的译音）等珍奇之物的集中地。据说西汉武帝时曾派人携带黄金、杂缯（丝织品）入海，寻求交换珍奇。西汉时对于海道贸易的管理制度不详。

两汉时汉朝多次与匈奴作战，付出巨大代价，但通往西域的道路仍因游牧民族的阻拦而"三绝三通"。东汉灭亡后，继起的三国、两晋、南北朝时期，中国多内乱，陆路贸易艰难。而江南六朝（东吴、东晋、宋、齐、梁、陈）时期，海外贸易有了很大发展。如在南梁时（502—557年），广州每年都有十几条外国商船到来贸易。但这一时期，外贸法律制度仍不健全。各朝历任广州刺史大多侵夺商利，任意欺压，"外国贾人以通货易，旧时州郡以半价就市，又买而即卖，其利数倍"。强买强卖，倚仗权势倒卖进口的各种香料、奢侈品，卸任时无不"捆载以归"，大饱私囊。朝廷对此并不重视，从不立法。

隋唐的互市

隋唐时期，由于国力强盛，陆上和海上交通畅通无阻，对外贸易大为兴盛。隋炀帝夸富斗奇，广招塞外胡商至中国贸易。曾在洛阳开市，整修市肆，设置帷帐，堆积各种货物，卖菜者也坐龙须席，树上结满彩帛，外国客商在酒食店吃喝，全部免费招待，宣称"中国丰饶，酒食例不取直"。同时，隋炀帝派出使者前往中亚、南亚各地，宣扬隋朝富强，招引外商来华贸易，这种制造虚假繁荣的政策造成社会经济的破坏，是隋朝灭亡的原因之一。

唐朝初年，建立了严格限制陆路互市的法律制度。《唐律疏议·卫禁律》规定："诸越度（即不经官府设关卡的大道，绕道越境出外）缘边关塞者，徒二年。共化外人私相交易，若取与者，一尺徒二年半，三匹加一等，十五匹加役流。私与禁兵器者，绞；共为婚姻者，流二千里……即因使私有交易者，准盗论。"疏议曰："缘边关塞，以隔华、夷……但以缘边关塞，越罪故重（'越度'内地关津者徒一年半）……若共化外番人私相交易，谓市买博易，或取番人之物及将物与番人……其化外人越度入境，与化内交易，得罪并与化内人越度、交易同，仍奏听敕。"唐朝对于互市贸易严格限制，严禁一般百姓出关，"出入国境，非公使者不合"。而外番商人也不可私自入关贸易，否则与中国商人一样治罪。中国朝廷派往外国的使节或外国派来中国的使节（大多是假冒使节的客商）也不可顺便进行贸易，"公使入番，番人因使入国。私有交易者，谓市买博易，各计赃，准盗论，罪止流三千里"。实际上唐朝法律不仅禁止人民与番商自由贸易，而且连接待言语都在禁止之限。《唐律疏议》引唐《主客式》规定："番客入朝，于在路不得与客交杂，亦不得令客与人言语，州、县官人若无事，亦不得与客相见。"

唐朝法律允许的陆路对外贸易，是官方监督下的互市。唐朝廷在边关若干地点设置互市监官职，在这些地方允许中外商人在互市监官的监督控制下进行以物易物的互市。番客以骆驼、马匹及其他畜产品换取中国的丝、麻与其他商品，具体制度不详。

唐代市舶使

对于海路贸易，唐朝廷采取了鼓励与开放的政策，允许外国商人到中国自由贸易，可定居在中国，世代从事海运贸易，并初步建立了市舶制度。

唐太宗贞观十七年（643年）下诏规定：对于外国商船贩至中国的龙脑、沉香、丁香、白豆蔻四种货物实行抽分，即由政府抽取10%的实物税。这是有文字记录以来历史上第一个外贸征税的法令，开了后代征收外贸税的先河。约在武则天统治时期（685—705年），唐朝廷正式在广州设置了市舶使官职，这是历史上首次就海路对外贸易设立专门的管理官职。

唐朝的市舶使起初多由宦官担任，一般是皇帝亲信太监。市舶使的职权范围与驻广州的地方官（如岭南节度使、南海太守）常有冲突，地方官也有一定的管理外贸的权力。市舶使作为中央派出官员与地方官之间的关系并无法律明文规定，因而经常发生市舶使与地方官员争权之事，最激烈的如763年，市舶使吕太一与岭南节度使张休发生冲突，竟起兵作乱，赶走节度使，盘踞广州。

唐代市舶制度

唐代中央朝廷颁布的市舶法令很少，市舶使与广州地方官有很大的自主权。在管理、税收诸方面都可以自作主张。《旧唐书·卢钧列传》称："南海有蛮舶之利，珍货辐辏。旧帅作法兴利以致富，凡为南海者，靡不捆载而归。"

唐朝法定的市舶税有三种：一种是"舶脚"，即船舶的入口税；一种是抽分，即如前所述，由市舶使征四种货物的十分之一实物上贡给朝廷享用，故又称"进奉"；还有一种是"收市"，即番船进港，番货上岸在广州城市内与中国商人贸易时所收的市税。舶脚与收市的具体税率不详，恐怕大多为广州地方官自行制定，据唐时来广州游历的阿拉伯人苏莱曼所著的《东游记》记载，各种货物收税达十分之三。这应包括了地方官的勒索在内。当时广州的地方官巧立名目，敲诈商贾，如"下碇税""阅货宴"，"所饷犀琲，下及仆隶"。据《旧唐书·卢怀慎传》称，开元后四十多年中，广州节度使清白者仅四人。征税的具体方法据《苏莱曼东游记》所记载，外国商船至广州，由市舶使监督检查货物，全部货物搬运入官府特建的仓库存放，直至当年来广州最后的海船到后（因受季风影响，每年到广州只能在固定的季节，一般在春夏两季），市舶使抽取货物的十分之三，其余发还原主，运至市中交易。如有欺诈隐瞒货物，即予以处罚关押。

唐律规定外国商人可以与中国人通婚，但不得携带妻子返回本国。因而大批番客胡商在中国定居。广州、扬州设有番坊，设番坊司管理。番长除了负有管理职责外，并有招诱番商来华贸易任务。唐朝法令规定在中国的番商死后，如三个月内没有妻子和儿女前来认领，则遗产全部没收入官。877年，岭南节度使孔癸以海上往来每年仅一次，取消时间限制，只要有亲属来认领并有验证，遗产即全部给予亲属。

唐朝是市舶制度的开创时期。唐朝灭亡后，中国陷入五代十国分裂状态。

一些沿海地区的割据政权沿袭唐代制度，努力开展海外贸易，如钱氏吴越国（今浙江）、王氏闽国（今福建）、刘氏南汉国（今广东）都开展海外贸易以补国用。971年宋朝军队大兵压境时，南汉国主刘𬬮还"以海舶十余，悉载珍宝、嫔御，将入海"。

第二节　宋代市舶条法

隋唐中期以来社会商品经济发展，海外贸易有了长足进步。宋朝统治者积极鼓励海外贸易，其目的在于得到异宝奇香，满足骄奢淫逸的寄生生活。另一方面，宋朝廷认为五代十国时吴越、南汉等割据政权之所以能够与中原政权抗衡，正因为是"笼海商得法"，市舶之利可以助国用。宋朝廷为此增设市舶港口、开辟航道、设法招商，市舶法因而获得了很大发展。

唐中叶以后，中国社会经济重心移到了南方，农业、手工业大为发展，造船技术也大为进步。出现了"万石"大船（一石为一百二十斤，万石约六百吨的船只），一般用于海外贸易的船只大多为一两千料（料即石，约一百吨）。航海技术也有了突出的进步，北宋已广泛使用罗盘针航海。这些都保障了海外贸易的兴旺，中国海船成为东半球海运主角。

宋代主要贸易往来国家有大食诸国（今阿拉伯半岛及埃及、东非各国）、西天诸国（今南亚半岛）及今东南亚各国，中国输出的主要商品是各类丝织品，因而中国海运路线被称为"海上丝绸之路"，其次为各种陶器、瓷器、铁器、茶叶、药材等。输入中国的货物主要是香料、药物、棉布及日本的硫黄、折扇等。

两宋的海外贸易大概可以分为官府经营和私人经营两大类。官营贸易主要是"朝贡"与"交聘"。海外各国往往向宋朝廷"上贡"，或者与宋朝廷互相交换礼物，即为交聘，但实际上所谓外国使臣往往只是外国商人自称而已。宋朝廷对于外国上贡物品，由市舶司估价，然后回赠价值高于贡品的物品，但这种变性的贸易并不能给宋朝带来实惠。宋朝初年，宋太宗曾派遣内侍携带金帛前往海南各国博买香药、犀牙、珍珠、龙脑。这种官营贸易以后几朝也曾有过，但并不占主要地位。

宋朝政府屡次下令"食禄之家，不许与民争利"，禁止权贵官僚从事海外贸易。法律虽有严禁，但实际上收效甚微。如南宋将领张浚曾给一个老兵五十万贯作为本钱经营海外贸易，获利几十倍。一般民间从事海外贸易的商人，被称为舶商，户籍上专门列为舶户。宋朝法令规定，去高丽贸易的舶商必须持有三千贯资产。高丽不算远洋，去远洋的舶商应持资产自然应更多，因此舶商大多是一地的富户大姓。巨商一般自己拥有海舶，自任纲首（船长），也有很多舶商雇请纲首。海舶的组织有纲首、杂事（处理杂事）、直库（武器管理人）、部领（水手长）、火长（领航员）、舵工、梢手等职事人员，一船可以载数百人。一些中小商人往往携货搭乘海舶，随舶出洋贸易，"商人分占贮货，人得数尺许，下以贮物，夜卧其上"。这种只在海舶中占数尺空间的中小商人也是舶商的一部分。

宋代市舶港口

北宋时最主要的外贸海港仍是广州，但广州距北宋京师开封路途遥远，为此北宋朝廷大力经营闽浙沿海港口。至南宋时，两浙诸港屡遭战火，而福建是南宋小朝廷的后方，距行在临安（临时首都，今杭州）较近，泉州港又处于广浙海路中心，地理条件优良，因此泉州取代广州成为最主要的市舶港口。

宋朝沿袭唐朝制度，仍设置市舶司管理海外贸易。971年灭南汉国，设广州市舶司；978年灭吴越国，设杭州市舶司；999年设明州（今宁波）市舶司。这三个市舶司合称三司，是北宋最主要的管理海外贸易的机构；1087年、1088年又设泉州、密州（今山东胶县）板桥镇两个市舶司，这五处都是北宋最主要的外贸港口。南宋设广南东路（广州）、福建路（泉州）、两浙路"三路市舶"，其中两浙路曾先后分设杭州、江阴军、温州、秀州（今嘉兴）、明州五处市舶务，还曾在澉浦（今浙江海盐）设市舶场。

北宋前期市舶司是各路转运使下属机构，并由地方行政长官兼任市舶主管官员，如由广州知州兼广州市舶使、广州通判兼市舶判官。1080年又规定以各路转运使兼任市舶使，以后改设专职的提举市舶。南宋也曾多次将市舶司归并于路转运使、路提点刑狱等地方机构，但最后都恢复专职的提举市舶官，这说明了市舶司的重要性。

宋市舶司的职责是"掌番货、海舶、征榷、贸易之事，以徕远人，通远物"。即招徕外国商客，进口海外各种货物，尤其是香药。市舶司管理发遣进出港口的中外商舶、抽解货物、征收商税、迎送贡使、贡物估价等。此外，布舶司的另一重要职责是每年举行两次"典祀"，即祈风仪式。十二月份祈北风，商舶出港；五至六月祈南风，商舶回港。每年十二月遣发番舶祈北风之际，还主持排办筵宴，招待诸国番商。

宋代市舶条法

宋代有关市舶方面的法律制度总称为市舶条法，或称条约、条贯等。北宋前期没有制定市舶司法律，与北宋其他法律一样，以敕令为主，前后不一。元丰三年（1080年）朝廷修订《广州市舶条（法）》，以后被称为《元丰法》，也可部分适用于其他市舶司，但仍不是一部完整的法规，并且以后又有续降敕令、指挥等，直到南宋仍是如此。1159年，御史台检估官张阐担任了两年市舶使后，指出："窃尝求其利害之灼然者，无若法令之未修。何当福建广南各置务于一州，两浙市舶务及分建于五所。三路市舶相去各数千里。初无一定之法，或本于一司之申请而他司有不及知，或出于一时之建明，而异时有不可用。监官之或专或兼，人吏之或多或寡。待夷夏之商，或同而或异；立赏刑之制，或重而或轻。以至住舶于非发舶之所，有禁有不禁；买物于非产物之地，有许有不许。"三路市舶无统一制度，法令因时因地不同，有关官员任命、人员设置、中外商人的待遇、奖赏处罚制度、船舶管理、商品管理等各方面都无统一规定，造成"官吏无所遵守，商贾莫知适从。奸吏舞文，远人被害，其为患深"。但这一批评仍未引起南宋朝廷的重视。

两宋虽然没有完整的市舶法规，但是各种有关市舶的敕条非常多，这些都被统称为"市舶条法"。由于数量众多，各方面规定还是比较详尽的。其主要内容可分为：

一、关于商舶的管理。

宋市舶条法规定：凡商人出海贸易都必须经过市舶司批准，发给公据（也称公凭、公验，是一种证明文件），回港时也必须呈缴验证公据。目前在日本还保留有一件北宋崇宁四年（1105年）六月明州市舶司发给前往日本国贸易的泉州商人李充的公凭。这件公凭上除了记载船只、商人、船上人员名单、货物清单、保人等内容外，还摘抄了若干有关的敕条。根据这件公据及有关史料，关于商舶的管理制度主要有：

1. 出海的商舶必须从官方指定的市舶港口起航，并且回航至此港。《元丰法》（广州市舶条）规定：广州市舶司发前往南番（东南亚、印度洋）的商舶，明州市舶司发前往日本、高丽的商舶，如不按规定擅自前往以违制罪论。以后敕条又规定一切出海的商舶都必须从杭州、明州、广州市舶司登记注册起航，不得从其他口岸出航，违者以违制罪论，但不再有固定的去向限制。这一规定为后世所沿袭。

2. 商舶出航前，必须先向所在地方州县政府呈报客商姓名、籍贯。船主、船上货物、船上全体人员姓名，在上船开航前，由州县地方与市舶无关的官员（"不干碍官"）进行"点检"，并由当地"物力户"（富户）三人担保，然后再由市舶司发给公据。公据由纲首收执。如不申请公据自行出海，船主、物主各处两年徒刑，五百里编管。船上人员一律杖八十，并许人告捕，以船舶货物一半充赏。保人也连带受处罚，减本犯三等处刑。如私自前往北界（辽朝、金朝）加二等处罚、配一千里。未行者徒一年，邻州编管。

3. 舶商出海，不得夹带兵器、铜钱、妇女、奸细、逃亡军人。否则一行所有商物全部没收入官。舶商出外也不可自称奉使，妄作表章，妄有称呼，只能自称商贩。

4. 获准出海的船舶，还由市舶司发给纲首、副纲首、杂事"朱记"，即印章，授权纲首、杂事在海上代表官府，"许用笞治其徒"。有死亡者，由纲首负责清点查封遗物。

5. 两宋规定出海商舶的往返程限。南宋隆兴二年（1164年）规定：凡出海商舶能于五个月内回舶的，可以优惠税率抽分。一年之内回舶的，依平常税率抽税；一年以上回舶要加以处罚。促使商舶尽快回航是为了增加进口货物数量，也就为官府增加了税收。但实际上由于受信风影响，五个月内很难完成一个航次。

6. 出海商舶必须回到原来起航的市舶港口，所谓"原发舶州住舶"。

向原发公据的市舶司缴纳公据，由原发港口的市舶司抽解征税。《元丰法》规定，允许船只遇有信风不便时，前往非原发舶州住舶抽买。但仅过了二十多年又恢复旧制。南宋也曾多次反复，最终仍维持旧制。1167 年《元丰法》又规定，市舶司不可对别处市舶所发船只拘留抽解，必须委派官员押送船只离岸去原先申请公据市舶司抽解。这一规定在很大程度是由于各市舶司为争夺抽解舶货的利益而造成的。

二、进口货物的管理。

宋朝廷建立市舶机构和市舶条法的目的就在于增加财政收入，以助国用。其方法主要是对进口货物实行专卖和抽税。目前还未见到有关对出口货物征税的记载，很可能宋代只对进口货物抽税。

1. 禁榷物。北宋初年规定一切进口货物都由国家专卖，民间不得私相交易，违者处罚。982 年改为指定八种禁榷物由官府专卖。这八种禁榷物分别是：玳瑁、象牙、犀角、宾铁（可制兵器的钢铁）、鼊皮、珊瑚、玛瑙、乳香，以后又加上了紫矿和瑜石（锌矿石），其中最重要的是乳香。至南宋，牛皮、牛筋、牛骨等堪造军器之物都实行禁榷，凡禁榷物全部由官府征购。

2. 抽分，也称抽解，即对一切进口货物都征收十分之一的实物税。一般商舶入港即先对各种货物抽分，然后征购禁榷物。抽分的税率原则是十分之一。但以后又规定，将舶货分为粗、细二色（类）：粗色指一般货物，如胡椒、硫黄、速香、吉贝（棉布）等；细色指贵重货物，如金、银、珠宝、人参、麝香、龙脑等。北宋规定细色抽分十分之一，粗色抽分十分之三。1136 年，改为细色抽分二十分之一，粗色抽分十五分之一。南宋后期又加至细色抽分五分之一，粗色抽分十五分之二。明州市舶司又自定条法，规定高丽和日本商舶抽分十九分之一，余船十五分之一，南海船十分之一。在官府抽分前，不得私自藏取货物，否则没收全部货物。抽分所得货物由市舶司解送京师，所以又称抽解。

3. 博买，也称官市，即由官府定出价格征购部分舶货。991 年官府规定，除禁榷物之外，其他舶货由市舶司选择质优销路广的货物博买二分之一，付给时价，粗恶者任商人发卖勿禁。1133 年，南宋朝廷援引"旧法"，指示广东市舶司，对香药之类"中国有用之物"，多数博买。这种强制性征购，不仅付给商人的价格过低，而且市舶司还往往不付现钱，将官库中的滞销货物抵价。

舶商载来的舶货经过抽分、官市后才"得为己物"，可以在市舶司所在地市场上发卖，也可以运送至内地发卖，在市舶司本路范围内"从便买卖"，官府不得再行收税。出本路贸易，必须经市舶司批准发放公凭。

市舶司征购的禁榷物及抽分、博买所得的货物中，一般细色由市舶司组织纲运京师，供朝廷挥霍享用，其中部分由京师卖药所、榷货务等专卖机构发卖。香药如同盐、茶、矾一样，都是北宋朝廷应急良方，每当地方边防军需紧急时，就招商向边境输送物资，然后凭交引至京师榷货务支取香药。除了茶榷物之外，其他不堪上供的货物，由市舶司"打套"出卖，即将各类货物搭配出卖，所获现钱再解送京师。

三、鼓励海外贸易。

宋朝廷对海外贸易采取积极鼓励方针，并从法律上扶植民间海外贸易。这方面规定主要有：

1. 禁止权贵官吏经营海外贸易。宋朝初年，995年宋太宗向广州市舶司下达诏令，规定如有文武官僚派遣亲信前往海外贸易，要将其姓名向皇帝报告。南宋时也曾多次下令禁止现任官员投资于纲首、商旅，托其往外番收买货物。

2. 禁止权贵官吏私买舶货。宋代市舶所在地官员往往利用职务便利，"和买"舶货。南宋后期，明州市舶官员低价和买舶货达六分之五，甚至不给价钱，恃强凌夺。因此宋朝廷多次下达禁令，早在995年就规定市舶官员不得收买舶货，如违，"重置之法"，但实效很差。朝廷自己承认，番商减少都在于各级官吏克剥太过。

3. 奖励发展市舶的官民。南宋在1163年规定，商舶纲首能招诱舶舟前来，抽解货物价值达五万贯、十万贯者都可以补官。市舶司官员抽买乳香，每至一百万两即可转一官。

四、关于外国商船的规定。

两宋时期，海外贸易主要是由中国商人及中国商船经营的，外国使节也往往搭乘中国商船至中国，南宋时曾有法令禁止商舶搭载外国使节，违者徒两年，财产没官。因此宋朝市舶条法是以对出入港的中国商舶的管理为主的，专门针对外国商船的内容不多。这些规定也适用于来到市舶港口的外国商舶。外国商人也可以在抽分、官市后，携带货物往内地发卖，但必须有市舶司出给证明，禁止夹带禁榷物及"奸人"。

两宋来华贸易的外国商人很多，也有很多外国商人在中国定居，世代从事海外贸易。宋代将外国商人聚居区列为番坊，挑选番商中有名望者为番长，穿戴中国衣冠，帮助官府管理番坊，并招诱更多的番商前来贸易。很多开展贸易有成就的番商被授予各种宋朝官衔。宋朝还制定专门的《番商犯罪决罚条》，以照顾番商的习俗，但徒罪以上皆按宋朝法律处理。

宋代市舶法的意义

宋代市舶条法的主要目的在于"助国用"，两宋市舶收入相当可观。随着城市的繁荣与宗教的流行，宋代各种香料、药品的消耗量十分惊人，因此，除了直接抽解之外，宋朝廷还从禁榷物的买卖中得到大量收益。宋初每年获五十余万斤、条、株、颗；宋徽宗年间已达一百二十多万斤、条、株、颗。当时的统计是并计各种实物。南宋时折价统计，每年市舶收入约在一百九十万缗以上，绍兴年间达二百万缗，占当时岁入总数的百分之四左右。盐、茶、酒、香是南宋财政的主要支柱。

宋代的市舶条法缺乏统一、稳定性，然而这也是宋代法制以敕代规的总特点。这一条法的开创之功仍不可磨灭，尤其是注重鼓励发展市舶、平等对待外商、允许中外自由贸易等内容，对于促进社会经济发展，促进中外人民的友好往来，都有一定积极意义。

第三节　元代市舶则法

元朝虽由游牧民族创建，但历朝统治者都很重视商业活动，入主中原后对于海外贸易也很重视。在与南宋的战争过程中，招降并重用两宋泉州市舶司主管官员蒲寿庚（世居泉州的番商），委以行中书省左丞官职，要他继续招徕番商前来贸易，照宋代法规管理市舶。因此海外贸易受战争破坏不大。元朝海外贸易仍较活跃，有关立法也较为完整。

元朝海外贸易概况

与宋朝一样，元朝的海外贸易也可分为官营和私营两类。官营海外贸易除了朝贡回赐之外，最主要的方式是元代特有的"官本船"。

官本船制度起于元世祖至元二十一年（1284年）。官本船贸易是由官府准备船只、资本，挑选人员经营出洋贸易，所获得的利润十分之七归官府，十分之三归经办人员。开始时元朝廷企图对整个海外贸易实行禁榷，全部由官府专利，因此，在1284年特地准备钞十万锭作为官本船贸易资本，并禁止一切私人海外贸易。但以后因为行不通，才改为官本船与私人船只并存。官本船制度一直沿用到元朝末年，元朝最后一个皇帝元顺帝还曾专门发"两艘鲸船下番为皇后营利"。

元代私人海外贸易规模很大，其中占主要地位的是权贵官僚的海外贸易经营活动。宋朝法令严禁官员经营海外贸易，而元朝法令仅禁止市舶司官员及市舶司所在地的地方官员"拘占舶船，挟带钱物下番货卖"。其他权贵官员如诸王、驸马、权豪、势要、僧道、也里可温、答失蛮诸色人等都可以经营海外贸易，只是必须依例抽分。

元代禁海令

元朝虽然也提倡海外贸易，但出于政府专利的考虑和一些政治因素，曾四次下令禁止私人下海贸易。这是中国历史上第一个颁布禁海令的朝代。

1284年，元世祖下令实行对外贸易官营，从而禁止私人下海贸易。1293年，因为私商下海实难禁绝，元世祖令官属根据宋朝旧法制定市舶法规。1294年元世祖死，继位的元成宗宣布开放海禁。

1303年，元朝廷又一次下令禁止私商入海，违者处死，并没收一半家产。这是因为元朝廷当时处死了海盗出身的江南行省左丞朱清、右丞张瑄，唯恐海盗作乱，并且下令革罢各市舶衙门。五年后，1308年，又重开市舶，恢复市舶机构。

1311 年，元武宗死，元朝廷下令禁海，革罢市舶衙门。不久，"香货药物销运渐少、价值陡增、民用阙乏"。1314 年开禁，重设市舶司，并修订新的市舶则法。

1320 年，元仁宗死，元朝廷再次罢市舶司，禁贾人下番。1322 年开禁，又重设市舶司。

元朝禁海令共有四次，加起来有二十多年，约占了元朝统治时间的四分之一。元朝开了禁海的先例，成为明清两朝海禁的先声，但这些禁海令大多出于官府垄断外贸的考虑，与后世出于政治目的之海禁性质有所不同。

元朝市舶机构

1277 年，元朝进占闽浙，设立泉州、庆元（宋明州，今宁波）、上海、澉浦四个市舶司。不久又增设广州、温州、杭州三处，共有七处市舶司。受元朝禁海令的影响，市舶司时设时废。七处市舶逐步裁撤合并，温州、澉浦、上海先后并入庆元市舶司，杭州与当地税课司合并。至元末，仍有庆元、泉州、广州三处市舶司，与南宋相同。

元代市舶司一般由地方最高行政机构——行省管辖。元初曾令各行省首脑兼任市舶，以后改设专官，称市舶司提举，一司两员，官品为从五品。元代还曾在朝廷中央设立泉府司、院，负责管理包税商、国家承包商、市舶事务。

元朝市舶则法

元初沿袭南宋旧例，没有统一、稳定的市舶法规。1291 年元朝廷开始着手制定法规。1293 年，以"亡宋市舶则例"为基础，制定颁行《整治市舶司勾当》二十二条。1314 年又颁行新的市舶则法二十二条。这两个法规都是通行全国的海外贸易法规，与宋朝市舶条法相比，内容更丰富，法条更为严密。其主要内容大概有以下几个方面：

一、出海船只必须向市舶司申请发给公据，并由专门的保舶牙人、物力户担保。公据是统称，大船称公验，小船称公凭。公据上填明舶商姓名、人伴几名，开列船主、纲首、直库、梢工、杂事、部领、碇手、人伴等全体上船人员姓名，船只的高阔长大尺寸，所载货物名称及重量多少，前往贸易国家地区名称，等等。元代公据规定由各行中书省统一印制，形式为半印勘合，便于回港核对。凡不请公据，擅自出海者，舶商、船主、纲首、事头、火长各杖一百零七下，舶物全部没收入官，其中一半付告发人充赏，已开航者申告沿路官司追捕。如有船、货、人员等项与公据所填不符，数外多带，即为私贩，犯人杖一百零七下，舶物没官。元代还规定公据上粘连空纸，逐日填写载运货物在海外贸易地区的发卖与收买番货的情况。回港时市舶官检验，便于抽分。出海的人员五人为保，互相担保。出海船舶由市舶司火印为记。允许携带若干武器、铜锣等防身联络，但必须经官府登记，如有多带，即同私贩军器罪处罚。

二、出口舶货必须严加盘查。元代禁止贩运出海的物资种类比宋代大为增加。规定凡金银、铜钱、铁货、男女人口、丝棉、段匹、销金、绫罗、米粮、军器不得贩运出海。海舶开航前，由市舶司官员与地方监察机构肃政廉访司官员严加盘查。凡违法贩运者，舶商、船主、纲首、事头、火长各杖一百零七下，舶货没官，一半付告发人充赏。

三、海舶必须前往公据上所登记的去处贸易。谎称风水不便转投别国贸易，为"拗番"罪，舶货没官，舶商、船主、纲首、事头、火长各杖一百零七下。能自首、告发者赏给没官物二分之一。如确实是由于风水不便转投他国，才可免予处罚。海舶回港也必须至原起航港口住舶抽分，如不经市舶港口登岸卸货或藏匿货物不报官抽分，为"漏舶"罪，犯人杖一百零七下，并没收舶货。各市舶司每至海舶回港季节，先行派船守候于近海，"封堵坐押"，官员上海舶封闭货物，押送入港。入港后，先行差官将货物全部搬入官仓，仔细搜检全船，待抽分后才发还舶货。船上人员也必须经搜检后才可上岸。市舶司官员不得接受其他市舶司放行的商舶，违者杖五十七下，解除现任，受财者以枉法论。如有其他市舶司放行的商舶因风水不便至港，也只能接洽若干柴水，要其自行回原发舶港住舶。

四、舶货的抽分与舶税。元代与宋代一样，对出口货物并不征税。市舶税收主要是针对进口舶货。元代也沿袭宋代惯例，以实物税为主，只是取消了宋代禁榷与官市制度。1283 年元代初定抽分则例，规定舶货精者取十分之一,粗者十五取一,基本沿袭宋朝旧例。1293 年再次重申抽分则例。1314 年市舶法增加抽分比例,规定粗货抽分十五分之三,细货抽分十分之二。

除了抽分之外,元代还征收"舶税"。1293 年规定:在经过抽分之后,市舶司再抽余下货物的三十分之一为舶税。1214 年仍沿袭这项规定。

经过抽分、舶税,商人可以发卖其余货物,也可以向市舶司申请公遣,往内地州县发卖,缴纳商税。

市舶司抽分、舶税所得货物,一部分贵细之物起解京师,其余货物就地发卖。发卖时由市舶司出价,再由"不干碍官司"差官复查估价相同,再可发卖,得钞解纳。现任官员,权豪势要,不得托名请买,犯者杖六十七下,货物没官。

五、对于外国贡使的管理。凡番国使者携带方物至元朝上贡,也需由市舶司秤盘查验,别无夹带,才可放行;贡舶搭载的他人他货,也要申报抽分;如使者隐瞒他人他货,也按漏舶罪处罚。除贡舶外其他外国商人一律按元朝法律呈请公据、盘查抽分。番人回本国不再来中国,也要申请公据,不得夹带违禁货物。对于番商犯有不请公据、拗番、漏舶诸项罪名的,只处罚舶商、船主,余人可以免刑。

第四节　明朝市舶法与海外贸易条例

传统的市舶法至明代发生了重大变化。对外开放、鼓励海外贸易的政策被闭关自守、严守海禁的政策所代替。市舶法的着眼点也从增加财政收入转到了"崇本抑末"、宣扬皇朝声威、羁縻海外诸番等政治方面。市舶法不再是一切海外贸易的总规则,而下降为接待贡使的制度。直到明后期,才出现了一些管理民间海外贸易的条例,其重点从商舶出航转向对入口外国商舶的管理。

明朝禁海令

　　明朝虽然有郑和七次下西洋的壮举，但是下西洋的政治目的远远大于经济目的。明朝廷主观上并无以此鼓励民间海外贸易的考虑。相反，明朝是中国历史上海禁时间最长的朝代，从1368年明朝建立至1567年隆庆弛禁，连续实施了二百年海禁，十几次重申禁海令，沉重打击了唐宋以来的中国海外贸易事业。也正是在这两个世纪中，欧洲人打通了新航路，欧洲商船一跃为世界各大洋的主角。明朝的海禁使中国经济错过了两个世纪的时间。二百年海禁大概可分为以下四个时期：

　　一、明初洪武年间，即1368—1402年。明初由于原来割据苏、浙沿海的张士诚、方国珍余部窜入海岛，沦为海寇，经常侵扰内地；另外日本进入战国时期，无业浪人往往与海寇勾结，成为海上交通大敌。与元初统治者招降海寇、扫平海域的做法不同，明太祖朱元璋对此采取了闭关自守的对策。一方面加紧海防，另一方面三番五次下达禁海令，"申禁人民，无得擅出海与外国互市"。撤销市舶司机构，一切下海贸易皆属犯法，私通外国、贩卖香货、勾结海贼者，正犯处斩，全家发边卫充军，官吏知情放纵者罪同。明太祖进而下令禁止民间使用"番香、番货"，"敢有私下诸番互市者，必置之重法"，"凡番香、番货皆不许贩鬻"。现存的番香、番货限在三个月内销尽。民间只能使用土产的松柏柳桃诸香，使用番香有罪。两广香木也不得贩入内地，防止夹混番香。禁止建造航海的双桅大船，原有航海尖头船一律改为平头船等。明初制定的《大明律》虽然有"舶商匿货"条文，规定对舶货抽分，但实际上实行海禁，这一条文形同虚设。起作用的是《大明律·兵律·关津》中的"私出外境及违禁下海"条，规定：凡将马牛、军需、铁货、铜钱、缎匹、绸绢、丝绵，私出外境货卖及下海者，杖一百，货物车船没官。其中十分之三付告发人充赏。若将人口、军器出境下海者，绞；走泄事情者，斩。负责守卫关卡官员知而故纵与犯人同罪，若失觉察减三等。

　　二、永乐至宣德年间，即1403—1435年。明太祖死后，明成祖为了远扬皇威，组织了郑和航船队下西洋，并恢复了市舶司机构，朝贡贸易达到鼎盛。但仍禁止私人下海贸易，只是禁令较为松弛。

三、正统至正德年间，即 1436—1521 年。郑和下西洋的巨大耗费和得不偿失的朝贡贸易，引起了统治者内部的猛烈争论。在停止远航事业的同时，海禁再度趋向严厉。在这一时期，北方蒙古各部势力时常入侵，南方海上葡萄牙人觊觎通商之利，海禁正是出于边防目的。

四、嘉靖年间，即 1522—1566 年。这一时期海禁最严。因为这一时期东南沿海倭寇侵袭达到了高潮。明朝廷多次下达禁海令，甚至下令禁止浙江、福建居民出海捕鱼。有双桅船者即行逮捕，发边卫充军，官吏军民知而故纵，发配烟瘴之地充军，浙、闽、两广沿海一切违禁大船，尽行销毁。私通番贸易者，邻居连坐论罪。

在严厉的海禁下，并非一切民间海外贸易活动都陷于停顿，只是民间海外贸易脱离了正常的、法制的发展轨道，走向畸形发展，走私成为民间海外贸易的主要方式。沿海的权豪之家仍走私经营海外贸易，获得高额利润与官府勾结，成为一股潜在的政治势力，抵销政府禁海令的效力。甚至在嘉靖年间，还曾迫使主张海禁最严的都御史朱纨自杀，陷害赶走以后的十任闽浙巡抚。很多走私商人进而与倭寇勾结，挟倭而来。著名的倭寇首领王直就是徽商出身，另一著名海寇首领郑芝龙（郑成功之父）也是商贩出身。明朝人也已看清了这一点，称之为："寇与商同是人，市通则寇转为商，市禁则商转为寇。"因此海禁不仅阻碍社会经济的发展，也造成社会矛盾激化。1564 年，嘉靖帝死，当时倭寇已渐次平定，一些主张变通的官员主持朝廷，海禁从此松弛，允许私商出海经商。

明代市舶朝贡制度

明朝被官方承认的海外贸易方式是朝贡贸易。前代虽也有朝贡贸易，但因实行对外开放，朝贡并不占主要地位。市舶司的主要职责也不在于管理朝贡。明朝则不然，市舶机关及制度都以管理朝贡为主，直至明末才有所变化。

明初设市舶司于太仓黄渡镇。1370 年改于传统的广州、泉州、宁波三地设立市舶司。1374 年申明海禁，废除市舶司。1403 年恢复三处市舶司。1522 年废除泉州、宁波两司，只剩广州市舶司。明朝市舶司的职责是掌管

"海外诸番朝贡，市易之事，……禁通番，征私货，平交易"。主要职责是接待贡使，掌管贡舶的互市，禁止民人通番。市舶司设提举一人，从五品；副提举两人，从六品；吏目一人，从九品。1403 年，明成祖派太监齐喜提督广东市舶。以后，太监提督市舶成为定例。

明代朝贡贸易规定凡与中国通商贸易的国家要在表面上承认自己是明朝的附属国，才能予以接待，否则不得入港。明初与中国有朝贡关系的国家主要有：朝鲜、日本、琉球、安南、真腊、暹罗、占城、苏门答腊、爪哇、锡兰山、渤泥、满剌加等国，不同的国家有不同的朝贡年限。如琉球国两年一贡，安南、占城和朝鲜三年一贡，日本十年一贡，一般国家都是三年一贡。贡使除了携带上贡给明朝皇帝的贡礼之外，也允许带一定的货物与中国商人贸易。但朝贡贸易制度是以朝贡为主、贸易为辅的原则制定的。除了年限规定外，对于贡舶的数量，随行人数等都有严格限制，一般规定贡舶不得超过三艘，人员不得超过二百人。1383 年，又规定了勘合制度，由明朝礼部颁发勘合给各朝贡国，每国勘合二百道，号簿四扇。贡使来朝，必须出示勘合，经市舶司及中央礼部核对无异，才予以入港款待。市舶司封存贡舶货物，陪同贡使，按指定路线进京，安置贡使于会同馆。安排日期，朝见明朝皇帝，朝见时必须行跪拜礼，呈上贡品，明朝皇帝则回赐若干金银贵重物品。朝见完毕，才可进行贸易。

朝贡贸易是严格的会同馆贸易。贡使在朝见皇帝后，可在会同馆内开市三至五天，发卖货物。事先由礼部出告示招商，并禁止民人以军器、铁器、史书、玄黄紫皂色和大花番莲缎匹及其他违禁品与贡使交易。贡使也不得出卖皇帝的赐品。会同馆四邻住户不可代贡使收买违禁品，贡使也不得故意潜入民宅私相交易，违者没收货物入官。会同馆贸易只能以货易货，前来交易的中国商人必须将货物搬入会同馆内，不得拖欠，致使拖延贡使回程。搭载贡舶来中国的番商，不可入京，只能在市舶司所在地发卖货物，制度与会同馆贸易类同。

明朝廷视朝贡贸易为羁縻各国的工具，往往以停贡作为惩罚他国的手段。1523 年，处于割据状态的日本有两个番侯的贡使同时到达宁波市舶司，其中之一的宋素卿贿赂市舶太监得到合法地位，另一贡使宗设怀恨在心，攻城烧杀，率众抢掠，宁波城遭到破坏。明朝廷的对策是进一步加强海禁，封闭宁波、泉州两市舶司，所有贡舶都到广州入贡。但这种朝贡贸易制度已不能满足海外诸国尤其是欧洲殖民者的贸易要求，朝贡贸易就此衰落。

舶税与饷税

明代朝贡贸易不以得利为目的，相反回赐物品的价值、迎送贡使的费用都远在贡物价值之上。对于贡使带来的货物也予以免税优待，废除了传统的抽分制度。明初曾规定征购贡舶货物的十分之六，其余免税发卖。出于"怀柔远人"的目的，明太祖、明成祖曾多次指示对贡舶货物免除一切税收。直到明中期正德年间（1506—1521 年）才规定对贡舶征收舶税。舶税实际上是前代抽分，对贡舶货物抽取十分之二的实物，税率高于前代。但舶税征收机关不是市舶司，而是市舶司所在地的行政机关。

1567 年海禁开放，当时市舶司仅广州一处，朝贡贸易也日益衰落。沿海各地官府为应付海防费用，逐步推行"以商养卒"的政策，开放海禁，允许商人出洋经商，官府抽税，税收用于地方海防费用。因而称之为"饷税"。但征税制度各地不一，直至明亡，仍无全国统一的民间海外贸易法规，比之元朝要倒退了一大步。

明朝后期主持民间海外贸易的机构一般是沿海各地的海防总兵、海防府等军事机构。一般在海防总兵下设督饷馆，由海防同知兼任督饷官，负责征收饷税。与前代不同，饷税是货币税，以征收白银为主。饷税的种类主要有：

一、引税。海禁开放后，凡出海船只都必须经由海防机构批准，领取"引票"。引票不完全同于宋元时的公据，还带有特许状性质。明朝将南海以东海域称为东洋，包括现在的加里曼丹岛、菲律宾等地；南海以西远至印度洋的广大海域统称为西洋。出东西洋的船只都有限制。如福建漳州府规定：前往东西洋的船只不得超过八十八艘。欲出洋商船必须向官府领引，纳引税三两，后增至一引六两。其他沿海小船、渔船也要纳银领取专门的买谷、捕鱼之引。

二、水饷。水饷是向船主征收的船舶税，按船只大小征收。凡航行西洋的船只，面阔一丈六尺者，每尺征饷银五两；一丈七尺以上者，每尺征饷银五两五钱。航行东洋的船只按西洋船只丈量，然后减少十分之三征收饷银。

三、陆饷。陆饷是对货主征收的货物进口税，无统一的税率。以计量收税为原则，《抽税则例》详细开列各种货物的税率，如胡椒每百斤征税银两钱五分，象牙器具每百斤税银一两，象牙每百斤五钱，沉香每十斤税银一钱六分，乳香每百斤税银两钱等。

四、加增饷。这是专门针对当时白银贸易而设的税种。欧洲殖民者东来后，传统的中国与南亚、东亚的海上贸易被纳入了全球贸易范围。由于欧洲殖民者缺乏打开中国市场的商品，被其侵占的东亚、南亚殖民地物产也不足以与中国贸易平衡。因此，西班牙人不得不将在南美殖民地掳掠得来的大量白银与中国商人交换丝绸、陶瓷、手工艺品等欧洲市场热门货。葡萄牙人也不得不在中国与日本之间进行转口贸易，用中国丝织品换取日本金银后再与中国交换中国丝绸和陶瓷。明朝中国海外贸易一直处于出超状态，一般估计明末（1573—1644 年）输入中国的银圆至少在一亿元以上。当时中国前往西班牙占领下的吕宋岛贸易的船只，回程大量装载白银，别的货物很少。因此，明官府在水陆两饷之外，对于吕宋船再征一百五十两白银，故称"加增饷"，1590 年减至一百二十两。

饷税的收入最初全部用于海防费用，以后明朝廷逐渐规定了各地上缴朝廷的定额，如漳州海登原为三千两，明末增至两万七千两。每年夏秋之际，商船回港，海防巡司即派船迎候，名为保护，实恐漏税。

澳门被占与牙行

1498 年葡萄牙人达·伽马绕过好望角，发现了从欧洲航行东亚的新航线。葡萄牙人迅速东进，1511 年占领满剌加（马六甲），1517 年葡萄牙派出的使臣以进贡为名至广州，开始与中国接触。中国当时称之为"佛朗机人"，1521 年，葡萄牙人在广东屯门与中国军队发生冲突，被驱逐出境。1523 年又发生西草湾之战。葡萄牙人想用武力夺取一个贸易据点的企图破产，转而在 1553 年诡称船舶触礁，浸湿贡物，借地晾晒为名，并贿赂当时海道副使汪柏，侵占澳门。每年向明朝地方政府缴500两地租银。由于中国开放港口仅广州一处，而市舶司又严守朝贡贸易制度，外国商船为寻求贸易，纷纷至澳门转口。仅过了十一年，葡萄牙人已在澳门"筑室千区"，"夷众万人"，每年停泊船只二十余艘，成为广州的外港。大量外国商船在此卸下货物，陆路运入广州，在广州与中国商人交易货物。明末地方官征收商税达二万余两，更多的货物在澳门与中国商人交易，也有一些货物经小船转载至广州及其他闽浙海港进行交易。

外国商人的涌入为广州牙行业的重新兴起提供了机会。明初洪武年间严禁牙行活动，海外贸易也不容牙商存在。至永乐年间，设立市舶司同时，又设立官牙行专门接洽搭载贡舶的外国商人，在中外贸易中起中间人作用。随着朝贡贸易的衰落，官牙行也败落不堪。福建市舶司原有官牙二十四名，嘉靖末年仅剩五名。明朝法律严禁外国人入中国城市与中国商人自由贸易，只准许在城外码头附近与中国商人互市，更不允许外国人上岸居住，只准其贡使居住于专设的怀远驿站中歇息。开放海禁后，禁止外国人入城的禁令仍然有效，因而外商迫切需要买卖中间人、代理人。广州一口开放后，泉州、徽州商人也都纷纷到广州与外商贸易，需要居间人。牙行业迅速活跃起来，在澳门至广州的陆上贸易中，一些牙商包销包购，被称为"揽头"，逐渐垄断了中外贸易。

1556年，海道副使汪柏立"客纲"，即由广州、泉州、徽州商人组织客纲牙行，专为外商接洽、承销进口商品，并负责向中国商人采购各种出口货物。明朝末年，客纲牙行以三十六行最为有名，号称"三十六行"，垄断中外贸易行业。广州市舶司对此不加干涉，默许三十六行代替市舶司履行盘验舶货、代纳舶税，以图省事。三十六行成为官府、外商、中商的代理人和中间人，传统的牙行商人逐渐向专门代理外商的买办商人转化。

第五节　清代海关则例

随着欧洲殖民势力的扩张，亚洲一些家国逐步沦为西欧殖民地。传统的东亚诸国与中国的朝贡贸易已至尾声。中国船只也不再是西南太平洋、印度洋航运贸易的主角。清代海外贸易以港口贸易为主，市舶法也变为以管理外国商船入港、征税为主的海关法。

清朝海禁与迁海令

清初，东南沿海郑成功领导的反清武装极为活跃，出没海上，时而登陆占领城镇，与西南诸省反清武装遥相呼应。郑成功部队的主要经费来源于海外贸易，郑成功以厦门为根据地，向入口的外国船只收税。在内地有"五大商"于京、苏、杭等地经营洋货，也是情报工作的联络点。清朝廷为此颁行了极为严厉的禁海令与迁海令。

顺治十二年（1655 年），清朝廷下令沿海不得片帆下海。第二年又正式颁布禁海令，规定：凡有商民船只私自下海运贩粮食货物与郑氏贸易，无论官民，一律奏闻处斩，货物入官，犯人家产全部付告发人充赏。当地文武官员革职从重治罪，地方保甲未能检举自首，也一律处死。凡沿海口岸不许片帆入口，防止郑氏武装登陆。

1659 年郑成功攻至镇江，1662 年又从荷兰殖民者手中收复台湾，以建立抗清根据地。清朝廷极为震恐，下达了严酷程度前所未有的"迁海令"，康熙年间又四下迁海令。其具体内容是：江苏、浙江、福建、广东等沿海省份，以离海岸二十里划界（以后三次扩展，划至离海五十里），强令沿海居民迁入界内，私出界外，罪至死。界外房屋全部烧毁，城堡全部拆除，实行坚壁清野，变沿海五十里地域为无人区，使登陆的反清武装失去接应掩护。在广东实行迁海涉及澳门，对定居的葡萄牙人不令内迁，但严格限制口粮，"计口而授"，并严设关卡，一切物资出关都严加盘查。明末动乱，广州每年两次的中外互市也早已停止。至此，海陆对外贸易完全禁绝。

清初空前严厉的禁海和迁海令实施了整整三十年。1683 年，台湾郑氏政权归降清朝。当年，清康熙帝派员赴沿海四省招民复业，1684 年宣布"开海"，废除了迁海令。但在《大清律例·兵律·关津》中仍保留了一些有关的条例，禁止私自出洋、移居海岛。如规定："一切官员及军民人等，如有私自出海经商或移住外洋海岛者，应照交通反叛律处斩立决。府县官员通同舞弊，或知情不举者，皆斩立决。仅属失察者免死，革职永不叙用。"同时，对沿海船只及出海人员加以严格控制，规定：山东、浙江沿海人民欲出洋贸易者，向地方官申请，登记姓名，取保，给发印票。凡商船船头烙刻某省、某府、某州县第几号商船以及船户姓名。商船大小限制在五十石以下，式样限于单桅船。打造五百石以上双桅船出海者，发边远充军。以后又规定商船可以双桅式样，但人员有严格限制，梁头不得超过一丈八尺，舵手、水手不得超过二十八名；梁头一丈六七尺的船只，舵手、水手不得超过十六名；梁头一丈二三尺的船只，舵手、水手不得超过十四名。船上人员都必须悬挂腰牌，牌上刻明姓名、年龄、籍贯、面貌特征等相关信息，用以证明身份。商船出海不得多带口粮，1717—1727 年还曾禁止南洋贸易。1716 年康熙帝南巡过苏州，发现每年造船出海者千余，回港仅十之五六，其余都卖在海外。1717 年下令卖船给外国者，本人及造船之人皆斩。出国不返者，将知情同去之人枷号示众，行文国外要求引渡，解回斩立决。

清代朝贡贸易

清朝廷不再热衷于"徕远人"，朝贡制度完全沿袭明末，唯一的贡使入口仍设于广州。清朝不再设置市舶司提举官职，而由广东盐课提举司兼管贡舶管理。清朝主要贡国有暹罗、苏禄、荷兰等。清朝规定荷兰每八年一贡，暹罗每三年一贡。贡舶不得超过三只，每船不得超过百人。贡使进京上贡，可携货物至会同馆开市，也可在广州临时招商发卖；入贡国也发给符簿，与清朝合符无异才可入港；货物也必须由官府封存。其制度大体同于明代。

四海关至一口通商

康熙二十三年(1684 年)，清朝正式开海，准许百姓对外贸易，设立广东（广州）、福建（漳州）、浙江（宁波）、江南（云台山，今连云港）四海关，管理沿海贸易、征收关税等事宜。清海关不同于前代市舶司，除了粤海关之外，设关的主要目的在于从海防考虑，因此并不设专职官员，福建海关监督由福建将军兼任，江、浙海关由江、浙巡抚兼任，实际上沿袭了明后期以军事机构兼管海外贸易的惯例。只有粤海关设专职监督，由内务府员外郎出领。粤海关监督是满官缺（必须由满族人担任），任期为一年一更，也偶有续年连任者，其职位通常为三至五品。

设立四海关后，清朝仍然没有制定统一的海关法规，只是由各海关经皇帝批准后自行制定法条，如浙江《开海税则》、闽广《开海征税则例》。这些税则规定：入口正税税率为4%，出口正税税率为1.6%，后改为2.6%。正税之外又有正税20%的附加税，以及为正附税之和20%的手续费。各海关一般以管理国内沿海贸易为主，各关实际税率不同。乾隆年间英国商船发现浙海关税率比粤海关低得多，而且对待外商态度友好，纷纷北上，以致粤海关来船大减，税收减少。1757年粤海关奏请朝廷，要求将浙海关税率比照粤海关提高一倍。乾隆皇帝亲自批准，并下令禁止夷商前往宁波贸易。1759年，发生"洪任辉案"。英国东印度公司译员洪任辉，北上天津，贿赂地方官，向皇帝报告粤海关种种弊端。乾隆皇帝为此特委钦差大臣前往粤海关查办，同时又对夷商竟敢北上告御状而大为恼火，逮捕洪任辉（后瘐死狱中），处死为洪任辉写状的林怀。在这一案件的同时，朝廷下令夷商只能赴广州一地贸易。四口通商从此改为一口通商。

明清与宋元两代尽量使市舶港口靠近京师以利搬运货物的做法相反，都极力使通商口岸远离京师。清朝廷规定广州一口通商主要是从政治需要考虑。广州远离京师，即使发生意外，也远在南天。而且广州港地形复杂，明以来修建工事具备，于海防有利。一口通商也有利于朝廷管理，税收集中。因此清朝一直固执于一口通商，粤海关因而成为唯一的管理海外贸易的机构。

粤海关则例

清代粤海关本身并无一整套完整的法规，只是由各种条例、法令、规章等组成。粤海关本身也并非一个完整的机构。粤海关监督之下设大关，六总口，以下又有各口。大关和粤门总口各设旗人防御一名，其余各总口都由所在各府的同知兼任。其制度主要有：

一、税则。粤海关税则是一个独立的单行条例。粤海关所征关税的主要税种有：

1. 船钞，也称船材、船税。凡入口的东洋船（清时将大西洋沿岸欧美各国称西洋；东亚、南亚泛称东洋），长八丈四五尺，阔两丈三四尺为一等船，纳船钞（征税银）一千四百两；长七丈有零，阔两丈一二尺为二等船，纳税一千一百两；最小的四等船，长五丈有零，阔一丈五六尺，纳税四百两。西洋船一等船（长七丈四五尺、阔两丈四五尺）纳税一千四百两；二等船（长七丈两尺、阔两丈两尺）纳税一千一百两；三等船（长六丈五六尺、阔两丈）纳税六百两。国内乌白槽船，按东洋二等船纳税一千一百两。

2. 货税。清海关是仿照陆路征收通过税的常关设置的，因此与前代不同，既征进口货物税，也征出口货物税。税率根据各种商品价格和性质而不同。如进口棉花一担税银两钱九分三厘，洋布一匹税银六分九厘，棉纱一担税银四钱八分三厘；出口湖丝一担税银十五两二钱七分六厘，广东丝绸一担税银八两五钱七分六厘，茶叶一担税银一两二钱九分九厘等，诸如此类，有一商品即定一税银，并无统一税率。

3. 规银。粤海关创设之初，陋规杂费极多。雍正四年（1726）在各地耗羡归公的同时，朝廷下令粤海关的各种杂费陋规一体奏报归公，号称"规银"，成为附加税种。规银不分船等，海船一次缴纳进口、出口规银一千九百五十两。

4. 规礼银。规银归公后仅过了三十多年，在"洪任辉案件"发生后，朝廷派员清查粤海关各种陋规，发现诸如火欠、开舱、押船、丈量、贴写、小仓、验舱、放关、领牌等名目的陋规杂费总计六十八项之多，统称规礼银，总计船舶入口各项规礼银共一千两有余，出口规礼银四百多两，几乎与原定的规银相等。英国人马士在《中华帝国对外关系史》一书中声称，1840年以前，一艘九百吨的商船入广州港，船钞及各项规费总计约六千两，四百吨的商船也要纳税三千三百多两。

除了规银、规礼银这些船税性质的陋规之外，各种货税的法定税额也形同虚文，实际征收额往往是法定税则的两倍左右，而棉花、棉纱、洋布、茶叶等大宗热门商品的进出口税实际征收额往往是税则的五六倍。

粤海关税收每年上缴户部的定额是九万一千七百四十四两五钱，称"正额"。正额一定之后不再改动，而定额之外的税收称为盈余，盈余往往超过正额数倍。乾隆末年，粤海关盈余达三十五万多两。盈余部分的收入处理灵活，大部上缴内务府，作为皇室经费。

二、外贸禁令。清朝乾隆在 1793 年对英国特使马戛尔尼的谕旨可说是清朝廷对于外贸的典型态度。乾隆曰："天朝物产丰盈，无所不有，原不借外夷货物以通有无。特因天朝所产茶叶、瓷器、丝斤为西洋各国及尔国（指英国）必需之物，是以加恩体恤，在澳门开设洋行，俾（使）日用有资，并沾余润。"出口货物被视为对各国的恩赐，是羁縻各国的手段，因此法令极严。清朝沿袭明律规定，严禁马牛、军需、铁货、铜钱、缎匹、细绢、丝棉、金、银、铜、铁、铅、锡、硫黄、书籍、粮食等货物输出。为了防止白银外流，规定禁止中国商人使用白银买取进口货物，与外商只能以货易货。即使允许出口的物资，也加以严格限制。例如：

茶叶：每年出口不得超过五十万担。内地商人贩茶必须沿内河过岭陆路运输至广州，不得由海道运茶，防止出洋私行售卖。

生丝：每船准买土丝五千斤、二蚕湖丝三千斤。头蚕湖丝、绸绫、缎匹禁止出口。每当国内丝绸涨价时，朝廷即下令禁止丝绸出口。

大黄：每年每国只能购买五百斤。出卖大黄的数量和各国的购买量，要呈缴地方官府存档备查。

三、制定《防范外夷规条》。广州港是清朝唯一的对外联系的窗口，粤海关除了征税之外，还负有监督外夷的责任。尤其是"洪任辉案件"之后，两广总督李待尧奏准颁布了《防范外夷规条》共五条，又称"防夷五事"。其主要内容是：

1. 禁止外国商人在广州城过冬。外国商人在九至十月间商船扬帆回国后，如有未了商务而滞留中国，应往澳门居住，不可留在广州商馆过冬。

2. 外国商人在广州商馆的随行人员不得超过五人，不得携带凶械、火器。外商在广州的行为举止由行商担保。不准汉奸出入商馆。夜间锁闭商馆，外商不得外出。平时外出也应有行商通事（翻译）陪同。

3. 禁止外国商人雇用中国人充当役使。中国商人不得向外商借款经营。

4. 外商不得雇请中国人为其传递消息，尤其不得使用中国官方的驿站传递信息、打探市场行情。

5. 外国商船不得驶入虎门停泊，只能至黄浦港下锚。在其泊地加派兵丁巡逻，严加防范，防止外国水手上岸滋事。

1831 年又订立"防夷章程"八条，除以上几点外，又增加了禁止外国商人坐轿、外国妇女不得进入商馆、外商不得在商馆附近的珠江内划船、禁止外商独自上街散步、不得直接向官府呈递禀帖等内容。

十三行与商馆

清朝粤海关制度也沿袭了明末由牙行垄断中外贸易的惯例。清朝这一垄断中外贸易的商业机构称为"十三行"。关于十三行的名称来源在清代已众说纷纭，一般认为明三十六行至明亡时仅剩十三行，清朝沿之，故称十三行。实际上十三行并不是正好有十三家行商，行商一般在十家左右。十三行分为专门办理各国商人来粤贸易业务的外洋行、专管与暹罗贡使及贡舶商人贸易的本港行、办理潮州和福建商人对外贸易业务的潮福行三类。其中以垄断经营海外贸易的外洋行为主，一般即以洋行泛指十三行。

十三行是一种官府特许的"官商"。1684 年，清朝廷开海、设立粤海关的同时，规定外国商人不得与中国商人发生直接的贸易买卖关系，外国商人至中国，必须自行"投牙"，即通过中国官方指定的牙行开展贸易活动。当时粤海关指定的牙行即十三行。行商的来源是由广东地方政府颁发告示，公开招选行商。各种商人"承商"时，由户部发给部帖，作为行商开业的证明。领取部帖往往需花费数万两，甚至二十多万两白银。行商的作用是：

一、作为外国商人的全权代理人，代办各项贸易业务。

第一，包销一切外商的进口货物；第二，代替外商缴纳关税、规银和规礼等；第三，代替外商采购各种出口商品。因此外国商人至广州，只需将舱单转交行商即可。商行提取一般为营业总额 3% 的"行费"作为代理费用及利润。

二、作为外商在华行为举止的保证人，对外商一切行为负有监督责任。1745 年清朝廷特别规定，外商抵达广州必须由行商提供担保，如发生事端，行商负连带责任。清朝官府还从行商中指定若干保商，专门负责为外商担保。

三、作为中国官府与外国商人之间的中间人。外国商人对中国官府的一切禀帖都必须由行商转呈。中国政府对于外国的各项政令也必须由行商传递。官府与外商不发生任何直接接触，行商代办一切中外交涉事务。

总之，十三行已不仅仅是传统的中间商——牙商，而是兼外商代理人、海关关税承包商、中国官府代理人、外国商人保证人等几种角色于一身的亦官亦商的混合身份。此外，十三行又开设商馆，出租给来华的外国商人，作为广州外商贸易办事处。商馆共有十三家，称"十三夷馆"。商馆的中方雇员，如买办（负责给商馆外商采购日用品、副食品、招募管理其他华籍员工）、通事（翻译，负责随海关官吏检验上下船货物、向海关填报税单、代外商领执照、跟随外商出外）和银师（检验白银成色）也由洋行联保，代领执照。

中俄互市贸易制度

宋元以后的陆路互市，一直以游牧民族为对象的茶马互市为主。汉族以茶叶、大黄、铁制品换取各种畜产品，对于北方经济有较大影响。如明朝设"九边"，作为边防重镇，也是互市的中心，其中大多发展为兴盛的商业城市。

17世纪，沙皇俄国开始迅速扩张。1587年，沙皇派遣大使来中国，要求与明朝开通互市贸易，被明朝廷拒绝。随着沙俄势力的东进，1685年爆发雅克萨之战，沙俄侵略者被清朝军队包围，被迫撤离。1689年中俄达成《尼布楚条约》，其中第六条规定："两国人带有往来文票（护照）的，允许其边境贸易。"中俄互市正式开始。这也是中国在陆上首次与欧洲国家正式开通贸易关系。清朝地方官府允许人民向官府申请文票（护照）出境与俄人贸易。1693年又允许俄国商队可以三年至北京一次，每队以二百人为限，在北京的俄罗斯馆开市贸易，清朝予以免税优待。商队过境后必须按指定路线前往北京，留住俄罗斯馆不得超过八十日。

1727年，中俄《恰克图条约》的第二条又规定以恰克图为贸易之所，进行中俄边境贸易。清廷派遣理藩院司官一员加以管理。仍规定俄国商队三年一至北京、人数限二百、滞留限八十日。在边境互市中，清廷与海外贸易类似，规定了违禁品，也严禁以铜钱、金银交易，只能以物易物。一般以丝、茶换取俄国羽纱、皮货。由于陆路运输费用浩大，中俄互市贸易规模并不大。沙俄也曾派出远洋船只至广州寻求贸易，被清廷拒绝。

鸦片贸易禁令

清朝闭关自守，海关制度严厉，而西欧国家的产品并不能在中国打开销路，在中西贸易中，西欧国家不得不继续以白银为支付手段。中国海外贸易仍长期处于出超状态。康熙年间，英国来华商船平均每年携银五万镑，而对华出口商品仅五千镑；乾隆年间，英国平均每年来华携白银仍为七万三千镑，而对华出口商品值为五万八千镑，白银大量流入中国。西欧国家找不到一种能够在中国打开销路的商品。

1772年，英国东印度公司获得印度鸦片的专卖权，开始向中国输出，西欧殖民者从此开始以经营罪恶的鸦片贸易来打开中国市场。而腐朽的中国地主阶级也使用这种毒品来麻醉自己。鸦片因而从十八、十九世纪之交开始，在全国迅速蔓延。鸦片贸易使英美等国摆脱了与中国贸易的被动局面，白银从流入中国变为大量流出，仅英国在鸦片贸易中获利就达三亿元以上。

鸦片的输入严重危害中国人民的健康，并影响了正常的海外贸易和经济发展，危及了清朝廷的财政收入。现代西方史学家也认为鸦片贸易是"近代史上延续最久的、有组织的、国际性的犯罪活动"。清朝廷逐渐看到了鸦片的危害。1810年，在北京捕获鸦片贩子，嘉庆帝大怒，下令严查。并令闽广督抚查禁，1813年颁行了第一个禁烟法令，规定鸦片商人杖一百，枷号一个月，遣边充军三年。侍卫官吏有犯者，罢职枷号两个月、杖一百，流三千里为奴。1815年下令禁止外国商船夹带鸦片来华贸易。1810—1840年，清朝廷颁布的禁烟条例、章程、法令有七八次之多，以1838年禁烟条例最为严厉。这一条例是在黄爵滋、林则徐等禁烟派的坚决主张下制定的，规定：私通外国烟贩、囤积鸦片者，首犯枭首，从犯绞监候；开设烟馆者，首犯绞立决，从犯发遣新疆为奴；栽种罂粟、制造烟土及贩卖烟土达五六百两或多次贩卖者，首犯绞监候，从犯发极边烟瘴之地充军；兴贩一两次或数量在五百两以下者，首犯发遣新疆为奴，从犯发边远四千里充军；吸烟者限于一年六个月内戒绝，届时不改，无论官民皆拟绞监候；吸烟在一年半内者杖流。这一禁令不可谓不严，但实际作用很小。因为鸦片已成英国殖民者利源所在，绝不会轻易放手。英国商船仍携大量鸦片来华，进行猖狂的鸦片走私活动。清朝廷因而派出林则徐为钦差大臣至广州禁烟，堵绝鸦片的入口。英国殖民者挑起事端，导致了 1840 年鸦片战争爆发。

附表：《历代开放港口沿革》

朝代	开放港口						
唐	广州						
北宋	广州	泉州	明州	杭州	密州		
南宋	广南东路	福建路	两浙路				
	（广州）	（泉州）	（明州　杭州　温州　江阴　秀州　澉浦）				
元	广州	泉州	庆元	温州	上海	澉浦	杭州
元末	广州	泉州	庆元				
明初	广州	泉州	宁波	太仓黄渡			
明中	广州	泉州	宁波				
明末	广州						
清初	广州	漳州	宁波	云台山			
清中	广州						

第十二章　传统经济立法的解体

1840 年鸦片战争后，中国被推着、拖着、步履蹒跚地走向近代。在各种前所未有的挑战面前，经过半个多世纪的挣扎，传统中华法系最终解体。建立西方化的一整套法制成为时代潮流。经济立法也不例外，从某种意义上而言，经济立法是最早受到冲击、最早发生变化的法律部门。

第一节　传统经济立法的困境

海关法的破除

鸦片战争的直接后果就是传统的市舶——海关法被彻底破除。明清以来朝贡贸易、限制通商、行商垄断、防夷章程等制度在列强威逼下完全被废除。这正是传统经济立法解体的信号。

一、被迫增开通商口岸。清朝长期坚持一口通商，限制中外贸易。1842 年《南京条约》的主要条款之一，就是规定广州、厦门、福州、宁波、上海五口通商。在这五个口岸陆续设立了海关，管理贸易，征收关税。为了以示区别，原有的税关都统称"常关""旧关""老关"。第二次鸦片战争后，清朝又被迫增开芝罘、汉口、九江、镇江、琼州、南京、汕头、牛庄、天津九个通商口岸。以后随着列强入侵的步步深入，至 20 世纪初，通商口岸已遍及全国十六个行省(仅贵州、陕西、山西、甘肃、宁夏、新疆数省不设海关)，海关总数达四十八个。除秦皇岛、三都澳(福建)、岳州(湖南)三个通商口岸是自由开港外，其他各口岸都是清朝与列强签订条约被迫开放的。

二、被迫接受"协定关税"原则。1842年《南京条约》规定：英商应纳的进出口货税、饷费，必须"均宜秉公议定则例"。1843年《中英五口通商章程》作为《虎门条约》的一部分，规定了海关税则，税率为从价抽税，值百抽五。以后各列强纷纷援引此例与清朝订立条约，中国的关税成为世界上最轻的关税。尤其是清朝丧失了关税自主权，必须要征得各列强同意才能修改税则、改变税率。1858年《天津条约》修改税则，规定列入税则的货物从量抽税，税率仍为5%，而以后货物价格上涨，税率保持不动，实际税率仅4%左右。1869年《中俄陆路通商条约》规定，在陆路边境百里以内以及蒙古地区中外贸易免征关税。1881年《伊犁条约》又规定天山北路、肃州地区免征关税。列强为了保证在中国倾销商品，又在条约中规定，凡进口货物只要在所行销省份的税关一次纳清"子口半税"（税率从价征2.5%）即可通行无阻。而当时中国商人贩运货物都要缴纳5%左右的常关税，并且还要缴纳种种厘金捐税。在协定关税原则的限制下，晚清海关税除5%的货物进出口税、子口半税之外，主要税种还有"吨税"，凡一百五十吨以上的商船入口，每吨纳税银四钱，每纳一次有效期为四个月。

三、废除十三行垄断代理制。《南京条约》规定英国商人可以在开放的五口岸居住，各国商人在中国开放的口岸设立洋行，招募中国商人充当买办，帮助外国洋行贸易接洽，原有的十三行行商代理、垄断代理、居间的制度被废除。

四、丧失海关主权。五口通商后，清朝颟顸无能，设关落后于开埠，外国领事乘机代征出入口税，再转交清朝政府。1851年清朝规定由各海关监督、海关道专职征收关税，领事不得插手。可是1853年上海爆发小刀会起义，清朝官员逃遁，英、美、法三国领事乘机派兵占领海关，宣布临时办法六条，实行领事代征制。1854年，三国领事又与清苏松太道吴健彰签订江海关组织协定，承认由英国人威妥玛、美国人卡尔、法国人斯密司组成海关税务管理委员会，代征海关关税。1859年《中英通商章程善后条约》规定各口岸要仿照江海关"划一办理"，从此外国人主持征收海关税的制度推广到全国各口岸，各口岸都成立了由外国人主持的税务司。1861年，清朝任命英国人李泰国为总税务司，统掌全国各海关税务司。1864 年改由英国人赫德担任总税务司，各口岸税务司（均为外国人）对其个人负责，与当地政府无关。总税务司名义上属清朝总理各国事务衙门领导，实际上完全是由外国人一手控制的独立王国，总揽海关行政、税务、人事以及税金的保存、使用大权。赫德任总税务司长达 45 年，至死方才正式解职。

五、鸦片合法输入。虽然鸦片战争起于鸦片贸易，可是在战后的各种条约中根本不见"鸦片"二字，鸦片大量输入中国。1858 年《中英中法通商章程善后条约》才正式规定对进口的鸦片（转称"洋药"）征税，每百斤纳银三十两，鸦片贸易从此合法化。1911 年清朝与英国订立《禁烟条约》，英国允诺禁止英属印度向中国输出鸦片，可是当时中国内地各省早已烟毒泛滥，自种鸦片合法，由各省征收"土药税"，每百斤纳银 20—50 两不等。

税法的混乱

鸦片战争后，随着半殖民地化与清朝统治危机的加剧，各种税法（包括赋役、商税及各种专卖法规）极为混乱。中国历代的财政税收统收统支的制度，改为各省解款制度。各省督抚都可自行设立税目，每年向朝廷缴解若干税银之后，一切财政收支均可自行做主，因此苛捐杂税名目繁多，地方性很强，不复有全国统一的制度。

一、田赋加征。1851 年爆发太平天国起义，很快波及半个中国。清朝为筹措军费，在 1853 年正令实行"借征"，即预征下一年的田赋。1854 年又下令田赋"按粮津贴"，每田赋银一两加征津贴一两，以后成为常例，等于田赋加倍。此外，各省督抚借口预防太平军，对田赋加以截留，不解送朝廷，并且纷纷开征各种田赋附加税。如四川的"捐输"（田赋每两加捐银 2—3 两）、云贵的"厘谷"（田赋加征 10%—20%）、苏皖的"亩捐"（每亩 20—80 文）、广东的"沙田捐"（新涨沙田，每亩征银 2 钱）等。太平天国被镇压后，这些苛捐杂税非但没有废除，反而成为田赋的组成部分。以后清朝为筹备对外赔款，听任各省自行设法，因而又出现了名目繁多的田赋附加税，如警学亩捐、江浙丁清加捐等。

二、厘金税。1853 年，清朝左都御史雷以諴为了以财政支援围困天京的清军江北、江南大营，在扬州向过往客商强征捐税，创立了厘金税制。厘即1%，当时规定凡过往扬州的客商一律捐输货物价格的1%，故称"捐厘"，以后统称厘金捐。1854年推广到江苏全省。当时湘军、楚勇、淮军之类由地方团练上升而来的军队，即以厘金为最主要的财政来源，纷纷开设厘金局，在所控制的地区滥征滥收。太平天国被镇压后，厘金又成为正式的商税税种，是清末财政的最重要的支柱。厘金主要分为百货、盐、洋药进口（鸦片）、土药（自种鸦片）四类，以百货厘最为重要。税率各局各卡不同，从1%到5%。清末厘金局、厘卡林立，见货即征，总税率往往要达10%—20%。本来厘金税完全是一种通过税，以后又有出产地厘金与销售地厘金。厘金税严重阻碍社会经济的发展，危害商民程度前所未有，如广西一省征税物品达29类、1942项之多。进口洋货享有免厘特权，得以长驱直入。

除了厘金之外，其他商税税法也混乱不堪。盐法刚施行票盐法不久，又恢复原来的制度，并在原有盐税之外重复抽征盐厘，淮盐沿长江而上，从仪征至湖北，每引厘金总额达十五两以上，盐价飞涨。茶叶也反复抽茶厘，并且加征茶税。

清末朝廷对外屈膝投降，连连战败赔款，举借大笔外债以支付赔款，在列强威逼下，又被迫将税收作为外债的担保。1858年中法《天津条约》已规定对法赔款可用关税偿付。到1901年签订《辛丑条约》，赔款达4.5亿两，本息合计为9.8亿两，规定以海关税、常关税、盐税为抵押。以后又允许债权银行到海关去收利息，主要的税种都逐步掌握在列强手中。

近代企业的出现

鸦片战争后，清廷出于财政窘困，从严格控制矿冶业转向鼓励开采贵金属矿。1852年，清朝下令各省督抚权衡缓急，在矿苗丰盛之地，招商开采金银诸矿。在镇压太平天国过程中，一些"中兴名将"羡慕西方列强的"船坚炮利"，开始兴办近代军事工业。1861年湘军首领曾国藩开设安庆军械所。1862年淮军首领办上海洋炮局，1865年又与机器铁厂合并，成立江南制造总局，这是中国当时最大的军火工厂。1866年另一湘军首领左宗棠开办福州船政局，这是中国当时最大的造船厂。以后天津、四川、吉林、山东等地也先后开设了机器局。这一批首创的近代企业，原料、产品都不依靠市场，工人大多是军队拨充的士兵，经费完全由军方拨款，亏损极为严重。严格而言，这些企业除了使用近代机器设备外，与旧式官府工场并无实质不同。然而，这一批企业的创立却开了中国人办近代工业风气之先。

19世纪70年代，办洋务的军事官僚鉴于军火工业投资巨大，获利极微，因此在办军事工业的同时开办民用企业以"求富"，如1872年李鸿章开办轮船招商局，以后又有开平矿务局（1877年）、天津电报局（1880年）、上海机器织布局（1882年）等。这些民用企业以追求利润为目的，使用近代机器，而且这些企业大多采取了官商合办、官督商业的形式，投资经费大部分来源于商股。这些半官半商的企业对于商人自办近代企业具有一定的榜样作用。1872年，华侨陈启源开办了第一个民办缫丝厂，以后在广东、天津、上海、福州、北京等地都出现了各种近代工矿企业，至1894年，民办企业有一百多个，资本总额约二千万两。

近代企业的出现，冲破了传统的经济立法对工商业的限制。即便是完全官办的企业，由于使用近代机器，也不可能沿用旧制度进行管理。尤其重要的是，自从洋务自强、富国强兵运动开始以后，商人的社会地位得到了明显提高，从事商业不再被视为是一种低贱的、掠人财富的行当；相反，投资工商成为富国自强的有效途径。经营近代企业的那些亦官亦商身份的人，开辟了在传统科举做官道路之外另一种出人头地、名利双收的途径。19世纪70年代开始出现了"绅商"称呼，绅士与商人连称，士大夫与贩夫商贾并列。这些人利益不尽相同，但形成了一个松散的阶层，成为一种不小的政治势力，推动着经济立法的改变。

第二节　改良变法思潮的影响

清末严重的内忧外患的社会局势，迫使统治阶级中的一些代表人物对崇本抑末的传统经济立法进行种种批评，并提出了种种改良变法的建议。在西方列强步步入侵的同时，西方的经济思想也逐渐传入中国，并成为批判传统经济立法的武器。改良变法思潮在不同程度上影响了清末的经济立法。

林则徐与魏源

林则徐是近代中国开眼看世界的第一人，他以禁烟、销烟、抗击侵略而名垂青史。同时他对于传统的经济立法提出了不少批评建议。其中最主要的是，在禁止鸦片贸易的同时，他强调要保护正常的对外贸易，欢迎西方商人来华贸易，他曾多次上奏反对封关禁海，并在禁烟中切实贯彻保护正常的中外贸易的政策。另一方面，林则徐针对鸦片战争前后中国白银大量外流的局面，提议大力开采云南银矿。尤其是他强调开采银矿应以私人合伙经营为主，"招集商民，听其朋资伙办，成则加奖，歇亦不追"。

林则徐的好友魏源，是中国近代重要的思想家。他最著名的口号是"转外国之长技为中国之长技"，在中国历史上第一次提出向西方学习的明确主张。在经济方面主要有如下几个方面的观点：

一、反对传统的国家干预私人经济的经济立法原则。他援引历代的"本末"之说，却认为末富（经商）优于本富（地产），"有田而富者，岁输租税，供徭役，事事受制于官，一遇饥荒，束手待尽。非若无田富民，逐什一之利，转贩四方，无赋敛徭役，无官吏挟制，即有与民争利之桑（弘羊）、孔（仅），能分其利而不能破其家也。是以有田之富民可悯更甚于无田"。受国家控制干预的行业不易致富，私人经济只有不受国家干预才可能发展，"使人不敢顾家业，则国必亡"。私人经济不发展，国家也不可能富强。因而他提议废除盐专卖，放任商业发展，经济立法应利国、利民、利商、利官。

二、提倡开矿、屯垦、造船，发展制造业，尤其提倡使用机器生产。反对传统的视工艺技术为"奇技淫巧"观点，认为"有用之物，即奇技而非淫巧"。魏源也反对官营，主张鼓励或委托私商经营矿冶、屯垦、造船，甚至提出军火用品、军用民用机械都可让私商制造。他还提出了私商经营方式最好是"公司"，"公司者，数十商辏资营运，出则通力合合作，归则计本均分，其局大而联"。这是首次提出公司组织的形式。

三、提倡外贸。魏源大力鼓吹外贸，认为外贸可以使双方互利，中国可出口丝茶，换取洋船洋炮而"自修自强"。他根据广州粤海关的统计资料，提出利用贸易顺差，使白银大量流入中国。魏源在《筹海篇三·议战》中说："共计外夷岁入中国之货，仅值银二千十四万八千圆，而岁运出口之货，共值银三千五百有九万三千圆。以货易货，岁应补中国价银千四百九十四万五千圆。使无鸦片之毒，则外洋之银有入无出，中国银且日贱，利可胜述哉。"

洋务运动思潮

19 世纪 60 年代开始的洋务运动中，一些办洋务的官僚和士大夫逐渐了解了一些西方的事物，并提出了向西方学习的具体建议。

洋务派的著名代言人、林则徐的门生冯桂芬，在所著《校邠庐抗议》中积极提倡"采西学"，并首次提出了向西方学习法制的思想："法苟不善，虽古先吾斥之；法苟善，虽蛮貊吾师之。"认为中国有四不如夷："人无弃材不如夷，地无遗利不如夷，君民不隔不如夷，名实必符不如夷。"只有人才健壮未必不如夷。学西方不是可学不可学的问题，而是必须要学的问题。他强调学西方地无遗利，纵民开矿，使用机械。尤其是他提出对有发明创造的工匠要给予奖赏，能制成与西方相同的机器，赏给举人头衔；能超过西方，赏给进士头衔，并给专利权。

洋务运动的另一重要思想家王韬，在其著作中介绍了很多西方经济学知识，提出要"恃商为国本"，"商富即国富"，完全颠倒了传统的"本末论"。王韬又大力提倡近代机器工业，以民间自立公司的形式来发展工矿业。然而，在当时的历史条件下，他虽认为"官办不如商办"，可是又建议："商办则以殷实干练之人估价承充，初开之时，由商禀请委员督理矿务，设兵防卫，费由官助，试办一二年……最要者莫如官商相为表里，其名虽归商办，其实则官为之维护保护。"提出了"官督商办"的原则。当时国内近代工业还仅局限于官办军事工企业，因此王韬所主张的是由官府促进并保护民间工商业发展。

中国第一个出国学习西方政治经济理论的马建忠（1876 年留学于巴黎政治学院），作为李鸿章的幕僚，曾提出过大量有关外交、办厂、开矿方面的具体建议。他反对当时中国海关进出口货物都征关税的制度，提出"出口货概不征税"的主张，出于实际情况，又建议出口货严格按 5% 的税率抽税，免除厘金及一切杂捐，对进口货应课以重税。但这些建议在当时都无法实行。他鼓吹广泛发展近代工业，认为民间合股成立公司是最好的办法，但当时中国"民贫于下，财绌于上"，只能由政府出面提倡，贷给资本，或官商合办，或官督商办，仿照德、俄、日等国先例，在近代企业能站稳脚跟后再交给商办。

身为洋务派官员的薛福成，曾出使四国，在其所著《筹洋刍议》这一洋务运动宣言书中，大力反对传统的崇本抑末之说，强调商握士、农、工、商四民之纲。以后又将工提到商之上，恃工为体，恃商为用，改变数千年贱工贵士之心。另一位洋行买办出身，由商入仕的洋务官僚郑观应，在其影响极大的《盛世危言》一书中，第一次提出了"开议院，立商部"的主张，提出"以商立国"，由商贾中公正者担任议员，主持商部，促进各项实业发展。批判当时的法制，"但有困商之虐政，并无护商之良法"。提倡对外进行"商战"，大力发展出口，抵制进口洋货，建立中国机器制造业，驱逐洋货。

改良运动思潮

甲午战争前后，变法维新思潮骤然兴起，维新运动的领导人纷纷鼓吹全面改革法制，模仿日本，实行维新。1898 年改良派一度影响清朝廷的决策，实行了"百日维新"，制定发布过一系列法令。

维新改良运动的首领康有为多次上书皇帝，反复强调变法改良的重要性，并指出："非变通旧法，无以为治。变之之法，富国为先。"强调变法从经济立法开始，确立"富国""养民"两大方针。富国指发行纸币、造铁路、开矿、邮政、铸银币；养民指务农、劝工、惠商、恤穷。主张除了货币发行与邮政事业之外，一切工矿交通事业"一付于民，纵民为之"，废除官督商办、官商合办。根本改变国家经济，"定为工国"。在《人类公理》中，他还主张举办公营公利事业，征收遗产税（概率设想为二分之一）。

严复是中国近代史上向西方国家寻找真理的著名代表人物之一，他系统介绍了西方古典经济学著作，并在翻译介绍中，大力鼓吹经济自由，"因势乘便，顺民所欲"，"听民自由，无所梗阻"，批判传统的国家干预经济生活的立法原则，"强物情就己意，执不平以为平，则大乱之道也"。并且援引西方经济学理论，对传统的"不言利"、黜奢崇俭等观念都进行了有力的批判，大大动摇了传统经济立法的思想基础。

"戊戌六君子"之一的谭嗣同，宣扬要"尽变西法"，在经济立法方面也曾具体提出废除厘金，开征印花税，征坐商不征行商（废除通过税），盐法实行就场征税、自由贸易，尤其强调立商律、税则，设立商部。维新运动的另一首领梁启超，广泛介绍西方经济学与各门社会科学常识，大量介绍、带头使用近代经济学的逻辑方法和术语。中国早期民族资本家张謇也曾提出"实业救国"口号，号召国人兴办以棉纺、冶铁为主的近代工业，号称"棉铁主义"。

以上19世纪中期至19世纪末的这些经济思想，都在不同程度上批判冲击了传统的经济法制，宣传了西方的经济学说，为实行新型的近代经济立法做好了舆论准备。在戊戌维新中，部分成为立法的指导原则，直接影响立法。虽然戊戌维新遭到失败，可是到了20世纪初，清朝廷被迫实行新政，不少立法仍受到维新运动思想的影响。

第三节　清末改制——近代经济立法的开端

维新运动被镇压后不久，爆发了义和团起义和八国联军侵华战争。风雨飘摇的清王朝日暮途穷，为谋求巩固统治，欺骗舆论，不得不宣布实行所谓"新政"，捡起戊戌年被其全盘否定的维新改良派的一些主张，开始改制变法。这些变法中相当大部分都是经济立法。另外，《辛丑条约》签订后，英、日、美等列强在与中国修订商务条约时，允诺在中国按西方法律改变旧有法制的条件下，可以取消领事裁判权。清朝廷以此为一根救命的稻草，在1902年任命沈家本为修律大臣，开始修订新式法典，传统法制开始全面解体。

清末改制、修订新式法律的机构主要有两个：一个是设立于1902年的商部（1906年改革官制，改称农工商部），另一个是修订法律大臣（1907

年正式成立修订法律馆）。商部与农工商部是主要的新型经济立法制定颁行机构，从 1903 年起，颁行的有关实业和交通的法律、法令、章程就有 138 种之多。此外户部（1906 年改称度支部）也曾颁行过一些新型经济立法。修订法律馆是全面创制新式法典的机构，按当时西方资本主义国家的惯例，经济立法统隶于商法、民法两部法典之中，因此立法更带有根本变革的性质。然而商法典、民法典直至清朝灭亡仍停留在草案阶段，影响并不大。

新型商业法规

1903 年，清朝设立商部，为"力图振兴"，开始筹备起草商律。又认为商律中最重要的是筹办公司的各项章程，因而先行制定公布《商人通例》和《公司律》，这是中国历史上第一个专门的商业法规。以后又陆续制定公布了一批商业法规。

一、《商人通例》。1903 年公布施行，共九条。规定凡经营商务贸易、买卖贩运货物者均为商人。商人必须是年满 16 岁以上的男子，19 岁以上的妇女只有在丈夫或父亲病废、子弟幼弱的情况下才可经商，但必须报商部存案。妻子还必须有丈夫的允准字据才可经营。商人贸易必须建立流水账簿，逐日登记银钱货物出入及日用，每年应将货物产业器具，以及人欠欠人款项盘查造册备存。一切账册、来往业务书信必须保存十年，有毁失要报商部备案。

二、《公司律》。1903 年公布施行，共一百三十一条，分为公司分类及创办呈报法、股份、股东权利各事宜、董事、查账人、董事会议、众股东会议、账目、更改公司章程、停闭、罚例等十一节。这个《公司律》基本仿照日本的公司法，规定无论官办、商办、官商合办等各种公司及各经营商业的局，都要按律组织。其规定：凡凑集资本共营贸易者名为公司。成立公司必须呈报公司合同章程规条，赴商部注册。公司种类规定为四种：合资公司、合资有限公司、股份公司、股份有限公司。合资公司指两人及两人以上集资营利，取一名号、公举经理。合资有限公司指两人以上集资经营，以所集资本为限对公司债务负责，公司有亏蚀倒闭不得向合资人追索。集资各人应立合同，联名签押，载明贸易经营种类、各人出资多少、合资年限等。股份公司指七人以上集资营业，订立合同，包括公司名号、贸易种类、资本总额、股份若干、每股银数、创办人所认股数、总号及分号地点等内容。股份有限公司也指七人以上集资经营，各以出资认股为限对公司债务负责。股份银数必须划一，每股至少银圆五元。

公司的组织方面，规定公司机构有股东会议、董事局、查账人等。股东会议每年至少召开一次，可以决定更改公司章程、查核年报总结。选举董事、查核公司账目等事项。股东会议由董事会或十分之一以上股东发起召集，表决时以每股计为一票。董事必须是拥有十股以上的股东，任期一年，连选连任，在发生倒账、被控监禁、患疯癫疾病情况下即行退任。董事至少三人，至多不超十三人，组成董事局，决定公司大计，每星期会议一次，表决做出决议，选派公司总办或总司理人、司事人。查账人也由股东会议公举，至少两人，任期一年，董事不得兼任，有权随时查账。每年结账盈余至少拨二十分之一为公积金，营业有盈余才可发放股息。

公司的停闭由股东会议议决，或股本亏蚀过半、公司期限已满、股东少于七人以及被其他公司合并等情况下作为停闭。停闭公司以董事为清理人，也可由股东会议推选清理人，清理人和拥有十分之一股本的股东都可申请商部派人接办清理。停闭后公司所有账簿及来往书信保存十年。公司董事违反公司律及私自得非分利益等行为处罚金五至五百元，私自挪用公司律股本资金处罚金一千至两千元，违背公司章程，商部可处罚金五至五十元。董事、总办司理人等偷窃亏空公司款项冒骗他人财产，处一个月至三年监禁，并处罚金一千至一万元。

虽然这一公司律还存在各种缺陷，如混淆公司与合伙的区别等，但在当时确实提供了一个组成公司的制度，客观上促进了当时中国民族工商业的发展，促进了新型资本主义形式的经营方式在中国的传播，具有重要历史意义。

三、《破产律》，1906年公布施行，由商部与修律大臣会同起草修订。全律共分为呈报破产、选举董事、债主会议、条算账目、处分财产、有心倒骗、清偿展限、呈请销案、附则等九节六十九条。在奏请颁行的奏折中，商部与修律大臣强调各地方官必须视破产案件为重要案件，切实按《破产律》

审结。但在第二年因与习惯传统冲突太大，明令废止。

这一《破产律》主要内容是：规定商人因贸易亏折或遇意外之事不得已自愿破产者，应赴地方官及商会，呈报历年收支账簿、现存银钱簿、货物簿、产业簿、家具簿、借放兑数表，经地方官及商会查实宣告于众。宣告后五日内，由商会选择同业中公正殷实者一人任董事，负责清理，检查现存钱物、来往信件、账目，询问破产人。并由商会限期召集债主会议，至期债额的四分之三以上的债主到会，即可议决，将现成货物公估变卖，得价通盘核算，定出平均成数，摊还各债主。也可议决展限清偿，展限不得超过一年。各债主不得擅自取用破产者家具货物作抵。公司破产，如非有限公司，应将债务分摊每股，登报布告。

自宣告破产之日起，该商债务免算利息，未到期的期票视为到期提取，抵押之物经董事、商会同意后才可处理。清理破产不得涉及破产者的兄弟伯叔侄暨妻的财产以及代人经理的财产。一家财产在一年以前已分析并经商会呈报存案，可免牵连入案清偿。清偿债务要给破产者留下生活费用。

对于有心倒骗行为处罚相当严厉。凡假称破产存心吞没资财进行倒骗或隐匿涂改伪造账簿契纸、财产诡寄他人、破产前贱价抛售、买空卖空、滥支银货、滥借债款、呈报不尽、私自清偿等行为，都要由地方官查封财产。潜逃者，地方官应行文缉捕。倒骗者处二十日至三年监禁，或处罚金五十至一千元，也可并科，财产货物变价备抵。

《破产律》一定程度上保护了债务人的利益，防止了传统的牵制扣押、任意加算利息、债务无限拖延的习惯。当然，这是中国第一部破产法，很多地方还很粗陋，尤其没有规定和解的程序，一旦破产，永无出头之日。虽然并未真正施行，仅一年即废止，然而它的历史意义不可磨灭。

四、《商标注册试办章程》，1904年奏请颁行，是中国历史上第一部成文商标法。1904年清商部设立商标局，并聘请总税务司英国人赫德起草商标法规。又以天津、上海海关为商标挂号分局，转递注册请求。同年公布《商标注册试办章程》二十八条，以及《试办章程细目》二十三条。规定商标是以特别显著之图形、文字、记号或三者俱备制成的商品的标志。凡有害秩序风俗并欺瞒世人者，擅用国家专用之印信字样及国旗、军旗勋章等，与他人已注册的商标或在呈请前两年已在中国公然使用的商标相同相似者，无注明之名类可认者不准注册。注册年限为二十年，也可申请展限。凡摹造、贩卖他人商标、知情贩卖伪造商品等侵害商标权利者，处一年之内监禁及三百两以下罚款。

五、公司及独资《注册试办章程》。《公司律》颁行后，商部又在1906年公布《公司注册试办章程》十八条。规定在商部设注册局，在中国的公司无论华洋各商都必须呈报公司名号、贸易种类、公司形式、公司章程并粘连股票款式，申请注册，发给执照。后又规定各省对资本在五百两以上的独资商人也要进行注册登记，凡当商、钱业商注册一律只能用无限字样。

商会与农会法

1903年，商部奏请令各地劝办商会，认为"纵览东西诸国交通互市，莫不以商战争胜、驯至富强"。而西方商业兴盛，"实皆保力于商会"。商会可以通商情、保商利，有联络而无倾轧，有信义而无诈虞。中国商人正因为势涣力微，因此无法与西方洋商竞争，坐使利权旁落。当年，商部制定并奏请颁行《商会简明章程》二十六条。规定各省各埠都应设立商会，繁盛之区设商务总会，如上海、天津等以下设分会。原有商业公所一律改称商会，官办之保商局酌量留撤。商会设会董，总会董事二十至五十人，分会董事十至三十人，董事按照才品（经商成效卓著）、地位（为一方巨擘）、资格（当地经商五年以上、年龄三十岁以上）、名望（多数商人推崇）四个条件由众商公举。总会由董事推举总理、协理，分会设协理，执掌会务。商会有保商、振商的责任，如为当地商家注册证明各种券契合同，规定商家账簿式样，以注册、凭据、簿册所收费用资助抵制洋货收回利权的行号公司等。商会还可调解仲裁各种商业纠纷。华洋纠纷，两造各举公证人在商会秉公处理，如未允洽，可向地方官或领事起诉。商会还有责任向商部汇报当地商务及种植、制造的新品种。

1907年农工商部又奏请颁行《农会简明章程》二十三条，规定各省省会设农务总会，府厅州县设分会，乡镇村落市集酌设分所。组织形式仿照商会，会董的资格是创办农业成效卓著，或研究农学有发明，或富有田业等，在一地居住五年以上、年龄在三十岁以上者。省农务总会应设农业学堂、农事试验场，分会也应设农事半日学堂、演讲会场教授农学。农会负责调查当地土宜物产、计划水利垦荒、调查年成、公布市价等，上报农工商部。

振兴实业法规

20世纪初清政府"新政"的重要内容之一就是振兴实业，颁布了一系列有关的经济法规，其中较主要的有以下几部法规：

一、《京师劝工陈列所章程》，1907年颁行，共三十九条。规定在北京设劝工陈列所，陈列土产、土货和制造工艺。土产分为矿产、水产、林产、农产四类，以产额丰饶、有益国计民生为入选条件。工艺包括教育品、美术品、制造品、机织品四种，以制造精良、可以畅销中外为条件。陈列品由商人呈送，可由陈列所代售。

二、《奖给商勋章程》，1907年颁行，共三条。1907年，农工商部设工艺局和工艺陈列所，又制定这一章程，规定对工艺发明创造者奖给商勋及各级顶戴，分别设五等商勋，赏加二至六品顶戴。商勋参照宝星奖牌式样仿制。如能制造轮船、电机、火车、汽机、数十丈长的铁路桥梁者，奖一等商勋，赏加二品顶戴；能创造各种汽机器具畅销海外或能察识矿苗发现矿藏者，奖二等商勋，赏加三品顶戴等。

三、《华商办理实业爵赏章程》。1907年西太后下旨，宣称要对兴办实业卓有成效的工商业者给予奖赏，农工商部为此在当年公布了《华商办理农工商实业爵赏章程》十条。规定对于筹资兴办实业、能开辟利源、制造货品和扩充国民生计者（不包括传统的转运贩卖商业及银钱业），按资本大小、用工多少给予爵赏。爵赏共分为十四等，资本二千万元以上赏一等子爵。以下递减，至资本十万元、雇用工人在五百人以上者奏奖五品官衔。然而又规定所赏爵位为商爵，不给年俸，是否承袭也要视子孙能否世守所营实业而定。

四、《奖励华商公司章程》，1903年颁行，1908年修正，共有二十条。规定对能集股创办公司者授奖，共分十二等。能集股二千万元以上，奖励为农工商部头等顾问官，加头品顶戴、特赐双龙金牌，三代子孙可世袭农工商部头等议员；以下递减，至集股二十万元以上者，为农工商部五等议员，加七品顶戴。这些奖赏的头衔都是虚衔，并无俸禄，也不用至部当差，只是有事可随时具函建议而已。

五、《矿务章程》，由农工商部奉旨制定，参照日本矿章而成，于1908年奏请颁行。在这之前，1905年商部曾有一个《矿政调查局章程》二十四条，要求各省从速设立矿务调查局，调查省内已开所有矿产。以后农工商部又曾颁行《矿务暂行章程》，而各省督抚也自行制定各种矿务条规，至此而告统一。《矿务章程》分为正章、附章两部分。《大清矿务正章》分为总要、管理、旧商限制、新商限制、矿质分类、地权、以地作股、执照、矿界年租、矿税、矿商应遵之禁令、树木水道、外人合股、矿工、矿务警察共十五章七十四款。附章共有七十三条，类似于施行细则；此外又附各国矿限参考。《矿务章程》是第一部比较全面的矿业法规，主要内容如下：

1. 关于矿务管理与矿商。规定农工商部办理矿务，各省暂由矿务调查局负责，并派出矿务委员分驻各州县。允许商人集股开矿，旧有矿商也应在两年内按新法划定矿界。外国矿商不得充地面业主，也不能独自开采一矿，必须与华商合股。合股的方法之一是中国地主以土地入股，如不愿意入股，由地方官收买土地出租给外国矿商，按矿产种类不同实行五五、三七分成。华商以土地入股，洋商应留股30%以保证华商随时入股。华商的资本入股，应与洋商务占一半股份为度。允许采矿的洋商以与中国订有条约之国的国民为限。

2. 矿产。分为甲、乙、丙三类，甲类是建筑沙石材料，乙类是非金属矿，丙类是金属矿。盐归国家专司，不划入以上三类矿产。甲类矿只准地面业主开采。乙类矿由矿商与地主合股，地主得到30%，矿主得利70%。丙类矿也应合股开采，开矿必须由农工商部批准，发给执照。

3. 矿界年租与矿税。乙类矿每一矿界（地面平方，每边长三百尺）缴年租银一两五钱，合每亩一钱。黄金白银宝石矿矿界年租银四两五钱，合每亩三钱。此外丙类矿矿界年租银三两，每亩两钱。在矿界年租之外，原有地亩钱粮（田赋银）仍须缴纳。矿税是出井税，煤炭铁苗每吨银一钱，黄金白金银矿按市价抽取10%，其他含银矿石也从价抽5%，汞锡铜矿从价抽3%，玉宝石材从价抽10%。乙类矿从价抽1%，丙类矿从价抽3%。矿税按月缴纳。

4. 矿工。凡开采矿物及从事开矿业务之华人谓之矿工。矿商雇用矿工须由矿务委员批准，详细登记。矿工无过失而工作受伤，矿商要负担医药、培养、伙食等费用。其他负伤也要给伙食费，死亡者给埋葬费，伤残者给补助费。

《矿务章程》比之传统的矿冶法有了很大进步。允许民营，税率比之"二八分课"大大降低，并且废除了对于开采矿产、运输矿产的种种严格限制，具有一定积极意义。

六、《铁路简明章程》，1903年颁行，共二十四条。在这之前，各省督抚往往自定铁路章程，自行与洋商签订铁路合同。这一章程规定原各省章程与之抵触者一概无效，铁路修筑应由商部批准。铁路如是合股兴建，洋商股份不得占多数，洋商与官府签订合同独资兴建铁路，仍要留出十分之一股份，任华商随时照股票原价搭股。华商集股后仍不敷工费，可以机器房产为抵押借洋商款项，但不准以土地抵押，借款数不得超过原本的十分之三。铁路公司不可插手经营沿路采矿业务。铁路的轨距按照英制标准，一律为四尺八寸半，与现有路线一致。此后，商部又在1905年行文各省，强调路轨、车辆的高度宽度、挂钩形式等都要统一。1908年的商部又制定《铁路购地章程》照会各省督抚，规定铁路公司在勘定线路后，就可以按上、中、下三等购买应用地亩，业户不得阻拦，限一个月内领取地价，否则由地方官代收，庐舍坟墓一体迁移。铁路沿线地亩原有钱粮转由铁路公司缴纳。这些章程对于加速修建铁路，破除修路阻力都有一定的意义。

金融财政法规

清末在外国银币充斥沿海市场的情况下，一些地方逐步自行发行新式铜币（中间无方孔）和银币。1904年，清朝财政处和户部联名奏请设立天津银钱总厂，并拟定《银钱总厂简明章程》。1905年，财政处和户部又奏请颁行《整顿圜法酌定章程》十条，规定各省可设铜圆局，发行铜圆，户部银钱总厂发行银圆。但这些整顿币制的法令虽然部分受西方影响，然而贯彻不力，市面上广泛流行通用各种外国银币、各银行发行的纸币，制钱铜圆也混杂通用，币制改革并没有起到实效。

清末金融信用机构大多仍为传统的银铺、钱庄、银号、票号之类商铺，鸦片战争后，外国银行纷纷进入中国，垄断近代金融事业，控制中国的财政。如汇丰银行独家保管中国的关税、盐税。1897 年，在上海出现了第一家半官半商的中国近代银行——通商银行。1904 年，清财政处建议开办官营银行。1905 年户部拟定《试办银行章程》三十二条，规定开办户部银行，参照有限公司形式组织，总资本一百万两，分为四万股，户部认购一半，另一半任官民认购。总行设在北平，拟在上海、天津、汉口、四川、广东设分行，先以二十年为期。户部不直接干预业务经营，委派总办、副总办，以下设四名理事，由股东选举。理事必须拥有一百股股份。银行发行银圆票，分为一百两、五十两、十两、五两、一两五种。这是中国第一个有关银行的法规。户部银行后改称大清银行，作为国家中央银行。在 1907 年邮传部又开办交通银行，在章程中进一步明确国家绝不干涉该行业务。以后商办银行也纷纷出现，全国总共有十多家新式银行。

1908 年，在新式银行纷纷出现的情况下，清朝度支部拟订，并奏请颁行了《银行通行则例》十五条。同时又颁行了《殖业银行则例》三十四条、《储蓄银行则例》十三条、《银行注册章程》八条，中国近代银行法就此产生。这些银行法规规定了银行的性质、业务范围、成立程序、监督办法等。《银行通行则例》规定，凡开设店铺经营各种期票、汇票、贴现，发行期票、汇票、短期拆息，经营存款贷放，买卖生金生银，兑换银钱，代收票据，发行市面通用银钱票，发行纸币等各项业务，无论用何名称，都应遵守《银行通行则例》。开设银行应呈报度支部核准注册，未经注册不得经营业务。旧式钱庄、银号、票庄也应在三年内注册，官办与官商合办行号也要在六个月内注册，每省只准设一处。呈报注册应包括行号招牌、地址、资金、合资人或发起人姓名、集股章程等。银行每半年应详造所有财产日录出入对照表送度支部查核，度支部也有权随时派员查核。银行营业时间应为午前八点至午后四点。以放款工农业为宗旨的应称为殖业银行，必须是股份有限公司，资本至少在二十万两以上，股票必须记名，不准外国人购买股票，也不准将股票转移给外国人。以存放零星存款为主的应称储蓄银行，资本应在五万两以上，存款方式应有活期、定期两种。

在财政方面，近代资本主义性质的经济立法不多，主要是印花税法。清末禁烟呼声高涨，朝廷主要收入"洋药税"有断源之虞。1902年，宜隶总督袁世凯曾奏准试办印花税，但不久即停罢。1907年，清朝度支部奉旨研究印花税办法，并于当年参照日本等国先例，订成《印花税则》，奏请试行。这个《印花税则》共十五条，并附《印花税办事章程》八条。其立法原则是："先从宽简入手。"以养成民间使用习惯为目的。规定人民财产货物买卖、借贷时的各种契据账簿及可用凭证，诸如收货单、发货单、收据、各种契据、流水账簿等，都应贴印花票。应税的单据种类共有两类二十九种，税率各不相同。印花票分为二十文（赭色）、一百文（绿色）、一万文（红色）三种。公益慈善事业契据账簿可免贴印花票。印花票应贴在账簿契据开首，骑缝写明年、月、日，并加盖图章或画押。印花票一年为限，以后接写应再行贴用。无印花或不照章贴用的契据账簿，在涉讼时不得作为证据。应贴而不贴者，罚应贴印花票面五十倍的罚金。重复使用印花，处票面二百倍的罚金，伪造印花者比照私铸制钱罪从严惩办（处绞刑）。印花税是中国第一个从西方引进的税种，《印花税则》是第一个近代税法。

第十三章　近代土地法

土地问题一直是中国历史上最大的问题，因而在近代法制史上，土地立法的地位也相当突出。中国近代法典所模仿的西欧资本主义国家，并没有土地法典。中华民国时期公布的土地法典，堪称资本主义法律体系中的创举。然而，这些土地法并没有得到真正的实施。

第一节　孙中山"平均地权"思想

伟大的革命先行者孙中山先生，是近代中国向西方寻求救国救民真理的代表人物。他注意到了如不解决中国土地问题，中国革命将无法成功。根据对西方资本主义社会的观察，孙中山认为欧美资本主义国家并没能解决社会问题，主要是因为没有解决土地问题。因而他将解决土地问题作为民生主义的核心，提出了"平均地权"的思想，并且在1905年作为同盟会的四条纲领之一写入了《同盟会纲领》。

孙中山"平均地权"思想来源于传统的"重农""均平"思想，具体方案则是受到美国人亨利·乔治土地公有化思想的影响。亨利·乔治认为当时资本主义社会最主要的问题就是土地问题，应该实行单一的地价税，将绝大部分地主的地租转移到国家手中，以实现实际上的土地公有。这一思想在19世纪末的英国有一定影响。孙中山在1896年"伦敦蒙难"事件后，居住于英国，广泛涉猎西方的政治经济思想。他对亨利·乔治的思想产生了很大的兴趣，逐步形成了平均地权的思想。《同盟会纲领》只是提出了一个口号，具体的方案则在 1906 年的《军政府宣言》中初见端倪，之后又在共产主义思想影响下，进一步发展。孙中山认为，"平均地权"是三民主义中民生主义的最基本的核心之一，是解决社会问题的关键。"若能将平均地权做到，则社会革命已成功七八分了。"

平均地权思想

"平均地权"思想的主要内容有以下几个方面：

一、报价抽税。中国历来的田赋地税都是按农产量或按面积征税的。孙中山认为这样赋税负担不均，也不利于社会经济发展。应都改为征收地价税，按土地价格征收赋税。由于核查确定地价极为困难。孙中山主张地价由地主自报，政府按地主所报地价的 1% 征收地价税。

二、照价征购。为了防止地主有意低报地价逃避税负，孙中山又主张国家有权随时按照地主所报地价征购土地。这样一来，地主以多报少就怕吃土地征购时地价低贱的亏，以少报多又要吃重税的亏，只能报折中的、比较实在的地价，政府及地主两不吃亏。

三、涨价国有。孙中山注意到西方资本主义经济发展后，随着城市、交通的发展，土地价格大为上涨，地主坐收其益，贫富不均。因此，他主张土地因社会经济发展而增加的价格完全应归于国有，"以酬众人改良那块地皮周围的社会和发达那块地皮周围的工商业之功劳"。孙中山说："这种把以后涨高的地价收归众人公有的办法，才是国民党所主张的平均地权，才是民生主义。这种民生主义就是共产主义。"地主可以因为仍得到原有地价而不吃亏，国家也可以因此而解决国家财政问题，不用再向人民广征捐税。尤其是能够为现代工商业以及交通公益事业扫清道路，并防止暴富暴贫，解决社会问题。

要注意的是，孙中山所指的土地主要是指素地，不包括土地上人工之改良及地面建筑物，渠道、堤坎、树木、房屋等价格应该另外计算给付。这些地价同时也不包括地下的矿产资源，矿产资源仍属国有。

"耕者有其田"思想

出于传统的"重农"思想，以及农民对土地强烈渴望的影响，孙中山早年已有"耕者有其田"思想，在与人谈话中曾多次提及。1912 年在与袁世凯的谈话中，孙中山提出："欲解决农民自身问题，非耕者有其田不可。"在国民党改组并实行联俄联共以后，孙中山在苏俄及共产党的影响下，进一步明确了耕者有其田的原则。1924 年国民党第一次全国代表大会宣言中，正式将解决农民的土地需求列入平均地权的纲领，宣布"农民缺乏田地沦为佃户者，国家当给以土地"。孙中山在"三民主义"的讲演中，都将实现耕者有其田作为平均地权的一个组成部分。

与平均地权思想不同的是，孙中山耕者有其田的思想并没有具体的方案。他曾在讲演中提出，在农民联合组成团体后，政府可以农民为基础，对地主按地价抽取重税，地主若不纳税，田产充公，令耕者有其田，交原佃户耕其田。然而地主不违法、不抗税，则只能要求全体农民与政府合作，慢慢与地主商量，总的原则是和平解决，"农民可以得利，地主不受损失"。孙中山不主张以暴力剥夺地主土地，而以和平的方式由国家或农民出钱收购地主的土地，又是很遥远的事。总之，孙中山的这一思想，主观上既未考虑成熟，也没有立即付诸实施的意愿。

第二节　中华民国时期的土地立法

虽然"平均地权"是同盟会纲领之一，但是在革命运动中，很多革命领导人有意无意地忽略了这一纲领。辛亥革命爆发后，成立了以孙中山为临时大总统的南京临时政府，然而由于局势的迅速变化，没有来得及将土地问题提上议事日程。

北洋政府时期

北洋政府成立后，根本没有制定土地法规、解决土地问题的立法计划。

仅仅出于征收田赋的考虑，曾一度实行地籍整理。1914 年，筹划设立全国经界局，企图对全国土地进行清理丈量。1915 年改为京兆经界行局，先以北京地区作为全国土地清理丈量的试点。1916 年开始涿县、良县测量土地，不久即停止。1920 年北洋政府重新设立全国经界局，不到数月又因政局变动而流产。整个北洋时期，仅黑龙江省，江苏省的昆山、宝山、南通等县，浙江省的黄岩、桐乡等县先后推行测丈，然而收效甚微。

北洋政府时期，为了政府征收土地有章可循，不致遭到地主的抵制，曾设想制定有关征收土地、进行土地登记的法规。1915 年曾制定《土地收用法》，内容仿照日本《土地收用法》，但并未议决公布。1922 年又曾由北洋政府司法部公布《不动产登记条例》，仿照日本契约登记制，规定由司法机关在全国分三期进行土地登记。

大革命时期

辛亥革命失败后，孙中山领导了几次反对北洋政府的运动，也都先后归于失败。1922 年孙中山领导下的广州政府设立了土地局，并颁布了《土地税法》，但由于广州政局不稳，没有获得实施。1923 年，广州政府又成立土地法审查委员会，专门审议起草土地法规。孙中山当时还聘请德国土地问题专家单维廉博士为顾问，在广州从事调查，拟订土地登记、土地征税法规。但都局限于城市，也未获议决通过。

1924 年，第一次国共合作形成，国民党在广州举行的第一次全国代表大会上，以孙中山平均地权思想为基础，明确宣布："当由国家制定土地法、土地使用法、土地征收法及地价税法。私人所有土地，由地主估价呈报政府，国家就价征税，并于必要时依报价收买之。此则平均地权之要旨也。"同时还宣布："农民之缺乏用地沦为佃户者，国家当给以土地，资其耕作。"从而确立了土地立法的原则。

孙中山去世后，随着大革命运动的深入开展，土地立法的重心从城市转向农村，从征收地价税为中心的"平均地权"转向"耕者有其田"。1926 年 10 月，国民党省区联席会议通过实施"二五减租"（减轻现有地租 25％）的决议。1927 年 3 月，中国国民党第二届中央执行委员会第三次全体会议（简称国民党二届三中全会）通过《对农民宣言》，表示拥护农民获得土地之斗争。同时成立中央土地委员会。这个委员会曾通过了一项决议——没收反革命分子、军阀分子土地的原则。然而这项革命土地立法原则遭到国民党右派的激烈反对与抵制，同时，由于政局迅速变化，蒋介石、汪精卫先后叛变革命，这项原则也一直没有能够具体落实到土地立法之中去。

南京政府时期

南京国民政府成立后，土地立法的重心又一次从农村转到城市，转到以地籍整理与地价税为主。1928 年，国民党中央政治会议通过土地法原则，并成立土地法起草委员会。在起草土地法的过程中，将原国民党党纲规定的土地法、土地使用法、土地征收法、地价税法四种单行法规合而为一，形成土地法典。1930 年《土地法》完成草案，同年由国民政府立法院通过并公布，这是中国第一部土地法典，共五编三百九十七条。然而公布后并没有宣布开始施行的时间，直到 1936 年，国民政府又公布《土地法施行法》，宣布《土地法》与之同时从 1936 年 3 月 1 日起正式施行。同时，国民政府行政院又公布《各省市地政施行程序大纲》，具体规定《土地法》的实施步骤。

《土地法》宣布施行不久，抗日战争爆发，全国绝大部分地区尚未开始实施。抗战期间，国民政府曾先后颁布一些土地方面的单行法规，作为施行《土地法》的补充法规，如《战时地价申报条例》《战时地籍整理条例》《战时征收土地税条例》《战时房屋租赁条例》等，主要集中于城市土地问题的解决，有意回避对农村土地问题的明确立法。在抗战时期还对《土地法》着手修改。

抗战结束后，国民政府于 1946 年 4 月公布经修正的《土地法》共五篇二百四十七条，同时公布《土地法施行法》六十一条，宣布自公布之日起施行。然而不久，国民政府即发动大规模反共内战，实际上停止了《土地法》的实施工作。随着国民政府的迅速垮台，《土地法》也就很快丧失了作用。

第十四章　近代税法

传统赋税制度不成体系，税种繁多，征法不一，税率也不尽相同。辛亥革命爆发后，在 1929 年《中华民国临时约法》中规定："人民依法律有纳税之义务。"按照西方资产阶级法律原理，无法律明文规定，人民即不负纳税义务，中华民国时期，制定颁行了大量的税法，并仿照西方资本主义国家组织起庞大的财政税务机构。表面上看似乎建立了近代税法制度，实际上仍受传统法制影响，政府征税权力漫无限制，各级贪官污吏渔利其中。各种税法层出不穷，旧税不予革除，新税名目繁多，有"民国万税"之说。本章主要介绍中华民国时期税法的大概情况，其中关税拟在"海关法"一章介绍，盐税及烟酒税在"近代盐法、专卖法"一章介绍。

第一节　北洋政府税法

北洋政府打着整理改革旧税制的旗号，实际上收效极微。具有重要意义的关税、盐税都控制在外国人手中，各地军阀割据，混战不已，任意征收苛捐杂税。名义上有正式税法，实则各地自行其是，比之清末的税制更为混乱。

传统税法向无体系，北洋政府在 1912 年 11 月公布了《国家税及地方税法草案》，仿照西方资本主义国家，企图建立税法体系。以后也曾几次公布类似方案，但都未正式实施。

一、1912 年《国家税及地方税法草案》。规定国家税为十七种，即田赋、盐税、关税、常关税、统捐、厘金、矿税、契税、牙税、当税、牙捐、当捐、烟税、酒税、茶税、糖税、渔业税。地方税（省税）为二十种，包括：田赋附加税、商税、牲畜税、粮米捐、土膏捐、油捐、酱油捐、船捐、杂货捐、店捐、房捐、戏捐、车捐、乐户捐、茶馆捐、饭馆捐、肉捐、鱼捐、屠捐、夫行捐及其他杂捐税。预备新设的国家税有印花税、登记税、继承税、营业税、所得税、生产税、纸币发行税七种；预备新设的地方税有房屋税、国家不课税之营业税、国家不课税之消费税、入市税、使用物税、使用人税、营业附加税、所得附加税八种。在财政税务机构上，在中央设财政部，部下设赋税司专管田赋税收。又设国税厅筹备处，在各省设分处，直隶于中央财政部，官职上与各省军政首脑地位相同，主管各省国税的征收与解运。各省政府设财政司主管地方税。以后又规定各省财政司与国税厅筹备分处合并为省财政厅，直属于中央财政部。袁世凯当政，企图以此举控制各省财权。然而辛亥革命后，各省纷纷独立，地方军阀各自割据，这一草案根本无法施行，1914年6月北洋政府明令取消这一草案，仍由各省统一收支各种税收。

二、"中央专款制"。1915年北洋政府恢复清末的解款制，改称中央专款，划定验契税、印花税、烟酒税、烟酒牌照税、牙税为中央专款，由各省议定税额，按月报解中央。1916年又加入屠宰税、牲畜税、田赋附加税、增加厘金几项。1917年又改烟酒税、烟酒增加税、烟酒牌照税、契税、牙税、矿税等六项为中央专款。

三、1923年"贿选宪法"及《税制计划书》。1923年直系军阀首领曹锟贿选总统，并制定《中华民国宪法》，在这一"贿选宪法"中，规定实行税制划一、划分国家税与地方税的原则。财政整理委员会据此提出《税制计划书》。按性质划分直接税、间接税、行为税三种，国税系统的直接税有所得税（筹备中）、矿税、营业税（包括烟酒牌照税、牙税、当税）；间接税有关税、盐税、烟酒税、丝茧税、茶税、糖税、生产税、销场税；行为税有印花税、登记税、继承税、运输税（后三种均筹备开征）。地方税系统的直接税有田赋、房屋税、宅地税（筹备中）、牲畜税；间接税有屠宰税、谷米税、杂品税；行为税有契税。这一税法体系实际上完全只存在于纸面，不久直奉战争爆发，直系战败退出北京，奉系推举的段祺瑞临时执政府宣布废除这一税法体系，恢复中央专款制。各省军阀不服，纷纷截留中央专款，临时政府除了北京崇文门商税（每月有二十万左右）几乎无任何税收收入。

田赋整理

田赋仍然是北洋政府时期最主要的赋税种类，1919 年以来，田赋占中央岁入的 15%—20%，占各省岁人的 50% 左右。1919 年以来，田赋不再解送中央。1919 年以前，北洋政府对田赋制度进行了一些整理，主要内容有：

一、整理田赋种类。

1．1914 年宣布进行地籍整理，并归并田赋税目、革除耗羡、平余等名目及各种地方杂徭和杂差。田赋共归并为四种：地丁（包括清朝各种附加税目）、抵补金（指江浙两省漕粮改征白银）、租课（政府所有土地出租后所收地租）、附加。

2．又下令田赋一律改征银圆，凡田赋银一两折为银圆一元五角。以后全国除湖北折钱，陕、甘、新仍行旧制外，其余各省都改征银圆。然而折换率各地不同，晋、苏一两折一元八角，有的地方一两折八元。

3．规定征收费用比例不得超过田赋征收正额的 10%。

4．规定附加税分为中央附加、地方附加两类，合计不得超过正额的 30%。

5．取消清朝遇闰年加征田赋的惯例（1917 年）。

二、征收田赋制度。北洋政府规定以县为田赋征收单位，设财政科（局），由省财政厅委员办理。具体制度是先编制征册（按照田赋征收处历年户册存根编造），再造钱粮串票（即田赋收据）。每年二至五月，八至十二月征收田赋，在县城中设总柜，各镇设分柜，每户完纳田粮后，即登记挂号簿与征收流水簿，发给串票，加盖各级有关人员印戳。

三、田赋减免。1912 年北洋政府颁布《减免条例》，规定发生灾荒时各县官员应立即实地查验（旱虫灾十日内，风雹水灾三日内），并上报省财政厅。各省应编制受灾田亩与蠲缓赋税数目清册。受灾十分者，蠲正赋十分之七；受灾九分者，蠲正赋十分之六；受灾八分者，蠲正赋十分之四；受灾七分者，蠲正赋十分之二；受灾六分、五分者，蠲正赋十分之一。蠲免后应纳钱粮可以缓征，可作三年、两年带征。

北洋政府统治时期军阀混战，田赋制度虽经整理，但毫无实效。各地税率、税额一概沿袭清朝，土地也未曾清丈，负担极不合理。尤其是附加税名目繁多，到北洋政府末期已达一百多种。如江苏省田赋附加税有一百零五种，浙江省有七十四种。附加税额往往高达正赋的几倍，江苏海门县达二十六倍之巨。附加税的名目以张宗昌统治下的山东省为例，有军事特别捐，每田赋一两附加两元三角；军械捐，正赋一两附加一元；军鞋捐，正赋一两附加三角；建筑军营捐，正赋一两附加一元五角；等等。另外，地方军阀还普遍用预征方法搜刮民财，如河北南宫县，1926 年已预征 1932 年田赋；福建兴化县，1926 年田赋已预征至 1933 年；四川郫县，1927 年田赋已预征至 1939 年；桐梓县，1926 年田赋已预征至 1957 年。甚至军阀们混战交替，互不认账，预征后再加征，田赋混乱至极。

北洋政府沿袭了清朝种种不合理的商税制度，其中茶税、当税、屠宰税等同于清朝的税制。

一、厘金。北洋政府时期，厘金税仍相当重要。征收机构仍为各地厘金局，全国共有厘卡七百八十四个，分局分卡总计约有两千五百处之多。厘金的种类有多种名目，如：坐厘、行厘、货厘、税捐、铁路捐、货物捐、产销税、落地税等。税率也各不相同，有的是 2.5%、5%，最高的达 25%。厘金收入一般占全年岁入的 10% 左右。厘金制度极为混乱，征收办法各地不同，收入也无从稽查，大多被各级贪官污吏中饱。广大商民竭力呼吁取消厘金，各国列强也以厘金为口实，拒不交还海关关税管理权。1914 年北洋政府财政部曾考虑改厘金为产销税，因遭到各地军阀反对而作罢。以后曾发布《征收厘金考成条例》，企图对厘金略加整理，但毫无实效。

二、契税。1912 年北洋政府颁布《统一契税章程》，规定凡人民旧有的房地契约，必须呈交官府注册检验，换给新契，每张契约一元，注册费一角。1914 年又颁布《契税条例》及其施行细则。规定契税税率：买契为 9%，典契为 6%，大大高于清朝的税率。契纸一律使用官契纸，每张五角。公益法人可免税。1915 年又施行《验契条例》，规定对民间旧契进行检验注册，契价在三十元以上者征验费一元，注册费一角，三十元以下的旧契免征。

验契以六个月为限，限满未验契，倍征验费和注册费。这些条例的目的实际上只是企图多收契税而已，并不是真要整理民间旧契。1917 年北洋政府又修改《契税条例》，税率降低为卖契 6%、典契 3%，然而又规定各地可增收不超过正税三分之一的附加税。契税正税作为中央专款，由县知事征收，解送北京。

三、牙税。1915 年北洋政府财政部发布《整顿牙税大纲》八条，规定了税率与帖捐等级。牙税共分为帖费、帖税、牙捐三种。牙税后来作为中央专款之一。

四、矿税。北洋政府的《矿税条例》略同于清末。其税种有：

1. 矿区税。由农商部征收，按矿区面积，每亩征三角或一角五分，每年六月、十二月由矿主向省实业厅缴纳，转送农商部。

2. 矿产税，为出井税。由各省财政厅征收，按出产地平均市价计算，税率为 15‰和 10‰两种，每年一月、七月各征收一次。

3. 统税。按销售量计算，税率为毛利的 5%。每三个月征收一次。青石、石灰石、土灰等建筑材料免征矿区税、矿产税。此外各地方政府也可开征地方矿税，税率不得超过 5‰。值得注意的是，这些矿税主要针对的是民族资本的小矿，中外合资的大矿按条约、合同所定的税则收税。

五、常关税。清末以后，沿江沿海五十里以内的常关已划归外国人控制下的海关管理，内地常关由财政部派出专任监督管理。1914 年公布《改正常关税章程》，规定章程关税税率一律以海关关税之半为基准（2.5%），超过者维持原状，不足者增加。又公布《常关征收考成条例》，仿照清朝的办法，各关实行定额制，完成定额有奖，不足者有罚。

六、印花税，清末试行印花税，北洋政府成立后即将原税则略加修订而公布《印花税法》。1913 年北京首先开征，以后各省都开征。印花票由海关、邮政局、中国银行、电报局、商会发售。课税对象是提发货单、字据、凭单、期票、汇票等二十六种契据。契据面值五十元以上贴印花一分，以上递增。以后又规定各种人事凭证、车船执照、出洋护照、高小毕业证书、戏票、枪支执照、报税单据等也都要贴印花。人事凭证贴印花一角至四元不等，但又规定对于租界内的外国商人免征。

预备开征的新税种

除了沿袭清朝的种种旧税之外，北洋政府还仿照西方资本主义国家制度，企图设立新的税种。这些税法虽都未实行，但却开了日后新型税法的先河。

一、所得税。1914 年，北洋政府公布《所得税条例》二十七条，号称以公平、普及、具有伸缩力、收入较丰为四大开征所得税理由。征税对象是在中国居住满一年以上，或在中国有产业的个人。税率采取累进制，以 500 元为起征点，月收入 501 元至 2000 元为 5‰，以上递增，2 万至 5 万元为 50‰，以上收入每增 10 万元税率递增 5‰。凡军教人员的薪金、美术著作所得、旅学费等可以免征。这一条例北洋政府并没有施行，1915 年又公布《所得税第一期施行细则》，实际上仍未施行。1920 年北洋政府又一次发布命令，宣称开征所得税的税收收入全部用于振兴实业和教育事业，1921 年财政部公布《先后征收税目清单》，宣布对官吏薪金及其他公家结与金，从 1921 年起征所得税，由发款机关代扣。公司、银行、工矿、商号、栈行也从 1921 年起征收所得税。其他如利息、股息、各业工资、田地所得等一般个人所得延期开征。这一通令公布后遭到各界各地反对，全国总商会提出开征所得税必须具备改正税法、废除恶税、监察用途、登录法完备、合法编制预算、不得以此为借外债的担保、裁撤军费、由合法的国会通过所得税法等八个先决条件。北洋政府不得不让步，通令缓征，并在 1922 年于财政部下设立所得税委员会，由教育界、商界以及财政部、农商部、教育部选派委员组成，监督开征，结果因北洋政局变动，而不了了之。

二、遗产税。民国初年已有人提议开征遗产税，1915 年北洋政府议决《遗产税条例》，特点是仅对于嗣子继承的不动产遗产征税，税率取比例制，1000 元遗产以上 5%，10 万元以上 10%，1000 元以下免征。以后北洋政府的参议院修改此条例，对亲子也要征税，起征点为 3000 元，3000 元以上亲子为 1%、嗣子为 2%—5%（依血缘远近），10 万元以上亲子为 4%、嗣子为 6%—9%。但这仅为草案，以后政局动荡一直无人再加议论。

三、通行税。1912 年，北洋政府财政部拟定《通行税草案》，规定按车船票等级开征通行税，一等为 15%、二等为 10%、三等为 5%、四等为 2%，由售票公司代征。公用车船免征。漏税者罚金五十至二千元。但这一草案遭到了交通部与外交部的强烈反对，并未施行。1916 年又改征运输税，以铁路客货运输为征税对象，同时裁革原铁路沿线厘金。货物运输按运费征 30%，旅客包车征 20%、一等票征 10%、二等票征 7%、三等票征 5%，但实际上仍未能施行。

各种苛捐杂税

北洋政府时期虽有中央税法制度，但由于各地军阀割据，税法极为混乱，各种苛捐杂税多如牛毛。如河北省就有戏捐、妓捐等十六种杂捐税；奉天有乐户捐、桥捐、斧捐、菜园捐等三十三种；吉林有缸捐、摊席捐、渡捐等二十多种；广东汕头有猪捐、牛捐、鹅捐、薰荤捐、青菜捐、丁口捐，甚至还有"女子出阁捐"；四川各种杂捐有九十九种之多，其中仅警察厅开征的就有二十四种；山东有人捐、狗捐、牛捐等几十种。此外各地军阀混战，以军事需要为名滥派"兵差"，向战区人民滥征实物、力役，毫无制度可言。

第二节　国民政府统治前期税法

1927 年 4 月以蒋介石国民党为代表的国民政府上台后，开始了一系列税法改革，开征大量新税，对旧有种种恶税明革暗留，税捐日趋烦琐。而以关税、盐税、统税为三大国税，以田赋、契税、营业税为三大地方税。

1928 年 7 月，国民政府为了加强对各地的控制，整理财政、统一财政基础，召开了第一次全国财政会议。这个会议通过并公布了《划分国家收入地方收入标准》，宣布实行中央、省两级财政体制。属于中央税的有盐税、海关税、内地税、常关税、烟酒税、煤油税、厘金及一切类似于厘金的通过税、邮包税、印花税、交易所税、公司及商标注册税、沿海渔业税十二种；属于地方税的有田赋、契税、牙税、当税、屠宰税、内地渔业税、船捐、房捐八种。并且还规定了准备开征的税种的划分，所得税、遗产税、特种织物消费税、面粉丝纱出厂税为中央税；营业税、市地税、所得税附加税、特种消费税、特种出厂税为地方税。规定了税法的原则：地方税与中央税重复时，财政部可禁止其征收，各地不得任意添加附加税，所得税附加税不得超过正税的20%，合并相同的税捐，旧税与新税性质抵触部分废除之，厘金及一切内地通行税以六个月为限定期裁撤。

由于1928年方案未确定县级财政部收范围，因此在1934年又召开第二次全国财政会议，规定县级税收范围为：土地税（田赋附加税）、印花税的30%、营业税的30%、房捐（土地改良物税）、屠宰税、"及其他依法许可的税捐"。这样，在纸面上建立了中央、省、县三级税收体制。

国民政府的税务机关是财政部下属的税务署，主管工商货物税（包括厘金统税、矿税、印花税、烟酒税等），财政部赋税司管其他赋税。此外，为开征直接税，又特设直接税署，在各省设直接税局。

田赋是国民政府统治前期，各省政府最主要的财政来源，一般占省岁入的50%—60%。由于沿袭北洋旧例，种种附加、摊派极多，一般而言，北方多摊派，南方多附加。国民政府以中央对地方财政的监督权力，实行了一些限制与改革，较主要的有以下几个方面：

一、限制附加摊派。1928年国民政府财政部公布《限制征收田赋办法》八条，规定田赋附加税及正税的总额不得超过现时地价的1%，在土地未清丈报价以前，以乡平均地价为标准。附加税不得超过正赋。这一办法公布后，各地阳奉阴违，毫无实效。因而在1932年又一次重申。1933年又公布《重订整理田赋附加办法》十一条，规定摊派也以附加论，正税与各项附加总额不得超过地价的1%。并规定1933年内必须完成整理，但仍无实效。1934年第二次全国财政会议议决六项原则，已报地价地区改田赋为地价税，税率1%，取消一切附加，地价税收的40%归省、60%归县。现有田赋从1934年起不得再有附加，严禁一切摊派。附加超过正赋，限期裁减。这一通令得到一定的贯彻，至1934年12月，全国明令裁减的田赋附加总额达七百二十余万元，但并没根本解决问题。

二、铁路公路用地免税。北洋政府时期仍沿用清朝于1898年颁布的《铁路地亩纳税章程》，除官营及外资铁路允许在盈利前暂免田赋外，其他铁路用地仍须纳田赋。国民政府在 1931 年以振兴交通为由，民营铁路可申请减免。但如系租有民地，原业主仍须纳田赋。1933 年又颁行《公路用地免赋章程》，规定国道、省道、县道、乡村公路皆可免田赋。

三、改革田赋征收制度。北洋时期田赋征收仍掌握在胥吏手中。田赋归省后，各地进行了一定的整顿。1934 年第二次财政会议议决田赋征收制度改革原则，明确规定田赋经收机关与收款机关分立，由各地方银行仓库、合作社负责收款，无银行、合作社由县政府、财政局负责收款。革除一切旧有陋规，串票上要注明银圆数目，预发通知单，禁止下乡携串游征。禁止预征。征收费用由正款项下开支，不可另征。然而这一制度只是以国民党的党棍地痞代替旧有的书手胥吏，田赋征收制度仍很混乱。

四、整理地籍。国民政府上台后就通令进行土地清丈，以后随着《土地法》的公布，又改为土地陈报。1934 年第二次财政会议议决《土地陈报纲要》三十五条，在全国推行，由业主自报户名、地产四至、坐落、面积，田赋税额，但收效很低。直到抗战爆发，全国仅有四百多个县完成了土地陈报。

五、田赋减免。1928 年，国民政府公布《勘赈灾歉条例》，1934 年又一次修正。规定灾户受灾 90% 以上，蠲免正赋的 80%；被灾 70% 以上，蠲免 50%；被灾 50% 以上，蠲免 20%；等等。蠲余的田赋视灾情分两至三年带征。

此外，在《土地法》公布后，国民政府开始在部分城市推行地价税代替田赋。

从 1927 年至 1936 年，国民政府进行了一些田赋改革，但各种旧有弊端并未根除。田赋附加省虽革而县犹在，名目繁多，以江苏省江宁县为例，1932 年田赋附加摊派有：征收费、水利费、清丈费、保卫团亩捐、教育费、公安费、党务费、自治费、农业改良捐共九种，总额超过正税（当地已改行地价税）的十二倍！预征恶习也未革除，以军阀割据的四川省最为严重，竟有一年预征五六次的，预征年份竟达 1991 年（28 军驻地）、1978 年（29 军驻地）、1975 年（21 军驻地）等等。

厘金是清末以来危害最大的恶税，既妨碍国计民生，又给列强把持海关提供了口实。1927 年 7 月，南京国民政府公布《裁撤通过税条例》，同时宣布收回关税自主权。1928 年 7 月又召开全国裁厘金会议。1930 年正式宣布从 1931 年 1 月 1 日起裁撤全国厘金税，而改设属中央税系统的统税和属地方税系统的营业税。

统税由一物一税、一次征收而得名，起源于清末一些地方实行的统捐。1900 年江西曾规定对木材、夏布、土靛、瓷器等货物在就近厘卡一次征收税金，以后过厘不再抽税，称统捐。1922 年北洋政府也曾发布《纸烟统捐章程》，对于纸烟只在出厂时或进入内地时抽税一次。1926 年武汉国民政府也曾公布《征收卷烟统税办法》。1928 年，南京国民政府公布《卷烟统税条例》，在财政部设卷烟统税处，各省设卷烟统税局。规定统税为中央税，一物一税，税后行销全国，不再课税。1930 年起大规模推广统税代替厘金。1931 年开征棉纱、火柴、水泥、面粉统税，1933 年开征熏烟、啤酒统税，1935 年开征火酒统税。同时，将卷烟统税处扩大为统税署，各地卷烟统税局扩大为统税局，并派出分区统税管理所、查验所检验分所。统税以大规模机器生产、人民消量大、与国民经济无妨碍的大宗商品为征税对象，很快取代厘金，成为国民政府的主要税收来源，1933 年统税已推广至全国十九个省，1935 年统税已近岁入的 40%。

统税以一物一税为原则，规定在货物出厂时征收，因而是一种出厂税；另一方面进口的统税货物与国产货物同样纳税，而已纳税的国产货物在出口时，可申请退税，因此统税又是一种内地税。其税法的一般原则是：

1. 统税为国家税，地方不得重征或裁革。

2. 以便于征课的大宗消费品为对象，并须经法律明确定。

3. 遇有重征行为应予退税。

4. 全国统一税率。

5. 中外商人一律对待。

其征收方法是：机制品由税务机关派员驻厂征收，手工农林产品派员驻场（农林产品集散地）征收，小工厂、小市场由商人自报，国外进口货物由海关代征。熏烟、火柴、啤酒在完税后贴特别印花标志，麦粉、棉纱、水泥发给完税凭证。

统税一般从量征税，税率依货物而不同。

统税在税制上比之厘金较为进步，征税机构及制度也比较正常。然而这是一种间接税，税负最终落在广大消费者身。虽然规定中外一体纳税，但对外商往往允许预付税款并给予七五折优惠（七百五十万元抵作一千万元）。又如棉纱仅分两级，而粗纱和细纱的价格相差数倍，税负相差却不大。此外细纱多为外国厂商生产，粗纱多为国内厂家生产，有利于外商而不利于民族资本。

营业税和印花税

裁撤厘金的同时，作为各省地方税的营业税也正式开设。1931 年国民政府公布《营业税法》十三条，作为各省征收营业税的原则。规定课税范围：凡一省内各种工商营业，无论华人洋人，一律负有纳税义务，其中已向中央缴纳出厂税（统税），不以营利为目的的团体（合作社、贫民工厂等），公有营业，年收入在一千元以下、营业资本在五百元以下者免征营业税。

营业税的征收办法以自报为主。各业应在每年一月向税务机关领取营业调查证，呈报资本总额（包括所有固定资本、流动资产、公积金等），或全年总收入额，按税率计算全年应缴税额，每年分四季缴纳。贩卖、制造业应依法置各种账簿，计算收益数，以备税务机关检查。每一区域还应设营业税评议委员会，由商会代表、县市政府代表、省财政厅派出的会计员、营业税征收主任等人组成，对于纳税争议事件进行评定，不服者可提出诉愿。

印花税属于中央税，1927 年 8 月国民政府即公布《印花税暂行条例》，基本仿照北洋旧制。同年又公布《化妆品印花特税暂行章程》，规定一切化妆品都必须贴特种印花，售价五分以下免贴，三角以下贴印花一分，五角以下贴印花两分，以上递增，至五元以上按价格的 20% 贴印花。

1935 年国民政府着手整顿印花税，将印花税划归财政部直接税署管理，并公布新的《印花税法》二十四条及其施行细则十七条。规定纳税人为在中国领土内的中国人及外国人在中国有经济流通行为者。征收对象分为交易凭证、人事凭证、许可凭证等共三十五项。税率分为三种，发货票之类共三目，采取分级税率，每件纳税一至六分。支取汇兑银钱的单据簿折等三十二目采取定额税率，每件纳税四分至四元不等。保险单之类共十一目，采取比例税率，纳税十万分之一至百分之四不等。这一印花税法在征收制度上采取"三权分立"的原则，印花税票的印制与发售由邮政局负责，印花税的检验由税务机关负责，违反印花税案件的处罚由县市政府和法院负责。印花税法的罚则相当严厉，规定应贴而不贴印花者，处以应纳税额二十至六十倍的罚金。在征收方法上，采取由纳税人自行购买适额印花贴于凭证之上，再行戳销。印花税收入的 10% 归省、30% 归县、20% 归中央用于接济边远贫瘠地区。从而用以防止地方把持、苛派勒索，也起到了裁撤地方各种苛捐杂税的作用。

直接税的开设

直接税是与间接税相对而言，税收负担不能转移的税种。传统的田赋、地税、人头税都具有直接税的性质。直接税中的所得税、继承税是资本主义国家的主要税种。北洋政府时期虽曾拟开设，但一直议而未决。国民政府在建立后不久，重新开始了所得税的筹备。1927 年 8 月，公布了《所得税暂行条例》。这一条例仅是沿袭北洋政府的《所得税条例》而已，也没有实行。在 1927 年，规定对政府公务员开征所得捐，作为国民党党员抚恤基金。以后直到 1936 年，才由国民政府立法院正式议决公布《所得税暂行条例》二十七条，并于当年年底实施，颁行施行细则四十九条。这是中国历史上第一次正式开征所得税。

1936 年《所得税暂行条例》规定了所得税征收的内容分为三类：

第一类称为营利事业所得税，包括公司、商号、行栈、工厂或个人资本在 2000 元以上营利之所得；官商合办、营利事业或一时营利事业之所得。这一类所得税采用金额累进税率，按所得纯利占资本实额的比率课税，以 5% 为起征点，分为五级：5%—10%，课税 30‰；10%—15%，课税 40‰；15%—20%，课税 60‰；20%—25%，课税 80‰；25% 以上，一律课税 100‰。不能依资本额计算，则按所得收入额课税，100 元以下免征，100—1000 元课税 30‰，以上递增，5000 元以上每增 1000 元，税率递加 10‰，以 200‰ 为限。

第二类是薪给报酬报得税，包括公务人员、自由职业及其他各业之薪给所得，采用超额累进制，每月平均所得三十至六十元者，每十元课税五分；每月六十至一百元者，就超过额每十元课税一角，以上类推至每月超过八百元者，每超过一百元，按每十元课税二角至每十元课税二元为最高。

第三类是证券、存款所得税，包括股票、公司债券、存款等利息所得。采用比例税率为50‰，以每次提取或清算时付给之利息计算课税。

免纳所得税的对象：第一类中有不以营利为目的的法人所得；第二类中有军警官兵及公务员因公伤亡抚恤金、小学教员薪金、残废劳工及无力生活者之抚恤金、养老金等；第三类中有各级政府存款，公务员、劳工法定储蓄金、教育慈善机构之基金存款等。不依期报告所得，可处二十元以下罚金，隐匿不报处漏税额二至三倍的罚金，并科一年以下有期徒刑或拘役。

这一条例弊病很多，如起征点过低，加重劳动者负担，而累进率也很缓慢，对利息所得不采取累进税率。营利所得税率过低，劳动所得之税率反而重于资本营利所得，完全暴露了国民政府的阶级本性。

另外，1927年8月，国民政府财政部提出设立遗产税的建议，仿照英国和美国加利福尼亚州遗产税法，拟定草案十三条。但当时《民法·继承编》还未公布，这一建议搁置未决。以后几次财政会议都曾有过遗产税的决议，并曾制定《遗产税条例》。由于遗产税的主要对象是地主和大资产阶级，触及国民政府的社会基础，所以一拖再拖，直到抗战爆发，遗产税仍处于议而不行的状态。

各种地方税

地方税主要是指省税，以田赋、营业税、契税为三大税源。

一、契税。1927年国民政府公布《验契条约》与章程，宣布要对全国的田房契进行重新注册登记、更换契纸。每张契纸收费一元五角，注册费一角。验契推行于华北华东九省。1934年，第二次财政会议又议决要整理契税，规定"卖六典三"原则（卖契契税6%，典契3%），附加税不得超过正税一半，契纸每张五角。延期纳税及匿税罚金不超过正税额。这次整理后，契税较为系统、正常，年收入达三千多万元。

二、屠宰税。初期延用北洋旧制，1931年起并入营业税，作为县级税收。税率各地不一，宰牛一头，纳税六角至一元；宰猪一头，纳税四角；宰羊一头，纳税三角等。

此外，还有纳税沿用北洋时期的房捐、筵席税、娱乐税，1935年将后两种归并为行为取缔税，各地制度不一。

各种苛捐杂税和兵差

国民政府上台后，县级财政无法律规定，全靠滥征附加税、摊派以及各种苛捐杂税度日，比之北洋政府时期有过之无不及。各种异想天开的名目令人瞠目。如：有的地方除对活人征税外，对死人还要征"棺材捐"；商店开业要缴营业税，关门要缴"歇业费"；摆地摊要缴"弹压捐"和地皮捐；除了房捐之外，水井锅灶也有"井灶捐"；有供祖先的厅堂要缴"祠堂捐""大厅捐"；结婚要缴"新婚捐"；大兵开到一地要收"军民感情捐"；以至于倒尿桶有粪捐、尿桶捐；一头猪从出生到屠宰，有小猪税、猪行牙税、牲畜税、猪驳税、屠宰税、血毛税等十几种名目。1934年起，国民政府在划定县级税收的同时，下令各地裁撤苛捐杂税。从1934年7月到1935年8月的一年中，全国各省裁撤的苛捐杂税达五千多种，总计税额五千多万元。而这仅仅是国民政府所计划的第一、第二批裁革，还有第三、第四批裁革计划。据此推算，全国的苛捐杂税应当在万种以上。

各省地方在"其他收入"名下，还有各种恶税。如广州对番摊赌抽饷捐。贵州以"补助税"为名抽鸦片种植税，江西此项税收称"补助款"，而福建、安徽公开抽"烟苗捐"。有的地方还对不种鸦片的农民抽"懒捐"。这些"其他收入"往往占一省预算岁入的三分之一左右，贵州要占到72%（1935年）。

在这一时期，国民党新军阀之间接连爆发混战，人民的兵差负担极为沉重。1929—1930年，除了骡夫、挑夫、兵丁、钱币之外，仅各种征派的实物就有一百多种。全国被征发兵差的县达八百二十三个。一地被征的兵差往往超过田赋的几倍至几十倍。

第三节　国民政府抗战时期税法

抗日战争爆发后，随着沿海及华中富庶地区先后沦陷，国民政府被迫迁移到相对落后偏僻的西南地区大后方，丧失了原有的主要税收来源，而军费上升到天文数字，从 1937 年占总岁出的 66.4% 增长到 1945 年的 87.3%。为了弥补军费，国民政府对税法又进行了较大的改动，以盐税（食盐战时附加税，见"近代盐法、专卖法"专章）、货物税、直接税为战时新三大税，占税收总数的三分之二以上。

抗日战争开始后，国民政府一方面为了增强战时国家财政力量，另一方面为了推行市县自治区的"新县制"，于 1942 年 1 月正式宣布实行国家、县二级财政税收制，省级财政税收划归中央，县级财政划为"自治财政"。在这种二级制下，原属省的一切税收，如田赋、契税、营业税都划入中央税；县级自治财政的税收总类有：土地税、营业税、契税附加税、遗产税、印花税、屠宰税、营业牌照税、使用牌照税、筵席及娱乐税，以后五种为主要税源。

二级制实行后，中央财政实力有所加强，尤其是中央实际仅掌握西南数省，有可能直接控制、集中经济力量，而对于战区各省税收则无力管理，县级财政划出后，税收数量很小，只能走摊派、附加的老路。

战时"三征"

抗日战争时期，田赋制度发生变化最大，就是所谓的"三征"，即田赋征实、粮食征购、粮食征借。

一、田赋征实。抗日战争开始后，各种物资缺乏，粮价飞涨，为解决军粮和后方城市居民的口粮问题，只有将田赋改为征收粮食实物，才能避开通货膨胀和各种干扰，而且也比较简单易行。因此，在各战区先行征收实物后，国民政府在 1939 年 9 月颁布《战区土地租税减免及耕地荒残救济暂行办法》，规定各战区地税一律可以农产品按市价折算缴纳实物。1940 年 7 月，国民政府又制定《1940 年秋实行军粮民食统筹办法》十一条，规定以谷物折征田赋。田赋征实具体办法由各县政府会同征收处斟酌地方情况决定，折算的价格以开征时的市价为准。1941 年 5 月全国第三次财政会议议定田赋征实四项原则：

1．1941年下半年起，各省田赋一律征收实物。

2．折征标准以1941年度正税及附加税总额每元折征稻谷两市斗（产麦区征等价小麦）。

3．各省制定施行细则。

4．征收制度采用经征和经收分立原则。

财政部又根据以上田赋征实四项原则公布了《战时各省田赋征实行暂行通则》。

田赋征实的机构分为经征机构和经收机构。经征机构是中央田赋管理委员会、各省田赋管理处、县田赋管理处、经征分处；经收机构是中央粮食部、各省粮政局、县粮政科，下设经收分处及仓库。折征率为每元折征谷两市斗，1941年又提高为每元折征谷四市斗或小麦两市斗八升。征收时间从当地谷麦收获后开始征收，六个月为限，过期处滞纳金、加罚征收等处罚。征收的手续规定为各县按折算标准编制征册，填造粮票。这种粮票是通知、验收、收据、存根四联单。纳粮户得通知单后，持单至稽征股核算应纳总数，换取铜牌号，然后持铜牌号亲自运送谷物至指定仓库，照数缴纳，经验收后，填验收单并盖章、注明铜牌号，转给稽征股换取收据单，分别在存根单、验收单、收据单上注明完粮日期及数额，收据发给粮户收存。

二、粮食征购。为满足军粮民食需要，1942年国民政府又制定粮食征购制度，规定随征收田赋粮同时，征购粮户的余粮。小额粮户可以免征，大额粮户采用累计办法征购余粮。征购价格按各地市价核定，小麦一律每石一百元，云南稻谷每石最高一百九十元，一般每石百元左右。征购款并不全用现款，分别搭配粮食库券、法币储蓄券（由中央、中国、交通、农业四行专门印行）或关金储蓄券，一般法币三成，其他证券七成。粮食库券的偿还期规定是从1944年开始，每年以面额五分之一的抵缴当年田赋，五年清偿。储蓄券自三年后还本付息，四年清偿。

三、粮食征借。粮食征购实行后，法币贬值更甚，征购中百弊丛生，遭到后方人民的反对，国民党不得不改购为借，1944年规定改征购为征借，征借手续与征购相同，只是废除粮食库券，并不再付法币与证券，在收据上另加注明，规定分五年偿还。

田赋"三征"的实行，每年国民政府因此掌握的粮食在五六千万元，为解决战时军粮民食问题起到了一定的作用。然而这"三征"大大加重了农民的负担，除正粮之外，农民还要承担各地方政府的附加、15%以上的折耗、杂派、经收人员的浮收中饱。在四川、湖南等地，"三征"粮食往往占到了当地粮食亩产的50%以上。

货物税

抗日战争时期的货物税，是从战前统税发展而来的。统税原以东南沿海地区为主要税源地，东南沿海统税收入要占全部统税收入的90%以上。抗日战争后东南沦陷，统税来源枯竭，国民政府因此在1939年将统税扩大为货物税，包括统税、烟酒税、矿产税、战时消费税等，收入巨大，一般占全年总税收的四分之一左右。

货物税征课对象大为扩大，设汽水税，又扩大为饮料品税（包括果子露、蒸馏水果）；麦粉税扩大到半机制麦粉；卷烟税扩大到手工卷烟；又新开糖类税、水灰税、茶类税。1943年扩大到竹木税、毛皮税、陶瓷税、纸箱税等，总计八大类，而且以这八类货物为原料的也要抽税，如竹木制的扫帚、粪筐、锅刷以及用机纺棉纱织成的土布等，范围极广。

货物税的征课标准原来仍采用从量计征，但抗战后法币迅速贬值，为了使税收可随物价同步上涨，1941年国民政府规定货物税一律改为从价计征，麦粉从价征2.5%，棉纱从价征3.5%，卷烟从价征80%，啤酒和洋酒从价征60%，糖类从价征15%，水泥从价征15%，饮料和酒精从价征20%，熏烟叶从价征25%。1943年1月，国民政府为掌握物资，又开始实行货物税征实，首先对棉纱、麦粉征收实物，1944年又对糖类征实，税率提高到30%。

国民党中央政府开征的货物税仍以出厂税为主，抗日战争时期各地方政府为弥补财政，纷纷开征货物通行税，1941年国民政府曾明令取消通行税，可是屡禁不绝，于是改换名目，称"战时消费税"，对于统税征课对象之外的货物在进入集散地、市场时一次性征收，税率、税目极为烦琐，严重妨碍商民交通。1945 年 1 月，国民政府下令裁撤。

直接税

抗日战争时期，国民政府在所得税、遗产税之外，又将印花税、营业税也纳入直接税系统，并开征过分利得税，直接税收入大为增加，成为最主要的税收来源之一。

一、所得税。1943 年国民政府财政部修正公布《所得税暂行条例》，对 1936 年条例加以修改，主要是提高税率和起征标准，一般营业所得税起征标准改为所得占资本总额 10% 起征，占 30% 以下不累进税率，30% 以上累进，至税率 20% 止。一时营业所得起征标准改为二百元，最高税率为 30%，薪给报酬所得税起征标准从三十元改为一百元，累进最高税率为 30%。证券存款所得税的税率分为两种：凡国家银行存款及国家发行的证券所得税的税率为 5%；非政府发行的证券所得税的税率为 10%。

二、1943 年国民政府又开征财产租赁所得税。财产租赁所得超过三千元起征，采用超额累进制，税率从 10% 至 80% 为止。农地产出卖价值超过一万元，其他财产出卖价值超过五千元以上，征收财产出卖税，也采取超额累进制，税率从 30% 至 50%。

三、非常时期过分利得税（战时利益税）。抗战爆发后，后方物资奇缺，物价飞涨，投机倒把盛行。国民政府为抑制投机活动，平息社会公愤，于 1938 年 10 月公布《非常时期过分利得税条例》十七条，规定：凡商号、公司、行栈、工厂或个人，其资本在 2000 元以上营利事业、其利得额超过资本额 20% 的，财产租赁超过财产价额 15% 的，除征所得税以外，再按六级超额累进税率 (10%—15%) 加征非常时期过分利得税。利得税与所得税同时征收，由所得税征收机构兼办。1943 年又对这一条例加以修改，当利得为资本 100% 以上时，税率最高可达 60%。这样所得税与利得税相加，最高可达利润的 80%。

抗日战争时期有必要以特种税收压抑投机倒把活动，但是国民政府的这一过分利得税针对全部工商事业，大大打击了正常工商业活动。而且规定工厂固定资本的折旧费按抗战前价格折算，不得增加，在飞速地通货膨胀下，这样折算使成本也被算入了利润，还要抽取利得税，使工厂丧失更新设备的能力。利得税虽采用超额累进制，但同一纯利额下，资本越小税负越重，而资本大者税负反而减轻，极为不合理，沉重打击了中小工商业者。

四、遗产税。1939 年国民政府公布《遗产税暂行条例》及其施行条例，于 1940 年 7 月实施。这是中国历史上首次开征遗产税。这一条例规定，凡死亡时在国内外留有遗产者，包括不动产、动产及其他一切有价值的物品，都作为遗产税的课征对象。纳税义务人是遗产继承人或受遗赠人。征收遗产税按遗产总额计算，起征点为五千元，按比例税率，抽 1%。遗产在五万以上，除 1% 比例税外，加征超额累进税，税率从 1% 至 50% 不等。

五、印花税。抗战之初，国民政府曾颁布《非常时期印花税暂行条例》，税率提高一倍。1943 年又公布新的《印花税法》，扩大征收印花税的凭证范围，并将发货票、账单、银钱货物收据改为从价计税，采用比例税率。

六、营业税。1942 年划归中央直接税系统，内容变化不大。

县市其他税种

县级税种除了契税、附加税（规定不得超过正税的 25%）以外，有以下数种：

一、屠宰税。1941 年改屠宰税为消费税系统，改为从价计征，公布《屠宰税征收通则》十二条，规定屠宰税的课征对象是牛、羊、猪三种牲畜的屠宰行为。税额按屠宰时市价的 2% 至 6% 计征。

二、营业牌照税。北洋政府时期已有牌照税，但全国并不统一。1941年国民政府公布《营业牌照税征收通则》十六条，规定凡经营戏园、酒馆、旅馆、球房、屠宰业者，以及原有的牙帖、当税、屠宰证费以及其他类似的税捐一律归并为营业牌照税。全年总税税额不得超过上年营业总收入的 2.5%。税率按全年营业总收入划为六个等级。

三、使用牌照税。北洋政府时期已有车船等捐税，但一直未能统一。国民政府在 1941 年正式公布《使用牌照税征收通则》十五条，于 1942 年 2 月起开征。除了汽车以外，所有使用公共道路的车辆、船只、肩舆（轿子），一律向所在市县缴纳使用牌照税。人力车每年不得超过三十六元，畜力车每年不得超过七十二元，人力船每年不得超过八十元，机器船每吨位每年不得超过五元，肩舆每副每年不得超过二十四元，驮畜每头每年不得超过十八元。税款每年分四季缴纳。

四、房捐，清朝开始就有房捐，但从未有过统一的法规。国民政府在1941年公布《房捐征收通则》，规定凡未经土地法征收土地改良物税的县市集镇，聚居住户超过三百户，可开征房捐，营业用房征收其每年租金的20%，自用房征房屋现值的2%。机关和公私学校用房、居民自用房（每户不超过一间）等免征。

五、筵席及娱乐税。1941年公布《筵席及娱乐税通则》十一条，1942年4月实施。日常饮食免税，筵席征税，税率不超过万分之十。营利的电影院、书场、球房征收娱乐税，税率不得超过票价的30%。

第四节　国民政府统治末期税法

抗日战争胜利后，经过短暂的和平，国民政府又发动了大规模反共内战。为筹借军费，确立了"阻力小、收效大"的税收原则，以关税、盐税、货物税、直接税为中央税制的"四大体系"。由于空前的通货膨胀，税率与起征点都大大提高了。

1946年，国民政府又恢复了战前中央、省、县财政税收三级制，加强了县级的税收。中央税包括：营业税（行政院辖市30%的营业税划归中央）、土地税（县市收入的30%、院辖市收入的40%划归中央）、遗产税（地方收入的55%划归中央）、印花税、所得税、特种营业税、关税（地出口税、吨税）、货物税、盐税、矿税（矿区税、矿产税），共十种。省税包括：营业税（收入的50%）、土地税（收入的20%）、契税附加税，仅三种。院辖市（与省平级）税包括：营业税（收入的70%）、土地税（收入的60%）、契税与契税附加税、遗产税（中央划拨15%）、土地改良税（或房捐）、屠宰税、营业牌照税、使用牌照税、筵席及娱乐税，共九种。县市税包括：营业税（省划拨50%）、土地税（收入的50%）、契税、遗产税（中央划拨 30%）、土地改良物税（或房捐）、屠宰税、营业牌照税、使用牌照税、筵席及娱乐税、特别课税，共十种。这一划分方法有意削弱省级税收，而主要税收全归中央，极为不合理。

就纸面上而言，这一时期基本形成了近代国家赋税体系，全部赋税可划分为直接税、间接税两大部分。直接税包括财产税（土地税、土地改良物税）、收益税（各种所得税、遗产税）。间接税包括关税、盐税、消费税（货物税、矿产税、土烟酒税、屠宰税）、营业税和行为税（印花税、契税、牌照税）。

抗日战争结束后的田赋

如果说在抗日战争期间田赋征实仍有一定必要性的话，那么在抗日战争结束后仍实行田赋征实就没有理由了。可是国民政府一方面为了筹备军粮进行内战，另一方面也出于抑制通货膨胀、抑制粮价的考虑，抗日战争结束后仍实行田赋征实和粮食征借。1946 年 7 月，各省设田粮管理处，在各县市设田粮科，乡镇设办事处、收纳仓库，进一步实行田赋征实。由于此举不得人心，有的地方政府还组织"督征团"，强迫百姓缴纳田粮。在内战进行中，国民党军队在战区就地征粮，以至公开抢掠，已不复有制度可言。

货物税——国民政府第一大税

抗日战争结束以后国民政府税收主要依靠货物税，收入达全部税收的 30%—40%，为第一大税。1946 年 8 月，公布《货物税条例》十六条，大大扩大货物税征课范围，并提高税率。规定货物税征收对象分为：卷烟、熏烟叶、洋酒啤酒、火柴、糖类、棉纱、麦粉、水泥、茶叶、皮毛、锡箔及迷信用纸、饮料品、化妆品，共十三大类。规定从价计征，税率分别为：卷烟 100%，熏烟叶 30%，洋酒啤酒 100%，火柴 20%，糖类 25%，棉纱 5%，麦粉 2.5%，水泥 15%，茶叶 10%，皮毛 15%，锡箔及迷信用纸 60%，饮料品 20%，化妆品 45%。货物价格以出产地附近市场三个月内的平均价格为标准。进口货与国货同样课征。货物税仍以一物一税，出厂时（或进入集散地时）一次征收。凡犯有漏税、私运未税货物等行为，处以没收货物及罚金（漏税额十倍以下）。

货物税的征收，大大打击了刚刚从战乱中复苏的民族工业。作为一种间接税，其税负又转嫁到广大消费者身上，无异是对人民的盘剥。

抗战结束后的直接税

抗日战争结束后，国民政府于 1946 年正式公布了《遗产税法》和《所得税法》。

一、遗产税。1946 年《遗产税法》共六章二十七条，同时还公布了《遗产税法施行细则》四十五条。基本上沿袭 1939 年的《遗产税暂行条例》。起征点提高至一百万元（因通货膨胀原因），税率采用超额累进制，一百万至二百万元税率为 1%，二百万至三百万元就超过部分征 2%，以上类推递增至一亿元以上，超过部分征 60% 为止。并规定被继承人死亡前五年内分析或赠予之财产，应视为遗产之一部分，一律征税。规定遗产包括一切有财产价值之权利，如地上权、承佃权、抵押权、典权、矿业权、渔业权，都应折算价额抽取遗产税。

二、所得税。1946 年《所得税法》共有七章四十二条，同时公布《所得税法施行细则》一百零二条。这一《所得税法》与以前条例有很大不同，将所得税分为分类所得税、综合所得税两大类。分类所得税分为五类：营利事业所得税（又分为：甲项，股份有限公司、股份两合公司、有限公司营利所得；乙项，无限公司、两合公司、合伙、独资经营所得）、薪给报酬所得税（甲项，业务或技艺报酬所得；乙项，薪给报酬所得）、证券存款所得税、财产租赁所得税（甲项，土地房产、堆栈、森林、矿场、渔场租赁所得；乙项，码头、汽车、机械租赁所得）、一时所得（甲项，行商一时所得；乙项，其他一时所得）。个人所得在缴纳分类所得税之外，如果其所得税总额超过六十万元，还要加征综合所得税。

《所得税法》规定的各种税率分别为：

1. 营利事业所得税，采用全额累进制。甲项按所得占资本额的比例计征，以所得为资本额 5% 为起征点，至 50% 以上，共分为九级，税率从 4% 累进至 30%。乙项按实际所得额计征，以十五万元为起征点，十五万至七百万元以上，分为十一级，税率从 4% 累进至 30%。

2. 薪金报酬所得税，采用超额累进税率，以所得额为标准，甲项起征点为五万元，五万元至三百二十万元以上，分为十级，税率从 3% 累进至 20%。乙项起征点为五万元，从五万元至二十四万元以上，分为十级，税率从 7‰累进至 100‰。

3. 证券存款所得税，采用比例税制，一律征收 10%。

4. 财产租赁所得税，采用超额累进制。甲项起征点五万元，自五万元至七百万元以上，分为十二级，税率从 3% 累进至 25%。乙项起征点也是五万元，等级也相同，但税率从 13% 累进至 35%。

5. 一时所得税，采用全额累进制，起征点为一万元，至五百万元以上，分九等，税率从 6% 累进至 30%。

6. 综合所得税，采用超额累进制，起征点为六十万元，六十万元至五千万元以上税率从 5% 累进至 50%。

在分类所得税中，营利事业所得税以每营业年度总收入的纯益计算。薪给报酬所得税甲项以一年的纯收入总额计算，乙项以每月薪给报酬总额计算。证券存款所得税以每次或结算时付给的利息为所得。财产租赁所得税以每期或每次租金收入为所得。一时所得税按一次所得纯利计算。个人综合所得税以个人全年所得并扣除家属的抚养费（每人十万元）、中等学校以上学生（每人五万元）、已纳各种税捐后收入所得计算。

所得税征收方法规定以纳税人申报为主。薪给报酬所得税和证券存款所得税由发款机构扣缴。个人申报综合所得应在每年 5 月 1 日以前进行，由聘请当地"公正人士"组成的联合申报委员会审查申报情况，当地区乡镇长、中心小学校长、主管收税机构代表为当然委员。免征所得税的对象有教育文化事业、公益慈善事业、合作社、小学教员、抚恤金、养老金、赡养费、政府机构存款、法定储蓄金等。对于偷漏税行为的处罚，规定处漏税额二至五倍的罚金，可并科一年以下有期徒刑或拘役。

三、特种过分利得税。抗战时期开征的过分利得税在战后仍旧征收。1947 年 1 月改行"特种过分利得税"（1946 年公布《特种过分利得税法》），规定买卖业、金融信托业、营造业、制造业等营利事业，其利得超过资本额的 60%，除缴纳分类所得税以外，还要加征过分利得税。税法与抗战时的条例相差无几。

抗战结束后的营业税

1946 年国民政府公布《营业税法》，规定除了农业之外，所有以营利为目的的企事业都必须缴纳营业税。营业税分为特种营业税（交易所交易税、过去的当税、牙税）和普通营业税两种，前者属中央税，按营业总收入为标准，税率是 1%—3%；后者为地方税，以营业资本额为标准，税率为 2%—4%。

总的来说，抗战结束以后国民政府的税收以工商业者为主要征税对象，如直接税、货物税，仅这两项收入就占了税收总数的 70% 左右。这是因为，国民政府在收复区只能控制若干大城市和交通线沿线地区，丧失了广大农林地区和沿海各盐场的税源。而且对工商业征税，课税方便，不受内战影响，税源又相当集中，仅上海一地就集中了半数以上的货物税税源。货物税课税的货物产销量大，作为间接税，征收阻力小。然而对于饱经战乱的民族工商业，无疑是雪上加霜。到了国民党统治开始崩溃的 1949 年 2 月，国民政府又规定对棉纱、火柴、水泥、卷烟、食糖的货物出厂税改征实物，并提高税率。1949 年 3 月，又宣布采取"税元"缴纳方法，凡向政府缴纳税款不得使用飞速膨胀的金圆券，而必须先用黄金、白银、外币购买"税元"（税元 1 元合黄金 1 市分），然后再用税元缴纳各项税款。这实际上是对民族工商业的大洗劫，税法已成明目张胆的掠夺手段。

第十五章　近代盐法、专卖法

传统的盐、茶等禁榷专卖制度在近代逐步被废除，但南京国民政府在其统治时期又一次实行盐专卖，并试行糖、烟、酒、火柴等日用消费品的专卖，还曾实行过对部分物资的统购、统销。由于盐法一直是传统经济立法的重要内容，盐税一直是近代最大的税种，故而将盐税与盐专卖归并于本章介绍。其他专卖、统购、统销立法也在此介绍。

第一节　近代盐法

辛亥革命爆发后，对于传统盐法的触动并不大。各省宣布独立后，往往将清朝的盐运使衙门改称盐政局或盐运局，此外毫无变动，仍沿清朝陋规，由引商垄断盐务。由于政局动荡，盐税（包括场税、盐厘等名目）繁苛，因此导致官盐价格上涨。于是有的地方改行官运官销，或以官营为名，另行招商代运，但实际上仍掌握于包商之手。制盐、放行、损耗折扣、盐税税率各省各地皆不相同，盐税税款也大多被地方政府截留挪移他用。

民国初年"盐法改革"

袁世凯上台后，为了实现吞并南方的野心，他暗中积聚力量，寻求列强的财政支援。1913年3月，英、美、法、德、俄、日六国银行团在与袁世凯的借款谈判中，提出以各国监督中国财政为借款先决条件。1913年4月达成"善后大借款"协议，袁世凯政权向五国银行团（美国退出）借款

2500 万英镑，以盐税、关税、冀鲁豫苏四省中央税为担保。这一协议的第五条规定：中国盐务机构必须聘请外国人为"会办""协办"，监督稽核盐税的收入。从此，继海关之后，盐务也落入列强控制之下。为配合这一大借款，北洋政府宣布对盐法进行改革，主要内容如下：

一、改革官制。确立盐务行政与盐税稽核分立制原则。中央设盐务署和稽核总所，由财政总长兼盐务署督办，次长兼署长和稽核总所总办。盐务署下属的地方机构有长芦、山东、东三省、两淮、两浙、两广、福建、河东、四川、云南十处盐运使司，运司之下又分设各盐场知事，主要负责产盐区的管理。又设鄂岸、湘岸、两岸、皖岸、宜昌、晋北、花定、广西、吉黑九处榷运局，负责运销，各设局长，以下分设分局、分卡。稽核总所下属机构有长芦、山东、奉天、河东、扬州、淮北、两浙、松江、福建、广东、川南、川北、云南十三处稽核分所，以及鄂岸、湘岸、西岸、皖岸、重庆、宜昌、吉黑七处稽核处，口北、晋北、花定三处税收总局，主管征收盐税、秤放官盐。根据善后大借款协议的规定，稽核总所设洋会办、各分所设洋协理。稽核所发放盐引，盐票以及收发报表都要由洋协理监督。纳税后的官盐必须经洋协理签字后才能放行。所有征收的盐税款项必须存入五国银行团所开设、指定的银行，非有洋会办会同签字不能提用。盐税款项用于偿还大借款，先后次序由洋会办决定。盐税收入偿还外债及支付盐务机构经费之后所余部分称"盐余"，拨归北洋政府，但也必须经洋会同意后才能提取，首任稽核总所洋会办是英国人丁恩（原为英属印度盐务专员）。

二、盐制改革。采取所谓"就场专卖制"，由盐务署规定产盐地区的生产定额，所产盐一律运入政府指定的盐坨，起运时直接收税一次，税后任其所之，实行自由贸易。盐商向稽核总所买得盐引后，可下场向场商购盐，纳税后可突破原有岸区自由贩运，不用再纳税。但这一制度仅存在于纸面，实际上原来的世袭包商不愿放弃特权，各岸区的官盐机构也不愿失去税源，因而群起反对。而交通不便地区也无商肯运，因此北洋政府只能宣布"逐步推行"新制，实际上不了了之。

三、盐税。1914 年北洋政府公布《盐务稽核所章程》，规定盐税统一由稽核所征收，先纳税，后放盐。税率改征统一税，每百斤二元五角（后改为三元）。正税之外，又有附加税，有中央附加、外债附加等名目。各地方也开征种种附加，如军费、筑路、剿匪、教育、慈善等。1918年北洋政府曾宣布裁除附加，但毫无实效。计征方法上废除原有"引斤"，改为按担征税，每担司马秤一百斤，合一百四十磅，十六担合一英吨。

四、盐禁。1914年北洋政府公布《私盐治罪法》与《缉私条例》，规定犯私盐三百斤以下处五等有期徒刑（两个月至一年）或拘役；三百斤以上处四到三等有期徒刑（一至五年）；三千斤以上处三至一等有期徒刑（五至十年）；结伙十人以上拒捕杀人，处死刑；伤人处无期徒刑；缉私人员缉私遇拒捕可格杀勿论。1914年《暂行新刑律》修正案中，"私盐罪"作为专章列入草案。

民国初年的这一盐法改革主要出于实现对外大借款，适应列强控制中国税务的要求。因此除了官制方面稽核征税机构独立之外，并没有真正实施。原定1914年7月开始，先在长芦盐场试行，但遭到原有包商的极力反对，不得不先将原为官运官销的七十四个州县改行自由贸易。然而盐商组织长利公司包运官盐，并只向场商组织的芦纲公司购盐，然后转批给散商运销，坐享转手之利。北洋政府在1916年取消长利公司，要求散商直接纳税运盐，但又限定定额，防止倾销邻岸。以后为了偿还外债，又停止散商承运，由芦纲公司承运，号称"芦纲承运"，实际恢复原有包商的垄断地位。这一试点失败后，全国各盐场一切照旧，并无改观。

北洋政府统治时期，由于盐税加重，附加税众多，官盐价高质次，私盐大为流行。北洋政府建立了专门的由盐运使、副使指挥的缉私营队，在盐场设盐警，但私盐却愈演愈烈。除了清朝已有的场私（场商私自出售余盐）、船私（商船走私）、漕私（利用运漕米的漕船夹带私盐）、枭私（集团走私）、邻私（向邻岸走私）、功私（缉私官吏自行发卖缉私所收私盐）、商私（盐商引外夹带）等以外，又出现了军阀以军需为名，武装公开走私的"军私"。而且随着军阀割据的加剧，地方军阀纷纷直接控制盐场，控制税收，与北洋政府抗争。

国民政府前期盐法

孙中山1923年在广州建立政府，接管原广东盐务稽核分所，改称广东稽核所，制度照旧。1926 年 4 月，广州国民政府又宣布裁撤两广盐运使和广东稽核所，改设盐务总处。1927 年 6 月南京政府也曾设盐务处，宣布所控制地区的稽核机关停止工作，税收移交盐运使、副使，以示收回盐税监察权。可是在 1927 年 10 月又恢复稽核制度，在上海设稽核总所，各省设分所。总之在战时盐税机构几经周折，并无定制。1928 年国民党打败奉系后，才开始正式推行盐制改革。

1931 年国民政府立法院制定新的《盐法》，共七章三十九条。规定实行就场征税制。不经政府许可不许私人采盐，任何人不得垄断。盐分为食盐、渔盐、工农业用盐三类。政府应在适当地区建设仓坨，已有的私人仓坨一律给价收归国有，私人采盐一律运入官仓贮存，无完税凭单或免税凭照，不得秤放出仓。盐场场价由制盐人代表会议决定，规定统一的盐税税率，食盐每一百公斤盐税五元、渔盐每一百公斤盐税三角、工农业用盐免税。中央设盐政改革委员会，以行政院长兼任委员长，直隶于行政院，施行盐政改革。

1931 年《盐法》只是一些原则规定，实际上的盐制相当复杂多变。

一、官制。1929 年 1 月，国民政府公布《稽核章程》，恢复北洋时期的盐务、稽核分立制。中央设盐政署、稽核总所，直属财政部。各产盐区设盐场公署和稽核分所，直属中央。盐场公署掌握行政、场警、仓坨管理、检验收放；稽核分所掌征收盐税，监督盐斤收放。一切外债和盐税款项有关者，全部由财政部负责，稽核总所专掌税收，不再有控制盐税款项存放的权力。1931 年 4 月，又下令各地缉私局划归稽核分所管辖。

1933 年，国民政府公布《财政部盐务局组织法》，对盐务机构做了较大的改革。规定财政部之下设盐务总局，分设总务、税务、产销、税警、经理五科。总局设总办一人、会办一人，会办为聘任，处理收税放盐事务。各产区设盐务管理局、局之下分设盐场公署。原稽核总所改称盐政司，负责审核盐务执行情况。虽然国民政府标榜"收回国权"，但总局会办以及各盐政司仍控制于洋人之手。

二、盐制。1931 年《盐法》规定实行民制、官收、商运和商销，商运、商销以自由贸易为原则，但又规定各地实施可以有先后，另以命令规定。默认旧有包商垄断地位。1929 年、1933 年曾分别对两淮、长芦盐商拥有的盐引、盐票进行验证，发给查验凭证，承认纲商包商的垄断地位。其他地方有的改行官运，有的部分开放自由贸易。总的来说，没什么大的变化。

三、盐税。国民政府整顿盐政的主要着眼点也不过在于多收盐税而已。1932 年又一次统一税率，将盐税分为正税、附税两种。正税即场税，附税是各种附加税，如中央附加税（各地不同）有整理费、军费、建坨费、善后军费、筹备费等九种名目。地方附加税有河工捐、产地捐、缉私捐、省库加价、场警经费、教育费等二三十种名目，税额往往超过正税一倍以上。正税的税率也曾调整过五次。盐税是中央税，是国民政府统治前期的三大税收支柱之一，往往占税收总数的 30% 至 40%，1934 年高达 49.5%，仅次于关税收入。

四、盐禁。国民政府大大加强了缉私。1928 年成立缉私处，各地设缉私局。1931 年改归稽核所领导，成立税警局。淘汰旧员，另募新警，发给随身执照，贴照片，以防顶替吃空额陋习。成立税警佐教练所。税警逐渐成为财政部掌握的一支准军事力量。

抗战时期的盐专卖

抗日战争爆发后，长芦、山东、两淮等盐场先后沦陷，福建、广东盐场也遭日军侵袭，沿海仅存的一些盐场与大后方的联系运输也极为困难，盐源丧失了 80% 以上。不仅国民政府的盐税收入大为减少，大后方的军需民食用盐也极为紧张。1941 退居重庆的国民政府宣布盐税改制，将云南、川北划为产税区，在各井盐场征收实物；江西、湖南、贵州、西北、河南、陕西、福建划为销税区，在集散中心地从价征收销税。产盐区成为游击区也改征销税。

随着相持阶段的延长，大后方食盐愈加困难，原来《盐法》规定的自由贸易已不可能推行。1941 年国民党五中全会议决定实行民制、官收、官运、商销的盐专卖制，并于 1942 年 12 月正式施行。至 1944 年 10 月又正式公布《盐专卖条例》七章五十八条，规定由原盐务总局及其下属机构负责盐专卖事务，具体内容是：

一、盐的生产必须经过国家批准，不得政府许可，制盐人不得停业。

产盐区域及每年产盐的数量，由政府专卖机构侬全国产销状况及国计上之必要核定产量，落实每一制盐人的生产定额。

二、制盐人产盐全部由专卖机构按价征购，征购价称"场价"。场价由财政部按成本分别等级加以规定。征购盐集中于政府指定的仓坨。

三、盐运输由专卖机构负责办理，也可招商代运或委托商运。靠近盐场地区可以由商贩零运，但必须在专卖机构划定的界线之内。违者即视为私盐。招商代运及委托商运的官盐必须由专卖机构发给单照并粘连专卖凭证，照、证不符，照、盐不符即视为私盐。

四、由盐专卖机构在销售区域各集散处所设产盐仓，就仓发售，售价称"仓价"，由财政部核定（场价＋运费及其他费用＋专卖利益）。零售商领取售盐许可证，再向官盐仓批发官盐，以后无须再纳税，可在政府的限价之内自由发售。偏僻地区实行计口授盐。其他地区也设常平盐仓，在供求失常时平抑盐价。渔盐、工农业用盐另外指定发售。政府的"专卖利益"实际上就相当于过去的盐税，1943 年规定每担一百元到二十元。1945 年统一为每担一百一十元。

五、对于私盐的处罚加重，五十斤以下处没收，五百斤以下并处私盐一至五倍的罚金，五百斤以上处五年以下有期徒刑。故买私盐及接洽搬运寄存等在五百斤以上也处三年以下有期徒刑。

盐专卖的实行，一时提高了政府的收入，盐专卖收入占税收总数的一半左右。然而专卖之外附加税捐众多，无论老弱贫幼，每消费一担食盐就要在专卖利益之外负担七十元附加税。由于食盐收购价极低，1944 年四川自贡井盐收购价每斤八元，仅为成本的一半。人民负担更为沉重，反对专卖的呼声高涨。1945 年 2 月，国民政府又在部分地区恢复就场征税制，仅收场税，商人贩盐一税之后就可前往指定地区销售，但名义上仍实行专卖。

抗战后的盐政

抗战胜利后，国民政府行政院在 1946 年 2 月公布《盐政纲领》，确定产区建设、开放销区、办理常平等原则。1947 年又正式公布《盐政条例》，取代原 1931 年《盐法》和 1944 年《盐专卖条例》。规定采取民制、民运、民销，政府不再对盐业进行管制，只是在生产销售上加以调节管理，并设常平盐仓调节平抑盐价。实行自由贸易，公平招商运销食盐，废除垄断制度。偏僻地区的食盐运销，政府给以贷款扶持。严禁囤积居奇，扰乱市场。盐税一律采取就场征税，一次完税后不再征税。盐税分为十二级，每担从一千元至七千四百元。1947 年后改为食盐每担十万元，土膏盐每担八万元，渔盐及农业用盐每担五千元，工业用盐免税。

抗日战争结束以后，沿海大多数地区已在共产党领导的人民政权控制之下。而东北的六个盐场国民政府接收了其中三个，山东的七个盐场仅接收了一个，两淮的四个盐场只接收了两个。已接收的盐场又没能从战争破坏中得到恢复，盐政整顿从何谈起，《盐政条例》无异于纸上谈兵。盐税的收入也大大低于战前，仅占税收总收入的 15% 左右。

第二节　公卖与专卖

烟酒是重要的大宗消费品之一，清末以来并无特别制度。北洋政府成立后，在 1912 年的《国家税及地主税法草案》中，将烟酒税定为地方税种。各地纷纷开征烟酒税，税制各不相同，有的从量计征，有的从价计征，税率高低悬殊，如苏、鄂、湘为 5%，而陕、甘、豫高达 30% 以上，一般省份多为 10%—20%。1914 年北洋政府又公布《贩卖烟酒特许牌照税条例》，凡贩卖烟酒必须经政府特许，缴纳牌照税（批发性质的每年四十元，零售性质的每年一元至十六元），发给牌照，才能营业。

北洋烟酒公卖制度

1915 年北洋政府为解决中央财政困难，参考各国烟酒专卖制度，制定公布了《全国烟酒公卖局暂行章程》《全国烟酒公卖暂行简章》等法规，宣布实行官督商销的烟酒公卖制。

北洋烟酒公卖具体制度是：在各省设烟酒公卖局，以下设分局，分局之下设公栈，公栈之下设支栈，支栈由商人承办。承办手续是由商人先缴押款一千元至五万元不等，经分局批准，商人即任公栈经理。公卖采取官督商销，由省公卖局核定烟酒成本、利润、各项厘金和各地产销情况，酌定公卖价格通知各栈。公栈按价批发销售，并征公卖费。烟酒商人只能在公栈批发烟酒转销，并同时缴纳公卖费。公卖费依价格核定，规定为价格的 10% 到 15%，实际上各省不同，热河、山东仅 10%，北京有 50% 的，其他各省一般在 15% 到 25% 不等。公卖费为中央专款之一，就近存入各省金库，按月列表报财政部。出售的烟酒必须在包装上或容器上粘贴公卖局印照，若运往他省，还要贴销售省的公卖印照。

北洋烟酒公卖实际上只是加征中央烟酒税而已，对于烟酒的生产毫无管制，仅在销售环节上加一点政府的监督，但对以后的烟酒公卖、专卖有很大的影响。

抗日战争时期四项专卖

国民政府成立后，继续实行北洋的烟酒公卖制，并同时征收烟酒统税。抗日战争爆发后，沿海工商城市大多沦陷，国民政府为了开辟财源，同时也为了打击投机倒把，保证日常供应，开始计划实行专卖制。

1941 年，国民党中央通过《筹备消费品专卖以调剂供需平准市价》的决议案，规定了对专卖物品要由政府统制生产，统购分销，不再征税的原则。1941 年 5 月，国民政府财政部成立"国家专卖事业设计委员会"，设计对盐、糖、烟、酒、火柴、茶六种商品实行专卖。从 1942 年起，首先实行盐、糖、烟、火柴四项专卖，并先后颁布各项专卖条例。

抗战时四项专卖主要采取了民制、官收、官运、商销的局部专卖法，专卖商品生产由国家特许的私人厂商制造，并由国家进行价格管制。在产制区域成立评价委员会，根据产制成本、厂商合法利润来评定收购价格。合法利润各业不同，火柴业为 20%，烟类为 20%，食糖为 15%—20%。政府以评定的收购价格收购全部产品，然后专卖机构以收购价加上"专卖利益"作为批发价格，由专卖机构向特许承销零售商批发。专卖利益规定，烟类为收购价的 50%，食糖为 30%，火柴为 20%，统税另外计征。以后又规定烟、糖、火柴确定收购价后，由专卖机构直接分配给各承销商号，由承销商号按规定缴纳专卖利益。对于违反专卖法的行为，分别处以罚金、没收货物，伪造凭证处以刑事刑罚。厂商自行运销商品，予以罚款或停业处分。

专卖制一度增加了财政收入，保证了物资供应，但不久即弊病丛生。专卖制原为防止奸商囤积，但是实行专卖后，专卖机构的贪官污吏趁机大肆囤积物资，转手倒卖，抬价出售，造成物价飞涨，收购价被任意压低，厂家无利可图，被迫减产乃至停产。1943年，川康糖区的食糖收购价仅为成本的77%，蜜糖收购价仅为成本的66%，糖厂大量倒闭。烟业、火柴业也纷纷倒闭，进一步加剧物资短缺的情况，百姓怨声载道。国民政府被迫在1944年宣布取消糖专卖，1945年1月取消火柴、烟专卖。战时专卖就此结束，战后不复有此举。

第三节　战时统购统销

抗日战争时期，为了保证对外贸易与战争时期的军需民用物资供应，国民政府对于重要的外销物资以及军需民用物资实行了统购统销。

1938年2月，国民政府财政部组织贸易委员会，宣布对于外贸出口的主要货物进行统购。这些统购的物资主要有茶叶、桐油、猪鬃、生丝、羊毛、矿物（钨、锑、锡、汞、铋、钽）六大类。在贸易委员会之下设立国营复兴商业公司，负责桐油、猪鬃、生丝、羊毛四类货物的统购与外销。又设立国营中国茶叶公司，负责茶叶的统购与外销，也隶属于贸易委员会。钨、锑、锡、汞、铋、钽六种矿产品是军需工业的重要原料，国外需求量很大，其统购与外销由国民政府行政院所属资源委员会负责。这六类物资的统购和外销使中国对于英、美、苏等国的贸易、偿债得以顺利进行，换回了大量国内抗战急需的物资。对于发展国内军工企业、支援抗战、保证内销也起了很大作用。

1941年，国民政府又宣布开始对棉花、棉纱、棉布实行统购。"三棉"是主要的日用必需品。统购先由农本局所属福生庄负责，1943年又改由财政部特地设立的花纱布管制局管理，并采取了"统购棉花、以花易纱、以纱易布"的方法，即规定政府统购棉花，然后将部分统购的棉花向生产者换取棉纱，再以部分棉纱换取棉布。换纱和换布时给生产者一定的工缴费（职工工资、机器折旧、杂费）与合理利润。以这一方法，在政府手中集中大量棉花、棉纱、棉布，为实现棉布的平价供应提供了一定的条件。在抗日战争时期大后方日用品匮乏的情况下，也保证了军用棉花、棉纱、棉布的供应，以及民用布匹的配售。

然而，统购统销的本质是国民政府的一种财政搜刮手段。与实行专卖的弊病一样，统购时的收购价不仅远远低于市价，甚至低于成本，成为一种半没收式的掠夺。另一方面，统购来的物资往往被政府部门以高价销售，往往超过收购价的二至七倍，甚至九倍，从中得到了巨大盈利。对这种剥削，老百姓在抗战时期尚能忍受，抗战胜利后，这一制度遭到了广大人民群众的强烈反对，国民政府不得不在 1945 年抗战胜利后即宣布废除统购统销。之后，国民政府也不再有过类似的规定。

第十六章　近代劳动法

　　劳动法是近代工业化的产物。中国从19世纪60年代开始出现近代工业，但一直没有有关劳动合同、工作时间、劳动报酬、劳动保险、工会、职业培训、劳动争议等方面的任何法规。只是在1908年的《矿务章程》中，有有关矿工的专章，略微规定了一些矿工伤亡后的待遇。直到1919年"五四运动"爆发后，中国工人阶级开始登上历史舞台，1921年中国共产党宣告成立，1922年中国共产党领导下的中国劳动组合书记部发起了大规模的劳动立法运动。在这一年召开的中国劳动组合书记部第一次全国劳动大会上，通过并公布了《劳动法大纲》十九条，提出了确认工人集会结社权、同盟罢工权、团体契约缔结权，以及限制劳动时间、实行劳动保护等要求。唐山、长沙等地还组织了劳动立法大同盟。北洋政府一面残酷镇压工人运动，另一方面也不得不在1923年3月，由北洋政府农商部公布《暂行工厂规则》二十八条，这是中国第一个具有劳动法性质的法规。

　　第一次国内革命战争时期，在中国共产党的推动下，1924年国民党第一次全国代表大会通过的政纲规定：制定劳工法，改良劳动者之生活状况，保障劳工团体并扶助其发展。广州国民政府在这一方针政策下，曾颁布过一些劳动法规。1927年国民党叛变革命以后，国民政府为了欺骗舆论，伪装进步，在1927年，南京政府曾经成立劳动法起草委员会。1928年这一委员会转隶于广东省农工厅，曾起草了一个劳动法典，共分为劳动契约法、劳动组织法、劳动保护法、劳动诉讼法、劳动救济法、劳动保险法七编，随着蒋介石专制独裁政权的巩固，这一草案被废除。以后国民政府陆续颁布了一些劳动法规，但不成系统，互相冲突，也根本没有得到真正的实施。

第一节 工会法

中国历史上第一个工会法规——《工会条例》

北洋政府时期禁止一切工人罢工、集会、结社活动。1912年《暂行新刑律》第二百二十四条规定：严禁同盟罢工，首谋者处四等下有期徒刑、拘役或罚金。参与者处拘役、罚金。1914年《治安警察条例》规定：警察对于号召同盟罢工、强索报酬、同盟解雇、扰乱秩序、妨害风俗的工人集会可以禁止，不服从禁止令者处五个月以下的徒刑或罚金。

在俄国十月革命，以及第一次世界大战期间派往欧洲的十万华工回国的影响下，中国工人阶级觉悟大为提高，在1919年五四运动中表现出了巨大的威力。工人开始组织工会，仅广东省在1919年就已出现一百三十多个工会组织。中国共产党成立后，大力发动推进工人运动，形成了工人运动的高潮。在中国共产党领导的工人运动的推动下，孙中山领导的广州政府废除了北洋政府的《治安警察条例》，以及《暂行新刑律》第二百二十四条。1924年，广州政府公布了《工会条例》二十一条。宣布工人有组织工会的权利，确认工人集会、结社、言论、出版、罢工的自由。这是中国历史上第一个工会法规。1924年国民政府改组后的党纲规定了保障劳工团体并扶助其发展的原则，工人运动蓬勃发展，工会组织的会员数量也迅速增长，至1927年，工会会员已有三百多万人。

1927年国民党叛变革命后，大肆镇压工人运动。同时，又加紧立法，限制工人组织工会的权利。1928年国民政府公布《工会组织暂行条例》和《特种工会组织暂行条例》，用以取代原来的《工会条例》，限制工人组织工会的权利。1929年10月，国民政府正式公布《工会法》，共八节五十三条，宣布自1929年11月1日起开始施行。这个《工会法》以后在1932年、1933年两次修正公布。

抗日战争爆发后，抗日民主群众运动不断高涨，迫于形势，国民政府曾一度放松对工人集会结社的限制。然而到1943年，国民政府大肆宣扬"一个主义""一个领袖"，加强专制统治，公布《非常时期人民团体组织法》，规定一切团体法规必须与之协调。1943 年 10 月，国民政府公布新的《工会法》，共十三章六十三条。抗战结束后，《工会法》又于 1947 年、1949 年两次修正。

1929 年的《工会法》的主要内容

1929 年的《工会法》共有设立、任务、监督、保护、解散、联合、罚则、附则八节五十三条，主要内容是：

一、规定工会的目的是增进知识技能，发展生产，维持改善劳动条件及生活。工会的任务是修改或废止团体协约，介绍劳动职业，举办医疗托儿事业，组织合作社，举办职业教育及文化娱乐出版事业，调处劳资纠纷以及会员之间的纠纷等。劳资纠纷非经调解以及未经三分之二以上会员的同意，工会不得宣言罢工。工会不得要求超过标准工资的加薪而宣布罢工，国营企业、公用事业及机关工人不准罢工。工会也不能命令怠工，不得封锁工厂、毁损器物、殴击雇主及其他工人，不得限制雇主只雇用工会介绍的工人。工会会员不得携带武器。

二、规定只能组织产业或职业工会，不得成立跨行业的工会。产业工人达一千人以上、职业工人超五十人以上才能成立工会。同一区域的同一产业、同一职业只能设立一个工会。工会的主管监督机构是各县市政府、省府。成立工会必须向国民党地方党部申请许可后，向县市政府呈报立案。先向县市政府提出立案申请书，附具章程，推举五至九名代表交涉。未经官署同意不得成立工会。会员名册须经官署盖印，一式两份，存官署备查。工会的领导机构为理事会，其领导由工会会员推举。主管官署有权解散工会。

三、工会会员必须是同行业 16 岁以上的工人，入会费不得超过一元，缴纳会费不得超过工资的 2%。工会不可强迫工人入会，也不能阻止工人退会。非经三分之二以上会员多数同意，不得将工会会员除名。工会对会员的罚款不得超过三日的工资。工会不可妨害未入会工人的工作。

国民政府的这一《工会法》，实质是限制工人成立工会的权利，限制以至取消工人罢工的权利。《工会法》公布后，国民政府即以工会必须按法登记为借口，解散原有工会。1930 年，全国公开的工会会员只剩下 50 万人，到 1931 年只剩下 30 万人。至 20 世纪 30 年代末，据国民政府劳工司统计，全国除东北、西北、西南数省以外经核准登记的工会只有 777 个，会员只有 88860 人。这充分说明《工会法》的反动本质。

1943 年新《工会法》

抗日战争时期人民民主运动高涨的形势下，国民政府改变了对于工会策略，采取了将工会统辖于国民政府控制之下的政策，因此对 1929 年的《工会法》进行了重大修改，在 1943 年公布了新的《工会法》。

1943 年新《工会法》共有：总则、设立、会员、职员、会议、经费、监督、保护、解散、市县总工会、联合会、罚则十三章六十五条。这一新《工会法》与 1929 年的《工会法》相比，有以下几个特点：

一、对于工会的组织，采取了所谓"强制组织主义"，规定同一产业工人在五十人以上、同一职业工人在三十人以上，都应该按照《工会法》组织工会。废除了 1929 年《工会法》不得强迫工人入会或退会的规定。按照《非常时期人民团体组织法》的规定，各种职业的从业人员都必须组织职业团体、加入职业团体。这一新《工会法》因此强制规定了工人必须加入政府控制的工会，但实际上是加强对工人的法西斯统治。

二、关于工会的目的与任务，在 1929 年《工会法》所列举的各项之外，又加上"协助政府关于国防及生产等政令之实施为宗旨"，将工会作为贯彻专制政令的工具。并且又规定，在非常时期，工会不得以任何理由宣告罢工，完全剥夺工会组织罢工的权利。

三、对于工会的控制更为加强，规定由中央社会部主管全国工会，各省政府、县市政府主管当地工会。主管官署可以解散工会，或将工会理事、监事等负责人解职或给予警告。

四、允许同一市县的各产业工会、职业工会在为促进当地各业联系、提高生产效能、协助政令推行的目的之下，经七个以上工会或虽不满七个而会员总数超过五千人的工会组织联合发起，经主管官署同意，可以组织市县总工会。同一省区的产业工会或职业工会，经五个以上工会组织联合发起，呈请主管官署核准，可以组织各该业的省工会联合会。中央社会部也可召集全国各省产业、职业工会开联合会议。1929 年的《工会法》禁止组织地区性工会、跨行业工会，而 1943 年的新《工会法》却允许成立市县总工会、省工会联合会，这是为了使政府更容易操纵工会组织，以贯彻专制政令。

1943 年新《工会法》公布后，国民政府在其统治地区组织了很多依附于政府的黄色工会，这种工会丝毫不代表工人的利益，只是一撮工贼、国民党党棍专门用来欺压工人的机关而已。官府的黄色工会成立后，就不准任何其他工人组织存在，从而完全剥夺工人组织工会的权利。这一《工会法》完全适合国民党专制统治的需要，因此一直没有做大的改动，一直沿用到国民政府垮台。

第二节　没有实行的《团体协约法》

团体协约，现在一般称集体劳动合同。资本主义国家的团体协约，是指工人、职员团体与企业或企业主团体签订的关于以出卖劳动力为条件的协议书。资本主义国家的法律，一般将工人个人出卖劳动力于资本家的契约视为民法调整对象，不属于劳动范畴。国民政府的《民法典·债权编》中专门有雇用一章。有关团体协约的法规在欧美资本主义国家出现得较晚，直到第一次世界大战以后，才在德国（1921 年）、法国（1919 年）等国出现。南京国民政府上台后，为了标榜其实行的"三民主义"，在 1930 年 10 月公布《团体协约法》，并于 1932 年 11 月宣布开始实行。

但这一《团体协约法》实际上并没有实行。因为在 20 世纪 30 年代工会组织屡遭摧残，很少有工人团体，根本谈不上签订团体协约。而且这一法规对于工人团体的限制远多于对雇主的限制，团体协约只能是束缚工人的又一道枷锁。这个《团体协约法》从未被认真对待，一直只是一种纸面上的法律，所以也就一直没有进行任何修改，成为国民政府统治时期最"稳定"的法规之一。

第三节　限制工人罢工的《劳资争议处理法》

南京国民政府成立后不久，就在 1928 年 6 月公布《劳动争议处理法》四十七条，用以禁止工人罢工，扑灭工人革命运动。1930 年又加修正，改为四十条。1932 年 9 月，国民政府立法院第三次修正公布《劳资争议处理法》，进行了比较大的改动，共分为总则、劳资争议处理之机关、劳资争议处理之程序、争议当事人行为之限制、罚则、附则六章四十四条。到了抗战时期，国民政府又在 1943 年 5 月对《劳资争议处理法》进行了一次修正，基本上保持了 1932 年《劳资争议处理法》的外貌，仅删了一条，全部共四十三条，以后不再改动。直到 1947 年 11 月国民政府公布《动员戡乱期间劳资纠纷处理办法》九条，取代正式的《劳资争议处理法》。

在上述国民政府公布的 4 部《劳资争议处理法》中，除了 1930 年的《劳资争议处理法》规定了任意仲裁原则外，其他三次立法都强调对劳资纠纷进行强制仲裁的原则，这些法规中，以 1932 年《劳资争议处理法》实行时间最长、最为重要、最具有代表意义。其主要内容如下：

一、规定劳资争议是指雇主与工人团体或工人十五人以上仅因有关雇用条件的维持或变更而发生的争议。1943 年《劳资争议处理法》对此做了扩大规定，凡雇主与工人团体或十五人以上工人之间发生的一切争议都可按《劳资争议处理法》处理。又特别规定，一切国营企事业不适用此法。劳资之间争议发生后，经发生争议的一方或双方申请，由主管官署决定，交付调解委员会调解。调解不成，经一方或双方申请由主管官署交付仲裁委员会仲裁。

二、处理劳资争议的机关采取临时召集的办法。劳资争议发生后，经一方或双方申请，主管官署（县市政府）都应召集调解委员会。调解委员会由主管官署派出的代表一至三人、争议双方各两人组成。召集后两日内即应开始调查，争议事件内容及有关的调查不得超过七日。调查后如能达成和解，双方各自签名于调解笔录。调解协议视同为团体协约。调解未成，可由一方或双方申请仲裁，或由主管官署交付仲裁。公用事业调解不成必须经过仲裁。仲裁委员会也临时召集组成，共由五人组成：县市政府、地方国民党党部、地方法院、与争议双方无直接利害关系的劳资代表各一人。劳资代表由当地劳资团体每两年提出二十四至四十八名仲裁委员名单，当须召开委员会时，由主管官署从名单中指定。仲裁委员会以主管官署代表为主席，仲裁程序略同于调解程序。规定在调查结束后两日内合议，取决多数，做出仲裁书。双方对于仲裁裁决书不得声明不服。

三、争议行为的限制，规定公用事业工人不得因任何劳动争议而宣告罢工。其他行业的雇主与工人，在争议调解期间以及已付仲裁之后，不得停业或罢工。雇主在调解仲裁期间不得开除工人。工人不得在争议期间封闭商店和工厂，不得擅取或毁损商店和工厂的货物器具，也不得强迫他人罢工。否则处以二百元以下罚金，触犯刑法的依刑法处罚。1943 年的《劳资争议处理法》又规定，在非常期间禁止一切罢工（在这之前国民政府已以法令禁止工人罢工）。

四、争议双方不履行已达成调解或仲裁者，处二百元以下罚金，十日以下拘役，另一方可以向法院申请强制执行。

总之，这一法规大大限制工人罢工权利。在实际施行中，国民政府总是对于劳资争议交付强制仲裁，从而使工人的抗议或罢工陷于非法。抗战时期，国民政府以"非常时期"为由禁止一切罢工。1947 年发布的《动员戡乱期间劳资纠纷处理办法》中，规定在各工矿业发达地区的市县政府之下，设立劳资评断委员会，负责调查工人待遇，紧急处理劳资纠纷，处理公用交通事业、公营事业劳资纠纷。这一委员会由九至十五人组成，人员由县市政府分别聘定或指派当地社会、经济、治安、粮食、卫生、行政主管官员，以及参议会、商会、总工会、同业公会、职业产业工会等负责人组成，以社会行政主管官员为主任委员。在这一委员会做出评断以前，劳资双方不得因任何争议理由而停业、罢工、关厂、怠工。而当这一委员会做出评断后，又不得声明不服，必要时得强制执行。不履行评断者以《妨害国家总动员惩罚暂行条例》加以惩罚。实际上，这完全剥夺了工人的罢工权利。

第四节　工厂法

中华民国时期的工厂法，主要内容是有关劳动保护的各种规定。北洋政府时期，很少有劳动保护方面的法规，1914年《矿业条例》《商人通例》中，有若干条有关矿工安全及工人学徒劳动保护的条文。直到1923年，在工人运动高涨的形势下，才公布《暂行工厂通则》二十八条，规定了童工年龄、工作时间、工资、抚恤津贴、工人教育、女工生产、工厂卫生安全设备等方面的内容。这是中国第一个工厂法规。同年又公布《矿业保安规则》五十八条、《煤矿爆发预防规则》二十八条。1926年，在大革命运动推动下，各地曾出现过一些工厂法规。如《湖北工厂临时条例》《陕甘区域内临时劳动法》等。1929年，南京国民政府正式公布《工厂法》，以后又在1932年11月加以修正公布，一直沿用到国民政府垮台。

1932年的《工厂法》共分为总则、童工女工、工作时间、休息制度及休假、工资、工作契约之终止、工人福利、工厂安全与卫生设备、工人津贴及抚恤、工厂会议、学徒、罚则及附则十三章七十七条。同时还曾公布《工厂法施行条例》三十八条。

1932年的《工厂法》规定，适用这一法律的工厂指一切使用机器、平时雇用工人在三十人以上的工厂。工厂的工人名册应报主管官署备案，并每六个月报告一次变更情况。其主要内容是：

一、关于童工女工。凡未满14岁的男女不得被雇用为工厂工人，但又规定在这一法令公布之前已被雇用的12至14岁工人仍可继续受雇。童工指14至16岁的工人，规定只能从事轻便工作，不可从事有爆炸易燃、有毒、有粉尘、高压电、运转中有危险的机器等工作。童工每日工作不得超过八小时，不得从事夜八点至晨六点的夜班工作，童工、学徒每周至少应有十小时的补习教育。女工不得在夜十点至晨六点时间内工作。女工分娩前后停止工作八周，工作六个月以上者应给全薪，不足六个月减半。

二、关于工作时间。成年工人每日以工作八小时为原则，因工作性质可延长为十小时，经工会同意可延长为十二小时，每月延长总时间不得超过四十六小时。工人每七日应有一日休假，国定纪念日也要给假休息（一年共八日）。在厂工作一至三年，每年应有七日休假；三至五年每年休假十日；五至十日每年休假十四日；十年以上每年增加一日，总数不可超过三十日。休假期间工资照给。军用、公用工作可停止休假。

三、关于工资与津贴抚恤。这一《工厂法》没有规定最低工资和标准工资的具体限额，只是笼统规定工人最低工资以各厂所在地工人生活状况为标准。工资以当地十足通用货币给付，至少每月给付两次。男女同等工作并效力相同，应给予同等的工资。工人因执行职务而致伤、致死，工厂应给医药费与抚恤费。伤者每日给相当于日平均工资三分之二的津贴。六个月以上仍未痊愈，每日津贴减为工资的一半，以一年为限，致残者津贴至多不得超过三年平均工资，至少不得少于一年平均工资。死亡者应给丧葬费五十元，并给遗属抚恤费，按顺序先为配偶，无配偶依次给付子女、父母、孙、同胞兄弟姐妹。工厂年度结算如有盈余，对无过失工人应发给奖金。

四、关于解雇工人。厂方欲终止无定期工作契约，应在事前预告工人，工人工作三个月至一年的应在十日以前，一至三年的应在二十日前，三年以上应在三十日以前预告。当工厂部分或全部歇业时，或因不可抗力停工一个月以上，或工人不能胜任工作时，厂方可在工作契约期满以前预告后解雇工人。当工人违反厂规、旷工三日以上，或一个月内旷工六日以上，厂方可不经预告解雇工人。

五、关于工厂安全卫生设备。工厂必须有预防对人身、建筑、机器设备造成危害的水患火灾的安全设备。工厂应有空气流通、饮料、清洁、盥洗、厕所、采光、防毒等的卫生设备。《工厂法施行条例》规定三百人以上的工厂应有医药室。童工、女工、20岁以下工人应经过健康检查。有女工应设哺乳室，工厂应设太平门、太平梯，门户应向外开启，工作时不可下锁，等等。

六、工厂会议。规定工厂应组织工厂会议，增进工作效率、改善厂方与工人关系、协助团体协约、协商延长工时、改进安全卫生设备、改良工厂、提升工人福利等。工厂会议由工厂代表与工人代表各三至九人对等组成，轮流担任主席，决议由三分之二以上多数人通过而做出。

七、学徒。工厂收用学徒，必须订立契约。未满13岁不得为学徒，但在工厂法实施以前已收学徒不在此限。学徒对于工厂和职业传授人有"服从、忠实、勤勉之义务"。学徒的膳宿医药应由工厂负担，并给学徒相应津贴。工厂招收学徒不可超过普通工人数目的三分之一。学徒反抗教导或有偷窃行为，工厂可解除契约。

除了《工厂法》之外，国民政府在 1931 年 12 月还曾颁布过一个《工厂检查法》，规定由中央劳工行政机关（实业部劳工司）派出工厂检查员检查工厂实行工厂法的情况，如女工、童工的待遇，工作时间、休假、安全卫生设备、学徒等情况。检查员由工业专门学校的毕业生或在工厂工作十年以上有相当学术技能者加以培训组成。检查员每三个月向当地主管官署报告各业工厂各方面统计情况。检查员执行职务时应带检查证，必要时可以请求当地官署、警察予以协助。厂方拒绝检查，要处二百元以下的罚金。工厂人员无故拒绝回答问题也要处一百元以下罚金。

1943 年 1 月，国民政府又公布《职工福利金条例》，共十四条，并于 1948 年修正过一次。这个条例规定工厂要设立职工福利金，用以职工福利。福利金额应为其成立时资本的 1%—5%，来源是从每月营业收入总额提取 0.05%—0.15%，并每月从工人薪俸中各扣 0.5%，下脚变价时提拨 20%—40%。职工福利金由职工福利委员会（工会代表不得少于三分之二）负责保管动用，不得挪用。

国民政府的《工厂法》及有关法规，模仿了当时欧美资本主义国家的一些劳动保护法规。1934 年，国民政府还宣布加入《工业工厂每周应有一日休息公约》（国际劳工组织大会 1921 年通过）和《外国工人与本国工人关于灾害赔偿应受同等待遇公约》（国际劳工组织大会 1925 年通过）。这些法规实际上只是国民政府用来标榜"三民主义""保护劳工"的幌子。实际上并没有真正实行这些法规。雇用童工的现象比比皆是，工厂的工作时间也普遍在十小时以上，所谓法定工作休假制度更是类似天方夜谭。资本家只顾赚钱，安全卫生设备很少，工伤事故层出不穷，仅开滦煤矿在 1913 年至 1948 年的 35 年中，因工伤死亡的人数就有 4937 人，平均每年死亡 142 人。国民政府制定这些工厂法规的目的是欺骗舆论，因而尽管写入了很多貌似进步的条文，但却在关键之处含糊其词，如有关童工、工作时间、最低工资等都是如此。各地工厂检查也从未成立专门机关，无法真正实行检查，厂方即使违法，处罚也很轻。正是由于《工厂法》及其有关规定本来就是一种"书面法律"，因此一直没有修改。

第五节 有关劳动救济的法规

中华民国时期有关劳动救济的法规极为缺乏，也一直没有有关劳动保险的法规。仅在 1933 年 12 月，由国民政府行政院实业部发布过一个《职业介绍所暂行办法》，以及各个城市根据这一办法制定的一些职业介绍所的地方条例。

1933 年颁布的《职业介绍所暂行办法》共十九条，规定职业介绍所分为国营、公营（工会、同业公会、公益团体建立的，不以营利为目的）、私营（以营利为目的）三种。设立职业介绍所必须经当地主管官署登记备案。原规定向警察局登记备案，以后改为向县市政府社会局登记备案。介绍所介绍范围是农、工、商、矿、渔、牧业及各公私机关、团体、家庭的雇工雇员。介绍对象应是 14 岁以上有各种职业知识或技能，或有相当之体力与经验者。介绍以后，雇用条件由双方自行议定，如经双方请求，介绍所可代为协定。公营介绍所可不收费，私营介绍所可收介绍费，但介绍费应在订立工作契约后双方平均负担。

虽然这一《职业介绍所暂行办法》对职业介绍所采取所谓"官营主义"原则，对私营介绍所采取"限制主义"原则，但实际上国民党各地政府很少设立国营公营职业介绍所，劳动力市场完全把持在各种包工头和私人雇工介绍所手中。

第十七章　近代商事法规之一——公司法

北洋政府时期，以商法作为六法之一，并继承清朝的《商律草案》，准备起草《商法典》，同时沿用清朝的各种商事律条例。由于清朝《商律草案》生搬硬套德、日等资本主义国家的商法典，与中国传统的商业习惯相去甚远，很难迅速修改完成。因此，北洋政府只得另行制定了一些单行商事法规以应急需。南京国民政府成立后，起初继续修订商法典。1928年国民党中央政治会议议决实行"民商合一"，将原来的商法典打散，与民事有关的内容并入民法典，不能并入民法典的内容另外制定商事单行法规。商事单行法规作为民法关系法规，与法律汇编《六法全书》中附于民法典之后。国民政府颁行的最主要的商事法规有四种，即公司法、票据法、海商法、保险法。本章主要介绍中华民国时期的公司法，在下一章介绍其他几个主要的商事法规以及破产法。

第一节　民国初年的《商人通例》与《公司条例》

民国初年，北洋政府来不及制定《商法典》，而清朝的《公司律》又过于简陋，因此在1914年先行颁布《商人通例》和《公司条例》，以后也不再修改，一直施行。

《商人通例》比清朝的《公司律》有了较大进步

1914年3月，北洋政府以总统教令形式公布《商人通例》，作为从事商业人员基本规范。《商人通例》共有商人、商人能力、商业注册、商号、商业账簿、商业使用人及商业学徒、代理商七章七十三条，比之清朝的《公司律》有了较大进步。

一、关于商人与商号，规定商人是指商业之主体之人，包括买卖、赁贷、制造、加工等十七类。商人必须为年满20岁以上有能力者。心神丧失、耗弱、聋哑、盲人等无能力人可由祖父母遗嘱指定或由亲族会议所选定的法定代理人代营商业。年龄未满20岁者及有夫之妇得有法定代理人或其本夫的署名画押的凭证，并呈报主管官厅注册后，才可以经营商业。这些规定表现了这一法规仍带有浓厚的传统封建色彩。商人应在营业所所在地向主管官厅呈报注册，沿门或道路买卖物品的商人、手工制造加工人及其他小商人可以不用登记，也不受商业账簿等方面限制。商人可以用姓名或其他字样为商号，公司商号应分别标明无限公司、两合公司、股份有限公司、股份两合公司。同一城镇乡内不得仿用已注册的同种商业的商号名称，否则视为不正当之竞争，可请求损害赔偿。商号营业转让后，转让人在十年之内不得在同一城镇乡为同一之营业。

二、关于商业账簿。商人应该将日常交易、关于财产出入之各种事项逐一明晰记载于账簿。日用款项可仅记每日总数。开业注册及每届结账时应造具动产、不动产、债权、债务、财产目录。商人的商业账簿、有关营业书信应保留十年。

三、关于商业使用人。从属商业主人帮助营业者称商业使用人，分为经理人、伙友、劳务人三种。经理人由商业主人选任，专理商业，应以契约规定职权，并在十五日内向官厅呈报注册。凡营业事务皆可代商业主人办理，经理人之代理权不因商业主人死亡而消灭。经理人不可私自使用他人代自己执行职务，经理人不经允许不可为自己或他人经营商业、任公司无限责任股东。伙友由商业主人或经理人选用，办理受委托之事项。劳务人依雇用契约服商业劳务，非经委任无代理商业行为之权。劳务范围和报酬等依各地惯例。商业学徒以契约规定修业。修业时间依各地习惯，修业前可有三个月试验期。

四、关于代理商。亦称代办商者，谓非经理人而受商号之委托，于一定处所或一定区域内，以该商号之名义，办理其事务之全部或一部之人。代办商对于第三人之关系，就其所代办之事务，视为其有为一切必要行为之权。

内容含糊、规定简陋的《公司条例》

北洋政府在 1914 年 1 月公布了《公司条例》，并在当年 7 月公布《公司条例施行细则》十八条，并宣布从 1914 年 9 月开始施行《公司条例》。当年 9 月和 1923 年曾两次修正《公司条例》。

北洋政府的《公司条例》共有总纲、无限公司、两合公司、股份有限公司、股份两合公司、罚例六章二百五十一条。这个条例实际上是原清朝商业法典草案的一部分，后经农商部略加修订而成。由于原立法时并不打算作为一个单行法规，因而很多内容含糊，规定相当简陋。规定公司是以商行为为业而设立之团体，凡公司均认为法人。公司应先行注册，不注册不得准备开业。注册后六个月未开业，官厅可解散之。公司分为无限公司、两合公司、股份有限公司、股份两合公司四种。

第二节　1929 年《公司法》及其他

国民政府成立后，开始重修《商法典》。1928 年国民政府立法组织了商法起草委员会。当时国民政府工商部工商法规讨论委员会已草拟了《公司法草案》，但立法院商法起草委员会不以此为据，又另行起草。1928 年国民党中央政治会议议决"民商合一"原则，商法起草委员会据此改定商事单行法规，首先制定《公司法》。1929 年 12 月公布《公司法》，1931 年 2 月又公布《公司法施行法》，于 1931 年 7 月一同施行。

1929 年《公司法》

1929 年《公司法》共有通则、无限公司、两合公司、股份有限公司、股份两合公司、罚则六章二百三十三条。这部《公司法》规定的公司种类与 1914 年《公司条例》相同。但对于公司的定义更为明确，规定公司是以营利为目的而设立之团体，公司是法人。公司应在章程订立后十五日内登记，否则不得成立。又规定了公司不得为其他公司的无限责任股东，以及占总股份四分之一的有限股东。

这部《公司法》的特点是对于董事有了更为明确的规定。规定董事由股东会在股东中选任，董事至少为五人，并应在章程中规定董事当选资格、应持有的股份数额。董事就任前应将规定的董事股份数额的股票交给监察人在公司中保存。董事缺额达三分之一以上时应召集股东会补选。董事执行业务以简单多数取决。应指定董事一人或数人代表公司。拥有十分之一以上股份的股东可以为公司向董事提起诉讼。监察人单独行使监察权，调查公司业务、查核簿册文件，费用由公司承担。必要时可召集股东会，并可代表公司进行公司对董事的诉讼。有十分之一以上股份的股东也可对监察人提起诉讼。

这部《公司法》还提高了公积金的限额，规定公司在分派盈余时应提出十分之一为公积金，至公积金总额达资本总额的一半后可不受限制。股息改为年息五厘。有二十分之一股份的股东可申请法院选派检查员检查公司业务及财产情况（1914年《公司条例》规定为有十分之一以上股份的股东）。

1931 年《公司法施行法》

1931 年 2 月公布的《公司法施行法》共有三十三条。主要内容是规定《公司法》施行的具体程序，并规定了一些更为具体的公司制度。

1931 年《公司法施行法》规定，《公司法》施行后六个月以内，原公司章程与《公司法》的规定有抵触的，必须依法改正。公司如已成为其他公司四分之一以上股份股东的也应在三年内转让超出限额的股份，逾期仍未转让者，将由法院拍卖超过部分，得价给还该股东。原股份不满十元者，应在六个月内合并。无记名股票超过三分之一的要在一年内改为记名股票。董事不足五人的应在六个月内补足。

这部《公司法施行法》还在一些具体细节上进一步规定公司的有关规则。如以股份为标准限定董事、监察人的被选资格。董事资格股银不得超过公司资本总额的 3‰，监察人不得超过 1‰。股份有限公司发起人所认股份总数不得少于资本总额的二十分之一，凡同种类公司不问是否在同一省市区域内一律不得使用同样名称。

《商业登记法》与《公司登记规则》

北洋政府时期以民商分立为原则，打算编订《商法典》，因此打算将有关商业登记的规则汇编在《商法典》的总则编内。然而《商法典》的起草旷日持久，因此在《商人通例》中先行规定了一些商业登记的规则。南京国民政府成立后，很快着手制定专门的《商业登记法》，于1927年6月公布施行，以后长期沿用，一直未加修正。

1927年颁布的《商业登记法》共有二十九条，主要适用于独资与合伙经营的商业，而公司登记另行立法。这一法规共列举了买卖、赁贷、制造加工等十六种行业为应登记的商业种类。沿路沿门及临时买卖、手工范围的制作业、小规模营业不适用此法。商业登记包括创设、变更、转让、经理人选任解任、代办商之选任解任等情况，都应在十五日内向当地主管官署登记，登记的事项由主管官署公告之。商业应备日记账、分类账、损益计算书、财产目录、资产负债表等五种常备文书，封存之后保留十年。有关业务书信也应连缀成册保存十年。商业特别印章也应向主管官署声报。不依《公司法》规定的组织形式不得使用公司字样。同一县市不得使用他人已登记之商号名称从事同一营业。

1928年5月，南京国民政府经济部又公布《商业登记法施行细则》三十七条，进一步明确不适用《商业登记法》的小规模营业是指资本不满三百元者。创设商业的登记事项应有商号名称、营业种类、资本、独资或合伙、所在地五项。这一施行细则还附有各种商业登记证式。

此外，1927年12月，国民政府还曾公布《取缔华商向外国注册挂号办法》四条。禁止中国商人为逃避税课而向外国政府登记注册，如已挂号者就以洋商论，不得自称华商、不得称国货、不得加入工商业团体等。

在《公司法》公布后，国民政府实业部在1931年6月又公布《公司登记规则》，与《公司法》《公司法施行法》同时施行。这个规则分为通则、规费、呈请程序、附则四章四十六条。规定公司的主管官署在省为实业厅，院辖市为社会局。公司设立登记要按资本额缴纳执照费，无限公司、两合公司资本在五千元以下为十五元，以上递增，至四百万元为四百五十元，以上每多一百万元增加七十五元。股份有限公司、股份两合公司加倍征收。此外还有办公费、登记费、证书费、印花税费等名目。

第三节　1946年《公司法》

抗战结束后，国民政府曾号称要实行十年经济计划，实现全国工业化。为了吸引外国资本在华投资，加强政府对经济的统制作用，重新全面修订《公司法》，1946年4月正式公布施行。这部《公司法》以极端保护大资本的利益和促进大资本财团的发展为目的，在原有的基础上部分吸收了一些英美法系的内容。

1946年《公司法》与前几部公司法规有很大的不同之处。总共有定义、通则、无限公司、两合公司、有限公司、股份有限公司、股份两合公司、外国公司、公司之登记及认许、附则十章三百六十一条。篇幅大为增加，规定更加详细。立法技术上的特色是：

1. 专设总的定义一章，确定各种名称的含义。

2. 专设外国公司专章。

3. 将公司登记方面的规则一并收入。

4. 对于违反《公司法》的处罚不再独立列出为罚则，而直接附于每一条之后。处罚也大大加重，除了罚金之外，还可适用一年以下有期徒刑及拘役。

1946年《公司法》规定公司的主管官署，中央为经济部，各省为建设厅，院辖市为社会局。公司的种类除了原有的四种之外，又增加了有限公司一种。公司的定义改为：以盈利为目的、依照本法组织、登记成立之社团法人。公司不得为他公司的无限责任股东或合伙事业的合伙人。公司为其他公司的有限责任股东时，其投资总额不得超过本公司实收股本的二分之一，但投资于生产事业或以投资为专业者不在此限。公司也可任其他公司的董事、监察人，但要指定自然人为代表，然而不得充任保证人。公司必须经过登记，登记程序规定得很详细。公司要向中央主管官署（经济部）呈请或由地方官署转呈核办，注册登记发给执照后方能营业。公司设立登记费为资本总额的二千分之一，执照费为五百元，其他登记为二百五十元。公司不得经营登记范围之外的业务。同类业务之公司，无论是否同一种类，也无论是否在同一省市区域内，都不得使用相同或类似的名称。公司每届营业报告书、资产负债表、财产目录、损益表，在股东会通过后十五日之内，要呈报主管官署查核。关于各种公司的具体规定如下：

一、无限公司。明确规定为两人以上之股东所组织，对公司债务负连带无限清偿责任之公司。与前几部公司法规有所不同的是：

1. 规定股东中半数以上应在国内有住所，章程应全体同意，人手一份。

2. 允许股东以债权抵作股本，同时又规定当该债权到期未能清偿者，应由股东补缴，致公司有损失时，要给予赔偿。此外还允许以信用、劳务为出资，但都应估价折算。

3. 股东因执行业务而代垫款项，可向公司请求偿还。因此负担债务也可要求公司提供担保。

4. 公司解散时如未议定清算人，应由全体股东清算，以过半数取决。

5. 股东之连带责任，自公司解散登记后满五年而消灭。

二、两合公司。一人以上之无限责任股东与一人以上之有限责任股东所组成的公司，其中无限责任股东对公司债务负连带无限清偿责任，有限责任股东就其出资额为限对公司债务负责。禁止有限责任股东以信用与劳务为出资。此外有关方面大多同于旧法。

三、有限公司。所谓有限公司是指两人以上，十人以下之股东所组织，就其出资额为限对公司债务负其责任的公司。有限公司是新规定的公司种类。有限公司的全部资本应由各股东缴足，不得分期缴款或向外招募。有限公司应订立章程，确定公司的名称、所营事业、股东姓名住所、资本总额及各股东出资额、盈亏分派比例或标准、本公司分公司所在地、执行业务股东姓名等内容。股东无论出资多少都有一票表决权，也可用章程规定出资多寡比例分配表决权。股东发给股单，载明出资额，由董事或执行业务股东签名盖章。有限公司不得减少其资本总额，增加资本要经过半数以上的股东同意，股东无仍按原出资比例增资之义务。不执行业务的股东均执监察权。股东未经过半数以上股东同意，不得转移出资之一部或全部。公司对外负债不得超过资本总额的两倍。每年盈余的十分之一应提为公积金，至公积金与资本总额相等后可不受此限。

四、股份有限公司。1946 年《公司法》仍以股份有限公司为重点，分为设立、股份、股东会、董事、监察人、经理人、会计、公司债、变更章程、解散、清算十一章一百五十条。与前几种公司法规有所不同的是：

1. 发起人改为五人以上，其中半数以上必须在国内有住所。发起人的股份总额不得少于股本总额的十分之一。发起人订立章程呈请主管官署备案后可以招股。

2. 公司发行的股票应有三名以上董事的签名盖章。无记名股票不得超过总数的一半。然而没有明确规定股票面额的下限。

3. 有二十分之一以上股份的股东可以向董事书面提请召集股东临时会，董事在十五日内不予召集时，可呈请主管官署批准自行召集。

4. 董事至少三人，其中半数以上应在国内有住所。明确规定董事组成董事会，互推一人担任董事长，一人或数人为常务董事。董事长、常务董事都应在国内有住所，董事长应具有中国国籍。监察人至少一人应在国内有住所。

5. 与旧法最明显的不同是，明确规定了经理人制度，规定经理由董事会以简单多数选任及解任，经理不得兼任其他公司同等职务，也不能自营或为他人经营与公司同类之业务。经理不可变更或逾越董事会决议以及董事会规定之权限。否则致使公司受损，必须承担赔偿之责。

6. 公司之解散或与其他公司合并，应有代表股份总数四分之三以上股东出席，以出席股东表决权过半数之同意行之。

五、股份两合公司。以一人以上无限责任股东与五人以上股份有限股东组成。股份有限股东仅就其所认股份对公司负其责任。由无限责任股东负责募集股份。无限责任股东不得为公司监察人。

六、外国公司。外国公司的名称除应标明种类以外，还要标明国籍。

外国公司必须经过中国政府认可，发给认许证书，才能在中国境内营业或设立分公司。未经本国注册登记的外国公司，不得申请认许。外国公司的目的、业务如有违反中国法律、公共秩序、善良风俗，或者其设立地区限制外国人居住，或其业务限制外国人经营者，或者专为逃避其本国法律等，都不予认许。外国公司在中国设立分公司应申请报明公司名称、种类、国籍、所营事业、股本总额、本公司所在地、分公司所在地、本国设立登记时间、董事及公司负责人姓名、国籍、住址，指定诉讼代理及非讼代理人之姓名、国籍、住址。外国公司经认可后与中国公司有同样的权利、义务。特别规定外国公司不得在中国境内募股募债，但其股东私人买卖股份募债者不在此限。

1946年《公司法》公布施行两年以后，国民政府就垮台了，因此这部《公司法》并没有得到广泛施行。

第十八章　近代商事法规之二
——票据法、海商法、保险法、破产法

第一节　票据法

票据是以无条件支付一定金额为基本效能的有价证券,具有支付、汇兑、信贷的作用,可以任意让渡流通。中国古代已有各种票据在商业活动中使用,但一直只是一种商业惯例,没有任何法规的保护。近代中国商业活动规模迅速扩大,制定《票据法》已成为当务之急。

1929 年,中国历史上第一部《票据法》诞生

中华民国初期,各种钱庄、银行发行的票据种类繁多,名种混杂,如汇券、汇兑券、庄票、期票、红票、划条、兑条、支单等,对于开展商业交易妨害极大。清末所拟定的《商律草案》中原有票据法草案,由于是日本法学家志田钾太郎起草的,因此在建立民国后,称之为"志田案"。北洋政府初期对票据法的制定并不重视,直到 1922 年,由修订法律馆重新起草,因为是王凤瀛等五人共同起草,故称"共同案"。同时北洋政府又聘请法国法学家爱拉斯加起草商法,完成的票据法草案被称为"爱拉氏案"。以后又将此两案加以修改,至 1927 年完成第五次票据法草案。

南京国民政府成立后,在 1928 年 8 月,由工商部工商法规委员会,将北洋政府第五次票据法草案再加修正,并征询国内各地商会、钱业公会、

银行的意见，做出第六次票据法草案提交立法院审议。1928 年 9 月通过，1929 年 10 月公布施行，这是中国历史上第一部《票据法》。1930 年 7 月，国民政府又公布《票据法施行法》，规定旧式票据在一年内了结，以后一切票据如不按《票据法》的规定，不发生票据效力，《票据法》得以全面实施。

《票据法》的起草制定过程长达二十多年，六易其稿，但是基本仍以"志田案"为基础，属于德国票据法系，而在内容上又仿照 1912 年《海牙统一票据规则》。这一《票据法》的特点是注意到票据的流通作用与信用功能，严格区分票据关系与其基本关系的区别，票据上的权利义务关系不受其基本关系的影响。这一法规又比较注意与当时的商业惯例协调，因而能一直沿用到国民政府垮台，仅在 1944 年曾略加修正过一次。

《票据法》基本内容

1929 年颁布的《票据法》共分总则、汇票、本票、支票、附则五章一百三十九条。《票据法》将票据分为汇票、本票、支票三种。统一了原有的各种习惯称呼。汇票是由发票人委托付款人在指定时间向受款人（或执票人）无条件支付一定金额的票据。本票是由发票人本人付款的票据，一般是由银钱业签发以代替现金流通，有期限的称期票。支票是活期存款户向银行签发的见票即付的票据，即委托银钱业支付一定金额之证券。其主要内容有以下几个方面：

一、关于票据的一般规定。规定票据行为是要式行为。票据行为人为发票人、背书人、承兑人、参加承兑人、保证人五种。规定票据行为是单独行为，在票据上亲笔签名者，依票上所载文义负责。签名（包括商号、本名）也可以盖章、画押代替。两人以上共同签名，负连带责任。票据金额以文字记载为准。规定票据行为具有独立性，虽有无行为能力人、限制行为能力人签名，仍不影响其他签名之效力。票据债务人不得以自己与发票人或执票人之前手所存抗辩之事由对抗执票人，但是如果执票人取得票据是出于恶意者不在此限。票据经变造，签名在变造前者依原有文义负责，签名在变造后者依变造文义负责，不能辨别前后者，推定签名在变造前。执票人丧失票据应即为止付通知。丧失票据的执票人可以为公示催告之申请，并提代担保，请求票据金额支付。票据的时效规定，票据上的权利在汇票承兑人、本票发票人在到期日后三年内不行使者，因时效而消灭。支票发票人一年内不行使权利因时效消灭。汇票、本票执票人对前手的追索权的时效为一年。支票执票人对前手的追索权时效为四个月。汇票、本票背书人对前手的追索权时效为六个月，支票背书人对前手的追索权时效为两个月。

二、汇票。关于汇票的规定最复杂，汇票一章共有十二节九十五条，支票本票的部分规则都可参照汇票的有关规定。汇票的制作有严格规定。绝对记载事项有：必须有表明其汇票的文字，如写明汇兑、汇券也可以，以示与其他证券的区别；一定之金额；无条件支付委托，不得有"钱到付款"之类的支付条件，否则即失效；发票的年、月、日；发票人的亲笔签名。相对必要记载事项有：付款人姓名或商号，也可以发票人自己为付款人，即所谓"已付汇票"；受款人姓名、商号，如不写明，即以执票人为受款人，所谓"无记名汇票"；到期日，如不写明，即所谓"见票即付"；发票地、付款地都可写可不写。任意记载事项有：指定担当付款人、预备付款人；汇票利息可以载明，如无即规定为年利六厘。

汇票发票后，执票人在汇票背面（如无空白之处可在粘连的附页"粘单"上背书）上记载被背书人（受转让人）的姓名，写明转让字样，并自己签名，记载背书的年、月、日。这称之为"记名背书"。此外可以作"空白背书"，或称"无记名背书"，即背书人可以不写明被背书人的姓名，仅在汇票背面签名记写年、月、日。规定不能就汇票的金额一部分背书转让，或转让给数人，否则背书无效。背书也不能附带条件。规定背书应连续，中有空白背书的，以其次之背书人视为前空白背书之被背书人。过期日之后的背书仍有同一效力。做成拒绝证书之后的背书只具有通常债权转让之效力，背书人不负票据上之责任。

汇票的承兑规定应在到期日之前。正式承兑，应由付款人在汇票正面记载承兑（或如兑、照兑、兑付等）字样，并签名。略式承兑只需付款人在汇票正面上签名即可。付款人对于执票人的承兑要求，可以请求延期，以三日为限。如汇票不获承兑或付款人只承兑一部分，执票人应要求做成拒绝证书，拒绝证书由执票人请求拒绝承兑地或拒绝付款地之公证人或法院、商会、银行公会做成之。拒绝证书应载明拒绝者、被拒绝者之姓名或商号，拒绝事由等内容，并由做成人签名，加盖机关公章。付款拒绝证书应在汇票上做成之。此外，承兑人或付款人在汇票记载提示日期及拒绝字样，并签名，与拒绝证书有同等效力。执票人可以对前手（背书人或发票人）行使追索权。此外有关参与承兑、保证等方面都有详细的规定。

三、本票。本票的绝对必要记载事项有：表明本票的文字、一定之金额、无条件支付文字、发票年月日、发票人或商号的签名印记。相对必要记载事项有：受款人姓名、商号，如无记载即以执票人为受款人；发票地、付款地，如未记载即以发票人的营业所、住所、居所为发票地和付款地；未写到期日，视为见票即付。其他有关背书、承兑等方面，都参照汇票的规定。

四、支票。支票的绝对必要记载事项有：表明支票的文字、一定之金额、付款人姓名和商号、无条件支付委托。支票的付款人以银钱业为限。支票限于见票即付。在发票地付款的，支票执票人应在发票后十日内提示付款；不在发票地付款的，应在一个月内提示付款；发票地在国外、付款地在国内的，应在三个月内提示付款。付款人拒绝付款，应在两日内做成拒绝证书。支票发出满一年后自动失效。

除了普通支票以外，尚有平行线支票，即由发票人、背书人或执票人在支票正面划平行线两道。这种支票只能由银钱业者支付，作为转账、抵销。如在平行线内记载特定银钱业者之商号，则只能对特定银钱者支付之。

付款人如果在支票上记载照付、保付或其他同义字样后，即成为保付支票，付款人责任与汇票承兑人相同。发票人、背书人免除其责任。但付款人不得为款额或信用契约所定数目以外之保付。违反者科以支票金额以下之罚金。明知已无存款又未经付款人允许垫借而对之发支票，即开"空头支票"者，也要科以支票金额以下的罚金。其他有关背书、承兑等方面都参照汇票的有关规定。

其他票据法规

《票据法施行法》在一些具体细节上做了更明确的规定。规定票据应为填写式。除了禁止转让票据之外，所有票据背面都应空白，不得印制花纹或其他记载，以供背书。在票据背面无背书位置时，才可以在粘单上背书。见票即付的本票所记金额必须在五十元以上。汇票的复本以三份为限。

　　1944 年 12 月，国民政府财政部为了活跃金融运用，又公布施行《票据承兑贴现办法》十七条，扩大票据的范围，包括商人因交易而发生的债权人向债务人发票请其承兑的工商业承兑汇票、农民合法团体因协助农民产销而生之债权人向有承兑契约的农业金融机构发出的农业承兑汇票、银行承兑汇票。规定这几类票据必须附有合法商业行为证件与用途声明书。这些票据自承兑后贴现的期限最多为九十日，农业承兑汇票可延长至一百八十日。银行在承兑人、申请贴现人所负债务已超过资本额一倍以上或有其他"业务上之正当理由"，可以拒绝贴现。这些票据也可以买卖流通，银行也可将已贴现的票据互相买卖或向中央银行请求再贴现。

第二节　海商法

　　海商法是以海上企业活动作为对象所制定的法规。清朝法律修订馆曾草拟《海船法草案》。北洋政府在 1919 年将清朝的这一草案进行修正，然而并没有正式公布施行。只是在 1926 年 11 月，北洋政府司法部命令暂行参酌采用，然而为时很短。国民政府成立后，重新开始制定《海商法》。1929 年 12 月，公布《海商法》，1930 年 12 月又公布《海商法施行法》，并宣布从 1931 年 1 月起开始施行《海商法》。1930 年 12 月又公布《船舶法》和《船舶登记法》，前者从 1931 年 7 月开始施行，后者至 1938 年才施行，至此，海商法规才比较成系统。

　　1929 年国民政府立法院宣布要在一年内公布全部民法及商事法规，包括《海商法》，而上海总商会等商业团体纷纷上书国民政府，认为《海商法》多与习惯不合，请求延长审议时间，暂时不要公布此法。而国民政府立法院以牢守习惯不改，既无进步可言，也就没有立法的必要为理由，驳回意见，仍按原定计划公布了《海商法》。

《海商法》主要内容

1929年颁布的《海商法》分为通则、船舶、海员、运送契约、船舶碰撞、救助及捞救、共同海损、海上保险八章一百七十四条。其主要内容如下：

一、关于船舶。规定《海商法》所适用的船舶是指总重量二十吨、能在海上航行及与海相通的水道上航行的船舶。公务船只、人力船只不包括在内。凡是中国人民所有，或者按中国法律设立、董事与股东有三分之二以上是中国人或无限责任股东全部是中国人的公司所有的船舶，都是中国船舶。船舶的所有权适用民法关于动产的规定。船舶一部或全部让与必须做成书面契约，并给让与地或所在地主管官署盖印证明（在国外须由中国领事馆盖印证明），否则无效。船舶共有人中有人要出卖自己应有部分时，其他共有人有先买权。出卖船舶于外国，使船舶丧失中国国籍时必须有共有人的一致同意。共有人应选任船舶经理人经理船舶的营业。规定对海难、海损等因航行发生的债务，船舶所有人所负责任要加以限制。采取所谓德国式"执行主义"，即船舶所有人的责任以本次航海之海舶价值、运费（包括旅客票价）及其附属费（船舶为受损害而得到的赔偿之类）为限。

二、关于海员。

1. 船长。规定船长由船舶所有人雇用，船长在航海中即使雇用期已满，仍不得自行解除中止职务。船长负责船舶的指挥，遇危急可为紧急处分，但不经咨询各重要船员意见不得放弃船舶。弃船时，不将旅客、船员先救出，船长不可离船，并要尽力救出船舶文书、邮件、金钱及贵重货物，否则处七年以下有期徒刑。如发生死亡，处无期徒刑或十年以上有期徒刑。船长非有必要不可开舱，也不得在船舶文书未经呈验前卸载任何货物。

2. 船员。船员由船长代表船舶所有人雇用，应服从上级船员与船长的命令，非经许可不得离船，不可私自搭载货物，如有违禁品或使船舶及载货受危险时，船长可投弃之。船员如果不是因为执行职务而受伤或生病，船舶所有人只需负责三个月的治疗费和原有薪金。船员如在受雇期间死亡，船舶所有人比照原薪加给三个月薪金作为补偿。如是因为执行职务而死亡，支付一年的薪金。船员在受雇港之外被解雇时，船长有将其送回原受雇港之义务，并负担必要费用。

三、关于运送契约。船舶运送货物必须与托运人达成运送契约，包括当事人的姓名、住所、船舶名称、国籍、吨位、运送货物种类与件数、运送的预定期限、运费等。达成契约后，如托运人以船舶全部运送而在开船前解除契约，仍应支付运费的三分之一。如已装载上船另须负责装卸费用。如托运人只利用船舶的一部分供运送货物，而在发航前解除契约，就必须支付全部运费，并负担装卸费用、赔偿对其他托运人积货的损害等。装载期间以托运人接到船舶准备装货通知的第二天起算。装载货物后，船长在托运人提出要求的情况下，要发给载货证券，内容包括：船舶名称及国籍，托运人姓名、住址，货物种类品质、数量及其包皮种类、个数及记号，装载港及目的港，运费、载货证券之份数，填发年月日。到达目的港后，有人持载货证券请求交付货物，船长不得拒绝。载货证券的一些规定可参照民法中提单部分的有关规定。装货船舶发航后，因不可抗力不能到达目的港而折回发航港时，托运人仅负担去航运费。航海未达目的港而发生事故，船舶入他港修理时，托运人自行提取货物，应付全部运费。关于旅客运送，规定旅客膳费应包括在船票票价之内。旅客在发航前退票，应付三分之一的票价，但因死亡、疾病身不由己的原因而不能航海，可减为四分之一。船舶不在预定日期发航，旅客可解除契约。船舶因不可抗力不能继续航海，船长应设法将旅客送至目的地。旅客在船上死亡，行李由船长送交家属或者有关方面。

四、船舶碰撞。规定船舶碰撞由有过失一方承担损害赔偿，双方有过失按过失程序的比例分别承担，不能判定过失程度比例责任平摊。因不可抗力而发生的碰撞，被害人不得请求赔偿。碰撞损失请求时效为两年。碰撞受害方如为中国船只或中国人、在中国领水之内，法院都可以扣押加害之船舶。碰撞诉讼的管辖规定为被告住所、营业地、碰撞发生地、被告船籍港地、船舶扣押地法院审理。

五、救助及捞救。船长对于海难事故，在不甚危害本身船舶、船员、旅客情况下，应当尽力救助。违反此项规定者处三年以下有期徒或拘役。施行救助及捞救有效果者，可请求相当报酬，但是如果对方有正当理由拒绝救助而强行施救者，不得请求报酬。救助捞救报酬的金额由双方议定，协议不成，可向法院声请裁决。在船舶发生碰撞时，双方在不甚危害本身船舶、船员、旅客的范围内，对于对方船舶、船员、旅客都应尽力救助，否则处五年以下有期徒刑，并除有不可抗力之情形外，应停留于原地，直到确实知道继续救助已无益时为止。

六、共同海损。所谓共同海损，规定是指在海难中，船长为避免船舶及积货的共同危险所为处分而直接发生之损害及费用。装载于甲板上的货物经投弃者，不认为是共同海损，但如为航运种类和商业习惯允许的不在此限。无载货证券和无船长收据的货物也不认为是共同海损。货币、有价证券和其他贵重物品，除经报明船长以外，也不认为是共同海损。共同海损的负担由存留的船舶、积货的价格、运费的半额，与共同海损的损害额为比例，由各利害关系人分担。而船上所备粮食、武器、海员衣物、薪资、旅客行李皆不分担海损。海损的计算由关系人协议，协议不成由商事公断处或法院定之。因共同海损而生之债权，请求时效为一年。

七、海上保险。海上保险由保险契约规定，契约内容应为：日期、当事人姓名和住所、所保危险性质、保险责任、开始时间、保险期间、保险金额、保险费、无效及失权范围。一切可以用货币估价的物品都可作为保险标的物。保险人对于保险标的物因海上一切事变、灾害发生的灭失、损害及费用负责。战争产生的危险在契约内没有反对的订立情况下，保险人也应负责。如要保人或被保险人或其代理人之重大过失所生危险，保险人不负责任。关于保险价额，规定货物以装载地装载时的货物价额以及装卸费、所纳税捐、运费、可期待之利得为保险价额。船舶的保险人责任开始时以船舶价额为保险价额。运费以运送契约内载明运费额为保险额。保险期间由双方约定，无约定者，凡船舶及其设备属具，自船航起锚或解缆之时起，至到达目的港抛锚或系缆之时止；货物自离岸之时至目的港起岸之时止。关于委付：委付是海上保险特有的概念，即保险标的全部消亡或虽非全部损失而与全部损失无异，或全部灭失而无法取得证明，或证明手续过于烦琐因而视同全部损失，被保险人可将保险标的物一切权利委付于保险人。这一《海商法》规定，船舶委付的情况有：船舶被捕获，或沉没，或破坏；船舶因海损的修缮费达保险价额的四分之三以上；船舶不能修缮；船舶行踪不明或已被官署扣押达四个月以上。货物委付的情况有：船舶因遭难或其他事变不能航海已逾四个月；运送货物的船只失踪已逾四个月；因航海损害而变卖货物达全价的四分之三以上；货物致损腐坏已逾全价的四分之三以上。规定委付不得附有条件，并就保险标的物之全部为之。委付经承诺后，或经判决为有效后，自发生委付原因之日起，保险标的物即视为保险人所有。

《船舶法》与其他

作为《海商法》的补充，1930年国民政府行政院交通部开始拟定《船舶法》和《船舶登记法》草案。当年提交立法院审议，由立法院法制委员会会同军事委员会、商法起草委员会审查后，再由原海商法起草委员会审查，于1930年12月公布《船舶法》，1931年7月起实施。同时公布的《船舶登记法》一直到1938年才宣布施行。

《船舶法》分为通则、船舶检查、船舶丈量、船舶国籍证书、罚则、附则共6章43条。规定了船舶非中国者不得悬挂中国国旗，除经特许或避难，不得停泊中华民国港湾口岸。船舶应有船名、船籍港名、船舶总吨位与净吨位、船舶编号数、吃水尺度等五项标志，并应备有国籍证书、船舶检查证书、吨位证书、船员名册、旅客名册、航海记事簿、设备目录等十种文书。船舶初航以前或航行期满，或有必要时，要由主管航政的官署派员至船舶所在地施行检查，检查后发给检查证书。船舶要经航政官署丈量发给吨位证书。船舶国籍证书由行政院交通部发给，船舶所有人必须依法呈请登记，违反这一法规的船舶所有人和船长，都应该处以罚金。

《船舶登记法》共有总则、所有权登记程序、抵押权及租赁权登记程序、注销登记程序、登记费、附则六章六十八条。规定船舶登记应具申请书，由申请人签名，呈送各项文件，由主管航政官署发给证明书。所有权登记应取具证明为所有人之文据，并连同各项证书、申请书一并呈送主管航政官署。抵押权登记应记明债权数额。租赁权登记应在申请书内载明租金数额。各项登记都要缴纳各种登记费。

第三节　保险法

保险法有狭义、广义两种，狭义保险法专指保险契约法，广义保险法除保险契约法之外还包括保险业法。中华民国时期的保险立法采取了狭义保险法，分立保险法与保险业法。北洋政府时期一直没有制定过保险法规，南京国民政府成立后，由立法院商法起草委员会拟定保险契约法草案。以后删除契约二字，改称《保险法》，于 1929 年 12 月公布，共分为总则、损害保险、人身保险三章八十二条，但并未公布施行时间。

《保险法》公布后，国民政府又开始制定《保险业法》。在起草过程中觉得"损害保险"一词不确切，不能包括保险标的灭失的意义，又在字面上与伤害保险有混淆可能，于是又开始重新修订《保险法》。在修订过程中，因为财产保险不能包括无形之责任及利益在内，又为与民法损害赔偿的观念有所区别起见，将原拟的财产保险改为损失保险。这一经修改的第二部《保险法》于 1937 年 1 月公布，共分为总则、损失保险、人身保险、附则四章九十八条。其中损失保险分为火灾保险和责任保险；人身保险分为人寿保险和伤害保险两种。然而这一部《保险法》仍旧没有施行。

《保险业法》的制定从《保险法》公布后就已开始，直到 1934 年才公布。1936 年《保险业法》又一次加以修正，于 1937 年再次公布，同时又公布了《保险业法施行法》，然而仍没有宣布施行时间。实际上，《保险业法》和《保险法》一样，只是一个法案。

国民政府统治时期有关保险的正式法规一个也没有实施，仅有 1935 年5 月公布、12 月施行的《简易人寿保险法》，1943 年 12 月曾公布过一个《战时保险业管理办法》。

第四节　破产法

虽然清朝曾颁布过《破产律》，但在北洋政府期间，仍没有得到真正施行。工商业者破产仍沿袭传统习惯"父债子还"，无限偿还制仍在民间普遍流行，官府并不加以干涉。1915 年，北洋政府法律编查馆曾拟定《破产法草案》，共分为实体法、程序法、罚则三编三百三十七条。这个草案大多照搬德、日破产法，与民间商业传统习惯相去甚远，又因时局变动，未能议决公布。国民政府成立后，起初并未制定《破产法》。1934 年曾公布过《商人债务清理暂行条例》，同时起草《破产法》。1935 年 7 月，国民政府正式公布《破产法》，同时公布《破产法施行法》六条，宣布从1935 年 10 月起施行，废除原来的《商人债务清理暂行条例》。《破产法》在 1937 年曾略加修正过一次，以后一直沿用，不再改动。

　　1935 年《破产法》共有总则、和解、破产、罚则四章一百五十九条。这一《破产法》采取了所谓"一般破产主义"，规定本法适用于一切商人（包括公司及法人）或非商人，凡不能清偿债务的债务人，都可依本法规定的和解或破产程序清理其债务。在结构上采取了实体法与程序法混同的原则，同时又规定本法无规定时可准用民事诉讼法的有关规定。破产案件的司法管辖权专属债务人或破产人所在地的地方法院。如有营业所者，司法管辖权专属其主营业所所在地的地方法院。在国外宣告破产或达成和解者，对于其在中国国内之财产不发生效力。有关破产与和解的应负义务、应受处罚的对象包括：无限公司、两合公司、股份两合公司的执行业务股东、股份有限公司的董事、法人的董事或与董事地位相等之人，以及法定代理人、经理人、清算人等。

第十九章　近代金融法

　　中华民国时期的金融法规种类繁多，包括银行法、货币法、票据法和交易所法等。票据法作为主要商事法规附属于民法之下，在前一章已经介绍。本章主要介绍银行法、货币法和交易所法，这些法规一般汇编于行政法金融门类之内。此外，国民政府时期曾推进所谓合作运动，而成立的合作社大多数是信用合作社，国民政府的合作社也以此为主，还有很多有关信用合作社的专门法规，因此合作社法也将在本章一并加以介绍。

第一节　银行法

　　中国近代银行业出现于清末，中华民国初期，银行业畸形繁荣，而银行法出现得较晚，直到 20 世纪 30 年代初才有了银行法。民国时期，金融投机盛行，银行风潮迭起，银行法只是国民政府官僚资本的工具而已，因此并不能起到调整金融业的作用。

　　孙中山领导下的南京临时政府在百废待兴中，已着手进行财政金融的立法工作，尤其注重于建立中央银行。1912 年 1 月，南京临时政府宣布清理原大清银行，组建中国银行作为国家中央银行。1913 年 4 月，参议院通过《中国银行条例》三十条，规定中国银行是股份有限公司，股本总额定为银元六千万元，分六十万股。股票一律记名，外国人不得买卖让与。政府可命中国银行办理国库事宜，为政府募集公债、可发行纸币，有代国家发行新币责任。

在组建国家中央银行的同时，南京临时政府又曾在1912年3月拟定公布了《商业银行则例》，作为银行业的一般规范。这个则例共有十四条，规定凡开设店铺经营贴现、存款、放款、汇兑等事业，无论其用何种名称，总称之为银行。开办银行要呈请财政部批准。银行组织为有限责任者资本至少十万元，为无限责任者至少五万元。银行营业时间从午前九点至午后四点，节假日应休息。银行不可经营买空卖空投机事业。这个则例基本确定了以后银行法的内容，然而由于政局变动，并未能实行。

北洋政府时期没有银行业的一般性法规，仅公布过一些官办银行的条例章程。如1913年《中国银行则例》、1914年《交通银行则例》《劝业银行则例》、1915年《中国实业银行章程》等。其中较为典型的是1913年4月公布的《中国银行则例》，规定中国银行可发行兑换券，有代国家发行国币之责，以及经理国库、募集和偿还公债。中国银行设总裁、副总裁、简任董事，由股东总会选任。由财政总长派出监理官一人，监视中国银行一切业务。

1931年《银行法》

南京国民政府在成立之初，有关银行的法规相当多。尤其是接连公布施行了一批官僚资本银行的条例。如1927年10月的《中央银行条例》、1928年10月《中国银行条例》、1928年11月《交通银行条例》等，从而将北洋系统的一些官办银行转变为国民政府的官办银行。1929年1月，又公布《银行注册章程》十二条，规定了一切银行向财政部申请注册的程序。

1931年1月，国民政府正式公布施行《银行法》，共五十一条。规定银行的主要业务是收受存款及放款、票据贴现、汇兑或押汇三种，还可经营买卖生金银及有价证券、代募公债公司债、仓库业、保管贵重物品、代理收付款项等五种附属业务。银行必须是公司组织，股份有限公司、两合公司、股份两合公司组织的银行，其资本至少应在五十万元以上，无限公司资本应在二十万元以上。银行应按实收资本的20%缴纳保证金。成立银行应经财政部批准发给营业证书。银行的股票必须是记名式。

《银行法》规定银行不准为其他银行、公司、商号的股东，原已是股东者应在三年内退出。银行放款不得超过本银行实收资本公积金的 10%。银行的营业年度为每年一至六月、七至十二月,每营业年年终应造具营业报告书呈请财政部检查,并造具资产责债表、损益计算书公告之。银行营业时间规定为上午九至十二时,下午一至四时,休息日为星期日、法定纪念日、当地例假日、银行结账日(每一营业年度不得超过三天)为限。

为了表示照顾小额存款户利益,该法规定,银行结束清算时的顺序为:

1. 银行发行的兑换券持有者;

2. 储蓄存款者;

3. 一千元以下存款者;

4. 一千元以上存款者。

银行职员如有营业报告不实、虚伪公告、妨碍检查者,处一年以下有期徒刑,并科五千元以下罚金。擅自开业的银行,要处五千元至一万元的罚金。

1934 年 7 月,国民政府又公布《储蓄银行法》,以补《银行法》之不足。《储蓄银行法》共有十七条,规定以复利方法收受零星存款者为储蓄银行,应为股份有限公司组织,并经财政部核定,资本总额至少五十万元。兼营储蓄的银行,其实收资本至少一百万元。储蓄银行的业务范围限定为收受定期和活期存款、保管业务、代收款项汇兑、代理买卖有价证券、公益团体合作社的款项收付等五项。活期存款每户不得超过五千元。活期存款户总计不得超过存款总数的十分之四,并且不得使用支票。定期存款每户不得超过两万元。利率由当地同业斟酌决定。禁止有奖储蓄,违反者其董事、监察人等银行负责人处三年以下有期徒刑,并科一千元罚金。储蓄银行放款应抵押放款。存款总额的四分之一应缴存中央银行。财产目录、借贷对照表应每三个月公告一次。总之,这一法规作为《银行法》的补充法,其特点是各种限制较为严格,以示保护小存款户利益。

随着国民党官僚资本势力的扩大,1935 年 5 月,国民政府又公布《中央银行法》,取代原来的《中央银行条例》。《中央银行法》共有总则、资本、组织、特权、业务、决算及报告、附则七章三十六条,规定中央银行为国家银行,具有发行本位币和辅币及其兑换券,经理本位币、经理国库,承募内外债并经理还本付息等特权。资本总额为一亿元本位币，由国库拨足，必要时可招商股，但不得超过资本总额的 40%。商股以银钱业法人为主。中央银行理事会、监事会、总裁等负责人由政府特派。

另外，国民政府又在 1935 年 6 月公布《中国农民银行条例》，共二十七条，规定农民银行由政府特许组织，以供给农业资金、复兴农村经济为目的。按股份有限公司形式、资本定额一千万元，分十万股，由财政部认购二万五千股，各省市政府不得少于二千五百股，其余自由认购。业务应以农业为主，不得少于放款总额的 60%。放款限于耕畜、种子、肥料、农业机械、农产品保管与农业有关事业。从而确立了国民党官僚资本的中央、中国、交通、农民四大官办银行体系，合称"中中交农"。

官僚资本的工具——1947 年新《银行法》

抗战胜利后，国民政府因为 1931 年《银行法》过于简略，只是原则性规定，所以开始修改《银行法》。1947 年 9 月公布施行新的《银行法》。这部《银行法》共有定义、通则、商业银行、实业银行、储蓄银行、信托公司、钱庄、外国银行、银行之登记及特许、附则十章一百一十九条，号称商事法规中最完备的一部。但是，这部《银行法》并不是全部银行业的统一规范，而主要是针对民营、官民合营银行业的，官办银行、县市银行仍适用条例及特别法规。这部《银行法》的主要特点如下：

一、专门以定义、通则两章规定有关银行业的一般性规范。如规定开设银行要向财政部呈请营业登记。银行股票一律采用记名式，储蓄银行的股东只能是具有中国国籍者。由财政部指定全国各区域银行资本最低限额。银行的利率由当地同业公会与中央银行分行议定。银行存入其他银行的存款，每处不得超过所收存款总额的 10%。

二、明确区分各种专业银行的性质与业务范围。这部《银行法》规定银行分为商业银行、实业银行、储蓄银行、信托公司、钱庄五种。商业银行主要业务是收受普通存款、办理一般放款汇兑、票据承兑贴现。其信用放款不得超过所收存款总数的 25%，抵押放款不得超过 15%。实业银行的主要业务应是对农工矿或其他生产、公用、交通事业经营存放款。其所收存款总额的 65% 以上应用于实业。抵押放款不得超过放款总额的 30%。实业银行购入实业公司股票，每一公司不得超过存款总数的 4%，购入的股票的总额不得超过存款总额的 40%。储蓄银行应是复利方法收受储蓄为目的之定额存款的银行。每户活期存款不得超过银行额定股本总额的 3%，定期存款每户不得超过 6%，信用放款不得超过存款总额的 10%，抵押放款不得超过 30%。其他专业银行如兼储蓄业务，要专设储蓄部，当受破产之宣告时，储蓄部存款应优先受偿。储蓄银行破产、资产不足以清偿存款，其负责人应负连带无限清偿责任，此项责任在负责人卸任之日起两年后才能解除。信托公司是以信托方式收受运用或经理款项及财产的公司，主要业务规定为管理财产、执行遗嘱、管理遗产、担任财产监护人、破产管理人、收受信托款及存款、办理信托投资、代理保险等十三项。如无契约特别规定，信托公司可以为信托人投资于任何事业。信托公司放款的限制同于储蓄银行。如因违反契约或有重大过失，致使信托人受损时，信托公司应负全部赔偿责任。其负责人有重大失误者，应负连带无限清偿责任。

三、保留旧式钱庄。这部《银行法》专有钱庄一章，对旧式钱庄做了一般性规定。凡按照各地钱业习惯经营商业银行业务者为钱庄，基本上准用商业银行的制度。旧的钱庄如其资本已超过了当地由财政部指定的银行最低资本额，可以改组为银行。

四、专设外国银行一章。规定外国银行在中国经营业务、开设分行，必须经过财务部特许，并按指定区域开设分行经营。外国银行在中国不得经营、兼营储蓄银行和信托公司业务。收付款项，以中国货币为限，不经特许不得经营外汇、外币存款。

五、保证金、准备金制度较为严密。明确规定商业银行所收活期存款总额的 10%—15% 和定期存款总额的 5%—10% 应作为保证准备金缴存财政部指定的银行。另外提存的付现准备金至少是活期存款总额的 15%、定期存款总额的 7%。实业银行缴存的保证准备金额应是活期存款总额的 8%—12% 和定期储蓄总额的 5%—8%，提存的付现准备金至少是活期存款总额的 12%、定期存款总额的 6%。储蓄银行缴存的保证准备金应为活期存款总额的 10%—15% 和定期存款总额的 5%—10%，提存的付现准备金最少是活期存款总额的 10%、定期存款总额的 5%。

六、与过去的银行法比较，加重了对违法行为的处罚。这部《银行法》将各种违法行为的处罚直接列在各条条文之后，使之一目了然。规定银行对本行负责人及职员不得以任何方式信用放款，对于与之有关者也不得特别优待。银行负责人及职员不得向存户、贷款人、委托人收受佣金、酬金或不当得利，否则处一年以下有期徒刑或两万元以上罚金。抵押放款不得超过其抵押物时价的 70%，违者处以罚金。

此外，1947 年 12 月，国民政府又公布了《利率管理条例》七条，规定银钱业存款利率不得超过放款利率。放款利率的最高限度，由当地银钱业公会斟酌并报请中央银行核定牌告施行。凡超过当日限额的利率，债权人无请求权。

这部《银行法》号称增加法律弹性、简化政府干涉，实际上是有意避开实力雄厚的官办银行与民办银行的关系处理问题。各民办银行的保证准备金控制在国民政府的官办银行手中，大大加强了官僚资本的实力，并得以控制民办银行。因而足以说明，这部《银行法》是官僚资本的工具。另外，它号称商业银行重灵活、实业银行重稳定、储蓄银行重安全、信托公司重守约、钱庄重习惯、外国银行予以一定限制，实际上是半殖民地、半封建社会性质在这个法规上的反映。其施行的同时，国民政府就已处在全民包围之中，财政全面崩溃，金融一片混乱，因而这部《银行法》几乎没有真正实行。

第二节　货币法

中国近代币制极为混乱，既有传统的金银块、制钱，又有外国银圆、外国银行发行的纸币，以及清末各省自行铸造发行的新型铸币，如银圆、铜圆，还有各种银行发行的兑换券。市面上结算仍以银两为标准，衡制仍沿库平两、海关两等旧规，换算极为混乱。清朝在灭亡前夕，1910 年 5 月，曾公布过一个《币制则例》，共二十四条，这算是中国第一个近代币制法规。

这个则例规定实行银本位制，国币单位为元，以一元银币为主币，辅币规定为五角、二角五分、一角三种银币；五分一种镍币；二分、一分、五厘、一厘四种铜币；一律采用十进位制，十厘一分，十分一角，十角一元。规定一元银币重库平两七钱二分，即 26.85672 克，含纯银九成。一元五角银币应合库平足银一两。这个则例公布后，清廷只来得及铸造了一些一元主币发行，不久就垮台了。

北洋政府时期币制

北洋政府成立后，在 1914 年 2 月，公布了一个《国币条例》，共十三条。这个条例实际上即清朝《币制则例》的翻版。规定国币铸造发行权专属于政府。国币主币为银币一元币，重七钱二分，银九铜一，应含纯银 23.97795048 克。银币有一元、半元、二角、一角四种。镍币为五分一种。铜币为二分、一分、五厘、二厘、一厘五种。采用十进位制。规定一元银币使用无限制，五角银币每次授受应在二十元以下，二角、一角银币每次授受应在五元以下，镍、铜币应以一元以下授受为限。另外，还公布了《国币条例施行细则》十一条，规定逐步回收市面通用的旧银圆、铜圆、制钱，改铸国币。主币的铸造权由中央造币厂专有，辅币的铸造发行权未加明确规定，实际上仍操于各地方军阀之手。从 1914 年起，北洋政府开始铸造发行铸有袁世凯头像的一元银币，累计发行约十四亿枚，成为北洋政府时期中国市面上最主要的银币，俗称"袁头币"。

北洋政府时期，各中外银行及地方势力滥发纸币，而北洋政府为了发行公债、搜刮民财，竭力企图将纸币发行权集中到几个主要的官办银行。1916 年 10 月，北洋政府公布了《取缔纸币条例》十四条，规定除了官办银行之外，在本条例公布后，各新设银行或过去不曾发行纸币的银行都不得发行纸币。已发行纸币的银行，今后要经财政部核准并遵守发行限额。非银钱行号发行的纸币一年内全数收回。发行纸币的银行应负随时兑现银圆之责，纸币发行必须至少有六成现款准备，其余可以公债作为准备，并且每月应具表报告币制局和地方政府。这个条例在 1920 年还曾修正过一次，是北洋政府主要的纸币立法。

《废两改元令》与法币改革

国民政府在所谓"北伐"完成后，仍沿北洋政府之旧，号称实行银本位制，并铸造发行一种有孙中山头像的一元银币，市面上称之为"孙头"。北洋政府的《国币条例》《取缔纸币条例》仍继续有效。1933 年 3 月，国民政府还曾公布《银本位币铸造条例》十五条，规定银本位币铸造权专属中央造币厂，本位币为一元币，总重 26.6971 克，含纯银 23.4934489 克。

1933 年 3 月，国民政府财政部发布了《废两改元令》。自清末以来，虽然已规定银圆为本位币，但是市面上仍按长久以来的传统，以银两结算往来账面。国民政府的《废两改元令》即宣布废除以银两为结算单位的习惯，所有公私出纳结算一律采用银圆为单位，首先从上海开始施行。其规定每银本位币一元，合上海规元 0.6992305 两。（"规元"是上海的计数单位。）

1929 年，世界资本主义经济危机爆发，为了应付这场危机，20 世纪 30 年代初，很多西方国家都放弃了金本位币制，海外银价高涨。实行银本位币制的中国因而形成白银大量外流的局面。仅 1933 年 7 月至 10 月，流出的银圆就达两亿元之巨。为此，上海银钱公会及国内工商界要求国民政府设法保护。国民政府财政部在 1934 年 1 月下达《白银加税令》（全称为《白银出口加税及征收平衡税令》），规定银圆及白银出口税提高至 10%，此外按伦敦银行与中央银行当日汇价差额征收平衡税。

在 20 世纪 30 年代世界经济危机的影响下，中国经济严重不景气，尤其是国民政府连年大打内战，财政每况愈下，力图多发纸币实行通货膨胀以度财政危机。1935 年 11 月，国民政府财政部公布《新货币法令》，共六条，宣布实行币制改革。规定从 1935 年 11 月 4 日起，以中央银行、中国银行、交通银行发行的钞票为法币，一切公私出纳以法币为限，禁止使用现金，违者没收。其他银行已发行的钞票用法币回收，不得再发钞票。一切公私机关及个人所持银本位币（银圆）缴存政府，按面额兑换法币。1935 年 11 月又公布《兑换法币办法》八条，规定在三个月内（以后又曾通令展限），人民应将持有的白银兑换为法币。兑换率为：每纯银 23.493448 克折法币一元。禁止金饰品出口，每位旅客出境所携带金器价值不得超过五百元。此外还规定白银饰品含银量不得超过 30%。从此，国民政府废除了银本位制，转而采用纸币流通。纸币从过去的兑换券成为不可兑换的完全的纸币。

法币改革使国民政府掌握了一种比税收、公债方便得多的搜刮手段。抗战爆发前，法币发行额已大大增加，开始走上通货膨胀的道路。抗战开始后，通货膨胀以加速度进行，八年中，法币发行额增加了三百九十七倍，物价飞涨，民不聊生。

金圆券法

抗战胜利后，国民党又悍然发动反共内战，国民政府军费开支日益增大，财政状况日益恶化。国民政府的对策是继续执行通货膨胀政策，法币几乎等于废纸。

1948 年 8 月，国民政府在正面战场上节节败退的同时，发布《财政经济紧急处分令》，规定：

1. 以金圆为本位币，发行"金圆券"，限期收兑法币及东北流通券。

2. 限期收兑人民持有的黄金、白银、银币、外币，逾期任何人不得持有。

3. 限期登记人民存放在国外的外汇资产，违者制裁。

4. 加强财政管理。

《金圆券发行办法》十七条，规定：金圆为本位币，每元法定含纯金 0.22217 克，由中央银行发行金圆券，十足流通使用。金圆券面额为一元、五元、十元、五十元、一百元五种。四元等于一美元，二元等于一银圆。一元兑换法币三百万元。发行准备金 40% 为黄金、白银、外汇，60% 为有价证券及国有事业资产，发行总额为二十亿元。

金圆券法的施行，使国民政府好像采用了金本位币制。实际上金圆券不准兑换金银及外币。同时发布的《人民所有金银外币处理办法》，强迫人民以金银外币换取金圆券，仅三个月，国民政府就搜刮了共计一亿九千万美元的金银外币，1948 年 11 月，国民政府又修正《金圆券发行办法》，宣布金圆贬值五分之四，废除发行限额，转而允许人民持有金银外币，但除银币外，禁止流通买卖。这一次修正后，金圆券发行额如脱缰野马，九个月中增加三十万倍，造成空前的通货膨胀，物价上涨至天文数字。国民政府在崩溃前夕的金圆券币制改革，是国民党反动派逃离大陆前对人民进行的最后一次大掠夺。

第三节 交易所法

交易所是进行大宗物品或证券交易的市场。中华民国时期，交易所事业曾畸形繁荣，在商业大城市中出现了很多交易所。孙中山先生出于振兴实业的考虑，鉴于当时交易所多为外商控制，也曾积极参与筹建上海华商交易所。国民政府的很多头面人物，包括蒋介石在内，都曾参与交易所的经营活动，因而交易所法规也较多。

《证券交易所条例》——中国第一个交易所法规

1914 年 12 月，北洋政府公布了《证券交易所条例》，这是中国第一个交易所法规。这个条例有总则、组织及设立、经纪人、职员、交易、监督、罚则、附则八章三十五条。主要内容是：规定证券交易所设于商务繁盛地区，每地以一所为原则，并应经过财政部核准。交易所应为股份有限公司组织，经纪人应在 25 岁以上，凡女性及褫夺公权者、破产未清偿者、曾被交易所除名者、曾被判处四年以上有期徒刑释放尚未足一年者等不得担任经纪人。交易所职员有理事长、理事、监察人等，任职条件同于经纪人。在交易所的交易活动方面，规定证券交易可分现期和定期两种。买卖双方应缴纳证据金及追加证据金。交易所可向买卖双方抽收经手费，每日应按买卖平均价格公布市价。在处罚违法活动方面，规定经纪人应负由其经手的证券买卖活动所产生的一切责任。经纪人不得为自己买卖已公布市价的证券，职员也不能买卖证券，违者处以二十至五百元罚金。交易所有扰乱市场行为，处五百至一千元罚金。1920 年 3 月，又规定证券交易所应缴纳纯利 3% 的交易所税。

1920 年 3 月，北洋政府又公布《物品交易所条例》，有总则、组织及设立、经纪人、职员、交易、监督、罚则、附则共八章四十八条。内容大体上同于《证券交易所条例》，较有特色的有这样一些内容：规定大宗物品交易市场称为物品交易所，要经农商部核准方可设立；可开设于水路要冲通商大埠；物品交易所只能经营一种货物之交易；交易所应为股份有限公司组织，当地同业厂行商号代表人物、股额均应占五分之三以上；物品交易所交易行为分为现期、约期、定期三种；任何人不得在交易所以外设立相同或相类的定期交易市场并在其市场交易；物品交易所应缴纳交易所税，税率为纯利的 5%。

北洋政府的这两个交易所条例，总的来说比较简单，只是一些原则性规定，不能有效地规范交易所的交易行为。南京国民政府成立不久就开始议定交易所法规。1929 年 10 月公布《交易所法》八章五十八条，并在1930 年 3 月公布《交易所法施行细则》四十条，自 1930 年 6 月与《交易所法》同时施行。

1935 年《交易所法》

1935 年 4 月，国民政府修正公布施行了《交易所法》。这个法规以后不再改动，一直施行到国民政府垮台。这个法规共有设立、组织、经纪人及会员、职员、买卖、监督、罚则、附则八章八十一条。其主要内容如下：

一、关于交易所的设立与组织。商业繁盛地区可设立交易所。交易所分为买卖有价证券的交易所与买卖一种或同类数种物品的交易所，每一区域以一所为限。交易所组织形式可以是股份有限公司，也可以是同业会员组织。前者经营买卖者以该所经纪人为限，后者以该所会员为限。交易所应订立章程，呈请实业部核准。

二、关于交易所人员。交易所人员分为经纪人、会员（职员）两大类。经纪人或同业会员的条件较为严格，规定必须具有中国国籍，凡禁治产者、受破产宣告者、褫夺公权者、曾处一年以上有期徒刑释放后未满五年者、被交易所除名未满五年者、在交易所曾有违法行为受刑之宣告者，都不能担任经纪人或会员。担任经纪人的法人团体也应有中国国籍，其中无限公司、两合公司、股份两合公司的无限责任股东、执行业务股东应全部是中国人，股份有限公司的股份额与股东表决权的半数以上、董事的三分之二以上必须是中国人。经纪人是执行买卖大宗商品及有价证券的当事人，不得兼任交易所职员。经纪人应经过实业部注册并缴纳注册费。经纪人应向交易所缴纳营业保证金，按《交易所法施行细则》的规定，保证金应为交易所资本总额的三分之一。交易所的职员包括理事长、理事、监察人，任期三年，由股东或会员选任，条件与经纪人相同，也要经实业部注册。职员与交易所雇员不得用任何名义自行或委托他人在交易所买卖，也不得与经纪人有特别利害关系。交易所应设评价会，评议交易所主要业务事项。商品交易所还要设货物鉴定员，鉴定交割物品的等级。

三、关于交易所买卖。交易所的交易仍分为现期交易、定期交易、约期交易三种，然而对于买卖的期限加以严格限制，规定有价证券不得超过三个月，棉花、棉纱、棉布、金银、杂粮、米谷、油类、皮革、丝、糖等不得超过六个月。买卖方法规定为四种：定单位买卖；竞争买卖；约定期限内转卖或买回（依交易所账簿记载彼此抵销）；就标准物订立买卖契约，以交易所规定货价等差中之同种物品代行交割。期货买卖可采用后两种。成交单由交易所制成，双方签字。交易所决定市价并公告之，并应公告买卖双方的买卖数额。交易所买卖行情瞬息万变，为保证交付信用，股份有限公司的交易所中买卖双方必须缴付证据金，其数额规定为：一般物品 10% 以上，棉纱 5% 以上，证券 8% 以上，金业 5% 以上。有不履行契约者，即将证据金和保证金充损害赔偿之用。交易所还向双方征收经手费。为了所谓防止官僚把持，还规定经纪人和会员不得接受公务员之委托进行买空卖空交易。

四、关于处罚。经纪人不缴纳保证金、证据金及接受公务员委托买空卖空等行为要处以罚金。交易所职员、雇员、鉴定员收受贿赂，处三年以下有期徒刑，或一万元以下罚金。因而有不当行为者，加重本刑二分之一。行贿者处一年以下有期徒刑及罚金。散布流言变动市价，或以暴力胁迫者，要处两年以下有期徒刑。

总之，《交易所法》的特点是规定较为具体，对于经纪人、会员、职员的限制较为严格，对于违法行为的处罚也规定得比较重。然而，国民政府的一些大头目无不是靠金融投机起家的，金融投机不是仅靠法规就能遏制的。

第四节　合作社法

五四运动以后，近代合作改良思想传入中国。孙中山曾提出合作事业是地方自治六要事之一。最早宣传合作运动的是 1920 年上海复旦公学（复旦大学前身）的"平民周刊社"。在一些资产阶级改良派人士的鼓吹下，从 20 世纪 20 年代起，中国出现了一些合作社组织。至 1926 年，全国仅四十三个县有合作社，共计二百多所，八千多个社员。

南京国民政府成立后，标榜实行"民生主义"，号称将合作运动列为训政时期七项运动之一（七项运动是指识字、造林、造路、合作、保甲、卫生、提倡国货）。1931 年，国民政府还曾公布过一个《农村合作社暂行规程》。至 1934 年底，全国共有合作社二万六千二百二十四所，社员有一百多万。其中信用合作社占了三分之二左右，其实只是农村高利贷业的伪装名称而已。生产、消费、运输合作社加起来不足五分之一。国民党中央在 1936 年又设立合作事业指导委员会，国民政府实业部在 1935 年还曾增设合作司。1935 年 6 月，国民政府公布了第一部《合作社法》。

抗战爆发后，大后方和敌后人民自行组织了各种合作社，以克服困难造成的经费困难。较为著名的有国际友人路易·艾黎等创办的工业合作社，简称"工合"组织，曾具有相当规模，分支社达大后方各省。至 1938 年 6 月，全国合作社已达四万九千余所，其中互助合作社有二万六千余所。但是最多的仍是信用合作社，占总数的三分之二以上。国民政府为了加强对合作事业的控制，在 1939 年成立全国合作事业管理局，并在 1939 年 11 月重新公布施行《合作社法》，以后长期沿用。

国民政府的《合作社法》共有通则、设立、社员社股及盈余、理事监理及其他职员、会议、解散及清算、合作社联合社、罚则、附则九章七十七条。所谓合作社，是指依平等原则，在互助组织之基础上，以共同经营方法谋社员之经费利益与生活之改善，而其社员人数及股金总额均可变动之团体。合作社是法人。合作社的业务规定为这样五种：

1. 为发展农业置办生产上公共或私人所需的设备，或者联合推销农产品。

2．为发展工业，置办公共或私人所需的生产制造设备，或者联合推销产品。

3．为社员消费便利，置办生产品、制造品以供社员需要。

4．放贷生产、制造的资金，收受社员的存款。

5．为谋相互扶助，办理各种保险。

合作社的责任制定为三种：

1．社员以所认股额为限负其责任的有限责任制。

2．社员以所认股额保证金额为限负其责任的保证责任制。

3．合作社债务不能清偿时，社员连带负责的无限责任制。

这个《合作社法》规定合作社名称上必须明确其业务与责任。在《合作社法施行细则》中具体定义了生产、运销、供给、利用、劳动、运输、消费、公用、信用、保险等表明业务的名词，并可设立合作农场、合作工厂。合作社可免征所得税、营业税。

合作社的组织形式，套用公司的制度。规定合作社要有七人以上才能设立，创立时要订立章程，在一个月内向当地主管机构注册登记。合作社的社员应年满 20 岁，有行为能力，有正当职业。凡被褫夺公权、破产、吸用鸦片及代用品者不得加入。法人加入合作社，必须担任有限责任、保证责任制的合作社社员，并且必须是非营利性的法人。合作社成立后加入合作社者，必须由两名社员介绍。合作社社股每股至少两元，至多十元。个人拥有的社股至多不得超过全部股金的 20%。社股不得私自转移。合作社选举理事，至少三人，负责社务。同时应选举监事，也至少三人，负责监督。监事不得兼任理事、事务员或技术员。合作社社员大会每年至少召集一次，社务会每三个月一次，理事会、监事会每月一次。合作社的盈余应提取公积金，信用合作社应提 20% 以上，其他合作社应在 10% 以上。此外还应提出 5% 作为公资金、10% 为职员酬劳金。社股年息不得超过一分。合作社的解散原因，可以是社员大会的决议（应有四分之三以上社员出席，出席者中三分之二以上多数同意）以及章程所定之事项发生、破产、主管机关的命令等。解散后应以理事主任清算人，也可由法院选派。

两个以上合作社可以成立合作社联合社，同一区域内同一业务的合作社事业不得有两个合作社联合社。合作社联合社也是法人，也应订立章程。其责任制只限于有限责任制与保证责任制。合作社联合社的社股，每股不得超过二百元。

由于这个《合作社法》只是国民党反动政府企图用来操纵控制合作社事业的工具，因此该法颁行后，全国合作社事业反而日趋衰落，这个法规形同虚设。

第二十章　近代商标法、专利法及其他

中华民国时期还没有完整的工业产权法概念。商标法长期作为商法典的一个组成部分，国民政府时期又作为一种商事法规，附属于民法部门之内。专利法被认为是一种有关实业的行政法规，一般归并在行政法部门之下的经济门类之中。本章除了这两种之外，略微介绍一些其他有关工业的法规。

第一节　商标法

北洋政府建立之初，仍沿用清朝政府 1904 年颁布的《商标注册试办章程》，同时仍将商标法作为商法典的一部分进行起草准备。以后由于商法典起草工作搁浅，才将商标法作为单行法规先行公布。

1923 年《商标法》——中国历史上第一部商标法

1923 年 5 月，北洋政府公布了由农商部起草的《商标法》，共 44 条。这是中国历史上第一部比较完整的商标法。

1923 年《商标法》规定：商标是为表彰自己生产制造、加工、拣选、批售、经纪之商品而专用的标记，必须申请注册。商标须用特别显著之文字、图形、记号或联合式为之。不能作为商标注册的有：相同或近似于国旗、国徽、国玺、军旗、官印、勋章；相同或近似于红十字章，或外国国旗，或军旗；妨害风俗秩序或欺骗公众；相同或近似于同一商品习惯上所通用之标章者；相同或近似于世所共知他人之标章，使用于同一商品；相同或近似于奖章、奖牌（自己获奖不在此限）；未经承诺使用他人肖像、姓名、法人团体名称；相同或近似于他人失效未满一年的注册商标。规定在商标法公布施行以前已使用五年的商标经注册后即使相同或近似于他人仍有效。同一商人于同一商品使用类似的商标，可作为联合商标申请注册。外国商人要委托中国境内有住所及有营业所者才能申请商标注册。

《商标法》规定一切商标如未经注册不能主张商标专用权。商标经申请注册后专用权为二十年。中央农商部专门设立商标局主管有关事务。商人将商标申请注册，要由商标局进行审查，并在商标公报上公告六个月，如无异议，才能核准。使用他人商标、伪造仿造他人商标等行为要处一年以下有期徒刑或五百元以下罚金，并没收其物件。诈欺取得商标专用权、冒称注册商标等行为处六个月以下的有期徒刑、二百元以上罚金。

1930 年《商标法》

早在 1925 年 9 月，广州政府就曾公布过一个《修正商标条例》，仅仅适用于广东地区。南京国民政府成立后，在 1928 年设立全国注册局，适用 1923 年北洋政府公布的《商标法》，广州政府的《修正商标条例》宣告失效，然而也没有明令废除。1929 年国民政府开始制定新的《商标法》。1930 年 5 月公布了《商标法》，并宣布 1931 年 1 月开始施行。以后曾在 1935 年、1940 年略加修正。1930 年《商标法》共有四十条，主要内容是：

一、商标标志。规定商标的文字、图形、记号或其联合式应特别显著，并应指定名称及所施颜色。不得作为商标登记注册的除了原有的几项规定外，又规定了相同或近似于国民党党旗、党徽，相同于总理（孙中山）的遗像及姓名别号等也不得作为商标登记注册。

二、注册与商标专用权。《商标法》采用了自愿申请注册的原则。外国人也要同样申请商标注册，在中国境内无住所或营业所者，必须委托中国境内有住所或营业所者代理申请注册。注册的商标应经过审查并公告六个月。商标自注册之日起，注册人获商标专用权，期限二十年，期满后续展仍以二十年为限。商标专用权限于申请注册之图样及所指定的商品为限。注册人也可随时申请撤销。商标局可因注册人自行变换注册商标，或注后不予使用满一年，或注册后停止使用满两年，或商标移转后满一年未经登记注册等情况，撤销注册。

三、对商标权的保护。国民政府公布的刑法典分则部分专门有伪造、仿造商标罪的罪名，规定对这种罪要处两年以下有期徒刑、拘役，可并科三千元以下罚金。明知伪造、仿造商标的商品而贩卖者，也要处二千元以上罚金。

1930 年，国民政府又公布了《商标法施行细则》四十条，规定了申请商标注册的具体程序、应具备的文件。应注册的商品类别共列举了化学品、药类等七十项。商标的注册费规定：创设商标注册费为五十元，移转商标注册费为二十五元，继承移转的费用为二十元，等等。

第二节　专利法

北洋政府时期没有公布过专利法，仅在 1912 年曾公布过一个《奖励工艺品暂行章程》，不久即废止。由于中国近代工业发展缓慢，政局动荡，专利法的制定时断时续，直到 1944 年，国民政府才公布《专利法》，但也没有施行。在这前后，曾公布过一些相关的条例章程。

《奖励工业技术暂行条例》

国民政府在 1932 年 9 月公布施行了一个《奖励工业技术暂行条例》，共二十九条。其规定对于发明、创造及新型、新式样的工业技术予以奖励，发明设计者可向实业部呈请专利，发给专利权证明书，可享有专利权五至十年，还可申请延长一次。伪造、仿造专利发明、创造、新型及新式样者，分别处三年以下有期徒刑及拘役、罚金不等。

1939 年 9 月，国民政府又一次修正公布《奖励工业技术暂行条例》，改为三十四条，同时公布《奖励工业技术暂行条例施行细则》二十七条。这次修改使这个条例更与专利法相近。其规定可申请奖励的是发明、新型、新式样三种工业技术，申请人仅限于中国人。奖励方法是给予专利权，发明专利权为五至十年，新型专利权为三至五年，新式样为三年，以全国为区域。饮食品、医药用品不得申请奖励。奖励申请权与专利权都可让与或继承。申请的机构是经济部。发明、新型、新式样是因经营上之经验以及由多数人共助而成的，专利权属于雇用人。以他人委托，使用雇用人之费用而发明、创造新型、新式样者，专利权属雇用人、受雇人共有。对于专利权的侵害，处三年以下有期徒刑、拘役、罚金不等。在施行细则中又规定，申请奖励人除了呈送申请书、证明书之外，还要呈送宣誓书，宣誓确系本人发明或创造新型、新式样。

没有真正施行的《专利法》

1944 年 5 月，国民政府正式公布《专利法》，然而并没有宣布施行。直到 1949 年 1 月，国民政府垮台前夕才匆匆宣告施行《专利法》，实际上并没有真正施行。1944 年公布的《专利法》共有发明、新型、新式样、附则四章一百一十三条。

这一《专利法》规定专利权是专利权人专有制造、贩卖或使用其发明之权。如发明为一种方法，则包括以此方法直接制成之物品。专利自公告后，暂准发生专利权效力，六个月内无异议，发生全部效力。专利权人可将发明的全部或一部有限制或无限制让与他人或出租给他人实施。这种让与或出租应订立书面契约，契约中不得规定要求受让人只能向出让人购取无专利的原料及产品的内容。让与费或出租费不能过高。受雇人的职务上的发明专利权归雇用人；受雇人与职务有关的发明专利权视为受雇人与雇用人共有；与职务无关的发明专利权属受雇人，然而如果发明是利用了雇用人的资源或经验者，雇用人可按契约在受雇人的事业中实施其发明。为促进国内工业的发展，规定专利权核准后满三年无适当理由未在国内实施或未适当实施其发明者，专利局可撤销其专利权。

发明专利权人应向专利局缴纳年费，前五年每年十元，中间五年每年二十元，后五年每年四十元。伪造有专利权之发明物品，处三年以下有期徒刑、拘役，可并科三千元以下罚金。贩卖者处一年以下有期徒刑、拘役，可并科二千元以下罚金。专利局职员泄露专利发明与呈请人事业上之秘密者，处三年以下有期徒刑、拘役或科三千元以上罚金。侵犯专利权的犯罪须告诉乃论，告诉应在被侵害之日起一年内为之。

第三节　有关工业法规

《度量衡法》正式规定以万国公制为"标准制"

在西方先后传入的各种度量衡制度影响下，中国的度量衡制度极为混乱。清朝于 1909 年曾颁行《划一度量衡制度》及其《推行章程》，仍采用传统度量衡制度，但因为原来的标准度量衡器具已在战乱中遗失毁坏，所以特向法国订购标准器具。度仍以营造尺为准，量仍以原漕斛为准，衡以营造尺一立方寸纯水之重为准。当时打算十年内推行到全国，后因为清朝不久即灭亡，这一制度并未真正推行。

1915 年，北洋政府公布施行《权度法》，将度量衡制分为营造尺库平制（简称甲制）和米制（简称乙制）两种，甲制是传统的营造、库平制，规定营造尺相当于一公尺的百分之三十二，库平两等于一公斤的百万分之三万七千三百零一。乙制为万国权度通制，即公制。这是中国历史上首次以公制为标准。然而甲乙两制变换极不方便，在当时的情况也无法推行。

1929 年 2 月，国民政府公布了《度量衡法》二十一条。正式规定以万国公制为"标准制"，而将传统度量衡制称为"市制"，暂时作为度量衡的辅制。从而确立了公制、市制并行的度量衡制度。为了便于换算，其规定：度以公尺为标准，三市尺合一公尺；量也以公升为标准，一市升即合一公升；衡以公斤为标准，二市斤合一公斤。除了衡制上仍保留十六两为一斤外，其余全部改为十进位制。规定除了私人买卖交易可暂行市制，除此以外都应适用标准制。

《度量衡制》公布的同时，国民政府又公布了《度量衡法施行细则》五十三条，并成立了度量衡推行委员会，制定划一度量衡六年计划，宣布从 1930 年 1 月 1 日起施行新的度量衡制度，至 1935 年应推行至全国各省。

1946 年，中国第一部《标准法》施行

中华民国时期由于近代民族工业发展缓慢，列强在华企业霸占了中国国内市场，各种产品的规格及质量的标准各不相同。因此也一直没能制定标准法。直到 1946 年 9 月，国民政府才公布施行《标准法》九条。这是中国第一部标准法。

1946 年《标准法》共有九条，规定国家标准范围为六种：

1. 各种单位名称、定义、符号、常数。

2. 各种品质及尺度标准。

3. 各种试验法标准。

4. 各种关系互换性能标准。

5. 各种安全标准。

6. 其他标准。

中央设立标准局制定各种具体的标准。凡符合标准的产品或方法，在标准局检验合格后，可加正字标记。这个《标准法》只是原则性规定，各类具体标准由标准局公布。1947 年 9 月又公布《国家标准制定办法》十一条，具体规定了国家标准制定的程序，共包括提议、起草、征求意见、初审、复审、审决、核定、公布八种。

为防止病害及劣质商品流行的《商品检验法》

国民政府成立之初，即以工商部办理商品检验。这一时期的商品检验主要针对进出口商品货物。1928 年 12 月，公布《商品检验暂行规则》，作为商品检验的准则。1930 年国民政府工商部又另行制定公布《商品检验暂行条例》二十三条。1932 年 12 月，国民政府立法院以商品检验事关重大，无论进出口货物还是对外输出，都要防止病害及劣质商品流行为由，由立法院起草并通过《商品检验法》，由国民政府公布施行，以后长期沿用。

1932 年《商品检验法》全文十九条，规定由行政院实业部设立商品检查局，对于输出国外及国外输入的商品进行检验。检验点设于输入输出集散地。应施检验的商品由商人在输出输入之前报请检验，否则科以五百元

以下罚金。商品检验合格，由商品检验局发给执照放行。

一纸空文的《工业奖励法》

1929 年 2 月，国民政府工商部宣称鉴于中国工业不振，需要制定条例予以保障。因而起草制定了《特种工业保障条例》，以后经过国民政府立法院又进一步修改并议决。1929 年 7 月，公布施行《特种工业奖励法》，全文七条。规定应受到奖励的工业有四种：

1. 基本化学工业、纺织工业、建材工业、制造机器工业、电料工业及其他重要工业。

2. 制品能大宗行销国外的工业。

3. 自己发明或输入外国新发明首先在一定区域内制造的工业。

4. 应用机器或改良手工业制造洋货代用品工业。

其奖励的方法也有四种：

1. 允许在一定区域内享有若干年专利权。

2. 准予免除若干年的国营交通事业运输费。

3. 准予免除或核准减免若干年材料税。

4. 准予免除或核准减免若干年的出口税。

这四种方法可以并用，也可兼用其中一两种。

1934 年 4 月，国民政府又公布了《工业奖励法》，废除原来的《特种工业奖励法》。《工业奖励法》共十二条，规定奖励的对象是：用机器或改良手工生产的产品在国内外市场均有国际竞争力者，或采用外国最新方法首先制造，或应用本国专利权之发明在国外制造者。奖励方法规定为五种：

1. 减免经物出口税。

2. 减免原料税。

3. 减低国营交通事业的运输费。

4. 给予奖励金。

5. 准予在一定区域内享五年专制权。

有关工业奖励事宜由实业部负责审核，发给执照，并规定凡掺有外资的工业不受此法奖励。

　　1934年6月，国民政府实业部又公布《中国国货暂订标准》，规定所谓国货的原则应是：资本上股本全属中国人，仅必要时利用外资为流动资金；经营上企业管理权全属中国人，仅技术部门可聘请外国技师；原料上应充分采用国产原料，在无本国原料可替代的情况下可掺用部分进口原料；生产上工人全部为中国人，必要时可雇用若干外国技术工人。按资本、经营、原料、工作四个方面的原则，将国货定为七等。

　　国民政府的这些奖励工业法规，只是一纸空文而已，并没有真正实施过。民族工业丝毫得不到国民政府的保护。尤其是在抗战胜利后，大量美国货倾销到中国市场，民族工业遭到沉重打击，一蹶不振。国民政府对此丝毫没有按照这些法律的规定奖励、扶持民族工业，支持国货，反而引狼入室，使民族工业陷入奄奄一息的境地。

第二十一章　近代矿业法、森林法、水利法

中国近代经济立法的重点在于商业方面，自然资源立法相当薄弱。虽然北洋政府和国民政府都曾公布过若干部相关法规，但是得到真正实施的几乎没有。这些法规一般作为行政法规，归并于行政经济门类中。

第一节　矿业法

矿冶法是中国传统经济立法的重要内容之一。而在近代，矿业法也是较早公布、较为完整的经济法规。北洋政府时期与国民政府都在清朝《矿务章程》的基础上公布施行了矿业法规。

1914 年《矿业条例》便利了贪官污吏与矿主地主狼狈为奸

北洋政府在 1914 年 3 月公布了《矿业条例》，共十章一百一十一条。同时，北洋政府还公布了《矿业条例施行细则》八十六条和《矿业注册条例》三章四十九条。《矿业条例》的十章分别为总则、矿区、矿业权、用地、矿工、矿税、矿业警察、裁决诉愿及诉讼、罚则、附则。其主要内容有如下几个方面：

一、规定矿业是指探矿和采矿事业。矿质分为三类：金、银、铜等金属矿以及煤炭、金刚石、宝石为第一类；水晶、云母、沥青之类的非金属矿为第二类；青石、石灰石等建筑原料为第三类。食盐与煤油（石油）事业由国家专营，不划入这三类矿质。第一类矿质无论地面业主或非地面业主都可呈请矿业权；第二类矿质地面业主有呈请矿业权的优先权；第三类

矿质应由地面业主自行开采，或出租给他人开采。

二、矿区的限制。距离古圣庐墓或历代帝王陵寝地界一里之内不得作为矿区。在炮台、要塞、军港、军用厂局等有关地区采矿应经过军事当局的批准。距离商埠、市场地界一里之内以及距离官有或公有建筑物、公园、古迹、铁路、道路、水利设施四十丈以内采矿也要经过当地官署及关系人的同意。矿区的界限在地面划定，并以划定的地界直下为准。对于矿区的面积限制为：煤矿二百七十亩（六十方丈为一亩）到十方里（以五百四十亩为一方里），其他各矿五十亩到五方里以下为限。作为泄水、通气的隧洞不以矿区论。

三、矿业权。矿业权指探矿权与采矿权，原则上只能由中国人获得，外国人只能与中国人合股获得矿业权，所占股份不得超过二分之一。矿业权准用不动产的法律规定，不得分割。取得矿业权必须先行注册，探矿权期限为两年。矿业权人在得到官署批准并通知土地所有或占有人后，可以使用他人土地，进行凿孔、开坑、堆积矿物、安排设备等活动，应给予地主及占有人相当偿金。使用三年以上，可与地主议定给予一次性地价偿金，但使用完毕后，仍须将土地交还原地主。

四、矿税。分为矿区税和矿产税两类。第一类矿质的矿区税每亩每年纳银圆三角，河沙矿每十丈纳银圆三角。第二类矿质每亩每年纳银圆一角五分。矿区原有田赋租税照旧征收。矿产税按价计征，第一类矿质按当地平均市价纳税15‰，第二类按当地平均市价纳税10‰。第三类矿质免除矿税。

五、矿业管理。中央由农商部负责管理矿务，各地有矿之处设矿务监督署，管理矿务，裁决矿业权有关的争端，征收矿税。凡欺诈取得矿业权或无矿业权而窃采矿质者，要处三年以下有期徒刑或三千元以下罚金。逃匿矿税处应纳税额三倍罚金。矿务监督署组织矿务警察，对于矿业工程认为有危险、有害公益时，应令矿业权人预先防备。

六、矿工。从事矿业劳动者为矿工，应每月付给矿工工资。矿工的名册应记载姓名、年龄及入矿时间。女工、童工等可由农商总长下令限制，《矿业条例》不做具体规定。《矿业条例施行细则》规定矿工的抚恤规则由各矿业权人自行订立，报请矿务监督署批准备案。抚恤规则的标准为：矿工伤病的诊疗费、停工费，应为日工资的三分之一以上；丧葬费应在十元以上；

残疾、死亡的抚恤费应在死、伤者百日工资以上。

这一《矿业条例》虽然比清朝《矿务章程》进了一步，但是仍很简略。对于外国人在中国的采矿权虽做了限制，但又规定在《矿业条例》施行以前召集外资办矿已有订立的合同章程，仍沿用其旧，默认清末以来外国资本在中国夺取的矿业权利。在矿业管理上，矿务监督总揽矿区行政、司法、税务权于一身，极大地便利了贪官污吏与矿主地主狼狈为奸。尤其是在当时军阀割据混战的情况下，这个《矿业条例》并没有真正施行。

1930 年《矿业法》

国民政府成立后，在 1930 年 5 月公布了《矿业法》，并于 1930 年 12 月正式施行，以后又曾多次修改。这个《矿业法》共有总则、矿业权、国营矿业、小矿业、用地、矿税、矿业监督、罚则、附则九章一百二十一条。

一、矿产。国民政府沿袭清朝及北洋政府矿产国有原则，《矿业法》明确规定了矿产均为国有，非依《矿业法》取得矿业权不得探采。铁矿、石油、铜矿、烟煤矿应归国家探采，国家认为无自行探采必要时可出租给私人探采，但国家有先买权，这些矿产的输出也要经国家核准。此外，钨、锰、铝、锑、铀、铫、钾、磷等矿，国家也可划定保留区，禁止私人探采。私人探得国家专营的、保留的矿产，应呈报农矿部，由国家颁给觅矿费用五倍以上的奖励。

二、矿业权。矿业权仍分为探矿权和采矿权两种，矿业权人仍以中国人为原则。如组织公司形式经营矿业，公司必须是股份有限公司，外国人可以入股，但公司股份的一半以上应归中国人拥有，公司的董事长、总经理，以及一半以上的董事应为中国人。矿业权视为一种物权，准用民法有关不动产的规定，但矿业权不得分割，除继承、让与、抵押、滞纳处分、强制执行外不得为权利之标的。抵押也仅限于采矿权。矿业权的让与、抵押都必须经过主管官署的核准。探矿权以两年为限，采矿权以二十年为限。

三、矿区与矿业。对于矿区的面积仍加以限制，规定煤矿矿区以地面水平面积为准，以十五至五百公顷为限，其他各矿以二至二百五十公顷为限。沙矿以河床长度为准，以一至五公里为限。如因特别情形，经农矿部派员查勘，确认有必要时可以增加矿区面积。采矿面积达不到上述最低标准的称小矿业。呈请设立矿业权，应先提出呈请书及矿区图，由中央农矿部批准，与军用机构有关的地区不得呈请。距商埠、市场地界一公里以内，以及距国有或公有建筑物、国葬地、铁路公路、水利设施、著名古迹地界十五丈以内，要经过当地官署批准才能呈请矿业权。探矿呈请地与采矿呈请地或与现有矿区重复，如为同质矿产不得批准，如为异质矿产，呈请在先者具有优先权。矿业权登记后两年内不开工或中途无故停工一年以上者、矿业权让与转移给外国人者、有害公益者、不纳矿税逾两期以上者，等等，主管官署可撤销其矿业权。国家专营的矿业以二十年为限，每年应纳租金，租率采用超额累进制，以年净盈余在实收资本的 10% 为起征点，10%—35%，就超过部分缴纳 50% 的租金；35% 以上，就超过部分缴纳 75% 的租金。小矿业权只以采矿权为限，期限十年，外国资本不得加入。小矿业权应由省主管官署核准登记，发给执照后才能经营。

四、矿业用地。矿业实在使用地面积为矿业用地，需使用他人地面，应测量查勘呈报官署，并通知土地所有人及关系人。为了保障资本主义工矿业的发展，《矿业法》采用了有利矿主的原则，规定土地所有人及关系人无正当理由不得拒绝矿业权人使用地面的要求。矿业权人必须使用他人土地，要经官署批准，并由主管官署公告通知土地所有人及关系人。由土地所有人及关系人与矿业权人商定土地使用方式及报酬。须使用土地三年以上或因使用而改变土地性质，矿业权人应与土地所有人协商，给予一次相当偿金，但矿业废止后，仍应交还。

五、矿税。矿税仍分为矿区税和矿产税两种。承租国营矿业者在缴纳矿租之外，仍须纳矿税。矿区税以面积确定，探矿区每公顷每年纳国币一分，沙河矿区以河道长度计征，每十米每年纳国币一分；采矿区加倍征收。矿产税从价计征，采用比例税率，按各种矿质，从 20% 至 10% 不等。矿产的价格以生产地附近市场平均市价为标准。

六、处罚。《矿业法》规定的处罚相当严厉。诈欺取得矿业权或私自违法采矿者处三年以下有期徒刑，或三千元以下罚金；私自将矿业权租赁、典质者，处二千元以下罚金；超出矿区范围采矿者，处一千元以下罚金；等等。

《矿业法》的关系法规

1930 年 10 月国民政府农矿部又公布了《矿业法施行细则》九十一条，同年 12 月与《矿业法》一起施行。其具体规定：两人以上呈请采矿权应组织公司，公司应为股份有限公司，公司的股票应为记名式。两人以上呈请小矿业权可采用合伙方式，重要事项应有二分之一以上多数议决。其他关于矿业权的转移、让与、矿税等都有具体的规定。并规定矿业权者应置矿业簿，分日记簿与月记簿两种，逐日登记矿产采得数、矿产卖出数、卖出所得价额以及工人数目。

1931 年 4 月，国民政府实业部还曾颁布过一个《矿业登记规则》，共有总则、程序、附则三章八条。具体规定各项矿业权的取得、移转、让与等登记的内容、登记的程序、登记的费用、执照费用等。

1931 年 7 月，国民政府实业部又公布《矿业指导所章程》十四条，规定在实业部之下设立矿业指导所，在技术上指导监督公私矿业。负责查勘、设计、测量等事项。1931 年 5 月，又公布《矿业监察员规程》三十一条，规定由实业部派出矿业监察常驻矿业繁盛地区执行职务，监督矿业法令实施、矿利保护和矿业保安等，并调查矿业经营情况。

第二节　森林法

传统经济立法虽然已有封山禁林之类的法令，但真正的近代意义上的森林法规还是在中华民国时期出现的。然而由于政治局势动荡，地主豪绅任意兼并山林土地，森林法规形同具文。

1914 年《森林法》——中国历史上第一部森林法规

北洋政府在 1914 年 11 月公布了一部《森林法》，共有总则、保安林、奖励、监督、罚则五章三十二条。这是中国历史上第一部森林法规。规定将全国森林分为国有、公有、私有三大类。无业主之林编为国有林，农商部认为必要时可以出价征收私有、公有森林编入国有林。国有林的管理机关为农商部与各地方政府。关系江河水源，两省交界或关系国际交涉者，都要由农商部直接管理。地方官署为了地方利益可禁止或限制公有、私有森林的开垦滥伐，也可强制限期造林。

为了预防水患、涵养水源、改善公众卫生、保护航行目标、便利渔业、防止风沙危害等原因，农商部与地方行政长官有权将国有、公有、私有森林编定为保安林，非经批准不得开采，禁止将引火带入林区。

国有荒山地可无偿给予愿意造林的中国国内的团体和个人，面积不得超过一百方里。承领人在承领时应缴纳保证金，每十方里缴纳二十元至一百元不等。五年后造林确有成绩者予以发还，年息以3%至5%为限。承领后一年内尚未着力造林者应撤回荒地。承领人在造林期间可免除五年到三十年的租赁。

与《森林法》公布的同时，北洋政府又公布了《森林法施行细则》20条，规定在《森林法》施行后的六个月内，各地要将公有、私有森林情况调查清楚，报农商部备案。地方管理的国有林在每任官员替换时要予以交代清楚。

1916年12月，北洋政府农商部又曾呈准公布《规定林业公会办法文》，规定凡邻近官山、公有山林地的乡村应组织林业公会，合力造林。首先强调在津浦、京汉沿线、长江中下游两岸乡村区组织林业公会，但实际上毫无成效。

1932 年国民政府新《森林法》

1932年9月，国民政府重新公布了《森林法》，共有总则、国有林及公有林、保安林、林业合作社、土地之使用及征收、监督、保护、奖励、罚则、附则十章七十七条。这部《森林法》在1937年、1945年曾略加修正。

这部《森林法》仍将森林分为国有林、公有林、私有林三种。明确森林所有人的概念是：以所有竹木为目的而在林地上有地上权、租赁权、其他使用权或收益权者，并不依据土地所有权而设立。国有林，是由中央主管部设立并经营管理的林区。公有林，是指地方官署或自治团体经营管理的林区。国有、公有林都应设立苗圃，以廉价或无偿供给私有或自治团体所有的林地造林所用苗木。国有、公有林只能在设立学校、医院、公园所必要；铁路、国道、河川等交通所必要；公用事业用地所必要，这三种情况下才可出租或让与。相反，国有林在有经营上之必要时，国家可征收公有、私有林。

为防止水、风、潮害，涵养水源，防止土沙崩落、飞沙坠石等灾害，以及改善公众卫生，设立航行标志，保护渔业，保护风景名胜的需要，可以将国有林、公有林编为保安林地、砍伐竹木、放牧牲畜、采取土石草皮及树根草根。竹木所有者可以就所受直接损害为由向政府请求补偿金。

经营林业者可以成立林业合作社，但应有占当地区域森林总面积的三分之二以上的森林所有人的同意。森林所有人为了搬运产物，在经主管官署同意后可以使用他人土地，使用者应给付偿金。使用三年以上或变更土地之形质者，土地所有林业用地，划入林业用地的私人土地，地方主管官署可限期令其造林，逾期不造者可代办执行或征收其地。划为林业用地的土地所有人在开始造林后三十年内，可免除造林地区的税赋。国有荒山荒地划入林业用地者，可无偿给予愿意承领造林者，个人承领面积不得超过二十五方里，承领人先给付保证金，每十方里为二十元至一百元不等。五年后，如造林有成绩就发还保证金。

罚则一章的主要内容有：于森林窃取主副产物，处一年以下有期徒刑、拘役或赃额两倍以下的罚金。如侵害保安林者，或结伙两人以上者，或以赃物制造木炭等物品者，或以赃物为燃料烧制石灰等物品者，情节严重者，处六个月以上，三年以下有期徒刑，并科赃额两倍以下罚金。放火烧毁他人森林或烧毁自己森林，处一年以下有期徒刑、拘役或三千元以下罚金。失火延烧至他人森林者，处六个月以下有期徒刑、拘役或三百元以下罚金。

1931 年 5 月，国民政府实业部又公布施行了《管理国有林公有林暂行规定》八条，规定绝对禁止发放国有林与公有林，已发放的国有林与公有林，其承领人采伐林木时，必须每亩在适当距离内保留高三尺五寸以上、胸径一尺以上的母树十株，并切实保护母树和幼树，否则立即撤销其承领权。

第三节　水利法

北洋政府时期没有制定公布有关水利法规，南京国民政府曾制定过不少有关水利的法规，然而实际上都没有得到贯彻实施。国民政府统治下，中国连年发生水旱灾害，虽有水利法规，也曾建造若干水利设施，但更多的却是破坏。1938 年国民党军队为了躲避日军追击，竟掘开黄河大堤，致使黄河下游再次改道南流，成千上万的难民流离失所。因此有关水利的法规大多只是形同具文而已。

1929 年奖励条例

1929 年 1 月，国民政府公布施行《兴办水利防御水灾奖励条例》九条，规定凡举办、建筑、修缮堤埝、疏导汗塞以防水害事业、开辟水道以利灌溉或排水事业者，可申请奖励。奖励方法是：

1. 补助工程费：凡利害关系两县以上，工程费用超过五万元者，可申请 30% 的补助。利害关系两县以内，工程费用超过一万元，可申请补助 20%。地方利害关系甚大，工程费用超过五千元，可申请补助 10%。

2. 贷与工程费：凡灌溉面积在五十方里以上的水利工程，工程费用在一万元以上者，可请求工程贷款，但不得超过半数。三十方里以内的工程可请求不超过 30% 的工程费贷款。十方里以内可请求不超过 20% 的工程费贷款。利息均不得超过一分。补助费与贷与工程费都由省政府水利经费下拨款。

3. 奖励出力人员：凡为水利捐资一千元以上、募资三千元以上者，可予褒奖，并可在冲要地方建立纪念碑碣。捐资五百元以上、募资二千元以上者，可在公共处所张挂纪念照片。其他有功人员可予纪念章表彰之。1929 年 12 月还曾公布《兴办水利防御水害给奖章程》九条。

1930 年《河川法》

为了对于河流及水利工程有一个统筹的法规，国民政府立法院在 1930 年制定了一部《河川法》，并于 1930 年 3 月公布，然而一直没有宣布施行日期。《河川法》有总纲、管理、河川使用限制之防卫、河川经费及土地之征用、奖励、附则共六章二十九条。就内容而言，这是一个比较完整的有关河流管理、防止水灾、使用水利的法规。

《河川法》规定，原则上由地方政府负责管理本境域之内的河川，必要时可以设立专门的河川委员会进行直接管理，地方政府也可设河川局专门管理。对于河川沿岸土地或私有工程物有妨河川本身或其效用的危险时，可限令当事人修理或拆毁之。为防止沿岸土沙崩溃，可命令沿岸地主培植护河草本，地主不得抗拒。

河川工程的兴建与毁除或占用河床、使用河流，都应先得到主管机关的批准。发生洪水迫切需要抢救时，专管机关可以就地征收必要的人力物力，拆毁障碍物。专管河川的机构在河防范内可以执行警察官职务。河川的经费由地方政府筹集，必要时可由中央国库补助。

中国第一部《水利法》

由于1930年颁布的《河川法》长期没能施行，抗战爆发后，国民政府迁都重庆，为了表示抗战决心，显示其"民生主义"，来为战败丧地遮羞，重新开始《水利法》的制定。

1941年9月，国民政府行政院设立了水利委员会，公布《管理水利事业暂行办法》九条，规定水利委员会为全国水利主管机构。

1942年7月，国民政府正式公布了《水利法》，这是中国第一部《水利法》。这部《水利法》有总则、水利区及水利机关、水权、水权之登记、水利事业、水之蓄泄、水道防护、附则共八章七十一条，主要内容如下：

规定水利区由中央主管机关按水情划分，由水利机关统一规划、水利机关有权向受益人民征发工役、经费。

这个法规所规定的水权，是指依法对水取得的使用、收益的权利。取得水权要向主管机关提出申请，经登记后发给水权状。水权取得两年后仍未使用即丧失水权。用水标的的顺序为：家用及公共用水；农业用水；工业用水；水运；其他用水。凡家庭用水、私有土地内挖塘凿井取水、使用人力、兽力等简易方法引水无须登记水权。

关于水道，规定低地所有权人不得防阻高地水自然流向。禁止在水运、行水区内建筑或堆置足以妨碍水流之物，禁止在河道堤脚三十米之内挖泥取土、铲伐堤上草皮树木、在堤上垦种放牧、建筑建筑物、在堤上行驶载重汽车等。不经准许不得在河滩采伐芦苇。沙洲地未经允许不准开垦。

对于违反《水利法》的行为规定了一定的处罚。凡违反《水利法》义务的处三百元以下罚金；毁坏水利建筑物及私自开挖或封闭河道者，处五百元以下罚金；危及公共安全按刑法处罚。

1943 年 4 月，国民政府通令实施《水利法》。然而并没有公布施行细则，所谓施行只是为了宣传的需要，实际上并未真正实施。抗日战争胜利后，《水利法》仍被打入冷宫，根本不被重视。

第二十二章　近代海关法

海关法是指关于海关管理进出口和征收关税的法律规范的总称。中华民国时期，由于海关长期控制在帝国主义列强手中，没有完整的海关法。北洋政府时期几乎没有任何有关海关的法规，海关俨然如一个国中之国。国民政府统治期间，虽然号称收回关税自主权及海关管理权，但是海关实际上仍控制在洋人手中，关税也仍受制于帝国主义列强。因此这一时期虽有若干海关法规，然而并没有完整的海关法。

第一节　海关的管理

中华民国时期承清朝之弊，海关处于帝国主义分子的掌管之下，号称具有"国际性"。即：任用外国人管理海关；关税收入归由外籍各关税务司管理，并存入外国银行以担保外债与赔款；当发生内外战争时，海关处中立地位。这些深刻地反映了民国时期中国的半殖民地性质。

北洋政府时期，总税务司由洋人一手把持

袁世凯上台后，全面继承清朝与帝国主义列强签订的不平等条约，对于洋人控制海关也不置一词。更有甚者，袁世凯为发动内战镇压南方革命党，发起"善后大借款"，以关税为担保，拱手将关税的保管处置权让给帝国主义列强。

就表面而言，当时中国海关仍是中国政府的一个下属机构。北洋政府

的财政总长之下设立税务处，由财政总长兼任督办。税务处之下有总务司管理全国海关。全国各关设税务司和海关监督。1912 年公布《各关监督办事暂行规则》，规定海关监督由税务处委派，对税务处负责，其主要职责是将每月各关征收关税事务报告于税务处，并征收所在商埠五十里以内的常关税。总税务司名义上由税务处监督，实际上全由洋人一手把持。各关税务司人选由总税务司挑选，向北洋政府推荐，北洋政府只能照准。海关的收税权、海关组织、人事等权力全部掌握在税务司手中，各关税务司只对总税务司负责，与税务处不发生关系。税务处实际上只是作为外交部、财政部、总税务司之间的交涉中介机构。税务处派出的海关监督也只是有油水的闲差，用来安插亲朋好友。

北洋政府时期总税务司设在北京东交民巷台吉场（台基厂）。赫德死后，总税务司一职即由英国人安格联、易纳士相继担任。总税务司自行裁决处理政治、外交、财政上有关海关的事务。总税务司署由总务局长（地位最高，负责实际事务）、汉文局长（负责译送公文）、统计局长、审计局长、伦敦局长（负责海关本身的供应开支）、人事局长六局组成。海关机构分为征税部、海事部、工务部三大部分。海事部设于上海，负责管理征收吨税为主的事务，以巡工司长为部长，下有副巡工司、巡江工司等机构。工务部原属海事部，1912 年分立，专管海关的土地建筑物、动产、灯塔、灯船以及各种技术设施，也设在上海。其下属有营造司、建筑司等。

各地海关都处于税务司把持之下，所有职员分为内班、外班、海班三个班。内班负责征收关税与吨税，以及管理、统计、报告、会计等事务。外班是外勤人员，负责临验船舶、鉴定货物、防止夹带，有总巡（分四等）、铨子手、验估、验货等职员。海班是海关所属的缉私巡逻船队、关税警察。税务司之下有副税务司、部办等职员。各司署仿照总税务司署，也设有总务课、秘书课、会计课、统计课、监查课和验查课。

在所有这些海关机构中，洋员占了主要地位。1916 年时，海关总共有关员 7646 人：征税部洋员 1192 人，中国人 5047 人；海事部洋员 111 人，中国人 1237 人；工务部洋员 18 人，中国人 14 人；总计外国人共 1321 人，中国人共 6325 人。然而绝大多数中国员工处于低级职位，税务司、副税务司全部是外国人。1921 年的统计表明，税务司及帮办中外人员之比是 77 ：245；收记杂役的中外人员之比是 52 ：1238；外班总巡及下属监吏中外人员之比是 30 ：758；海班中，船长全部是外国人，而水手全部是中国人。海关洋员又以英国人为主，总税务司、各关税务司 43 人中，英国人有 27 人。30 个副税务司中，英国人有 18 人。在 157 个帮办中，英国人有 62 人。大多数重要职位尽属英国人，工作语言为英语，文件一律英文，俨然是英国人的海关。

国民政府时期，海关依旧受洋人控制

南京国民政府建立后，即号称要收回海关自主权，然而毫无实效，海关依旧控制于洋人之手。1928 年，国民政府在财政部之下设关务署，掌管关税赋课、征收事项、关税管理监督、推行关税制度的改革等事务。但实际上对于海关这个国中之国并不触动，关务署与北洋税务处一样只是空架子。国民政府定都南京，但总税务司仍驻北平。1929 年英国人梅乐和任总税务司，又将总税务司署迁至上海公共租界赫德路，部分机构设于上海海关大厦。在南京仅设一个"总税务司驻京办事处"，由副税务司孙思永负责与财政部关务署保持联系。海关的机构一如清朝、北洋之旧。

至 1932 年，总税务司控制下的中国海关共有四十五关，此外，在北平设北平分关。日本帝国主义侵占东北后，东北各关被日本人侵夺，服从伪满政权，由日本人控制。1937 年日本帝国主义发动全面侵华战争，华北、华中、华南各关先后沦陷，日本帝国主义任命岸本广吉为总税务司，仍按旧制控制沦陷区各关。1942 年，退守重庆的国民党政权在英美帝国主义的允许下，任命美国人李度为总税务司，但当时国统区的海关仅剩西南重庆、万县、蒙自、腾冲四关及新设的昆明（附贵阳分关）。从沦陷区撤退的各关陆续安置于广东曲江与梅县、湖南沅陵、江西上饶、陕西西安、河南洛阳等地，成为陆路海关。

1945 年日本帝国主义投降后，当时中国各海关经过第二次世界大战，洋员已逐渐减少，仅余几百人，其中大多数换成了美国人。这时总税务司、税务司虽然已大多换成了中国人，但实际上仍处在美帝国主义的控制操纵之下，一切制度机构仍如其旧。1945 年总税务司署迁回上海，对全国海关

略加整理，裁撤苏州、杭州、长沙、岳阳、镇江等十多个海关，全国剩下二十九个海关。其中一些已处在解放区，国民政府丧失了对其的控制。

第二节 关税与税则

辛亥革命爆发后，南京临时政府和以后袁世凯当权的北洋政府都对外表示愿意遵守清朝所签订的一切不平等条约。因此政府在不平等条约所规定的"协定关税"原则及片面最惠国待遇原则的限制下，必须征得列强同意才能修改税则税率。当时的税率仍号称5%，实际上仅4%左右。为了增加关税收入，北洋政府以及国民政府先后与列强进行了多次讨价还价。

北洋政府初期两次提出修改海关税则之要求均遭列强国拒绝

1912年8月14日，北洋政府向各国提出修改海关税则的要求，但各列强国以当时尚未在外交上承认中华民国为理由，对此要求置之不理。1913年10月，北洋政府又向各列强国发出通牒，提出现行税则已实行了十年，在这期间商品价格已大为变动，税则未改，实际上只相当于输入品价格的3.5%—4%而已，要求按原来十年一定税则的精神将输入税修改为现实从价5%，以符合条约精神。然而这一软弱的要求也遭到了列强国的抵制。俄、法、日三国各提出先决条件：沙俄要求陆路关税维持原状，并免除从海参崴输入品的2.5%的子口半税；法国要求中国赔偿所谓在辛亥革命中法国人遭到的损失；日本要求中国对于外国输入的机械制品免除一切通过税，输入品无论是外国人或中国人贩运，都应免除厘金及一切通过税。北洋政府以条约为据，强调应无条件开始谈判讨论，各列强国遂不再理会北洋政府的这一通牒。

北洋政府在成立之初与各列强国提出了这两次修改税则要求以后，由于袁世凯为复辟帝制而寻求列强支持，不愿得罪各列强国，因此也就不再提出修改税则要求。

关税会议

1917 年，在皖系军阀把持下的北洋政府宣布参加当时正在进行的第一次世界大战。以此为契机，北洋政府向协约国一方的各列强国重新提出修改税则要求。经过一番曲折，1917 年 12 月，在上海召开了各国关税委员会议，开始讨论税则修改问题。北洋政府在会议开幕同时又以总统教令形式，发布《国定关税条例》，规定输入的奢侈品课税从价 30%—100%，无益品从价 20%—30%，使用品从价 10%—20%，必要品从价 5%—10%。以此向这一会议施加压力，实际上并没有可能实行。这一条例仅在一段时间内对德、奥、匈实行过。上海关税委员会在当时形势下，关税委员会议决定从现实价计征，规定以 1912—1916 年上海、广东、汉口、天津四海关输入品的平均价格为标准，按 5% 税率计算各种输入品的税额。同时又决定，由于估计战后物价将要下跌，对于外商而言税额过高，因此确定在战后的和平条约签订后两年内再行开会改订税则。税则的细目修改极为拖延，延至 1918 年 12 月才基本议决，从 1919 年 8 月 1 日才开始施行。

1919 年起，北洋政府以原上海关税委员会会议所允诺的战后两年内再改订税则的约定，多次提出修改税则。在 1919 年的巴黎和会和 1921 年的华盛顿会议上，中国代表团还曾提出废除不平等条约规定的治外法权，恢复中国关税自主权的要求，然而都遭到了列强的抵制。1921 年 12 月，华盛顿会议议决，同意先行改正输入税率为现实价 5%，并应在半年后实施。同时会议还表示，在中国裁撤厘金后，原则上可以考虑增加输入税税率，从价 12.5%，但要召开特别会议讨论。特别会议可先对某些输入品增加附加税，税率以从价 2.5% 为原则，对于某些奢侈品可加至 5%，特别会议应在三个月之内召开。

1922 年 4 月，中、英、日、美、法、意、比、荷、西、葡、丹、瑞、挪、巴西等各国委员在上海召开关税改订会议。这次会议发生了激烈争论，最终中国政府关税自主权要求再次失败。会议只是议决征税的标准价格以 1922 年 6 月间上海平均买卖市价为基础价格，计征 5%。然而意大利又拒不承认，拖延半年，直到 1923 年才按这一标准计算的税额征税。

1925 年 10 月，华盛顿会议上议定的关税特别委员会议在北京召开。这次会议也被称为北京关税会议。这次会议按华盛顿会议确定的原则应议决裁厘加税，以及在这之前中国征收 2.5%—5% 的附加税。在当时全国人民的声援支持下，尤其是在五卅运动的推动下，当时北洋政府在这次会议上再次提出了要实现关税自主权的提案。对于列强以裁撤厘金为增加关税的先决条件的借口，中国政府以厘金问题是中国的内政，不用等待条约的决定为理由，进行了有力的驳斥。由于当时各主要帝国主义国家之间矛盾重重，日本帝国主义伪充善人，进行所谓调停。最后，各列强国不得不在决议中宣布，各缔约国承认中国享有关税自主权，并同意撤销各国原来同中国订立的条约中所包含的限制关税的内容。约定从 1929 年 1 月 1 日起，中国可实行自主国定税率以代替原来的协定关税。然而帝国主义列强仍蛮横地在决议中规定，中国必须同时宣布废止厘金。

国民政府时期多次修改税则增加关税收入

南京国民政府在 1927 年 7 月发布宣言，宣布关税自主、裁厘加税，并同时颁布《进口关税暂行条例》《裁撤通过税条例》《出厂税条例》，都从 1927 年 9 月 1 日起实施。《进口关税暂行条例》规定采用固定税率，普通品从价关税率 7.5%，奢侈品最高可达 57.5%。这些宣言和条例，实际上只是国民政府故作姿态，并无真正实行的决心。在遭到列强反对以及国内商界请愿缓行后，即宣布暂缓施行。由于国民党政权坚持反共反人民、残酷镇压人民革命运动，得到了帝国主义列强的支持，同时第一次世界大战以后，帝国主义势力重新组合，在关税问题上，帝国主义列强之间矛盾重重。因此，关税自主权问题逐步得到了解决。

1928 年 12 月，国民政府按原北京关税会议及各专门委员会所决定的等差税率原则，公布《海关进口税则》，规定在 1929 年 2 月 1 日施行。所谓等差税率，即将进口商品的种类与品质，在原 5% 的关税之外，另外加征 2.5% 至 22.5% 的附加税（共分为七级）。

1930 年 1 月，国民政府又发布命令，规定海关进口税一律改征黄金。原先中国海关征收白银，关税收入大多作为举借外债的担保，当时各国大多已改行金本位制，1929 年世界资本主义经济危机发生后，银价暴跌，而中国以银征税、以金还债，一进一出，损失巨大。因此国民政府宣布关税征金。具体办法是：以 60.1866 克纯金为海关金 1 单位。原关平银 1 两合 1.5 个海关金，一个半月后，又提高为 1.75 个。

1930 年 5 月，在帝国主义列强默许下，国民政府又公布了新的《海关进口税税则》，这是近代中国第一个海关税则。税率从 5%—50%，分为 12 级。在这之前，国民政府已在 1930 年 1 月 1 日宣布裁撤厘金，因而清朝以来的子口半税也宣告取消。这个进口税则以后又经过多次修正。1934 年 7 月的《海关进口新税则》，将进口货物分为 16 类 672 号，税率有免税、从价计征、从量计征三种。从价计征的税率，如棉织品 25%—50%，麻织品 7.5%—50%，羊毛及毛织品 5%—70%，丝织品 15%—80%，金属制品 5%—40%，食品饮料 10%—80%，烟草 20%—50%，化学品 5%—35%，烛皂油脂松香类 10%—30%，书籍地图纸张 7.5%—30%，生熟兽皮制品 7.5%—40%，竹木制品 7.5%—35%，煤及燃料 10%—15%，瓷器玻璃 20%—50%，石料水泥 10%—20%，杂货 20%—40%。

1931 年 6 月，又公布《海关出口税则》，对清朝以来循而不改的出口税计价 5%，改为免税、从价、从量三种。出口货分为动物及动物产品、植物产品、竹木纸制品、纺织纤维、金属矿及制品、杂货共六大类 270 号，税率从 5% 至 7.5%。以后曾多次修改，逐步扩大免税品的范围。如 1935 年 6 月的出口税则，270 号中免税的有 220 号。

1931 年 2 月，国民政府又公布《倾销货物税法》九条，规定对于以倾销方法在中国市场上与中国国产相同产品进行竞争的外国货物，在征收进口关税以外，加征倾销货物税。倾销货物的确定方法是：在中国趸卖价格低于出口国主要市场的趸卖价格，或低于其相同货物在中国以外任何国家的趸卖价格，或低于货物原制造成本者，即认为是倾销货物。倾销货物的审定由专门设立的倾销货物审查委员会负责。该委员会由财政部关务署长、实业部农业司、工业司、商业司、国定税则委员会委员等组成。税率由财政部核定。

国民政府多次修改关税总的原则是，消减奢侈品的进口税率，增加日用品的税率，以此增加关税收入。对于帝国主义列强来说，大宗日用品的销路广，虽增税而"惠而不费"，愿意做出一定的让步。

关税成为国民政府主要财源

清朝末期虽然丧失了关税自主权与征收管理权，但关税收入的支配与保管权仍掌握在清朝政府手中。辛亥革命爆发后，帝国主义列强乘机在这一年冬天，组织所谓"海关联合委员会"，借口保障外债"债权人"利益，制定所谓《总税务司代收关税代讨债款办法》，规定税务司应将关税收入全部存入汇丰、德华和华俄道胜三家外国银行保管，只有总税务司才能提取支配，用以偿付外债本息。偿还外债后所余的关税金额称为"关余"，交给中国政府。北洋政府上台后，对此状况竟予以默认。虽然关余仅占关税总收入的 10%—20%，但这些钱可不受地方军阀截夺，是比较保险的财政来源。从此，中国关税的保管与支配权也落入帝国主义列强手中。

南京国民政府成立后通过多次交涉，逐步收回了关税保管与支配权，关税收入指定存入国民政府的中央银行。关税成为国民政府最主要的税收来源之一，在起初的十年中平均占了税收总数的 50% 以上。在抗战时期，国民政府的关税收入大减。抗日战争结束以后随着美货倾销中国市场，关税又成为国民政府主要财源，占税收总数的五分之一以上。

第三节　缉私法规

中华民国初期，海关处在洋人一手独揽之下，由海关海班负责全部缉私工作。缉私的规章全由海关自行制定，并不经过立法机构，也不由中央政府发布，算不上真正的法规。

南京国民政府成立后，随着国定税率的实现，逐渐公布了一些海关的法规。1934 年 6 月，国民政府正式公布施行《海关缉私条例》三十五条。这一条例规定海关的缉私范围为中国沿海十二里之内。从事国际贸易船只非因不可抗力，不得驶进非通商口岸，否则应予以没收，并处罚船长五百至二千元罚金。船舶未经许可擅离口岸，处船长二百至一千元罚金。海关巡轮经警告后可以射击拒不停驶收检的船只，并可处船长二千元以下罚金，以及可没收其船只。未经海关允许，私带货物进出口岸、将货物起岸、搬移者，处二千元以下罚金，并可没收其货物及运输工具（包括船只、车辆等）。私运货物进出口及经营私运货物者，处货价一至三倍的罚金。装运、藏匿、收购、贮藏、代销者，处一千元以下罚金。报关时匿报货物数量、伪报品质、伪报价值等违法漏税行为，处匿报税款二至十倍的罚金，并可没收货物。五年以内重犯同样行为，罚金可加重二分之一；犯三次以上，可加重一倍。

　　这一《海关缉私条例》在以后又经过多次修正，一直实行到国民政府垮台。此外，1948 年 3 月，国民政府又曾公布过一个《惩治走私条例》十二条，规定走私行为触犯刑法，应由海关移送司法或军法部门处理，视情节轻重，可处死刑、无期徒刑、有期徒刑等。

主要参考文献

杜佑（唐）.《通典》. 中华书局，1988 年.

郑樵（南宋）.《通志》. 中华书局，1987 年.

马端临（元）.《文献通考》. 中华书局，2006 年.

乾隆官修（清）.《续通典》. 浙江古籍出版社，1988 年.

王圻（明）.《续文献通考》. 现代出版社，1986 年影印本.

嵇璜等撰（清）.《续通志》. 浙江古籍出版社，1988 年影印本.

乾隆官修（清）.《清朝通典》. 浙江古籍出版社，2000 年.

刘锦藻编纂（清）.《清朝文献通考》. 浙江古籍出版社，1988 年.

乾隆官修（清）.《清朝通志》. 浙江古籍出版社，2000 年.

王雷鸣编.《历代食货志注释》（全五册）. 农业出版社，1985 年.

吕思勉.《中国制度史》. 上海教育出版社，2002 年.

加藤繁［日］，吴杰译.《中国经济史考证》（全三册）. 中华书局，2012 年.

李剑农.《中国古代经济史稿》. 武汉大学出版社，2006 年.

胡如雷.《中国封建社会形态研究》. 生活·读书·新知三联书店，1979 年.

傅筑夫.《中国古代经济史概论》. 中国社会科学出版社，1981 年.

赵冈，陈钟毅.《中国经济制度史》. 中国经济出版社，1991 年.

赵冈，陈钟毅.《中国经济制度史论》. 新星出版社，2006 年.

赵俪生.《中国土地制度史》. 武汉大学出版社，2013 年.

赵冈，陈钟毅.《中国土地制度史》. 新星出版社，2006 年.

郑学檬.《中国赋役制度史》.上海人民出版社,2000 年.

黄天华.《中国税收制度史》.中国财经出版社,2009 年.

陈登原.《中国田赋史》(《中国文化史丛书》).商务印书馆,1998 年影印本.

王孝通.《中国商业史》(《中国文化史丛书》).商务印书馆,1998 年影印本.

彭信威.《中国货币史》.上海人民出版社,2007 年.

曾仰丰.《中国盐政史》(《中国文化史丛书》).商务印书馆,1998 年影印本.

王定安等纂修(清).《光绪两淮盐法志》.广陵书社,2015 年影印本.

杨宽.《中国古代冶铁技术发展史》.上海人民出版社,2004 年.

蔡渭洲.《中国海关简史》.中国展望出版社,1989 年.

陈诗启.《中国近代海关史问题初探》.中国展望出版社,1987 年.

戴一峰.《近代中国海关与中国财政》.厦门大学出版社,1993 年.

梁廷枏.《粤海关志》.广东人民出版社,2014 年.

邓端本.《广州港史》(古代部分).海洋出版社,1986 年.

本书编委会.《广州港史》(近代部分).海洋出版社,1985 年.

本书编委会.《宁波港史》.人民交通出版社,1989 年.

后 记

本书的缘起说来话长。

当年我在华东师范大学历史系读本科时就对中国经济史很感兴趣，写过一个有关中国古代各类专卖制度的概述性文章，有三万多字，只是自己的习作，没有办法拿出去发表。我在读研阶段才发现被封存的旧《食货》刊物已经有很多关于这方面的论述，因此那个文章也就没有再做下去。

留校任教时，已经有几个兄弟院校为经济法专业开设了"中国经济立法史"课程，我们系的领导也要求我开设此门新课。为此我将本科阶段的那篇文章逐渐扩充，按照专题编写了油印的《中国经济立法史》讲义，以尽可能适应法律专业的学生阅读和掌握。经过两三个年级学生的试用，在1990年又得以作为校内使用教材，当时大约印了四千册（铅印版）。

在当下强调弘扬中华法律文化精华的新时期，更凸显了总结传统法制历史经验的重要性。新华出版社的领导和编辑独具慧眼，认为我这本书仍具有现实意义和阅读价值，并为我提供了修订旧的文本并公开出版的机会，这使我非常感动，在本书结尾部分谨此向新华出版社的领导及编辑表示衷心的感谢！

本次修订主要是删除了一些较为繁复的内容，以及原来作为教材的思考题、练习题之类的内容，力图使全书内容更为集中紧凑，也修正了一些文字和语句方面的错讹。当然本书仍然可能存在一些错误，敬请广大读者予以指正！

郭建

2018 年 12 月于上海新江湾城